스마트한 업무에 필요한 기능이 한 권에 다 있는

말랑말랑

한컴오피스 2020
공통 사항 & 한워드

한글과컴퓨터 공식 인증 도서 한컴오피스 2020

한글과컴퓨터 & 영진닷컴이 알려주는 친절한 오피스 가이드북
한컴오피스 2020 신기능과 내게 필요한 필수 기능만 골라서 학습할 수 있도록 구성
탄탄한 기본기를 위한 유튜브 동영상 강좌 제공

(주)한글과컴퓨터, 허미현, 부성순 공저

한글

한셀

한쇼

한워드

베스트 강사진이
알려주는
핵심 기능

HANCOM
한글과컴퓨터

YoungJin.com
영진닷컴

Y.

스마트한 업무에 필요한 기능이 한 권에 다 있는

한컴오피스 2020
공통 사항 & 한워드

(주)한글과컴퓨터, 허미현, 부성순 공저

HANCOM
한글과컴퓨터　　YoungJin.com Y.
영진닷컴

스마트한 업무에 필요한 기능이 한 권에 다 있는

한컴오피스 2020

한글　한셀　한쇼　한워드

1판 1쇄 발행 : 2020년 7월 20일
1판 6쇄 발행 : 2024년 5월 3일

발행인 : 김길수
발행처 : (주)영진닷컴
등 록 : 2007. 4. 27. 제16-4189호
이메일 : support@youngjin.com
주 소 : (우)08507 서울특별시 금천구 가산디지털1로 128 STX-V 타워 4층 401호

ISBN : 978-89-314-6209-8

독자님의 의견을 받습니다.
이 책을 구입한 독자님은 영진닷컴의 가장 중요한 비평가이자 조언가입니다. 저희 책의 장점과 문제점이 무엇인지, 어떤 책이 출판되기를 바라는지, 책을 더욱 알차게 꾸밀 수 있는 아이디어가 있으면 팩스나 이메일, 또는 우편으로 연락주시기 바랍니다. 의견을 주실 때에는 책 제목 및 독자님의 성함과 연락처(전화번호나 이메일)를 꼭 남겨 주시기 바랍니다. 독자님의 의견에 대해 바로 답변을 드리고, 또 독자님의 의견을 다음 책에 충분히 반영하도록 늘 노력하겠습니다.

파본이나 잘못된 도서는 구입처에서 교환 및 환불해 드립니다.

STAFF
저자 (주)한글과컴퓨터, 허미현, 부성순 | **총괄** 김태경 | **진행** 성민 | **디자인·편집** 김소연 | **영업** 박준용, 임용수, 김도현, 이윤철
마케팅 이승희, 김근주, 조민영, 김민지, 김진희, 이현아 | **제작** 황장협 | **인쇄** 제이엠인쇄

머리말

(주)한글과컴퓨터는 30년간 축적해 온 독자적 기술력을 기반으로 PC, 모바일, 웹, 클라우드 등 디바이스의 경계를 허무는 미래 오피스 환경을 선도하고 있습니다.

(주)한글과컴퓨터는 '한컴오피스 2020' 출시 이후, 한컴오피스 사용자의 생산성을 높이는 데 도움이 되고자 영진닷컴과 함께 스마트한 업무에 필요한 기능을 한 권에 담은 교재를 출판하게 되었습니다.

'한컴오피스 2020'은 AI, 클라우드, 블록체인 기술을 적용하여 시간과 장소, 플랫폼의 한계를 벗어나 스마트한 환경을 제공하는 생산성 소프트웨어입니다. AI를 기반으로 이미지 그대로 다양한 포맷의 문서로 변환해주는 '한OCR(이미지 문서 변환)', AI 챗봇인 '오피스 톡', '문서 진본 확인 서비스', '주의 글꼴 알림', '음성인식 문서 작성' 등이 새롭게 추가되며, 사용자의 업무 환경에 유연하게 대응할 수 있습니다.

본 교재는 초급~고급 사용자까지 활용 예제와 꿀팁을 통해 원하는 모든 기능을 학습할 수 있도록 제작되었습니다. 본 교재가 여러분의 문서 작업에 많은 도움이 되었으면 합니다. 감사합니다.

-(주)한글과컴퓨터-

이 도서는 실무 예제를 바탕으로 한컴오피스 2020의 새롭고 유용한 기능들을 쉽게 학습할 수 있도록 집필하였습니다. 그뿐만 아니라 한컴오피스 2020을 처음 사용하는 사람들도 어렵지 않게 핵심 기능(한글, 한셀, 한쇼)을 익힐 수 있도록 각 챕터별 동영상 강좌를 별도 제작하여 QR 코드만 찍으면 유튜브를 통해 쉽게 학습할 수 있도록 하였습니다.

그리고 학습자들에게 도움이 될 수 있는 'Tip', 꼭 알아두어야 할 내용 및 노하우들은 '꼭 알고 가세요!'로 구성했습니다. 학습이 끝나는 챕터의 마지막에는 응용력을 키울 수 있는 '연습 문제'를 구성하여 스스로가 학습한 내용을 테스트해 볼 수 있도록 했으며, 궁금했던 사항들은 '이것이 궁금하다! Q&A'에서 만날 볼 수 있습니다.

한컴오피스를 처음 사용하는 사람들이라면 반드시 알아야 하는 내용은 각 섹션별 '말랑말랑 기본기 다지기'에서 설명하며, 좀 더 심도 있는 내용을 익히고 싶은 사람들을 위한 '실전 따라하기'를 구분하여 작성하였습니다. 책을 집필하면서 항상 힘이 되어준 가족에게 감사드리고, 영진닷컴, (주)한글과컴퓨터, 인트컴 관계자분들께 감사의 말씀을 전합니다.

-저자 일동-

| 미리 보기 |

■ 한컴오피스 2020을 구성하는 핵심 프로그램들을 각 권으로 학습할 수 있도록 구성했습니다.

❶ 미리 보기 및 중요도
챕터별로 학습할 내용과 중요도를 미리 보기 형식으로 알려줍니다.

❷ 섹션
학습할 내용을 세분화하여 난이도, 사용 가능 버전, 사용 기능 및 배우게 될 내용을 자세히 소개합니다.

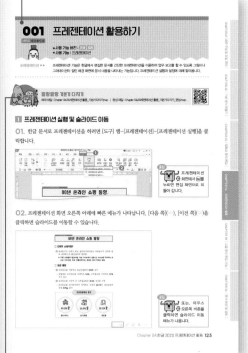

❸ 말랑말랑 기본기 다지기
한글/한셀/한쇼 핵심 내용을 자세한 따라하기로 알려주며, 옆에 QR 코드를 촬영하면 유튜브 채널의 재생 목록으로 바로 이동할 수 있습니다.

❹ 실전 따라하기
한글/한셀/한쇼 핵심 내용을 바탕으로 좀 더 심도 있는 내용을 따라하기 형식으로 학습할 수 있습니다.

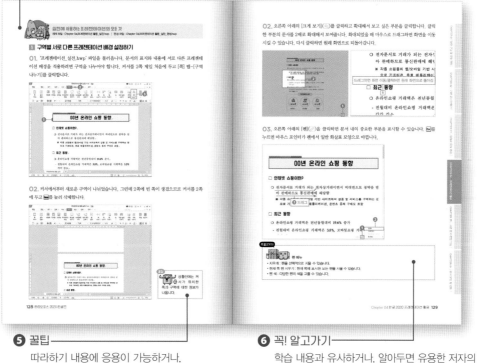

❺ 꿀팁
따라하기 내용에 응용이 가능하거나,
반드시 알아야 할 내용을 짚어줍니다.

❻ 꼭! 알고가기
학습 내용과 유사하거나, 알아두면 유용한 저자의
노하우를 간단하게 알려줍니다.

❼ 복합 응용력 UP!
학습한 내용을 복합적으로 응용하여 풀어볼
수 있는 문제를 소개하며, 풀이 과정은 유튜브
채널의 동영상에서 확인할 수 있습니다.

❽ 이것이 궁금하다! Q&A
챕터별로 학습을 마무리하는 단계로써, 핵심적인 내
용을 다시 한 번 알려주거나 독자들이 궁금해할 내용
들을 간단히 소개합니다.

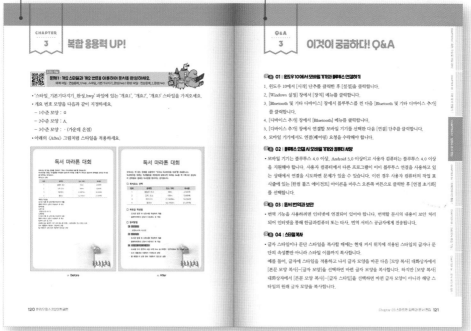

| 예제·완성 파일 및 유튜브 동영상 |

■ 예제/완성 파일 다운로드

이 책의 학습에 필요한 예제/완성 파일은 영진닷컴 홈페이지(**www.youngjin.com**)의 [고객센터]-[부록 CD 다운로드]-[IT도서/교재]에서 도서명으로 검색한 후 압축 파일을 다운로드하여 사용하면 됩니다.

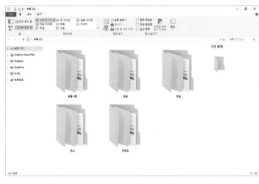

■ 한컴오피스 2020 체험판 다운로드

(주)한글과컴퓨터 홈페이지(**www.hancom.com**)의 [고객지원]-[다운로드]에서 한컴오피스 2020 체험판을 다운로드하여 내 컴퓨터에 설치하면 30일간 사용이 가능합니다.

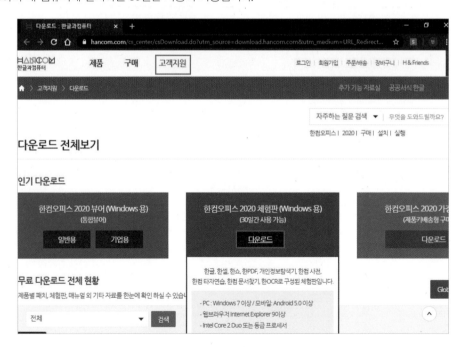

■ 유튜브 동영상 소개

다음의 QR 코드를 촬영하거나 URL 주소(**http://bitly.kr/D0tE0y6aud**)를 입력하면 유튜브 채널로 이동하여 한글, 한셀, 한쇼 학습에 필요한 핵심 기능은 섹션별 동영상 강좌로 학습할 수 있습니다. 또한 챕터별 복합 응용력 문제의 해설도 동영상으로 제공합니다.

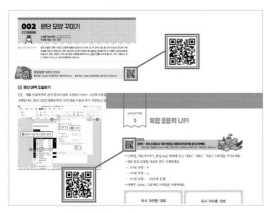

'말랑말랑 기본기 다지기' 코너와 '챕터별 복합 응용력 UP!' 문제의 QR 코드를 촬영하면 해당 도서의 유튜브 재생 목록으로 이동합니다.

한컴오피스 2020 도서의 유튜브 메인 채널로써 한글/한셀/한쇼의 핵심 기능 동영상 및 복합 응용력 UP! 문제의 해설 동영상을 보면서 학습할 수 있습니다.

한글/한셀/한쇼 재생 목록별로 동영상을 확인할 수 있습니다.

한셀 Chapter 04의 '005 피벗 테이블 활용하기' 동영상 실행 모습입니다.

한컴오피스 2020 공통 사항 & 한워드편

스마트한 업무를 위한

한컴오피스 2020

한컴
오피스

최신 기술이 함께하는 한컴 스마트 오피스

중요도 ◆◆◆◆◆

기능	효과	미리 보기
한OCR	한컴오피스에서 제공하는 OCR(Optical Character Recognition) 기술을 활용하여 오프라인에서도 그림 파일에서 글자를 추출할 수 있습니다.	
한컴스페이스	한컴스페이스 계정으로 온라인 스토리지에 파일을 자동으로 저장하고 모바일 장치나 다른 플랫폼에서 최신 파일을 열어볼 수 있습니다.	
한컴 애셋	온라인에서 무료로 제공하는 한컴 애셋을 통해 문서 작업에 필요한 다양한 요소를 한 곳에서 검색하고 문서 서식을 다운받아 완성도 높은 문서를 만들 수 있습니다.	
챗봇(오피스 톡)을 이용한 업무	한컴오피스 챗봇 서비스인 오피스 톡에 필요한 기능을 물어보면 기능에 대한 설명과 기능을 바로 실행할 수 있는 메뉴를 제공받을 수 있습니다.	
오피스 커뮤니케이터	현재 문서를 여러 사람과 협업하여 사용자와 대화를 나누면서 문서를 편집할 수 있음으로 신속하고 정확한 문서 작업이 가능합니다.	
블록체인 기반 문서 진본 확인 서비스	기업 고객을 대상으로 한 문서 진본 확인 서비스는 한컴오피스에서 작성된 모든 문서의 진본 여부와 갱신 이력을 확인할 수 있어 해당 문서의 신뢰성과 무결성을 보장할 수 있습니다.	
글꼴 알림 서비스	한글과컴퓨터에 사용권이 없는 글꼴을 사용함으로써 사용권을 위반할 소지가 있는 글꼴에 대해 주의 표시와 경고 메시지를 제공할 수 있습니다.	

001 한컴오피스 2020 새로워진 기능

난이도 ◆◆◆◆◆

✦사용 가능 버전 : 2020

한컴오피스 2020 신기능
▶▶

새로워진 한컴오피스 2020에서는 스마트워크와 높은 생산성을 추구하는 사용자가 효율적으로 작업할 수 있는 많은 기능을 제공합니다. 한글, 한셀, 한쇼, 한워드, 한PDF와 같이 사용성이 강화된 편집 프로그램과 클라우드 서비스인 한컴스페이스가 연동된 한컴오피스를 사용하면 언제 어디서나 모든 장치와 플랫폼에서 문서를 작성하고 공유할 수 있습니다.

1 한컴스페이스 연동 강화

한컴스페이스 계정만 있으면 온라인 스토리지에 파일을 자동으로 저장하고 모바일 장치나 다른 플랫폼에서 최신 파일을 열어볼 수 있습니다. 자동 저장 설정으로 언제 어디서나 파일에 접근하여 문서 작업을 이어 나가세요. 한컴오피스의 환경 설정을 한컴스페이스에 일시적으로 저장한 다음 필요할 때 다시 가져올 수 있습니다. 이 기능을 사용하면 문서 작업 장소가 바뀌더라도 지정했던 사용 환경을 다시 설정할 필요 없이 동일한 사용자 환경에서 문서 작업을 이어 나갈 수 있어 편리합니다.

2 OCR로 그림에서 글자 추출

한컴오피스에서는 OCR(Optical Character Recognition) 기술을 활용하여 그림 파일에서 글자를 추출할 수 있는 기능을 지원합니다. 이 기능을 사용하여 스캔하거나 다운로드한 이미지에 포함된 문자를 편집 창에 바로 입력할 수 있으며, 내용을 복사하여 다른 곳에 붙여 넣을 수도 있습니다. 인쇄물 형태의 명함 또는, 서류를 스캔하거나 카메라로 촬영한 다음 편집 가능한 문자로 변환하고 싶을 때 유용하게 사용할 수 있습니다.

3 블록체인을 통한 문서 진본 확인

사회 각 분야의 종이 문서가 전자 문서로 대체되어 매우 편리해졌지만 전자 문서의 위/변조 가능성으로 인해 진본성 검증에 대한 요구가 점점 증가하고 있습니다. 한컴오피스에서는 문서의 진위를 실시간으로 확인할 수 있는 블록체인 기반의 문서 진본 확인 서비스를 제공합니다. 문서 생성자가 문서의 원본을 블록체인 서버에 등록하면 문서 열람자 또는, 구독자는 진본 확인 과정을 통해 문서의 위/변조를 사전에 차단하고 진본 여부를 확인할 수 있습니다. 문서 진본 확인 서비스는 B2B 또는, B2G 사용자를 대상으로 하며 서비스 이용 문의는 (주)한글과컴퓨터 고객 지원 페이지를 이용해 주시기를 바랍니다.

4 추가 기능 분리로 오피스 경량화

사용 빈도가 비교적 낮은 기능을 별도의 패키지로 분리하여 더욱더 가벼워진 한컴오피스를 체험할 수 있습니다. 처음에는 필수 기능만 포함된 한컴오피스를 설치하고 필요에 따라 추가 기능 패키지를 다운로드하여 전체 기능을 사용할 수 있습니다. 이전 버전보다 설치 용량이 감소하여 한컴오피스 사용자의 디스크 공간을 절약하는 데 도움이 됩니다.

5 속성 손실 없이 편집 프로그램 간 개체 복사/붙이기

선택한 개체를 한컴오피스의 다른 편집 프로그램에서도 같은 방식으로 편집할 수 있도록 개체 호환성이 개선되었습니다. 한글에서 생성한 차트나 도형을 복사한 다음 한셀, 한쇼, 한워드에 붙여 넣어도 개체 유형이 변경되거나 속성이 손실되지 않아 한글에서 편집하던 그대로 개체를 편집할 수 있습니다.

6 스마트 태그 지원

사용자가 선택한 항목이나 동작에 따라 필요한 메뉴 모음이 즉시 제공되므로 문서를 빠르게 편집하여 작업 시간을 절약할 수 있습니다. 현재 편집 중인 내용에 따라 사용자에게 필요한 옵션을 동적으로 제공하므로 도구 상자에서 메뉴를 찾지 않아도 원하는 유형의 옵션을 바로 선택하여 적용할 수 있습니다. 예를 들어, 선택한 내용을 붙여 넣으려고 할 때 자동으로 붙이기 옵션 메뉴가 나타나며 여기에서 서식을 유지한 채 붙여 넣을지, 글자만 붙여 넣을지 선택하여 적용할 수 있습니다.

7 말랑말랑 플랫폼 서비스 연동

한컴오피스 사용자라면 누구나 말랑말랑 플랫폼에 접속하여 다양한 서비스를 활용할 수 있습니다. 말랑말랑 플랫폼에서 제공하는 한컴타자연습 게임을 즐기면서 타수를 올리거나 팁 공유 커뮤니티인 오피스 꿀단지에 접속하여 한컴오피스 활용 팁을 확인해 보세요.

8 작업 창 분리 또는 고정

사용자의 편의에 따라 여러 개의 작업 창을 자유자재로 분리했다가 다시 고정할 수 있습니다. [보기] 탭-[작업 창]에서 원하는 작업 창을 선택하면 프로그램 창 오른쪽 영역에서 탭 형태로 열립니다. 그중 하나의 작업 창 위에 마우스 포인터를 놓은 상태에서 문서 영역으로 끌면 작업 창이 분리됩니다. 분리된 작업 창을 다시 작업 창 영역으로 끌면 탭 형태로 고정할 수 있습니다.

9 스플래시 이미지 닫기를 통한 프로그램 종료

한컴오피스를 처음 실행할 때 나타나는 스플래시 이미지에 닫기 단추가 추가되었습니다. 일부 공공 기관이나 성능이 낮은 PC에서 프로그램을 실행할 때 로딩 이미지만 나타난 채 응답 대기 시간이 길어질 경우 프로그램을 신속하게 종료할 수 있습니다.

10 한컴 툴즈 접근성 및 사용성 개선

한컴 툴즈를 사용하기 위해 프로그램을 찾아서 실행하고 블루투스로 연결하는 데 발생하는 사용자의 불편함을 해소했습니다. [도구] 탭-[한컴 툴즈] 하위 목록에서 원하는 앱을 선택한 다음 QR 코드를 사용하여 블루투스 연결을 활성화하고 툴즈 프로그램을 설치하거나 실행할 수 있습니다.

11 주의 글꼴 알림 제공

사용자가 작성한 콘텐츠를 개인적 또는 영리적 목적으로 배포할 때 글꼴의 저작권 문제로 더는 어려움을 겪지 않아도 됩니다. 한글과컴퓨터에 사용권이 없는 글꼴을 사용함으로써 사용권을 위반할 소지가 있는 글꼴에 대해 주의 표시와 경고 메시지를 제공합니다. 주의 글꼴 표시 대상은 한컴오피스와 함께 설치되지 않은 글꼴, 일부 시스템 글꼴, 타사 유료 글꼴, 사용자가 별도로 설치한 글꼴입니다. 이러한 주의 글꼴은 글꼴 목록에서 확인할 수 있으며, 각 글꼴 이름 시작 부분에 느낌표 모양의 주의 글꼴 아이콘이 표시됩니다. 사용자는 글꼴 목록에서 글꼴을 선택할 때 이 아이콘을 통해 주의 글꼴을 쉽게 구분할 수 있습니다.

12 오피스 톡을 통해 한 번에 기능 실행

한컴오피스 챗봇 서비스인 오피스 톡에 필요한 기능을 물어보면 기능에 대한 설명과 기능을 바로 실행할 수 있는 메뉴가 제공됩니다. 도구 상자나 펼침 메뉴를 거치지 않고 기능을 실행할 수 있어 시간을 절약하고 문서 작업의 효율성을 높일 수 있으며, 단축키 또는 메뉴 위치가 기억나지 않을 때도 유용하게 사용할 수 있습니다.

13 타자 프로그램 없이 사용자의 입력 타수를 즉시 확인

한컴타자연습 프로그램을 실행하지 않아도 문서를 편집하는 동안 실시간으로 사용자의 입력 타수를 확인할 수 있습니다. 상태 표시줄에서 현재 입력 타수를 확인하고 온라인 한컴타자연습 페이지에 접속하여 타자 실력을 높여보세요. 한글 실행 시 나타나는 간편 도움말에서 타수 변경 현황을 알려줍니다.

14 연결된 글상자 UI 개선

두 개 이상 연결된 글상자 간 커서를 이동하지 않아도 연결 여부를 한눈에 알 수 있도록 사용자 인터페이스를 개선하였습니다. 여러 개의 글상자가 포함된 신문이나 다단 문서를 편집할 때 편리하게 사용할 수 있습니다.

15 캡션 스타일 추가

그림이나 표와 같은 개체의 추가하는 캡션에 적용할 수 있는 스타일이 추가되었습니다. 캡션 속성을 일일이 적용할 필요 없이 캡션 스타일의 속성을 변경하면 모든 캡션에 변경된 속성이 일괄 적용됩니다.

16 사용자가 입력 중인 언어 표시

새로워진 한글에서는 현재 선택한 언어를 모른 채 실수로 내용을 입력했다가 지운 다음 다시 언어 변경을 시도하지 않아도 됩니다. 이 옵션을 설정하면 문서 편집 영역에서 현재 사용 중인 언어를 표시해주므로 다른 작업을 하다가 한글 편집 창으로 돌아왔을 때 '영어를 한글로' 또는 '한글을 영어로' 입력하는 오류를 방지할 수 있습니다.

002 한OCR 사용하기

난이도 ◆◆◆◆◆

✦ **사용 가능 버전 :** 2020
✦ **사용 기능 :** 한OCR, 그림을 오피스 문서로 변환하기, 그림에서 글자 가져오기
✦ **예제 파일 :** Chapter 01/OCR.jpg, 글자 추출.show
✦ **완성 파일 :** Chapter 01/OCR.hwp, OCR.docx, 글자 추출_완성.show

한OCR ▶▶ 　 한OCR을 이용하여 찍은 사진의 문서를 한글, 한쇼, 한워드 등에서 글자로 추출하는 방법에 대해 알아봅니다.

▮ 사진으로 찍은 문서를 오피스 문서로 변환하기

01. 오프라인 상태에서도 사용 가능한 한OCR은 이미지 속의 글자를 추출하여 오피스 문서로 변환할 수 있는 프로그램입니다. 이미지 안의 글자를 직접 타이핑하지 않고 간편하게 추출하여 작업 효율을 높일 수 있습니다. 또한, 한OCR은 왜곡 보정, 레이아웃 분석과 다양한 형식의 문서 변환 기능을 제공합니다. 다음 과정을 실행합니다.

❶ [한컴오피스 2020] 프로그램을 더블클릭하고 [한컴오피스] 창에서 [한 OCR]-[실행] 단추 클릭

❷ [파일] 탭-[불러오기]를 클릭하고 [불러오기] 대화상자가 나타나면 'OCR.jpg' 파일 불러오기

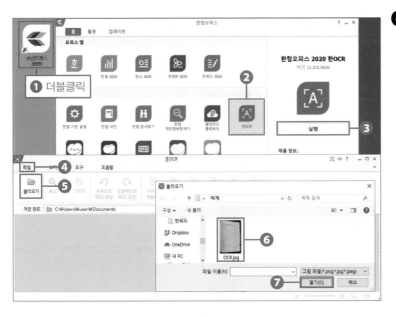

꼭 알고가기!!

OCR

OCR(Optical Character Reader)이란 빛을 이용해 문자를 판독하는 장치로 종이에 인쇄되거나 손으로 쓴 문자, 기호, 마크 등에 빛을 비추어 그 반사 광선을 전기 신호로 바꾸어 컴퓨터에 입력하는 장치입니다(출처 : 네이버 지식백과).

한 OCR에서 지원되는 이미지 파일 형식은 'PNG, JPG, JPEG'입니다. 그리고 변환할 수 있는 파일 형식은 'HWP, DOCX, PPTX, PDF, HTML, TXT'입니다.

02. [저장 경로]에서 [저장 경로 설정]을 클릭하고 [폴더 선택] 대화상자가 나타나면 저장 위치를 지정한 후 [폴더 선택] 단추를 클릭하여 한글(HWP) 문서로 변환된 결과 파일의 저장 위치를 지정합니다.

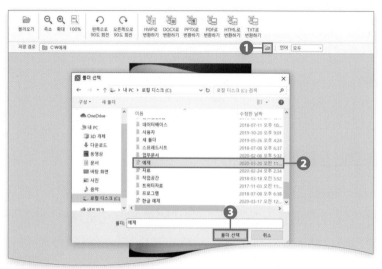

꼭 알고가기!!

변환 시 사용 언어 설정하기
파일로 변환할 이미지에서 주로 사용된 언어를 선택할 수 있습니다. 그러면 선택한 언어에 대한 텍스트의 인식률이 높아집니다. 언어를 선택하려면 도구 상자 영역에서 [언어 선택] 목록을 클릭하고 원하는 언어를 선택합니다.

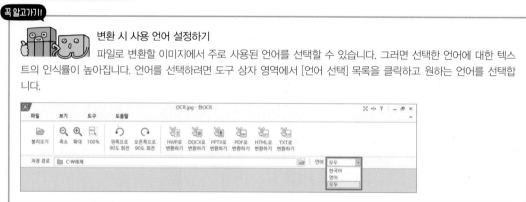

03. [HWP로 변환하기]를 클릭하고 [문서로 변환하기] 대화상자가 나타나면 변환 진행률을 확인하고 완료되면 목록에 있는 'OCR.hwp' 파일을 더블클릭합니다. 그러면 한글 프로그램이 실행되면서 변환된 문서를 확인할 수 있습니다.

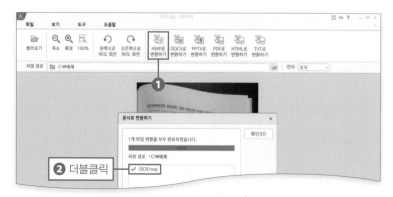

04. 아래 그림처럼 사진으로 찍은 문서를 한글(HWP) 문서로 간편하게 변환했습니다. 같은 방법으로 'DOCX, PPTX, PDF, HTML, TXT' 문서로 변환해 봅니다.

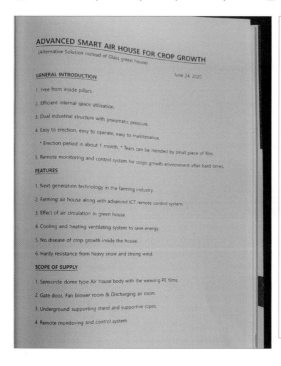

2 한글·한쇼·한워드에서 OCR 기능 활용하기

01. 한글, 한쇼, 한워드 등 오피스 프로그램에서 한OCR을 실행하지 않고 바로 OCR 기능을 사용할 수 있습니다. 한워드에서 [파일] 탭-[그림을 오피스 문서로 변환하기]를 클릭합니다. [그림을 오피스 문서로 변환하기] 대화상자가 나타나면 [추가] 단추를 클릭하여 변환할 이미지 파일을 선택하고 [저장 경로]를 지정한 후 [확인] 단추를 클릭합니다. [문서 변환하기] 대화상자가 나타나면 변환 진행률을 확인하고 완료되면 목록에서 변환된 파일을 더블클릭하여 변환된 결과를 확인합니다.

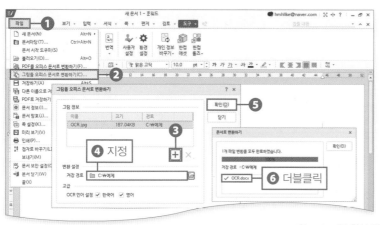

02. 한글, 한쇼, 한워드 등 오피스 프로그램에서 이미지에서 글자를 추출하여 편집 중인 문서에 바로 삽입할 수 있습니다. 한쇼에서 '글자 추출.show' 파일을 불러옵니다. 이미지에서 마우스 오른쪽 버튼을 클릭하고 [그림에서 글자 가져오기]를 선택합니다. [글자 가져오기] 대화상자에서 글자 가져오기를 완료하면 [확인] 단추를 클릭합니다.

03. [입력] 탭-[가로 글상자]를 클릭하고 그림처럼 드래그한 후 Ctrl + V 를 눌러 가져온 글자를 붙어 넣습니다.

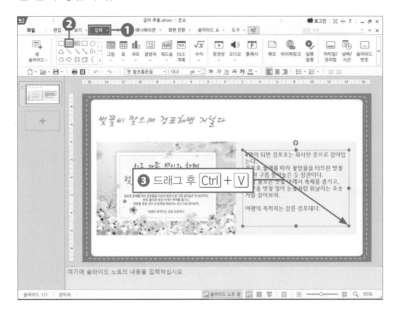

003 말랑말랑 한컴스페이스

난이도 ◇◇◇◇◇

✦ 사용 가능 버전 : **2020**
✦ 사용 기능 : 한컴스페이스

한컴스페이스 ▶▶ 작업 중인 자료를 자동 저장 설정으로 언제 어디서나 파일에 액세스하여 문서 작업을 이어 나갈 수 있으며 사무실에서 작성 중인 문서를 한컴 클라우드에 자동 저장되도록 설정하면 집에서나 이동 중에도 최신 문서를 업데이트할 수 있는 한컴스페이스에 대해 알아봅니다.

1 한컴스페이스 회원가입

01. 한컴스페이스를 이용해서 Dropbox, Box, Evernote, Google Drive, OneDrive 등 다양한 클라우드 서비스를 하나의 계정으로 관리합니다. 한컴스페이스에 로그인하면 각 서비스의 무료 용량을 통합하여 사용할 수 있습니다. 또한 각 계정에 분산된 파일을 한 영역에서 관리하고 서비스 사용 현황을 간편하게 파악할 수 있습니다.

[한컴오피스 2020] 프로그램을 더블클릭하고 [한컴오피스] 창에서 [말랑말랑 한컴스페이스]-[실행] 단추를 클릭합니다. 한컴스페이스 사이트에 접속되면 [로그인]을 클릭합니다.

02. 다음과 같이 회원가입을 합니다.

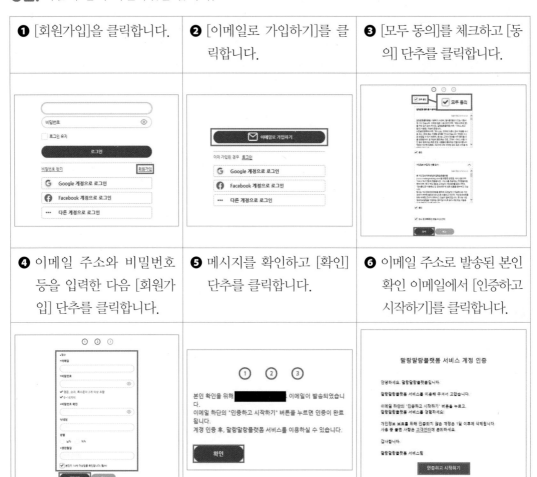

❶ [회원가입]을 클릭합니다.	❷ [이메일로 가입하기]를 클릭합니다.	❸ [모두 동의]를 체크하고 [동의] 단추를 클릭합니다.
❹ 이메일 주소와 비밀번호 등을 입력한 다음 [회원가입] 단추를 클릭합니다.	❺ 메시지를 확인하고 [확인] 단추를 클릭합니다.	❻ 이메일 주소로 발송된 본인 확인 이메일에서 [인증하고 시작하기]를 클릭합니다.

꿀팁

한컴스페이스는 기존 구글과 페이스북 계정으로 로그인할 수 있습니다.

② 외부 클라우드 서비스 연동하기

01. 다음과 같이 구글 드라이브를 추가하고 구글 드라이브에 저장된 파일을 확인합니다.

❶ [서비스 추가]를 클릭하고 [Google Drive]를 클릭합니다.	❷ 구글 계정을 클릭합니다.	❸ 비밀번호를 입력합니다.

❹ [허용] 단추를 클릭합니다.	❺ F5 를 눌러 새로 고침을 하면 추가된 구글 드라이브 나오며, 구글 드라이브를 클릭하면 저장된 파일을 확인할 수 있습니다.

02. [스토리지]-[한컴스페이스] 옆의 ▦을 클릭하면 문서, 이미지, 기타 등 파일의 개수와 남은 사용 용량을 확인할 수 있습니다. 그리고 [새로 만들기]를 클릭하면 [파일 업로드], [폴더 만들기]와 다양한 오피스 문서를 만들 수 있는 메뉴를 확인할 수 있습니다.

03. [스토리지]-[한컴스페이스]를 클릭하고 저장된 파일을 클릭하면 뷰어가 실행되어 오피스 문서가 이미지 형태로 자동 변환되어 보입니다. 뷰어 화면에서 [편집]을 클릭하면 웹브라우저에서 한컴오피스 온라인으로 편집할 수 있는 [한컴오피스 Web으로 편집]과 PC에서 편집할 수 있는 [한컴오피스로 편집] 기능을 제공합니다.

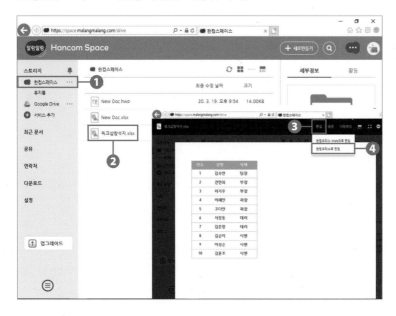

한글(HWP) 문서 병합

문서 병합을 통해 한글(HWP) 파일을 Drag&Drop하여 여러 개의 문서를 하나의 파일로 만들 수 있습니다. 한컴스페이스에서 ⬤⬤⬤ 을 클릭하고 [문서 병합]을 클릭합니다. [문서 병합] 창에서 '여기에 한글(HWP) 파일 드롭하기'로 병합하려하는 파일을 드래그한 후 [문서 병합] 단추를 클릭하고 저장하면 됩니다.

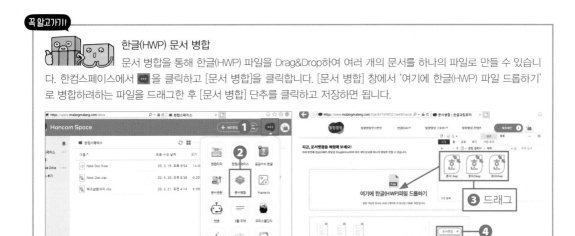

③ 오피스 프로그램에서 한컴스페이스 연동

01. 한컴스페이스 계정만 있으면 온라인 스토리지에 파일을 자동으로 저장하고 모바일 장치나 다른 플랫폼에서 최신 파일을 열어볼 수 있습니다. 한글 2020을 실행하고 제목 표시줄에서 [로그인]을 클릭합니다. [한컴스페이스 로그인] 대화상자가 나타나면 '이메일'과 '비밀번호'를 입력하고 [로그인] 단추를 클릭합니다.

02. 제목 표시줄에 [한컴스페이스 계정]을 클릭하면 한컴스페이스 메뉴가 나타납니다. 메뉴에 대한 설명은 다음과 같습니다.

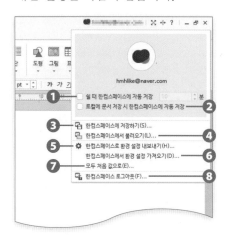

❶ **쉴 때 한컴스페이스에 자동 저장** : 현재 편집 중인 문서에 일정한 시간 동안 내용 입력이 없으면 한컴스페이스에 자동으로 저장합니다. 저장 시간 간격은 5~30분으로 설정할 수 있습니다. 문서를 직접 저장하지 않고도 최신 상태로 유지하고 싶을 때 유용한 기능입니다. 새 문서를 저장하지 않고 편집하는 경우에는 한컴스페이스에 자동으로 저장되지 않습니다.

❷ **로컬에 문서 저장 시 한컴스페이스 자동 저장** : 한컴오피스에서 편집한 문서를 컴퓨터에 저장하거나, 한컴스페이스에서 편집한 문서를 컴퓨터 또는, 모바일 장치에 저장할 때 한컴스페이스에 자동으로 저장합니다. 한컴스페이스에서 편집한 문서를 로컬에 저장하려면 반드시 [다른 이름으로 저장]을 실행해야 합니다.

❸ **한컴스페이스에 저장하기** : 한컴오피스에서 편집한 문서를 한컴스페이스에 저장합니다. [한컴스페이스에 저장하기] 대화상자에서 파일 이름, 형식, 문서 암호 등을 지정할 수 있습니다.

❹ **한컴스페이스에서 불러오기** : 한컴스페이스의 내 저장 공간에 문서를 불러옵니다. [한컴스페이스에서 불러오기] 대화상자에서 원하는 문서를 선택할 수 있습니다.

❺ **한컴스페이스로 환경 설정 내보내기** : 한컴오피스의 [환경 설정] 대화상자에서 사용자가 지정한 항목, 단축키 및 스킨 설정에서 사용자가 변경한 모든 사항을 한컴스페이스에 저장합니다. 사용자가 지정한 모든 설정을 한컴스페이스에 저장해 놓으면 사용자의 장소가 바뀌더라도 동일한 사용자 환경을 유지할 수 있습니다.

❻ **한컴스페이스에서 환경 설정 가져오기** : 이전에 한컴스페이스에 저장한 한컴오피스의 설정을 그대로 가져와 다른 한컴오피스에 적용합니다. [환경 설정] 대화상자에서 사용자가 지정한 항목, 단축키 및 스킨 설정에서 사용자가 변경한 모든 사항을 가져올 수 있습니다.

❼ **모두 처음 값으로** : [한컴스페이스 자동 저장 설정] 및 [한컴스페이스로 환경 설정 내보내기/한컴스페이스에서 환경 설정 가져오기]에서 사용자가 지정한 모든 설정을 처음 값으로 되돌립니다.

❽ **한컴스페이스 로그아웃** : 한컴스페이스에서 로그아웃합니다.

004 한컴 애셋 – 온라인 서식 문서

난이도 ◆◆◆◆◆

✦사용 가능 버전 : 2018 2020
✦사용 기능 : 서식 파일, 글꼴, 클립아트 다운

한컴 애셋 ▶▶   한컴 애셋을 통해 다양한 문서 서식, 클립아트 및 글꼴을 제공받아 세련되고 완성도 높은 문서를 만드는 방법을 알아봅니다.

1 한컴 애셋 – 서식 파일 다운받기

01. 한컴 애셋을 통해 온라인에서 다양한 범주의 문서 서식, 클립아트 또는, 글꼴을 내려받을 수 있습니다. 한컴 애셋은 한글, 한셀, 한쇼, 한워드에 공통으로 '서식, 클립아트, 글꼴'을 제공하고, 특별히 한글에는 '그리기 조각, 한글 전용 글꼴, 유틸리티'를 추가로 더 제공합니다. 한글 2020을 실행하고 [도구] 탭–[한컴 애셋]을 클릭합니다. [한컴 애셋] 대화상자가 나타나면 [서식] 탭에서 다운받고 싶은 서식 파일을 선택하고 미리 보기 화면에서 '서식 정보'와 '사용권'을 확인한 후 [내려받기] 단추를 클릭합니다.

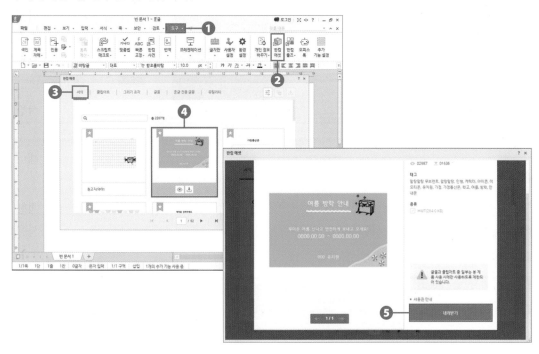

2 글꼴 및 클립아트 다운받기

한컴 애셋을 통해 업데이트되는 다양한 글꼴과 클립아트(조각 이미지) 자료를 다운로드하여 문서를 풍부하게 표현할 수 있습니다.

005 챗봇(오피스 톡)을 이용한 업무

난이도 ◆◆◆◆◆

✦사용 가능 버전 : 2020
✦사용 기능 : 스마트 입력, 음성 입력, 오피스 톡

오피스 톡 및
한컴툴즈 ▶▶

오피스 톡 챗봇과 대화로서 문서 작성 도움을 받을 수 있으며 음성, 및 스마트폰 명령으로 한컴오피스를 제
작 편집할 수 있습니다.

1 오피스 톡

한컴오피스에는 시간을 절약하고 문서 작업의 효율성을 높일 수 있는 똑똑한 오피스 톡 작업 창을
제공합니다. 실시간 채팅 형식으로 지식을 검색하거나 한컴오피스의 사용 문제를 해결하거나 기
능 사용 방법에 대한 정보를 얻어 문서 작업의 생산성을 대폭 향상시킬 수 있도록 도움을 줍니다.

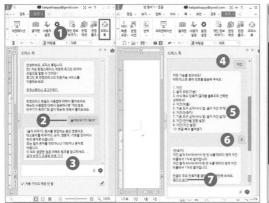

❶ 한글 2020의 [도구] 탭-[오피스 톡]을 선택하고 계정 로그인을 진행합니다.

❷ '글자바꾸기가 뭐야'를 입력하고 [Enter↵]를 누릅니다.

❸ 오피스 톡에서 답변을 표시합니다.

❹ '자간'을 입력하고 [Enter↵]를 누릅니다.

❺ 자간과 관련한 다양한 지식 리스트가 표시됩니다.

❻ '6.자간(단축키)'의 6을 입력하고 [Enter↵]를 누릅니다.

❼ '꿀단지 보기' 링크 표시를 클릭하여 한컴 커뮤니티에서 단축키를 다운로드합니다.

❽ 위키백과에서 검색할 글자를 입력합니다.

❾ 오피스 톡의 # 표시를 클릭합니다.

❿ 드래그하여 '커뮤니티' 글자를 범위 지정 후 [Enter↵]를 누릅니다.

⓫ 위키백과사전에서 '커뮤니티'를 검색하여 표시합니다.

2 한컴툴즈(스마트 입력, 음성 명령)

한컴툴즈는 한글, 한워드, 한셀, 한쇼에서 유무선 네트워크나 블루투스 연결을 통해 한컴오피스를 원격 제어할 수 있는 Android용 응용 프로그램 패키지입니다. 사용자 손안의 모바일 장치에서 클립보드의 내용을 공유하고 스마트 입력으로 데이터를 간편하게 전송하고 음성 명령을 통해 기능을 실행하는 등의 다양한 작업을 수행할 수 있습니다.

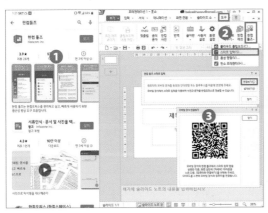 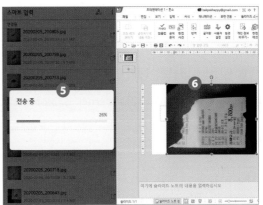

❶ 모바일에서 [한컴툴즈] 앱을 실행합니다.

❷ 한쇼 2020에서 [도구] 탭-[한컴 툴즈]-[스마트 입력]을 클릭합니다.

❸ 연결하기를 클릭하고 표시되는 QR코드를 모바일에서 촬영하면 컴퓨터와 모바일이 연결됩니다.

❹ 모바일 기기의 사진을 전송합니다.

❺ 한쇼에 모바일 기기의 사진이 전송되었습니다.

006 오피스 커뮤니케이터

난이도 ◆◆◆◆◆

✦ 사용 가능 버전 : NEO 2018 2020
✦ 사용 기능 : 오피스 커뮤니케이터 작업 창

오피스 커뮤니케이터 ▶▶ 작업을 여러 사람과 공동으로 실시간 작업할 수 있는 협업 기능에 대해 알아봅니다

1 오피스 커뮤니케이터

사용하는 웹 브라우저가 Internet Explorer 9의 하위 버전인 경우 오피스 커뮤니케이터가 정상 동작하지 않을 수도 있습니다. 오피스 커뮤니케이터를 사용하려면 Windows 7 이상의 운영 체제가 필요합니다.

❶ [보기] 탭-[작업 창]-[오피스 커뮤니케이터]를 클릭합니다.

❷ 한컴스페이스 계정을 사용하지 않으려면 [한컴스페이스 계정 없이 시작] 단추를 클릭합니다. 한컴스페이스 계정 없이 시작에서 [홈] 탭-[협업 시작] 단추를 클릭합니다.

❸ [협업 초대] 탭이 나타나면 [초대할 사용자]에 협업할 사용자 이메일 주소를 입력합니다. [초대할 사용자] 입력 상자에 쉼표나 세미 콜론으로 구분해서 여러 사용자의 이메일 주소를 입력할 수 있습니다.

❹ [협업 초대] 탭의 하단에 있는 [협업 초대] 단추를 클릭합니다. 초대 메일이 발송되면 [협업 초대] 탭이 닫히고 [협업 상황] 탭이 [홈] 탭 옆에 추가됩니다.

❺ 초대받은 사용자가 참여하면 협업을 시작합니다.

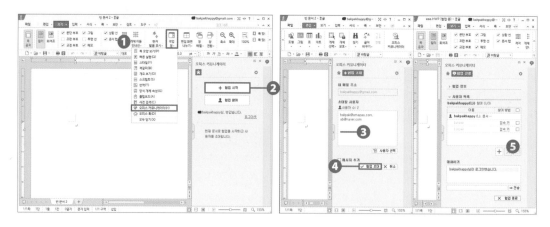

007 블록체인 기반 문서 진본 확인 서비스

- ✦ 사용 가능 버전 : 2020
- ✦ 사용 기능 : 한컴위드 에스레저 플랫폼

문서 진본 확인 서비스 ▶▶ 한컴위드의 블록체인 플랫폼 '한컴 에스레저'를 기반으로 한컴오피스 2020에서는 기업 고객을 대상으로 블록체인 기술을 활용, 문서의 진위와 수정 이력을 확인할 수 있는 문서 진본 확인 서비스에 대해 알아봅니다.

1 블록체인 기반 문서 진본 확인 서비스 소개

한컴오피스는 B2B(기업) 및 B2G(공공) 고객을 대상으로 블록체인 기술을 활용해 한글, 한쇼, 한셀, 한워드, 한PDF에서 문서의 진위와 수정 이력을 확인할 수 있는 블록체인 기반 문서 진본 확인 서비스를 제공합니다.

이 기능은 한컴위드의 블록체인 플랫폼 '한컴 에스레저'를 기반으로 고객사 전용 서버 구축을 통해 운용하며 한컴오피스에서 작성된 문서의 진본 여부와 갱신 이력을 확인할 수 있어 해당 문서의 신뢰성과 무결성을 보장합니다.

꼭 알고가기!!

한컴 에스레저
한컴 에스레저는 보안성을 강화하고 서비스 효율성을 높이는 것을 목표로 개발 중인 블록체인 플랫폼이며 인증이나 로그인을 통해 허가된 이용자를 대상으로 서비스가 제공되는 프라이빗 기반 블록체인 서비스입니다.

한컴오피스의 문서 진본 확인 서비스는 문서의 진위 여부 확인 요구가 있는 금융, 보험, 부동산 업계를 비롯해 신고 및 허가, 민원 등에 따른 행정문서 관리가 필요한 공공기관 등에서 많은 활용될 수 있습니다.

008 글꼴 알림 서비스

난이도 ◆◆◆◆◆

✦ 사용 가능 버전 : 2020
✦ 사용 기능 : [도구] 탭-[환경 설정]-[글꼴]

글꼴 알림 ▶▶ 한글과컴퓨터에 사용권이 없는 글꼴이 포함된 문서를 열거나 저장했을 때 경고 메시지를 표시하는 '주의 글꼴 알림'에 대해 알아봅니다.

1 주의 글꼴 아이콘 표시 설정하기

한글, 한셀, 한쇼 2020에서 [도구] 탭-[환경 설정]을 클릭하고 [환경 설정] 대화상자의 [글꼴] 탭-[글꼴 보기]-[서식 도구 상자에서 글꼴 미리 보기]에 체크되어 있으면 서식 도구 상자에서 [글꼴] 목록 단추를 클릭했을 때 사용할 수 있는 글꼴 이름을 미리 보기 형태로 보여주어 글꼴을 본문에 적용하지 않고도 원하는 모양의 글꼴을 쉽게 선택할 수 있습니다. 하지만 이 항목을 체크해 놓으면 글꼴 목록을 펼칠 때 좀 더 시간이 오래 걸릴 수 있으며 서식 도구 상자의 글꼴 목록에서 한글과컴퓨터에 사용권이 없는 주의 글꼴을 확인하려면 이 항목을 선택 해제하여 해당 글꼴 이름 시작 부분에 느낌표 모양의 주의 글꼴 아이콘(🔔)이 표시되는 걸 확인해야 합니다. 사용자는 글꼴 목록에서 글꼴을 선택할 때 이 아이콘을 통해 주의 글꼴을 쉽게 구분할 수 있습니다.

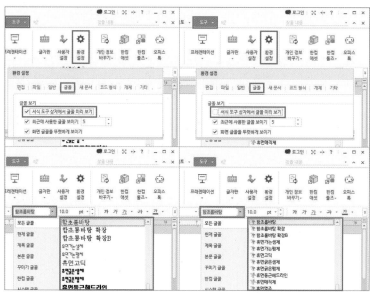

▲ 설정   ▲ 설정 해제

2 주의 글꼴 알림 설정하기

한글, 한셀 2020에서 [도구] 탭-[환경 설정]을 클릭하고 [글꼴] 탭에서 [주의 글꼴]-[주의 글꼴 알림]에 체크하면 사용권을 위반할 소지가 있는 주의 글꼴의 포함 여부를 쉽게 확인할 수 있습니다.

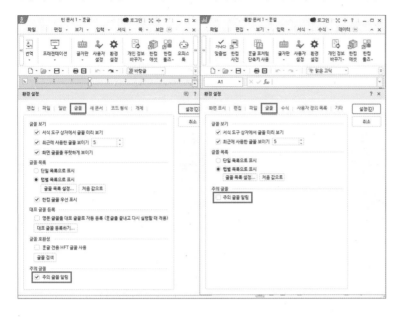

3 파일 저장 시 주의 글꼴 알림 창

한셀 2020에서 [주의 글꼴 알림]에 체크하고 주의 글꼴에 해당하는 '가는 안상수체'를 글자 서식으로 지정했습니다. [파일] 탭-[다른 이름으로 저장]을 클릭하면 [사용 권한이 없는 글꼴을 사용했음에 대한 알림 창이 나타납니다. [아니요] 단추를 클릭하여 주의 사항이 없는 글꼴로 변경한 후 저장합니다.

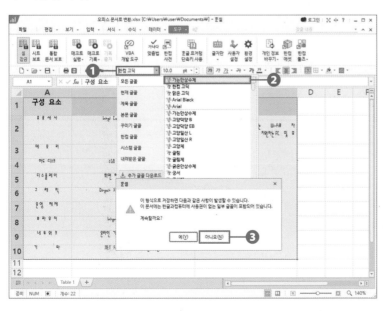

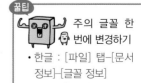

꿀팁

주의 글꼴 한 번에 변경하기

• 한글 : [파일] 탭-[문서 정보]-[글꼴 정보]
• 한쇼 : [서식] 탭-[글꼴 바꾸기]

CHAPTER 2

한컴오피스에서 제공하는 스마트한 PDF 문서 관리

중요도 ◇◇◇◇◇

■ 사용하는 기능 및 학습 후 효과

기능	효과	미리 보기
PDF 문서 쪽 추출하기	PDF 문서에서 특정한 페이지만 추출하여 새로운 PDF 문서를 만들 수 있습니다.	
PDF 문서 병합	여러 PDF 파일을 병합할 수 있고 문서 순서를 조절할 수 있습니다.	
PDF 오피스 문서로 변환하기	PDF 문서를 편집할 수 있는 오피스 문서로 변환할 수 있습니다. 한글, MS 워드, 엑셀, 파워포인트로 변환하는 방법과 그림으로 변환하는 방법에 대해 알아봅니다.	
PDF 설명 달기	PDF 문서의 내용을 강조 표시하기 위해 도형을 그리거나 설명을 다는 스티커노트를 삽입할 수 있습니다.	
PDF 프레젠테이션 하기	PDF 문서에 화면 전환 설정을 하고 프레젠테이션하는 방법에 대해 알아봅니다.	

001 PDF 문서 관리

난이도 ◆◆◆◆◆

✦ 사용 가능 버전 : 2018 2020
✦ 사용 기능 : 선택 영역 내보내기, 화면 캡처, 선택한 쪽 추출, PDF 변환
✦ 예제 파일 : PDF 문서 관리.pdf, 표지.pdf

PDF 문서 관리 ▶▶ 한PDF 2020을 실행하고 PDF 문서를 관리하는 전반적인 방법에 대해 알아봅니다. 또한, 한 페이지의 특정 영역만 오피스 문서로 변환하는 방법과 화면 캡처하는 방법, 특정 페이지만 인쇄하고 추출하는 방법 그리고, 여러 PDF 파일을 병합하는 방법도 알아봅니다.

1 문서 선택, 확대/축소, 폭/쪽 맞춤

01. [한컴오피스 2020] 프로그램을 더블클릭하여 실행합니다. [한컴오피스] 창에서 [한PDF 2020]-[실행] 단추를 클릭합니다. 한PDF 2020에서 [내 컴퓨터에서 불러오기]를 클릭하고 예제 파일인 'PDF 문서 관리.pdf' 파일을 더블클릭하여 실행합니다.

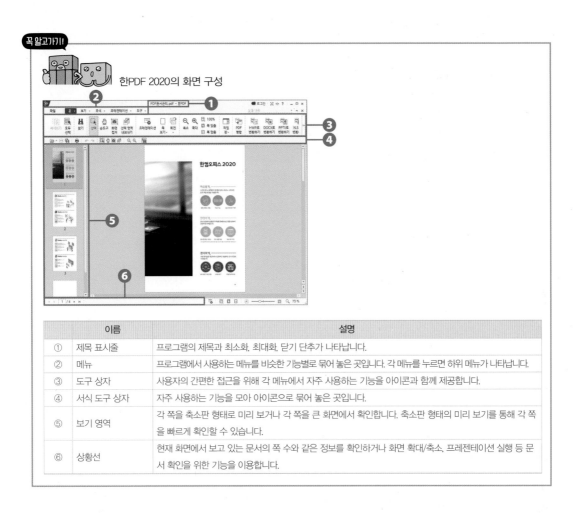

한PDF 2020의 화면 구성

	이름	설명
①	제목 표시줄	프로그램의 제목과 최소화, 최대화, 닫기 단추가 나타납니다.
②	메뉴	프로그램에서 사용하는 메뉴를 비슷한 기능별로 묶어 놓은 곳입니다. 각 메뉴를 누르면 하위 메뉴가 나타납니다.
③	도구 상자	사용자의 간편한 접근을 위해 각 메뉴에서 자주 사용하는 기능을 아이콘과 함께 제공합니다.
④	서식 도구 상자	자주 사용하는 기능을 모아 아이콘으로 묶어 놓은 곳입니다.
⑤	보기 영역	각 쪽을 축소판 형태로 미리 보거나 각 쪽을 큰 화면에서 확인합니다. 축소판 형태의 미리 보기를 통해 각 쪽을 빠르게 확인할 수 있습니다.
⑥	상황선	현재 화면에서 보고 있는 문서의 쪽 수와 같은 정보를 확인하거나 화면 확대/축소, 프레젠테이션 실행 등 문서 확인을 위한 기능을 이용합니다.

02. PDF 문서의 페이지는 확대/축소하여 화면에 표시할 수 있습니다. 3페이지 이상 문서에서 여러 페이지를 한눈에 보려면 [홈] 탭–[쪽 보기]–[두 쪽 스크롤]을 클릭하고 Ctrl 을 누른 상태로 마우스 휠 버튼을 위·아래로 돌리면 가로 2개의 화면은 고정되면서 페이지가 확대/축소되어 표시됩니다.

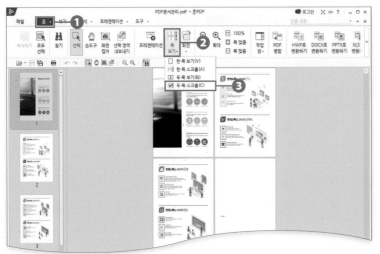

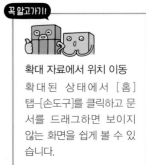

확대 자료에서 위치 이동
확대된 상태에서 [홈] 탭–[손도구]를 클릭하고 문서를 드래그하면 보이지 않는 화면을 쉽게 볼 수 있습니다.

03. [홈] 탭-[쪽 보기]-[한 쪽 보기]를 클릭하고, [홈] 탭-[쪽 맞춤]을 클릭하여 화면에 1페이지의 내용을 모두 표시합니다.

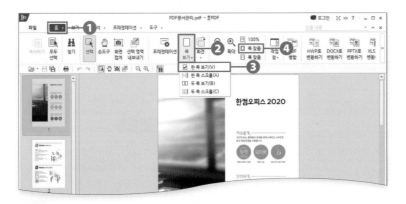

꼭 알고가기!!

PDF 회전

PDF 문서가 거꾸로 되어 있거나 똑바로 되어 있지 않을 때 회전 명령을 이용하여 정상적으로 나타나게 할 수 있습니다. [보기] 탭-[회전]에서 [왼쪽으로 90도 회전] 또는, [오른쪽으로 90도 회전]을 클릭합니다. 단, 문서 방향을 변경한 상태에서 문서를 저장해도 변경된 방향이 저장되지는 않습니다. 해당 문서를 다음에 열면 문서의 원래 방향으로 나타나므로 필요할 때마다 문서를 회전해서 내용을 확인해야 합니다.

2 선택한 쪽 인쇄, 추출하기

01. [보기 영역]에서 1쪽을 클릭하고 Ctrl 을 누른 상태로 3쪽을 클릭하여 1, 3쪽을 선택합니다. 마우스 오른쪽 버튼을 클릭하고 [선택한 쪽을 인쇄하기]를 선택하면 나타나는 [인쇄] 대화상자에서 [인쇄] 단추를 클릭하면 선택한 1, 3쪽을 인쇄할 수 있습니다.

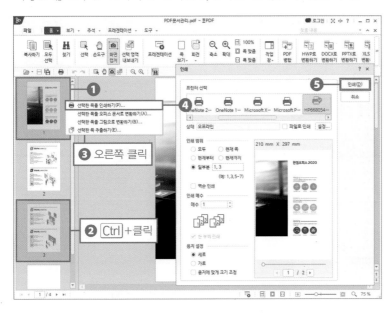

꿀팁

인쇄

[파일] 탭-[인쇄] 또는, 단축키 Ctrl + P

02. 문서의 일부 쪽만 추출해 새 PDF 문서로 만들 수 있습니다. [보기 영역]에서 2쪽을 클릭하고 Shift 를 누른 상태로 4쪽을 클릭하여 2~4쪽을 연속으로 범위 지정합니다. 마우스 오른쪽 버튼을 클릭하고 [선택한 쪽 추출하기]를 선택하면 나타나는 [쪽 추출하기] 대화상자에서 [확인] 단추를 클릭하면 2~4쪽만 별도의 PDF 문서로 실행됩니다.

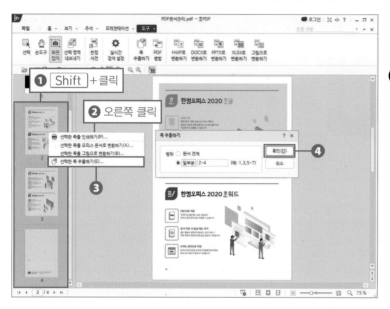

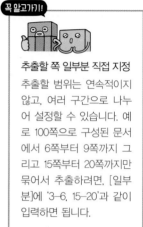

꼭 알고가기!

추출할 쪽 일부분 직접 지정
추출할 범위는 연속적이지 않고, 여러 구간으로 나누어 설정할 수 있습니다. 예로 100쪽으로 구성된 문서에서 6쪽부터 9쪽까지 그리고 15쪽부터 20쪽까지만 묶어서 추출하려면, [일부분]에 '3–6, 15–20'과 같이 입력하면 됩니다.

3 2개 이상의 PDF 문서 병합하기

01. 여러 PDF 문서를 병합할 수 있습니다. [도구] 탭–[PDF 병합]을 클릭합니다. [PDF 병합] 대화상자에서 [추가]를 클릭하면 나타나는 [불러오기] 대화상자에서 '표지.pdf' 파일을 더블클릭합니다.

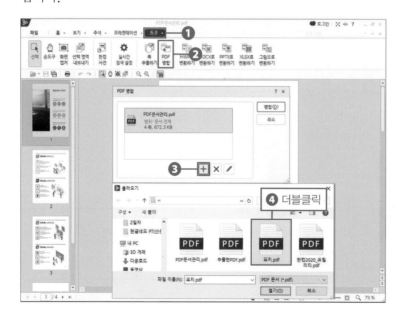

02. PDF 자료 병합 시 순서를 변경하여 병합할 수 있습니다. [PDF 병합] 대화상자에서 '표지.pdf' 파일을 선택하고 [위로 이동]을 클릭합니다. '표지.pdf' 파일이 선택된 상태에서 [설정]을 클릭하고, [일부분]에 '1'을 입력한 후 [확인] 단추를 클릭합니다. [PDF 병합] 대화상자에서 [병합] 단추를 클릭하여 문서 병합을 완료하고, [파일] 탭-[다른 이름으로 저장]을 클릭하여 새로운 PDF 파일을 작성합니다.

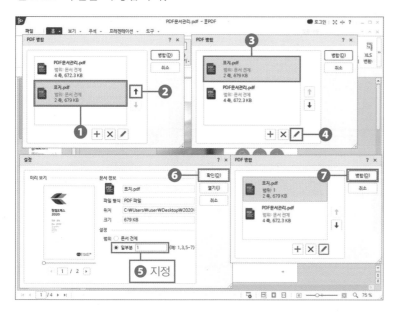

4 내용 검색 및 한컴 단어 사전 표시하기

01. PDF 문서에서 지정한 텍스트를 검색할 수 있습니다. 1쪽에서 [홈] 탭-[찾기]를 클릭합니다. [찾기] 대화상자에서 [찾을 내용]에 '스마트'를 입력하고 [찾기] 단추를 클릭합니다. 1쪽의 '스마트' 글자에 초록색 블록으로 표시됩니다. 다시 [찾기] 단추를 클릭하여 '스마트' 글자 검색을 계속 실행합니다.

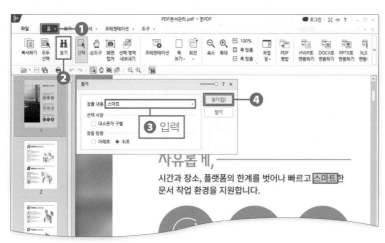

꿀팁   찾기 단축키: Ctrl + F

02. 특정 단어를 범위 지정하여 한컴 단어 사전을 자동 실행할 수 있습니다. 서식 도구 상자의 [문자 선택 시 검색하기]가 활성화된 상태인지 확인합니다. [홈] 탭–[선택]을 클릭하고 1쪽의 '플랫폼' 단어를 드래그하여 범위 지정합니다. '플랫폼'에 대한 단어 사전이 표시됩니다.

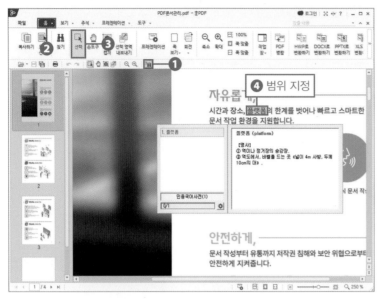

한컴 사전 표시 자료

[도구] 탭–[실시간 검색 설정]에서 지정합니다.

002 PDF 편집 가능한 문서로 변환하기

난이도 ◆◆◆◆◆

✦사용 가능 버전 : 2018 2020
✦사용 기능 : PDF 오피스 문서 및 그림으로 변환   ✦예제 파일 : 오피스 문서로 변환.pdf, 스캔문서.pdf

PDF 파일 변환 ▶▶ PDF 문서 전체 또는, 일부분 편집이 가능한 한글, MS워드, 엑셀, 파워포인트 등 오피스 문서로 변환하거나
문서 안의 표만 엑셀로 변환 또는, 고해상도로 그림으로 변환하는 방법 등에 대해 알아봅니다.

❶ PDF 자료 선택 영역 내보내기

01. 예제 파일을 불러온 후 [보기 영역]에서 4쪽을 클릭하고 [홈] 탭–[선택 영역 내보내기]를 클릭합니다. 마우스 포인터가 십자(+) 모양이 되면 마우스 왼쪽 단추를 누른 상태로 영역을 드래그하여 내보낼 영역을 선택합니다. [Enter↵] 혹은, 영역을 더블클릭하면 [선택 영역 내보내기] 대화상자가 나타납니다. [파일 형식]을 '파워포인트 문서(*.pptx)'로 지정하고, [파일 이름]은 '선택 영역내보내기.pptx'로 입력한 후 [저장] 단추를 클릭합니다.

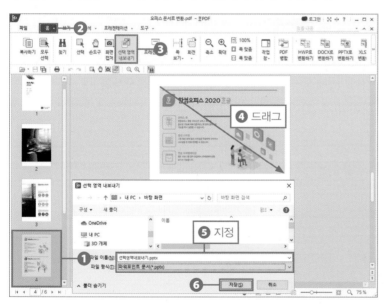

02. '선택 영역 내보내기' 작업 실행 창에 100%가 완료되면 프레젠테이션 프로그램이 실행됩니다. 프레젠테이션 프로그램에서 텍스트를 범위 지정하고 내용을 편집할 수 있습니다.

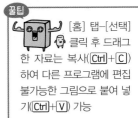

[홈] 탭-[선택] 클릭 후 드래그한 자료는 복사([Ctrl]+[C]) 하여 다른 프로그램에 편집 불가능한 그림으로 붙여 넣기([Ctrl]+[V]) 가능

2 PDF 쪽 지정하여 한글 파일로 변환하기

01. 6페이지만 한글(HWP) 문서로 변환하기 위해 [홈] 탭-[HWP로 변환하기]를 클릭하고 [PDF 변환하기] 대화상자가 나타나면 [설정]을 클릭합니다. [설정] 대화상자의 [설정]-[범위]에서 [일부분]을 체크하고 '6'을 입력한 후 [확인] 단추를 클릭합니다.

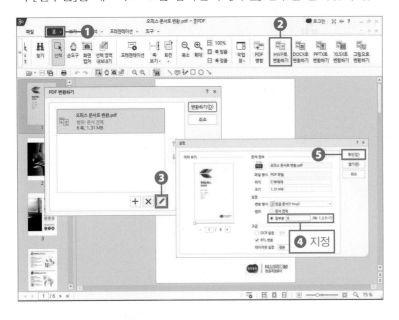

02. [PDF 변환하기] 대화상자에서 [변환하기] 단추를 클릭하고 [폴더 찾아보기] 대화상자에서
저장 위치를 지정한 후 [확인] 단추를 클릭합니다. '오피스 문서 변환.hwp' 파일을 실행하여 한
글로 변환된 PDF 파일의 6쪽을 확인합니다.

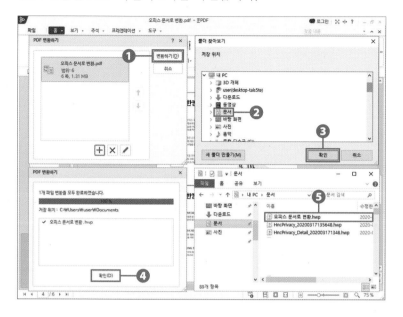

③ PDF 쪽 지정하여 엑셀 파일로 변환하기

01. PDF 문서 안의 표만 추출하여 엑셀로 변환 가능합니다. [홈] 탭–[XLSX로 변환하기]를
클릭하고 [PDF 변환하기] 대화상자에서 [설정]을 클릭합니다. [설정] 대화상자의 [설정]–[범위]
에서 [일부분]을 체크하고 '6'을 입력합니다. [고급]에서 [표만 변환하기]를 체크하고 [시트 설정]
에서 '모든 표를 하나의 시트에 배치'로 지정한 후 [확인] 단추를 클릭합니다.

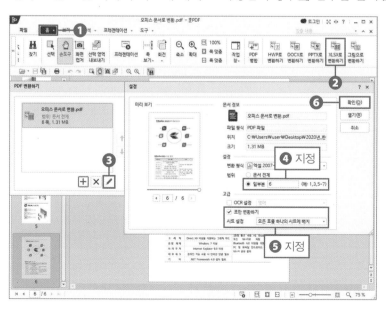

02. [PDF 변환하기] 대화상자의 [변환하기] 단추를 클릭하여 저장 위치를 지정하고 100% 완료되면 [확인] 단추를 클릭합니다. '오피스 문서 변환.xlsx' 파일을 실행하면 PDF 6쪽의 표 자료만 xlsx 프로그램에 표로 표시됩니다.

4 그림으로 변환 및 오피스 문서 활용법

01. PDF 문서를 그림으로 변환하여 한글 문서에 입력할 수 있습니다. [홈] 탭-[그림으로 변환하기]를 클릭합니다. [PDF 변환하기] 대화상자에서 [설정]을 클릭하고 [고급]의 [이미지 DPI]를 '300'으로 지정하고 [확인] 단추를 클릭합니다. [PDF 변환하기] 대화상자로 되돌아 오면 [변환하기] 단추를 클릭하여 그림으로 변환합니다.

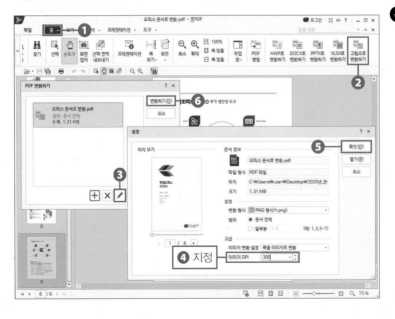

꼭 알고가기!

고급 옵션

• 이미지 DPI : 숫자가 클수록 고해상도 이미지입니다. PDF 문서를 오피스 문서로 변환하면 상황에 따라 원본 그대로 들어오지 않는 경우가 있습니다. 이 때 PDF 문서를 그림으로 변환하여 삽입하면 편리한데 해상도는 최소 150 DPI 이상으로 설정하는 것을 추천합니다.

• 이미지 변환 설정 : PDF 내 이미지만 변환 제공합니다.

02. 저장 폴더를 확인하면 '오피스 문서로 변환.png' 폴더가 생성되었습니다. 더블클릭하여 폴더를 확인하면 6쪽의 PDF 문서가 각각의 이미지 파일로 저장되었습니다. 한글 문서에서 [입력]-[그림]으로 PDF의 쪽 단위를 그림으로 문서에 포함할 수 있습니다.

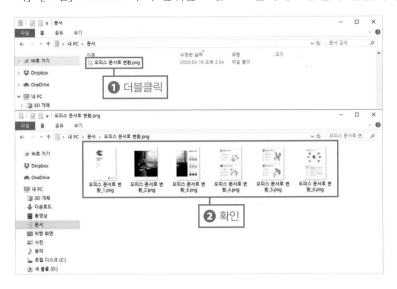

5 OCR 변환하기

01. 영문으로 작성된 '스캔문서.pdf' 파일을 한PDF 2020으로 실행합니다. 인쇄 자료를 스캔하거나 이미지로 저장 후 PDF 문서를 변환한 자료는 텍스트로 보이는 글자를 드래그하여 선택할 수 없습니다. [홈] 탭-[선택]을 클릭하고 드래그하여 범위 지정하면 글자 일부분에 범위가 지정되지 않습니다. 이런 경우에 그림으로 된 문자는 OCR 기능을 활용하여 오피스 문서로 변환할 수 있습니다.

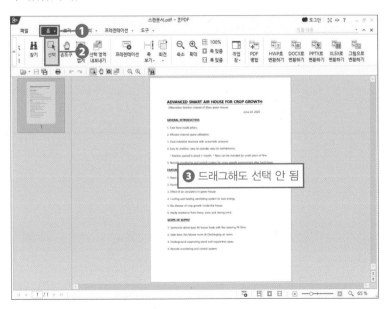

02. [홈] 탭-[DOCX로·변환하기]를 클릭하고 [PDF 변환하기 단추] 대화상자에서 [설정] 단추를 클릭합니다. [설정] 대화상자의 [고급]에서 [OCR 설정]을 체크하고 '영어'를 지정한 후 [확인] 단추를 클릭합니다. [PDF 변환하기] 대화상자로 되돌아오면 [변환하기] 단추를 클릭하여 MS 워드 문서로 변환합니다. docx 문서는 한워드에서 실행하여 그림에서 추출한 텍스트를 편집할 수 있습니다.

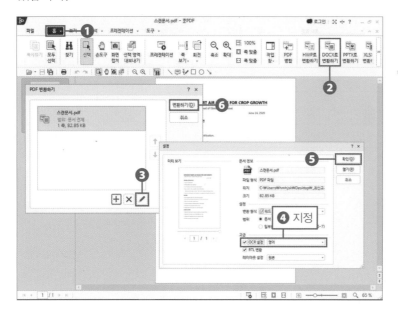

003 PDF 설명 달기

난이도 ◆◆◆◆◆

✦사용 가능 버전 : 2020
✦사용 기능 : 도형 그리기, 스티커노트　　✦예제 파일 : PDF 설명추가.pdf

스티커노트 ▶▶　　문서에 선형. 원형. 사각형 등 도형을 이용해 특정 영역을 강조 표시합니다. 도형 주석에 내용을 삽입하거나
도형 주석을 삭제할 수도 있습니다.

▉ PDF에 도형 추가(선, 화살표, 직사각형, 자유형)

01. 한PDF 2020에서 예제 파일을 불러온 후 [주석] 탭–[직사각형 그리기]를 클릭하고 PDF 문서에서 드래그하여 사각형을 그립니다. [주석 속성] 작업 창을 다음과 같이 지정하여 사각형을 추가합니다.

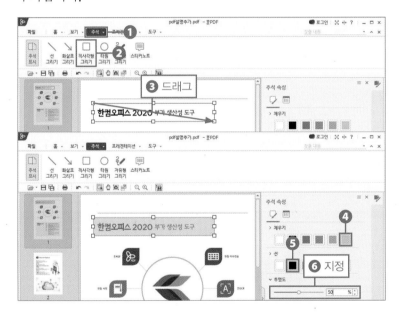

• 채우기 : 강조 4
• 선 : 어두운 색
• 투명도 : 50

02. 2쪽을 클릭하고 [주석] 탭–[자유형 그리기]를 클릭한 후 드래그하여 자유형 도형을 작성합니다. [주석] 탭–[주석 표시]를 클릭하여 작성된 자유형 그리기 도형을 2쪽에서 표시하지 않을 수 있습니다.

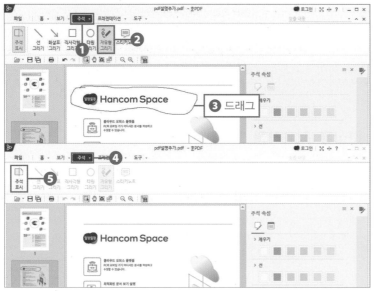

주석 삭제
작성한 주석 도형을 클릭하고 마우스 오른쪽 버튼 클릭 후 [삭제] 선택

2 스티커노트

01. 문서에 스티커노트를 추가해 의견이나 설명을 남깁니다. [주석] 탭–[스티커노트]를 클릭하고 설명을 남길 부분에 클릭합니다. [메모 편집] 대화상자의 입력란에 설명을 추가하고 [확인] 단추를 클릭합니다.

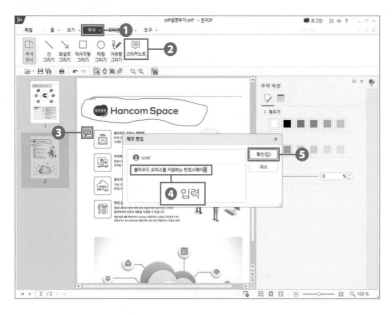

02. 스티커노트 아이콘에 표시되는 사용자 이름은 변경할 수 있습니다. [주석 속성] 작업 창의 [일반 속성]-[작성자]에 'hancom'을 입력합니다. 작성된 스티커 아이콘을 더블클릭하면 변경된 작성자가 표시됩니다. 스티커의 내용은 [메모 편집] 대화상자에서 수정할 수 있으며 [주석] 탭-[주석 표시]에서 스티커 및 도형 표시를 모두 숨기거나 표시할 수 있습니다.

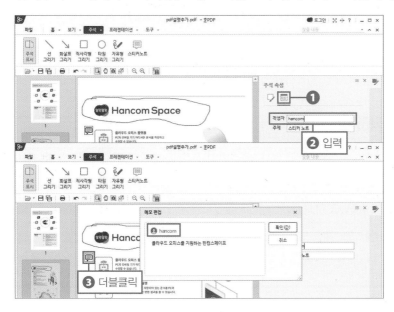

03. [파일] 탭-[다른 이름으로 저장]을 클릭하여 PDF 문서를 저장하면 PDF 뷰어 프로그램에서 스티커 및 도형 주석을 확인할 수 있습니다.

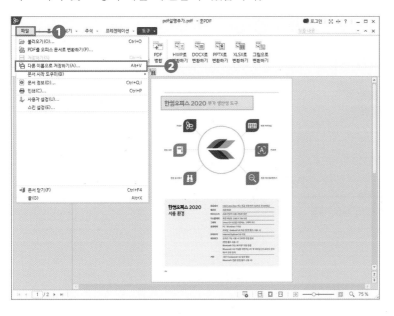

004 PDF 프레젠테이션하기

난이도 ◆◆◆◆◆

✦ 사용 가능 버전 : 2018 2020
✦ 사용 기능 : 프레젠테이션   ✦ 예제 파일 : PDF프레젠테이션.pdf

프레젠테이션 ▶▶   PDF 문서를 프레젠테이션하는 방법과 화면 전환 설정과 프레젠테이션 실행과 종료 그리고 프레젠테이션
실행 시 화면을 이동하는 방법에 대해 알아봅니다.

▣ 화면 전환 및 효과 설정하기

01. 예제 파일의 1쪽을 선택하고 [프레젠테이션] 탭-[밀어내기]를 클릭하고, [효과 설정]-[위로]를 클릭합니다. [프레젠테이션] 탭-[처음부터]를 클릭하여 프레젠테이션을 시작합니다.

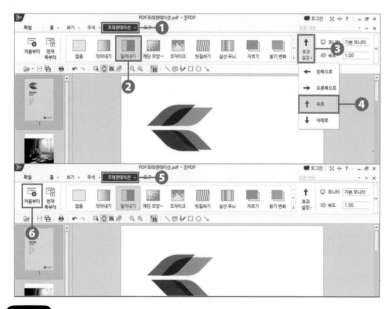

꼭 알고가기!

프레젠테이션 단축키
한쇼의 프레젠테이션과 단축키가 동일합니다.
• [처음부터] 프레젠테이션 단축키 : F5
• [현재 쪽부터] 프레젠테이션 단축키 : Shift + F5

02. 프레젠테이션 실행 화면에서 마우스 오른쪽 버튼을 클릭하여 메뉴를 실행합니다.

- [다음]으로 이동 : [Page Down] 아래쪽/오른쪽 방향키, [Enter↵]
- [이전]으로 이동 : [Page Up] 위쪽/왼쪽 방향키
- [처음]으로 이동 : [Home]
- [끝]으로 이동 : [End]
- [끝내기] : [Esc]

CHAPTER 3

한컴오피스가 제공하는 사진 편집 기능

중요도 ◆◆◆◆◆

■ 사용하는 기능 및 학습 후 효과

기능	효과	미리 보기
간편 보정	'사진 편집'의 '간편 보정'을 이용하면 이미지 밝기 조정, 선명하게, 색상 풍부하게, 플래시 보정 등을 한 번의 클릭으로 빠르게 보정할 수 있습니다.	
투명 효과	이미지의 특정 색 또는, 유사한 색을 여러 번 투명하게 처리할 수 있습니다. 유사한 색 범위를 지정하면 한 번에 더 넓은 영역을 투명 처리할 수 있습니다.	
아웃포커싱	이미지의 피사체를 선명하게 하고 그 외는 흐릿하게 처리할 수 있습니다. 아웃포커싱 포커스 모양을 선택할 수 있고 흐림 강도를 조절할 수 있습니다.	
수평 맞추기	이미지가 좌나 우로 기울어져 있을 때 수평을 똑바르게 맞출 수 있습니다.	

001 간편 보정하기

난이도 ◆◆◆◆◆

✦ 사용 가능 버전 : NEO 2018 2020   ✦ 예제 파일 : 사진 편집.hwp
✦ 사용 기능 : 밝기, 선명하게, 색상 풍부하게, 플래시 보정(노란색), 플래시 보정(붉은색)

사진 편집 ▶▶   한글, 한셀, 한쇼, 한워드에서는 '사진 편집' 기능이 공통으로 제공됩니다. 간편 보정을 통해 문서에 삽입된
이미지의 밝기, 선명하게, 색상 풍부하게, 플래시 보정 등을 할 수 있습니다.

1 색상, 밝게 어둡게, 선명하게

01. 한글, 한셀, 한쇼 모두 동일한 사진 편집 기능을 제공합니다. 한글에서 '사진 편집.hwp' 파
일을 불러온 후 '보정 전' 이미지를 클릭합니다. 자동 추가된 [그림] 탭-[사진 편집]을 클릭합니
다.

02. [사진 편집기] 창에서 [간편 보정]-[밝게]-[4단계]를 클릭합니다.

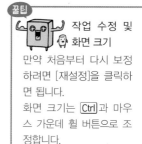

꿀팁   작업 수정 및
화면 크기

만약 처음부터 다시 보정
하려면 [재설정]을 클릭하
면 됩니다.
화면 크기는 Ctrl 과 마우
스 가운데 휠 버튼으로 조
정합니다.

03. 이번에는 [간편 보정] 탭에서 [선명하게]-[3단계]를 클릭하고, 다시 [색상 풍부하게]-[5단계]를 클릭한 후 [적용] 단추를 클릭합니다.

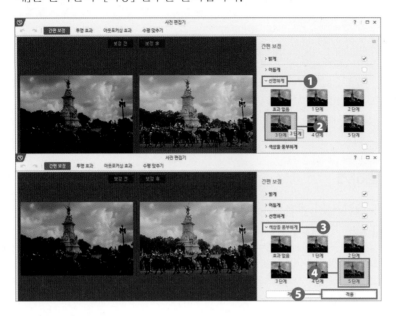

2 플래시 보정

01. '플래시 보정' 부분의 '보정 전' 이미지를 클릭합니다. 황색 플래시 현상을 줄이기 위해 [그림] 탭-[사진 편집]을 클릭합니다.

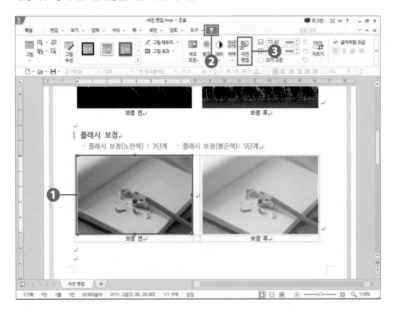

02. [사진 편집기] 창의 [간편 보정] 탭-[플래시 보정(노란색)]-[3단계]를 클릭합니다. 이미지에서 노란색 플래시 현상이 제거되었지만 약간의 붉은색이 있어 흰색의 선명한 이미지로 표현되지 않았습니다.

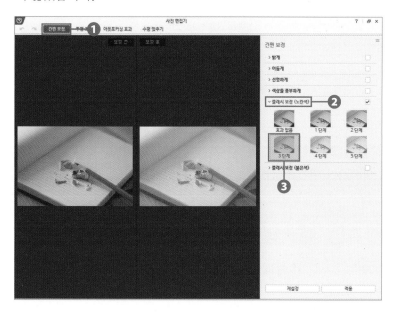

03. 적색 플래시 현상을 줄이기 위해 [간편 보정] 탭에서 [플래시 보정(붉은색)]-[3단계]를 클릭한 후 [적용] 단추를 클릭합니다.

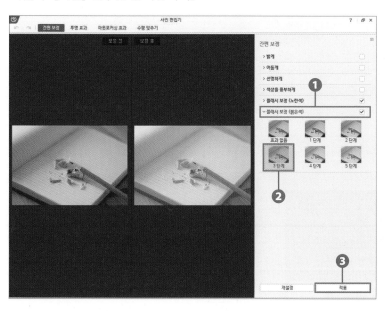

002 투명 효과

난이도 ◆◆◆◆◆

◆사용 가능 버전 : NEO 2018 2020
◆사용 기능 : 투명 효과, 유사 색상 범위 지정　　◆예제 파일 : 사진 편집.hwp

투명 효과 ▶▶　　사진 편집 기능의 '투명 효과'에서는 이미지의 특정 색 또는, 유사한 색을 여러 번 투명하게 처리할 수 있습니다. '투명 효과'를 이용해 여러 색을 투명하게 처리하고 각 옵션에 대해 알아봅니다.

01. 한컴오피스에서 제공하는 [사진 편집]에서는 이미지의 배경색을 제거할 수 있습니다. '보정 전' 이미지를 클릭하고 [그림] 탭−[사진 편집]을 클릭합니다.

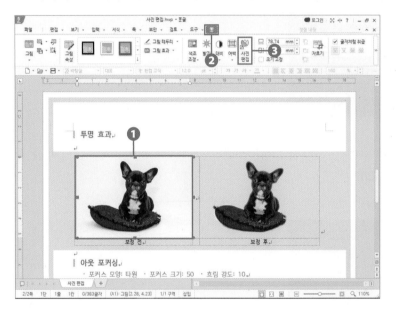

02. [사진 편집기] 창의 [투명 효과] 탭을 클릭하고 '보정 후' 이미지에서 회색 배경 부분을 클릭합니다.

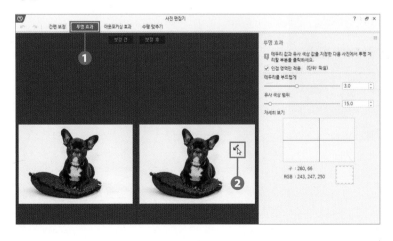

03. 클릭한 부분과 동일한 색이 투명하게 처리되었습니다. 오른쪽 [투명 효과]–[유사 색상 범위]를 '30'으로 지정하고 [보정 후] 부분의 쿠션 아래에 있는 회색 부분을 클릭합니다. 투명하게 처리할 부분이 다 되었다면 [적용] 단추를 클릭합니다.

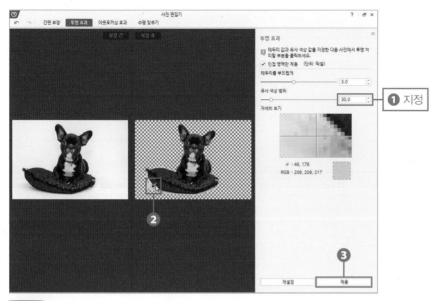

[투명 효과] 옵션

• **인접 영역만 적용** : 이 옵션이 선택되어 있으면 선택 영역 근처에 있는 픽셀을 투명하게 합니다. 선택 해제하면 선택한 픽셀과 동일하거나 유사한 모든 색을 이미지에서 제거하여 투명 처리합니다.

• **테두리를 부드럽게** : 투명 효과를 적용할 가장자리를 부드럽게 합니다. 7단계로 조절할 수 있습니다.

• **유사 색상 범위** : 투명 효과를 적용할 유사 색상 범위를 0~255 사이에서 지정합니다. 값이 적을수록 이미지에서 제거할 유사 색상 범위를 엄격한 기준으로 판단하여 색을 정교하게 구분해서 제거할 수 있습니다.

003 아웃포커싱 및 수평 맞추기

난이도 ◇◇◇◇◇

✦ 사용 가능 버전 : NEO 2018 2020
✦ 사용 기능 : 아웃포커싱 효과   ✦ 예제 파일 : 사진 편집.hwp

아웃포커싱 ▶▶   사진 편집의 '아웃포커싱'을 이용하여 피사체는 선명하고 그 외 영역을 흐리게 처리해서 고급스러운 느낌으로 연출하는 방법에 대해 알아봅니다. '수평 맞추기'를 통해 좌우 기울기가 맞지 않는 이미지의 회전 각도를 조절하여 수평을 맞추는 방법에 대해 알아봅니다.

1 아웃포커싱

01. '아웃 포커싱' 부분의 '보전 전' 이미지를 클릭하고 [그림] 탭–[사진 편집]을 클릭합니다.

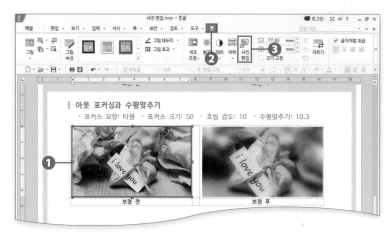

02. [사진 편집기] 창의 [아웃포커싱 효과] 탭–[포커스 모양]이 '사각형'으로 선택되어 있는 상태에서 '보정 후' 이미지를 클릭합니다. 사각형 안의 피사체는 선명하고 그 외는 흐릿하게 처리되었습니다. 아웃포커싱의 위치는 드래그하여 위치 조정이 가능합니다.

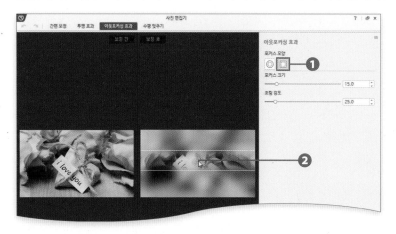

03. [아웃포커싱 효과]–[포커스 모양]은 '타원', [포커스 크기]는 '50.0', [흐림 강도]는 '10.0'으로 지정하고 '보정 후' 이미지를 클릭합니다. 드래그하여 위치를 지정합니다.

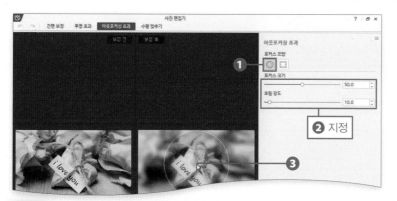

[아웃포커싱 효과] 옵션

• 포커스 크기 : 원형 또는, 사각형 포커스의 크기를 1~100 사이 값으로 지정합니다. 값이 클수록 포커스 크기가 커서 이미지에서 선명하게 처리되는 영역이 많습니다.

• 흐림 강도 : 흐리게 처리할 영역을 얼마나 흐리게 할 것인지 0~200 사이 값으로 지정합니다. 값이 클수록 배경이 흐리게 처리되어 포커스 안의 피사체가 시각적으로 선명하게 느껴집니다.

2 수평 맞추기

01. [수평 맞추기] 탭을 클릭하고 숫자값을 클릭하고 드래그하여 '10.3'으로 변경한 후 [적용] 단추를 클릭합니다.

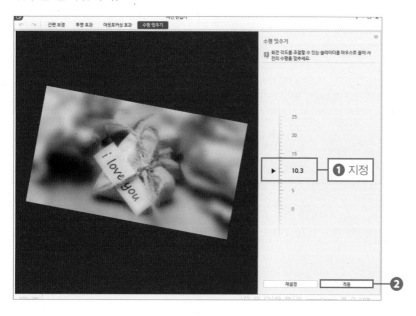

훈워드

훈글   훈쇼

스마트한 업무를 위한
한컴오피스 2020

한워드

CHAPTER 1

한워드 2020
화면 구성 및 파일 관리

중요도 ◆◆◆◆◆

■ 사용하는 한워드 기능 및 학습 후 효과

기능	효과	미리 보기
한워드 2020 화면 구성	한워드 2020의 전체 화면 구성과 메뉴 구성 및 상황선에 대해 살펴보고 활용하는 방법에 대해 알아봅니다.	
문서 시작 도우미	문서 시작 도우미 화면에서는 몇 번의 클릭만으로 신속하게 문서를 생성하거나 기존 작업을 이어갈 수 있습니다.	
한워드 파일 관리	파일에 문서 암호를 지정하여 문서 암호를 모르면 누구도 그 파일 내용을 열어 볼 수 없게 합니다.	
문서 정보 관리	현재 편집 중인 문서 파일을 만든 날짜와 마지막으로 수정하여 저장한 날짜, 낱말 수 등을 확인할 수 있습니다.	

001 한워드 2020 소개

난이도 ◆◆◆◆◆

◆사용 가능 버전 : 2018 2020
◆사용 기능 : 한워드 전체　　　◆예제 파일 : 한워드_글자문단모양.docx

한워드 2020 ▶▶　　한워드 2020이 어떤 프로그램인지 간단히 알아봅니다.

1 한컴오피스 문서에서 한워드 시작하기

한워드 2020은 docx 파일을 연결하여 실행할 수 있습니다. '한워드_글자문단모양.docx' 파일을 마우스 오른쪽 버튼으로 클릭하고 [연결 프로그램]−[Word 2020]을 선택합니다. 한워드 2020이 보이지 않을 때는 [다른 앱 선택]을 선택합니다.

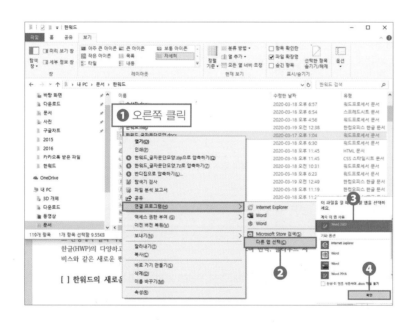

2 한글 문서와 한워드 문서의 차이점

한워드는 한글과컴퓨터가 세계 시장을 겨냥하여 개발한 워드프로세서입니다. 국제 문서 표준인 OOXML(Office Open XML)을 준수함으로써 개인 및 비즈니스 환경에서 널리 사용하는 *.docx 파일 형식과 높은 호환성을 제공합니다. 또한, 기존 한글(HWP)의 다양하고 익숙한 편집 기능을 한워드에도 도입하였으며 번역, 클라우드 서비스와 같은 새로운 편의 기능도 있습니다. docx 문서의 편집은 한워드에서, hwp 문서의 편집은 한글에서 실행할 수 있음으로 한컴오피스 프로그램만으로도 모든 문서 편집이 가능하게 되었습니다.

002 한워드 2020 화면 구성 살펴보기

난이도 ◆◆◆◆◆

✦ 사용 가능 버전 : 2018 2020
✦ 사용 기능 : 한워드 화면 구성

화면 구성 ▶▶　윈도우 표준 사용자 인터페이스 구조를 사용하며 처음 한워드를 사용하는 사용자도 쉽게 이해할 수 있도록
구성된 한워드 2020 화면 구성에 대해 알아봅니다.

1 전체 화면 구성

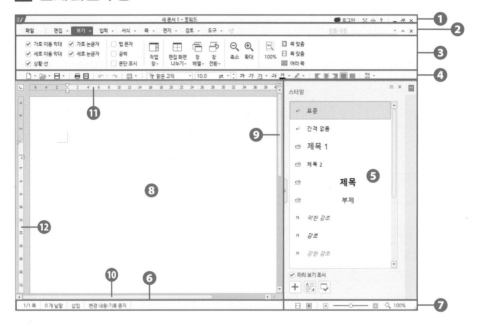

❶ **제목 표시줄** : 제목과 [전체 화면], [크게 보기], [도움말], [최소화], [최대화(이전 크기로)], [끝]
단추가 나타납니다.

❷ **메뉴** : 프로그램에서 사용하는 메뉴를 비슷한 기능별로 묶어 놓은 곳입니다.

❸ **기본 도구 상자** : 각 메뉴에서 자주 사용하는 기능을 그룹별로 묶어서 메뉴 탭 형식으로 제공합
니다. 기본적으로는 메뉴별 도구 상자가 나타나며, 상황에 따라 개체별, 상태별 도구 상자가
동적으로 나타납니다.

❹ **서식 도구 상자** : 문서 편집 시 자주 사용하는 기능을 모아 아이콘으로 묶어 놓은 곳입니다.

❺ **작업 창** : 작업 창을 활용하면 문서 편집 시간을 줄이고 작업 속도를 높이는 등 효율적인 문서
작업을 수행할 수 있습니다.

❻ **상황선** : 편집 창의 상태 및 마우스가 있는 곳에 대한 정보 등을 보여줍니다.

❼ 보기 종류 및 배율 : 화면 보기 종류와 배율을 설정할 수 있습니다.

❽ 편집 창 : 글자나 그림과 같은 내용을 넣고 꾸미는 작업 공간입니다.

❾ 가로 이동 막대 : 문서 내용이 편집 화면보다 클 때 화면을 가로로 이동합니다.

❿ 세로 이동 막대 : 문서 내용이 편집 화면보다 클 때 화면을 세로로 이동합니다.

⓫ 가로 눈금자 : 개체의 가로 위치나 너비를 파악하기 위해 사용합니다.

⓬ 세로 눈금자 : 개체의 세로 위치나 높이를 파악하기 위해 사용합니다.

꼭 알고가기!!

여러 페이지를 축소하여 미리 보기를 할 때 [보기] 탭-[100%]를 클릭 후 Ctrl 을 누른 상태로 마우스 휠 버튼을 이용하면 여러 페이지를 볼 수 있습니다.

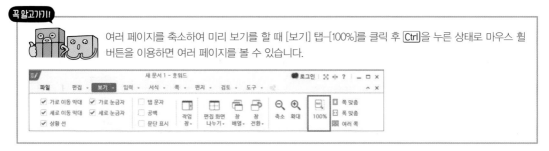

② 한워드의 주요 기능

• 쪽 테두리/배경색

문서의 각 쪽에 바탕색, 배경 그림 등을 넣어 문서를 보기 좋게 꾸밉니다.

• 워터마크

문서를 인쇄할 때 사용할 그림 워터마크 또는, 글자 워터마크를 적용합니다. 워터마크 기능을 사용하면 문서의 보안성을 보다 높일 수 있습니다.

• 차례 새로 고침

차례 필드로 만들어진 차례 항목을 추가하거나 삭제한 경우 차례를 빠르게 새로 고침할 수 있습니다. 또한, 차례 항목에 하이퍼링크를 적용하여 차례 항목을 클릭하면 관련 내용으로 바로 이동할 수 있습니다.

003 한워드 메뉴 & 작업 개체

난이도 ◆ ◆ ◆ ◆ ◆

✦ 사용 가능 버전 : 2018 2020
✦ 사용 기능 : 한워드 화면

메뉴 구성 ▶▶   한워드 2020에서 제공하는 메뉴 탭과 문서 작성 시 입력 가능한 작업 개체에 대해 알아봅니다.

1 한워드 메뉴 구성

한워드는 서로 관련 있는 기능을 그룹으로 나누어 각 그룹을 [파일], [편집], [보기], [입력], [서식], [쪽], [검토], [도구] 탭을 제공합니다. 또한, 문서 창 안에서 어떤 상황이든지 마우스 오른쪽 버튼을 클릭하면 그 상태에서 실행할 수 있는 기능을 단축키와 함께 보여 주는 빠른 메뉴가 나타납니다.

❶ 메뉴 : 선택한 메뉴의 도구 상자가 탭 형태로 펼쳐집니다. 탭 형태로 펼쳐지는 도구 상자를 열림 상자라고 부릅니다.

❷ 펼침 단추 : 선택한 메뉴의 하위 메뉴가 펼쳐집니다.

❸ 옆으로 이동 : 창이 축소되어 메뉴가 일부만 표시되는 경우 [옆으로 이동] 단추를 클릭하면 감춰진 메뉴가 나타납니다.

❹ 전체 화면 : 메뉴, 기본 도구 상자 및 서식 도구 상자를 접고 전체 화면으로 표시합니다.

❺ 크게 보기 : 메뉴 및 도구 상자 영역을 더 크게 표시합니다.

❻ 도움말 : 도움말 메뉴가 나타납니다.

2 [도형] 탭

[도형] 탭에서는 스타일, 효과, 크기, 정렬, 회전/대칭 설정과 같이 도형 속성 중에서 자주 사용하는 기능을 아이콘으로 제공합니다.

3 [그림] 탭

[그림] 탭을 이용하면 그림 모양 및 그림 효과를 편집하고 스타일을 설정하는 작업을 쉽게 할 수 있습니다.

4 [표] 탭

한워드 2020에서 작성한 표를 클릭하면 [표 디자인] 탭과 [표 레이아웃] 탭이 나타납니다.

• [표 디자인] 탭 : 표를 입력하고 편집하는 데 필요한 기능을 아이콘 모양으로 만들어 모아 놓은 곳입니다.

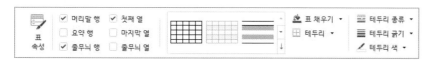

• [표 레이아웃] 탭 : 표 모양 선택과 표 편집 기능을 손쉽게 사용할 수 있습니다.

5 [차트] 탭

한워드 2020에서 작성한 차트를 클릭하면 [차트 디자인] 탭과 [차트 서식] 탭이 나타납니다.

• [차트 디자인] 탭 : 차트 종류, 축, 범례 등의 속성을 바꿀 수 있습니다.

• [차트 서식] 탭 : 차트 크기, 위치, 정렬, 회전, 효과 등 다양한 차트 속성을 바꿀 수 있습니다.

6 서식 도구 상자

서식 도구 상자는 자주 사용하는 서식 관련 기능을, 대화상자를 거치지 않고 한 번의 동작으로 바로 실행할 수 있도록 대화상자의 항목을 아이콘으로 만들어 모아 놓은 곳입니다. 서식 도구 상자는 화면에서 보이기/숨기기 상태를 정할 수 있습니다.

7 창 분리

사용자의 편의에 따라 세부 메뉴 창(작업 창)을 자유자재로 분리했다가 다시 고정할 수 있습니다. 서식 도구 상자의 [글자 색] 펼침 단추(▼)를 클릭한 후 [창 분리]를 클릭하면 [글자 색] 창이 분리되어서 [글자 색]의 펼침 단추(▼)를 클릭하지 않고도 글자 색을 지정할 수 있어 작업 속도를 높일 수 있습니다.

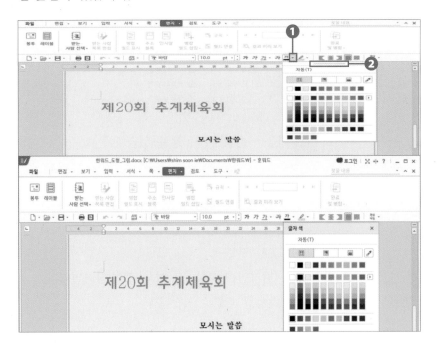

004 한워드 파일 관리

난이도 ◆ ◆ ◆ ◆ ◆

✦ 사용 가능 버전 : 2018 2020
✦ 사용 기능 : 파일 관리

파일 관리 ▶▶ 한워드 2020으로 작성한 문서를 저장하는 방법과 문서의 정보를 확인하는 방법에 대해 알아봅니다.

1 한워드 문서 저장하기

[파일] 탭-[저장하기]를 클릭합니다. [다른 이름으로 저장하기] 대화상자에서 저장 위치와 파일
명을 지정하고 [저장] 단추를 클릭합니다.

② 암호 걸어 저장하기

[파일] 탭-[문서 암호]를 클릭합니다. [열기/쓰기 암호 설정] 대화상자의 [열기 암호]와 [쓰기 암호]에 원하는 암호를 입력하고 [확인] 단추를 클릭합니다. 암호를 정확하게 기록하기 위하여 [열기 암호]와 [쓰기 암호]를 한 번 더 입력하고 [확인] 단추를 클릭합니다. 현재 문서에 암호가 지정되었습니다. [파일] 탭-[저장하기]를 클릭하면 지정한 암호가 문서 내용과 함께 파일로 기록됩니다.

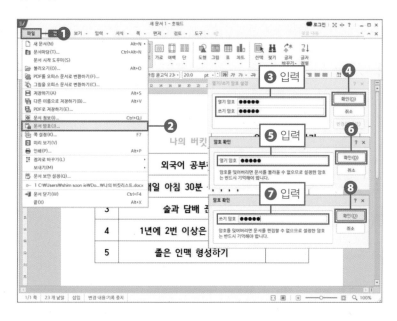

❸ 문서 정보 확인하기

[파일] 탭-[문서 정보]를 클릭합니다. 현재 편집 중인 문서 파일에 대한 추가 정보를 확인하거나, 기록할 수 있습니다. [문서 정보] 대화상자는 [일반], [요약], [문서 통계] 탭으로 구성되며, [파일] 탭-[문서 정보]를 클릭하면 [일반] 탭을 기본으로 보여줍니다. [일반] 탭에서는 파일 이름, 크기, 날짜 등을 보여줍니다.

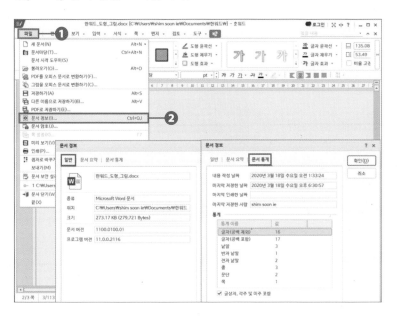

CHAPTER 2

문서 작성 및 편집

중요도 ◆◆◆◆◆

■ 사용하는 한워드 기능 및 학습 후 효과

기능	효과	미리 보기
글자, 문단 모양	한워드에서 확장자 docx로 작성된 문서의 서식을 유지하면서 글자 속성과 문단 속성을 편집할 수 있습니다.	
글머리표	문단의 첫 글자에 자동으로 작성되는 글머리표를 이용하여 강조할 내용을 주목하게 표현할 수 있습니다.	
쪽 설정	쪽의 맨 위, 맨 아래에 추가되는 머리말/꼬리말을 설정하고 쪽 번호를 추가할 수 있습니다. 문서의 다단과, 쪽 분리, 서로 다른 문서 서식을 적용할 수 있는 구역 나누기를 실행할 수도 있습니다.	
스타일 및 테마	클릭만으로 문서의 배경색을 설정하고, 테마 표지를 추가하여 문서를 완성할 수 있습니다.	

001 글자 모양/문단 모양

난이도 ◆◆◆◆◆

+ 사용 가능 버전 : **2018** **2020**
+ 사용 기능 : 글자 모양, 문단 모양

글자 & 문단 모양 ▶▶ 한워드에서 docx 문서를 불러와 글자 서식과 문단 서식을 설정하여 문서를 편집하는 방법에 대해 알아봅니다.

말랑말랑 기본기 다지기
예제 파일 : Chapter 02/한워드_글자문단 모양.docx | 완성 파일 : Chapter 02/한워드_글자문단 모양_완성.docx

1 한워드 실행하기

01. 한워드 2020을 실행하고 [내 컴퓨터에서 불러오기]를 클릭한 후 '한워드_글자문단 모양.docx' 파일을 더블클릭하여 불러옵니다.

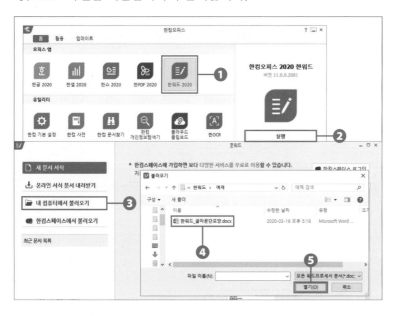

2 글자 모양

01. 제목 텍스트를 세 번 클릭하여 범위 지정합니다. [서식] 탭-[글자 모양]을 클릭하고 [글자 모양] 대화상자가 나타나면 다음과 같이 지정한 후 [확인] 단추를 클릭합니다.

- 한글 글꼴 : 한컴 솔잎 B
- 기준 크기 : 25pt
- 글자 색 : 초록(RGB: 40, 155, 110)

02. ❶ 지점을 클릭하고 Shift 를 누른 상태로 ❷ 지점을 클릭하여 범위 지정합니다. [서식] 탭-[문단 모양]을 클릭하고 [문단 모양] 대화상자가 나타나면 다음과 같이 지정하고 [확인] 단추를 클릭합니다.

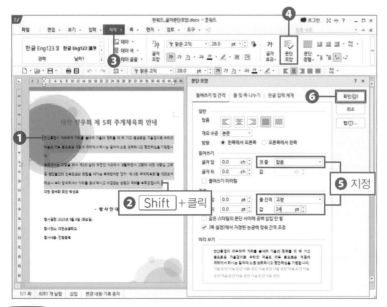

- [들여쓰기] 옵션 : [첫 줄]-[첫 줄]
- [간격] 옵션 : [줄 간격]-[고정], '24pt'

꼭 알고가기!

줄 간격
글자 크기가 12pt일 때 [고정], '24pt'이면 12pt의 2배임으로 1줄 줄 간격을 설정한 값입니다

③ 글머리표 매기기

01. Enter↵ 가 입력된 글의 맨 앞에 자동으로 표식되는 글머리 표식을 지정하여 글의 집중도를 높일 수 있습니다. '행사일정 ~ 행사내용'을 범위 지정합니다. 목록을 선택하고 [서식] 탭-[글머리표 매기기]의 펼침 단추(▼)를 클릭 후 [글머리표 라이브러리]-[◆]를 클릭합니다.

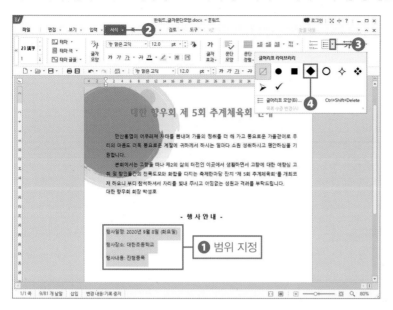

실전에 사용하는 문단 설정의 모든 것

예제 파일 : Chapter 02/한워드_문단모양_실전.hwp | 완성 파일 : Chapter 02/한워드_문단모양_실전_완성.hwp

1 문단 설정-탭

01. Alt + T 를 눌러 [문단 모양] 대화상자가 나타나면 [탭] 단추를 클릭합니다. [탭] 대화상자를 다음과 같이 지정하고 [확인] 단추를 클릭하여 [탭]의 위치 지정을 완료합니다.

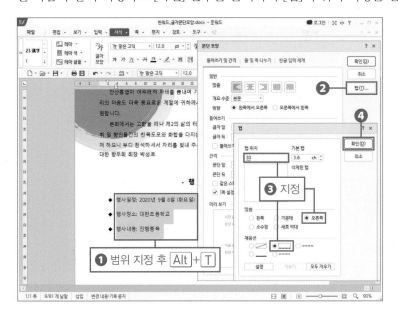

- 탭 위치 : 30
- 맞춤 : 오른쪽
- 채움선 : 점선

02. '행사일정'의 ❶ 위치에 커서를 위치시키고 Tab 을 눌러 오른쪽 탭을 실행합니다. '행사장소'의 ❷ 위치에 커서를 위치하고 Tab 을 눌러 오른쪽 탭을 실행합니다. '행사내용'의 ❸ 위치에 커서를 위치하고 Tab 을 눌러 오른쪽 탭을 실행합니다.

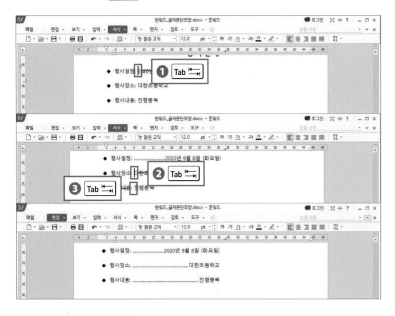

2 모양 복사 1회하기

01. 모양 복사를 통해 탭의 위치를 변경하고 변경된 위치값을 문단 서식을 다른 문서 내용에도 쉽게 적용할 수 있습니다. '행사일정'에 커서를 위치시키면 [눈금자]에 오른쪽 탭 표시가 나타납니다. [눈금자]의 [오른쪽 탭] 표시를 눈금자의 끝으로 드래그합니다. [편집] 탭–[모양 복사]를 클릭합니다.

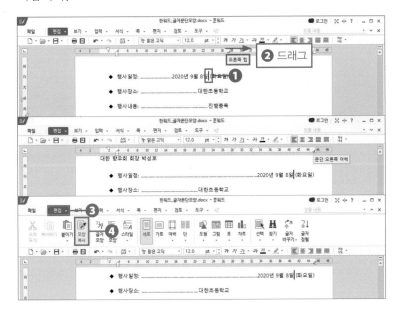

02. '행사장소~ 진행종목'까지 드래그하면 탭 서식이 복사됩니다. [편집] 탭–[모양 복사]는 단축키 Alt + C 로 작업할 수 있으며 글자 모양, 문단 모양의 서식이 모두 복사됩니다.

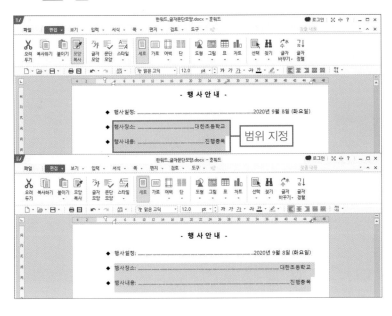

3 모양 복사 반복 실행하기

01. 제목에 커서를 두고 [편집] 탭-[모양 복사]를 더블클릭합니다. '대한 향우회 회장 박성호' 글자의 임의 위치를 클릭하여 제목과 글자, 문단 모양 서식이 똑같은 문서 서식을 작성합니다. '-행 사 안 내 -' 임의 위치를 클릭합니다. Esc를 눌러 모양 복사를 종료합니다.

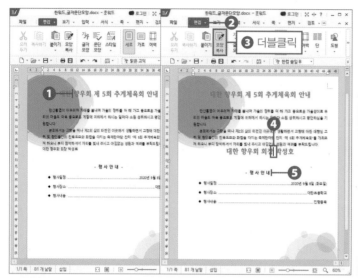

문서 작성 Tip
- 글자 크기 조정 단축키 : Ctrl + [(글자 점점 작게), Ctrl +] (글자 점점 크게)
- 글자 사이 간격 조정 단축키 : Alt + Shift + N (자간 좁게), Alt + Shift + W (자간 넓게)
- 문단 모양(Alt + T) : 줄 및 쪽 나누기 설정

❶ 문단의 첫 줄이나 마지막 줄 분리 방지
두 줄 이상으로 이루어진 문단의 첫 번째 줄이나 마지막 줄이 쪽 경계선에 걸려서 한 줄짜리 문단이 생길 때, 해당 문단의 처음이나 끝에서 두 번째 줄을 끌어와서 한 줄만으로 된 문단이 생기는 것을 방지합니다.

❷ 현재 문단과 다음 문단을 항상 같은 쪽에 배치
두 줄 이상으로 이루어진 문단 내용이 쪽 경계선에 걸렸을 때, 같은 문단 내용이 앞쪽과 뒤쪽으로 나뉘어 인쇄되는 것을 방지합니다.

❸ 현재 문단을 나누지 않음
현재 문단이 쪽이나 단의 맨 마지막 줄에 오는 경우, 다음 문단의 첫 줄을 현재 쪽으로 끌어당기거나 현재 문단의 마지막 줄을 다음 쪽으로 넘겨, 두 개의 문단 사이에 쪽이나 단이 나뉘지 않게 합니다.

❹ 현재 문단 앞에서 쪽 나누기
현재 문단의 앞에서 항상 쪽을 나눕니다.

002 쪽 설정하기

난이도 ◆◆◆◆◆

✦사용 가능 버전 : 2018 2020
✦사용 기능 : [쪽] 탭

쪽 설정 ▶▶ 여러 페이지에 공통적인 문장을 표시하는 머리말/꼬리말과 쪽 번호를 설정하는 방법과 단, 쪽, 구역 나누기
를 활용하는 방법에 대해 알아봅니다.

말랑말랑 기본기 다지기
예제 파일 : Chapter 02/한워드_쪽 설정.docx | 완성 파일 : Chapter 02/한워드_쪽 설정_완성.docx

1 머리말과 꼬리말

01. 한워드 2020에서 '한워드_쪽 설정.docx' 파일을 불러옵니다. [머리말] 위치를 더블클릭하
여 [머리말/꼬리말] 영역을 활성화합니다. 서식 도구 상자를 다음과 같이 지정합니다.

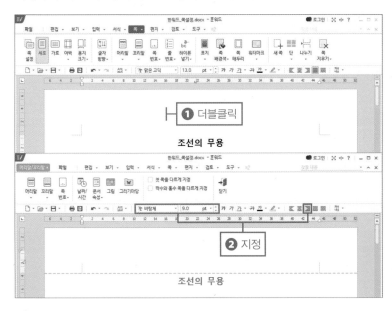

• 바탕체, 9pt, 오른쪽 정렬

꿀팁

[쪽] 탭–[머리말]에서 다양한 머리말 서식을 선택할 수 있습니다.

02. '우리나라의 전통춤'을 입력합니다. [머리말/꼬리말] 탭-[닫기]를 클릭합니다. 1쪽의 우측 상단, 2쪽, 3쪽, 4쪽의 우측 상단에 [머리말/꼬리말]에서 입력한 '우리나라의 전통춤'이 표시됩니다. [머리말/꼬리말]의 내용을 더블클릭하면 편집할 수 있습니다.

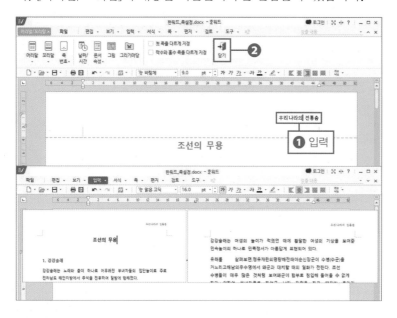

2 쪽 번호 사용하기

01. [쪽] 탭-[쪽 번호]-[아래쪽]-[원형]을 클릭합니다. 문서 하단의 꼬리말 영역에 쪽 번호가 삽입되었습니다.

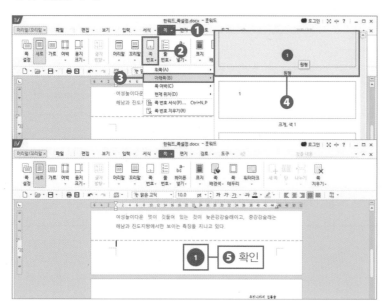

02. [머리말/꼬리말] 탭-[쪽 번호]-[쪽 번호 서식]을 클릭합니다. [쪽 번호 서식] 대화상자에서 [번호 서식]을 클릭하여 'A, B, C…'를 지정한 후 [확인] 단추를 클릭합니다. 원형 안의 숫자 '1'이 'A'로 변경되었습니다. [머리말/꼬리말]의 [x]를 클릭하여 쪽 설정을 종료합니다.

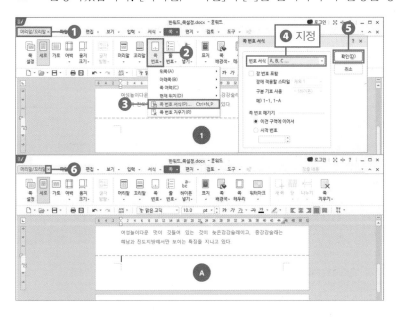

③ 단 및 쪽 나누기

01. '1쪽'의 '임진왜란~타당하다'를 범위 지정하고 [쪽] 탭-[단]-[단 설정]을 클릭합니다. [단] 대화상자에서 [왼쪽], [경계선 삽입]을 지정하고 [확인] 단추를 클릭합니다.

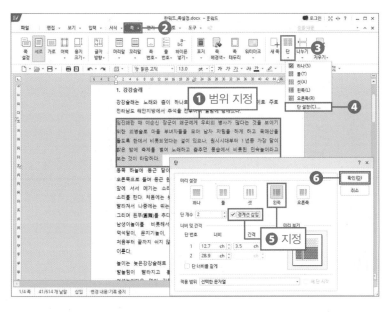

02. Enter↵ 로 쪽을 분리하면 쪽의 여백과 크기에 따라 페이지가 합쳐질 수 있습니다. 2개의 페이지를 분리하려면 [쪽 나누기]를 실행합니다. '동'자 앞에 커서를 두고 [쪽] 탭-[나누기]-[쪽 나누기]를 클릭합니다.

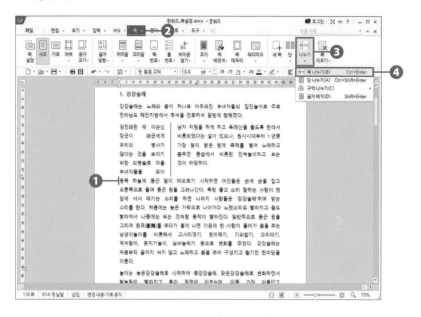

03. '동쪽 하늘이~'부터 2쪽에 표시됩니다.

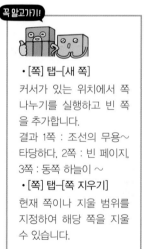

꼭 알고가기!

• [쪽] 탭-[새 쪽]
커서가 있는 위치에서 쪽 나누기를 실행하고 빈 쪽을 추가합니다.
결과 1쪽 : 조선의 무용~타당하다, 2쪽 : 빈 페이지, 3쪽 : 동쪽 하늘이 ~

• [쪽] 탭-[쪽 지우기]
현재 쪽이나 지울 범위를 지정하여 해당 쪽을 지울 수 있습니다.

4 구역 나누기

01. 같은 파일에 서로 다른 쪽 설정, 머리글 등을 설정할 때는 구역을 나누어 작업합니다. 3쪽의 '2. 북청사자놀음' 맨 앞에 커서를 두고 [쪽] 탭-[나누기]-[구역 나누기]-[다음 쪽부터]를 클릭합니다.

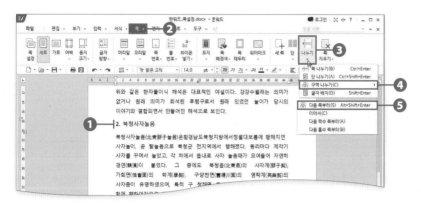

02. 3쪽의 '2. 북청사자놀음'이 4쪽으로 나누어졌습니다. [쪽] 탭-[쪽 테두리]를 클릭하고 [테두리 및 음영] 대화상자에서 [테두리]-[색]-[검정], [설정]-[모두], [적용 범위]-[현재 구역]을 지정하고 [확인] 단추를 클릭합니다. 1구역은 '1~3쪽', 2구역은 '4~5'쪽이며 2구역에는 [쪽] 탭-[쪽 테두리]가 설정되었습니다.

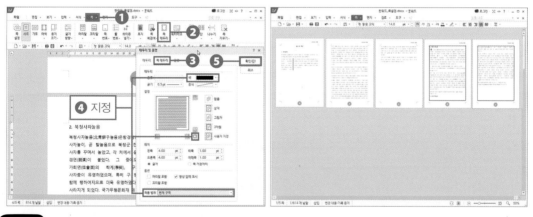

4페이지만 쪽 테두리를 적용할 때

4페이지의 마지막 위치에서 [쪽] 탭-[구역 나누기]-[다음 쪽부터]를 클릭합니다. 즉, 1구역은 1~3쪽, 2구역은 4쪽, 3구역은 5쪽이 되게 구역 나누기를 실행합니다.

실전에 사용하는 쪽 설정의 모든 것

1 구역 쪽 설정하기

01. 앞선 따라하기에 이어서 나누어진 2구역 '2. 북청사자놀음' 쪽에서 [쪽] 탭-[쪽 설정]을 클릭합니다. [쪽 설정] 대화상자가 나타나면 다음과 같이 지정하고 [확인] 단추를 클릭합니다.

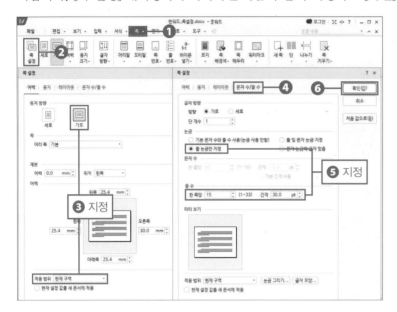

- [여백] 탭
  용지 방향 : 가로
  적용 범위 : 현재 구역
- [문자 수/줄 수] 탭
  눈금 : 줄 눈금만 지정
  줄 수 : 12
  간격 : 30

02. 4쪽부터 가로 용지로 설정되며, 한쪽에 12줄의 내용만 표시됩니다.

84 한컴오피스 2020 한워드편

003 테마 설정하기

난이도 ◆ ◆ ◆ ◆ ◆

✦ 사용 가능 버전 : 2018 2020
✦ 사용 기능 : 한컴 애셋, 테마

한컴 애셋 ▶▶   한글과컴퓨터에서 제공하는 문서. 글꼴. 클립아트를 다운받을 수 있는 한컴 애셋에서 문서를 다운받아 배
경과 테마를 편집 적용하는 방법에 대해 알아봅니다.

말랑말랑 기본기 다지기
완성 파일 : Chapter 02/한워드_워터마크_완성.docx

1 문서 배경색 및 표지 설정하기

01. 한워드를 실행하고 [온라인 서식 문서 내려받기]를 클릭하여 한컴 애셋에 연결합니다. [3
면 브로슈어 1]을 선택하고 [내려받기]를 클릭합니다.

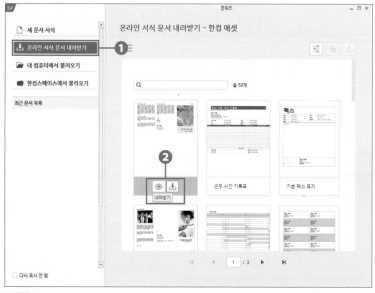

한컴 애셋 메뉴
[도구] 탭-[한컴 애셋]으로도 실행 가능합니다.

02. 3쪽의 브로슈어 샘플 문서가 다운로드 되었습니다. [쪽] 탭-[쪽 배경색]-[제목/배경-어두운 색 2]를 클릭합니다.

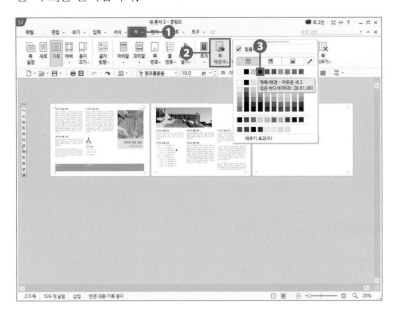

03. [쪽] 탭-[표지]-[눈금]을 클릭합니다. 1쪽에 표지가 추가되어 총 4페이지 문서가 완성되었습니다.

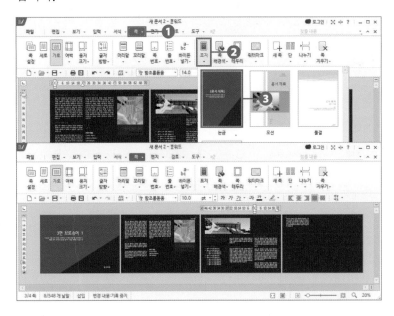

2 워터마크 삽입하기

01. 한워드에서는 워터마크 기능을 사용하여 문서의 보안성을 높일 수 있습니다. [쪽] 탭–[워터마크]–[워터마크]를 클릭합니다. [워터마크] 대화상자에서 [글자 워터마크]–[글자 입력]에 '복사금지'를 입력하고 [확인] 단추를 클릭합니다.

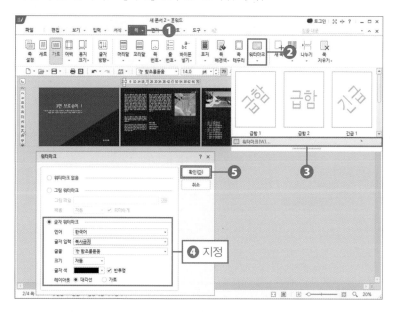

02. 문서의 배경에 편집 불가능한 '복사금지' 글자가 표시되었습니다. [파일] 탭–[다른 이름으로 저장하기]를 클릭하여 '한워드_워터마크_완성.docx' 파일로 저장합니다.

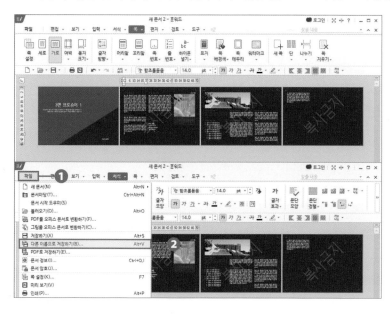

1 스타일 활용하기

01. '한워드_행사일정안내.docx' 파일을 한워드로 불러옵니다. 제목에 커서를 클릭하면 [서식] 탭에서 'Title 01' 스타일이 표시됩니다. 표 안의 제목 '오전 프로그램'에 커서를 클릭하면 [서식] 탭에서 'Table Title 01' 스타일이 표시됩니다.

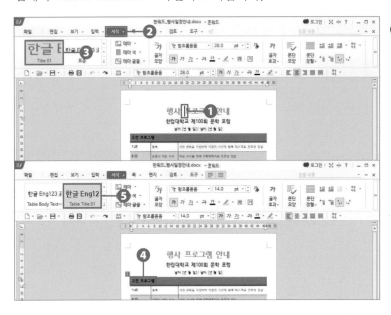

꼭 알고가기!!

스타일

미리 정의된 자주 사용하는 글자 모양이나 문단 모양을 '스타일(styles)'이라고 합니다. [보기] 탭-[작업 창]-[스타일]에서는 미리 정의된 자주 사용하는 글자 모양이나 문단 모양을 제공하며 긴 글에 대하여 일관성 있는 문단 모양을 유지하면서 편집 작업을 하는 데 꼭 필요한 기능입니다.

02. [보기] 탭-[작업 창]-[스타일]을 클릭하면 화면 우측에 [스타일] 작업 창이 활성화됩니다. [스타일 속성]을 클릭합니다.

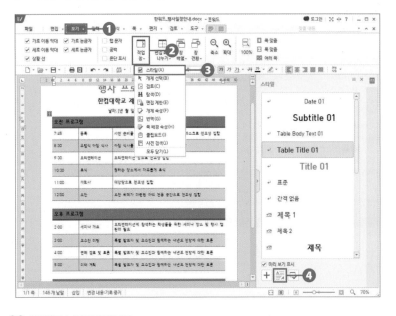

03. [스타일 속성] 대화상자의 [글꼴]은 '휴먼옛체', [글자 색]은 '흰색'으로 지정하고 [확인] 단추를 클릭합니다. 'Table Title 01' 스타일이 적용된 제목이 모두 흰색으로 변경되었습니다.

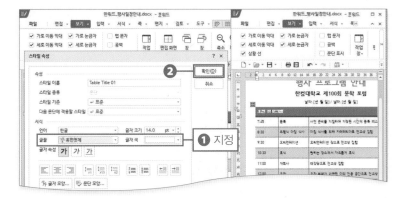

2 테마 활용하기

01. [스타일] 작업 창의 [X]를 클릭하여 작업을 종료합니다. [서식] 탭-[테마]-[잔상]을 클릭합니다.

02. [서식] 탭-[테마 색]과 서식 도구 상자의 [글자 색]을 클릭하면 '잔상' 테마에서 제공하는 색상표로 변경된 것을 확인할 수 있습니다.

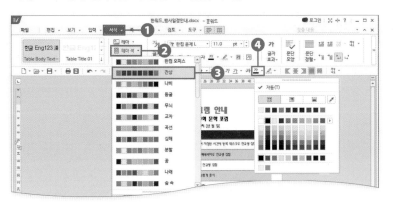

CHAPTER 3

개체 편집 및 활용하기

중요도 ◆◆◆◆◆

■ 사용하는 한워드 기능 및 학습 후 효과

기능	효과	미리 보기
도형 & 그림	문서에 도형과 그림을 입력하고 위치를 조정하며, 크기 및 글자와의 배치를 설정할 수 있습니다.	
표	문서에 표를 삽입하고 칸과 줄의 추가 및 삭제, 셀 합치기 나누기를 실행하여 글자와 표를 동시에 표현할 수 있습니다.	
차트	표 자료의 데이터를 시각화하는 차트를 한워드에서 직접 작성하고 수정하여 글자와 함께 표현할 수 있습니다.	

001 도형 & 그림

난이도 ◆◆◆◆◆◆

✦ 사용 가능 버전 : 2018 2020
✦ 사용 기능 : [입력] 탭-[도형], [그림]

도형 & 그림 ▶▶ 한워드에서 도형과 그림을 삽입하고 글자와의 배치를 조정하여 표현하는 다양한 방법에 대해 알아봅니다.

말랑말랑 기본기 다지기
예제 파일 : Chapter 03/한워드_도형_그림.docx ｜ 완성 파일 : Chapter 03/한워드_도형_그림_완성.docx

1 도형 작성하기

01. '한워드_도형_그림.docx' 파일을 불러온 후 [입력] 탭-[도형 스타일]-[자세히](⬇)를 클릭하고 [블록 화살표]-[오각형]을 클릭합니다.

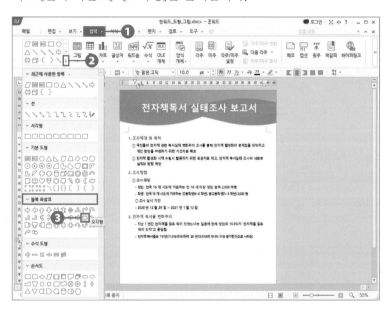

02. 드래그하여 도형을 작성합니다. 작성한 도형은 Ctrl을 누른 상태로 드래그하여 총 4개의
오각형을 복사합니다.

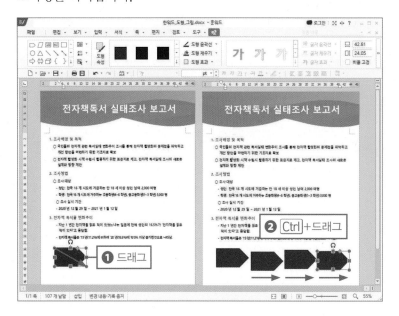

03. 4개의 오각형을 선택하고 [도형] 탭-[맞춤]-[위쪽 맞춤]을 클릭합니다.

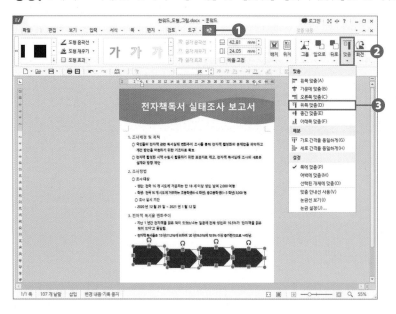

04. 4개의 오각형이 위쪽으로 맞추어 문서에 표시됩니다. 만약 교재의 예제와 같이 화면의 위로 도형이 이동한다면 Shift 를 누른 상태로 드래그하여 수직으로 위치를 이동합니다.

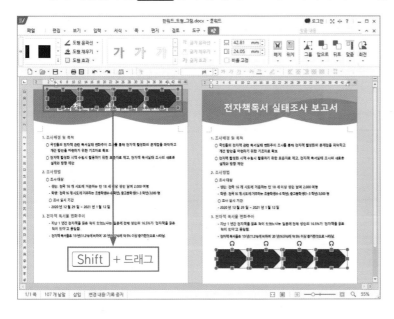

2 도형에 글자 입력 및 그룹화하기

01. 도형을 선택하고 글자를 입력합니다. 4개의 오각형이 선택된 상태에서 서식 도구 상자를 다음과 같이 지정합니다. Alt + T 를 눌러 [문단 모양] 대화상자가 나타나면 [들여쓰기]의 [글자 앞]은 '0', [글자 뒤]는 '0'으로 지정하고 [확인] 단추를 클릭합니다.

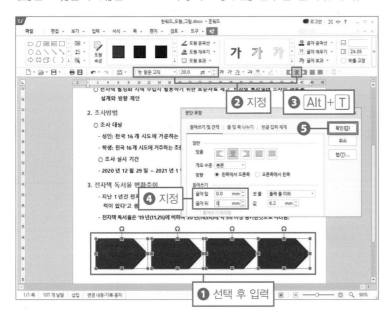

15%('17), 15.8('18), 20.9('19), 30.5('20)
서식 도구 상자 : '맑은 고딕', '20pt', '흰색'

02. 4개의 도형을 Ctrl 또는 Shift 를 누른 상태로 선택하고 [도형] 탭-[그룹]-[개체 묶기]를 클릭합니다.

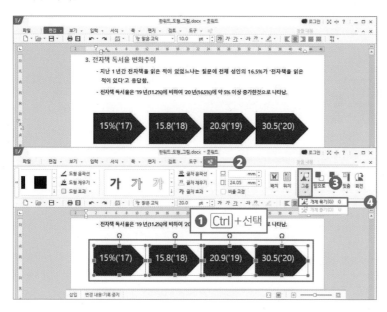

03. 4개의 오각형이 한 개의 개체로 묶여서 표시됩니다. 크기를 조정하고 글자 크기를 '14pt'로 변경합니다. 가운데 정렬을 하기 위해서는 [도형] 탭-[배치]-[글자처럼 취급]을 클릭하고 서식 도구 상자의 [가운데 정렬]을 클릭합니다.

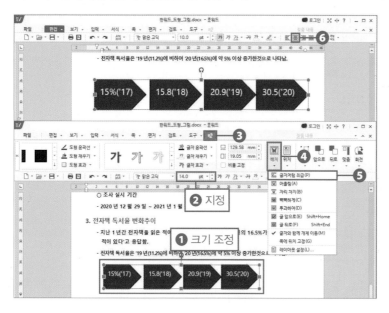

3 그림 입력하기

01. [입력] 탭-[그림]-[그림]을 클릭하고 [그림 넣기] 대화상자가 나타나면 'book.png' 파일을
선택하고 [열기] 단추를 클릭합니다.

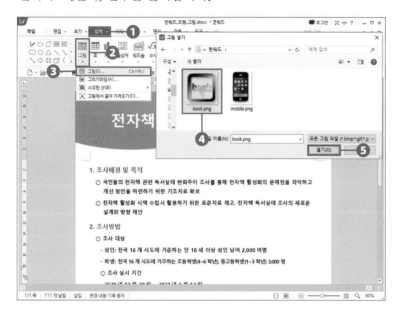

02. 삽입한 이미지의 크기를 조정합니다. 문서의 모든 영역으로 이미지의 위치를 이동하기 위
하여 [그림] 탭-[배치]-[글 앞으로]를 클릭합니다. 드래그하여 제목에 이미지를 위치시킵니다.

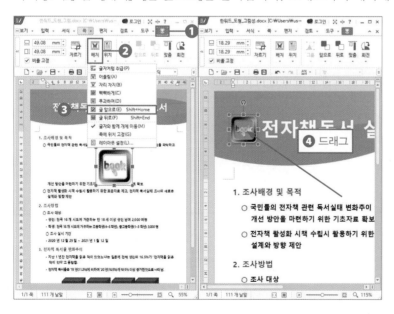

Chapter 03 개체 편집 및 활용하기 **95**

1 그림 파일 변경하기

01. 이미지의 크기와 위치를 변경하지 않고 바꿀 수 있습니다. 앞선 따라하기에 이어서 이미지를 클릭하고 [이미지] 탭-[이미지 바꾸기]를 클릭합니다. [이미지 바꾸기] 대화상자가 나타나면 'mobile.png' 파일을 더블클릭합니다. 'book.png' 파일의 위치와 크기에 'mobile.png' 파일의 이미지가 변경되어 표시됩니다.

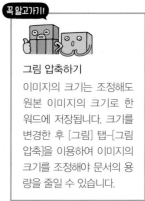

꼭 알고가기!!

그림 압축하기
이미지의 크기는 조정해도 원본 이미지의 크기로 한 워드에 저장됩니다. 크기를 변경한 후 [그림] 탭-[그림 압축]을 이용하여 이미지의 크기를 조정해야 문서의 용량을 줄일 수 있습니다.

2 도형 모양 변경 및 자유형 그리기

01. 오각형을 선택하고 [도형] 탭-[도형 모양 변경]-[기본 도형]-[정육면체]를 클릭하여 도형의 내용과 색상 등의 서식은 유지하면서 도형의 모양만 변경합니다.

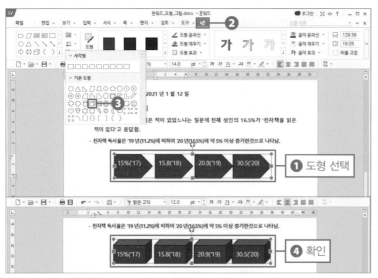

02. [입력] 탭-[도형 스타일]-[자세히](⊙)를 클릭하고, [선]-[자유형 직접 그리기]를 클릭합니다. 문서를 클릭하고 드래그하여 선을 완성합니다.

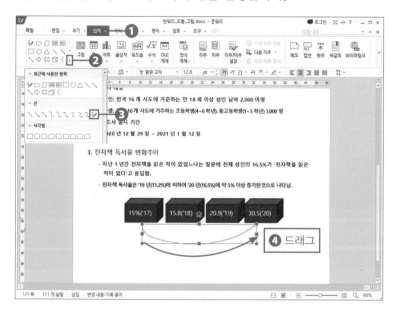

03. 작성된 자유형 선은 [도형] 탭-[도형 윤곽선]-[선 굵기]-[3pt], [선 종류]-[점선]을 클릭하여 자유형 선을 완성합니다.

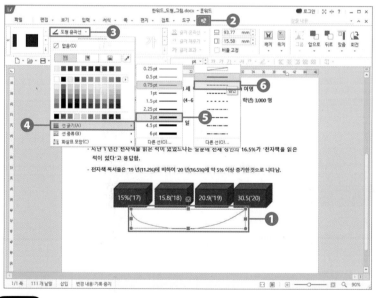

 꼭 알고가기!!

개체를 빠르게 선택하는 Tip

[편집] 탭-[선택]-[걸쳐진 개체 선택]

마우스로 드래그하는 영역에 개체의 일부만 포함되더라도 해당 개체를 쉽게 선택할 수 있습니다.

002 표 작성 및 편집하기

난이도 ◆◆◆◆◆

✦ 사용 가능 버전 : 2018 2020
✦ 사용 기능 : [입력] 탭-[표]

표 ▶▶ 한워드에서 표를 입력하고 표의 칸과 줄을 나누고 합치며, 테두리 및 서식을 설정한 뒤 표 계산식과 캡션, 표의 자동 맞춤을 하는 방법에 대해 알아봅니다.

말랑말랑 기본기 다지기

예제 파일 : Chapter 03/한워드_표.docx | 완성 파일 : Chapter 03/한워드_표_완성.docx

1 표 작성 및 테두리

01. '한워드_표.docx' 파일을 불러온 후 [입력] 탭-[표]를 클릭하고 드래그하여 [3줄x3칸]을 선택하면 3줄x3칸의 표가 작성됩니다.

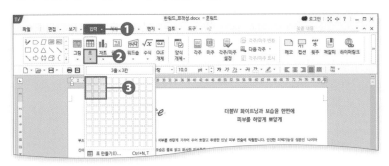

02. 표의 첫 칸에 '분야'를 입력하고 [Tab ⇆]을 누르면 두 번째 칸을 이동합니다. '안내'를 입력하고 [Tab ⇆]을 눌러 '이벤트 해당 월'을 입력하여 표의 제목을 완성합니다. 표의 서식을 적용하기 위해 [표 디자인] 탭-[표 스타일]-[자세히](↓)-[밝은 목록 – 강조색 1]을 클릭합니다.

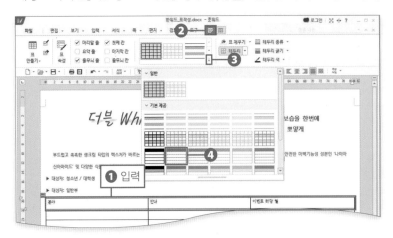

03. 이번에는 셀 테두리를 변경하기 위해 표 전체 선택을 클릭합니다. 단축키 L을 눌러 [테두리 및 음영] 대화상자를 불러옵니다. [테두리] 탭–[색]–[회색 계열]–[모두]로 지정합니다.

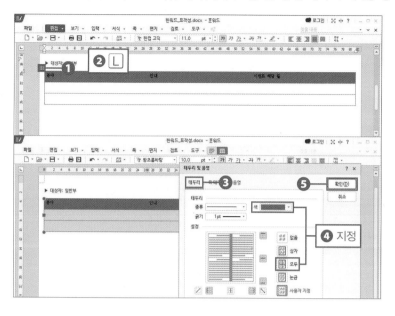

2 셀 나누기 합치기

01. 각 칸의 사이에서 칸의 너비를 드래그하여 조정할 수 있습니다. 2줄 3칸~3줄 3칸을 범위 지정하고 단축키 S를 눌러 [셀 나누기] 대화상자를 불러옵니다. [칸 개수]는 '13', [줄 개수]는 '2'로 지정하고 [확인] 단추를 클릭합니다. 1줄 1칸~2줄 1칸을 범위 지정하고 이번에는 셀 합치기 단축키 M을 눌러 한 개의 셀로 합칩니다. 1줄 2칸~3줄 2칸도 범위 지정하고 M을 눌러 셀 합치기를 실행하고 내용을 입력합니다.

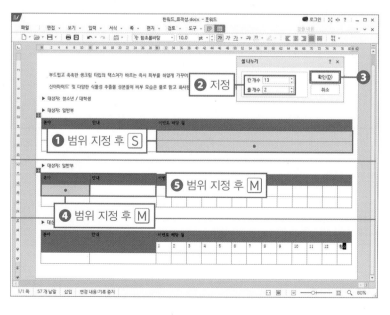

02. F5를 세 번 눌러 표 전체를 범위 지정합니다. [표 레이아웃] 탭-[정가운데]를 클릭합니다. 3줄 임의의 셀에 커서를 두고 Ctrl+Enter↲를 눌러 줄을 추가합니다. 서식 도구 상자에서 '한컴고딕', '14pt'로 지정하고 표 내용을 입력하여 마무리합니다.

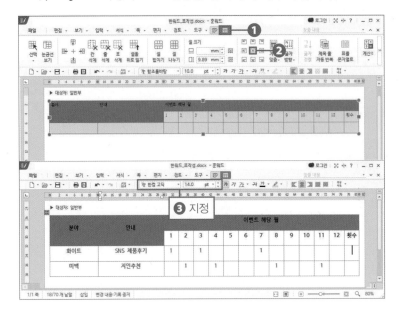

실전에 사용하는 표 활용의 모든 것

1 표 계산 & 표 캡션

01. 앞선 따라하기에 이어서 계산식 결과가 표시될 셀까지 범위를 지정합니다. [표 레이아웃]
탭-[계산식]-[블록 계산식]-[블록 합계]를 클릭합니다.

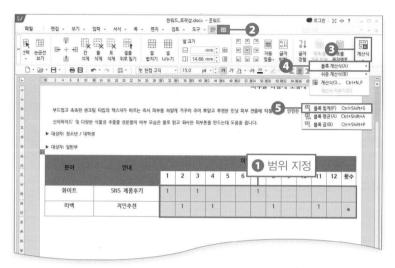

02. 표 안에 커서를 두고 F5를 세 번 눌러 표 전체를 범위 지정하고 마우스 오른쪽 버튼을 클
릭한 후 [캡션]을 선택합니다. [캡션] 대화상자에서 [새 레이블]을 클릭합니다. [새 레이블] 대화
상자에서 '월별 이벤트 안내표'를 입력하고 [확인] 단추를 클릭하고, [캡션] 대화상자에서 [확인]
단추를 클릭하여 캡션 추가를 종료합니다.

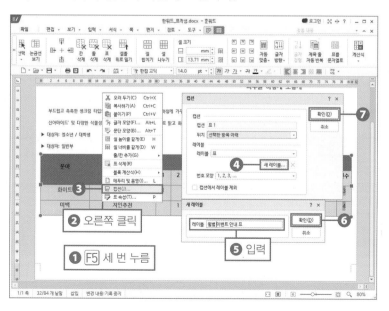

03. 표의 하단에 레이블로 입력한 캡션이 추가되었습니다. 표를 삭제하거나 이동할 때 표와 함께 이동 및 삭제되며, 추후 목차 작업에서 유용하게 사용할 수 있습니다.

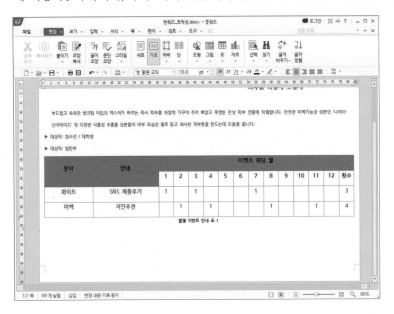

2 표 자동 맞춤

01. 한워드에서는 용지의 크기가 변동될 때 표의 크기를 용지 너비에 자동으로 맞추는 기능을 제공합니다. F7을 눌러 [쪽 설정] 대화상자를 불러옵니다. [여백]의 [왼쪽]과 [오른쪽]에 '15.0'을 입력하고 [확인] 단추를 클릭합니다.

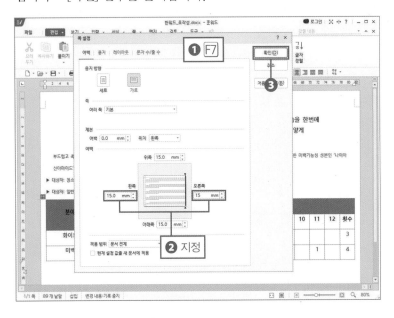

02. 용지의 여백이 줄어들어서 표의 내용 일부가 문서에 표시되지 않습니다. 표 전체 선택 후 [표 레이아웃] 탭-[자동 맞춤]-[창에 자동으로 맞춤]을 클릭하면 용지 너비에 맞추어 표 너비가 조정됩니다.

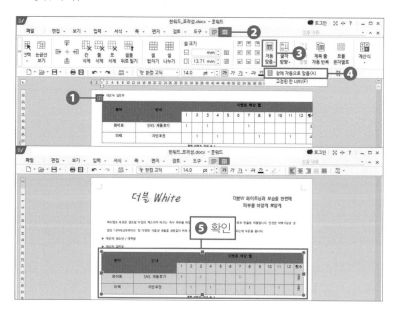

003 차트 활용하기

난이도 ◆◆◆◆◆

◆ 사용 가능 버전 : 2018 2020
◆ 사용 기능 : [입력] 탭-[차트]

차트 ▶▶ 한워드에서 차트를 입력하고 차트 구성 데이터의 내용을 편집하고, 클릭 한 번으로 차트의 구성 요소를 변경하는 방법에 대해 알아봅니다.

말랑말랑 기본기 다지기

예제 파일 : Chapter 03/한워드_차트.docx | 완성 파일 : Chapter 03/한워드_차트_완성.docx

1 차트 입력하기

01. 차트를 입력할 위치를 클릭하고 [입력] 탭-[차트]를 클릭합니다. 차트 목록에서 [세로 막대형]-[묶은 세로 막대형]을 클릭합니다.

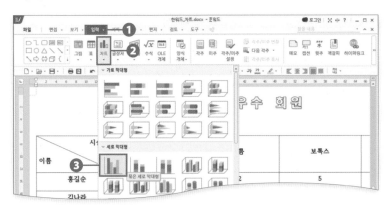

02. 차트가 삽입되면서 [차트 데이터 편집] 창이 나타납니다. 우수회원 표의 내용을 데이터 편집에 입력합니다. [5] 행에서 마우스 오른쪽 버튼을 클릭하고 [삭제]를 선택하여 불필요한 행을 삭제합니다. [차트 데이터 편집] 창의 [X]를 클릭하여 종료합니다.

2 한워드 제공 차트 레이아웃

01. 입력된 데이터로 '묶은 세로 막대형' 차트가 작성되었습니다. 차트의 각 구성 요소(제목, 범례, 축 이름 등)을 세트로 제공하는 차트 레이아웃을 이용하면 한 번의 클릭으로 구성 요소를 한 번에 변경할 수 있습니다. 차트를 선택하고 [차트 디자인] 탭-[차트 레이아웃]-[레이아웃 10]을 클릭합니다.

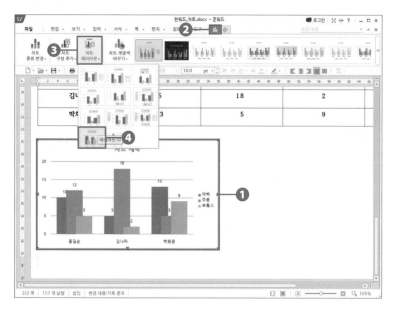

02. 차트의 제목도 변경할 수 있습니다. 차트 제목에서 마우스 오른쪽 버튼을 클릭하고 [제목 편집]을 선택합니다. [차트 글자 모양] 대화상자에서 [글자 내용]에 '2019년 우수회원'을 입력하고 [설정] 단추를 클릭하여 차트 제목을 수정합니다.

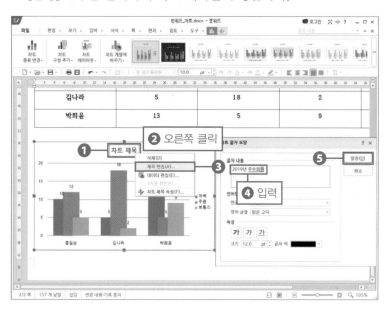

양식 개체 활용하기

중요도 ◆◆◆◆◆

■ 사용하는 한워드 기능 및 학습 후 효과

기능	효과	미리 보기
양식 개체	문서에 자료를 입력할 수 있는 Form(양식) 개체를 작성하여 글자 입력란, 확인(체크), 목록 개체를 문서에 포함할 수 있습니다.	
각주, 미주, 차례	문서의 내용 중 보충 자료 또는, 인용 자료의 출처를 밝힐 수 있는 각주와 미주를 작성하고 목차를 작성하는 차례 기능을 사용할 수 있습니다.	
메일 머지	메일 머지는 문서의 일정 항목만 다르고 나머지 내용이 같은 수십, 수백 통의 편지지를 한꺼번에 만드는 기능으로써 예를 들어, 회원들에게 정기적으로 안내장을 발송할 일이 있다면, 많은 양의 단순 반복 작업을 메일 머지 기능으로 대신할 수 있습니다.	

001 양식 개체

난이도 ◆◆◆◆◆

+ **사용 가능 버전** : 2018 2020
+ **사용 기능** : [입력] 탭-[양식 개체]

양식 개체 ▶▶ 한워드에서 글자를 입력할 필드를 작성하여 입력 위치를 쉽게 알아볼 수 있도록 하고, 더블클릭하여 체크
상태를 변경하고 목록 리스트에서 항목을 선택할 수 있는 양식 개체에 대해 알아봅니다.

말랑말랑 기본기 다지기
예제 파일 : Chapter 04/설문조사.docx | 완성 파일 : Chapter 04/설문조사_완성.docx

1 양식 개체 작성하기

01. '설문조사.docx' 파일을 불러온 후 이름을 입력할 위치에 커서를 두고 [입력] 탭-[양식 개
체]-[글자 필드]를 클릭합니다. 글자를 입력할 수 있는 회색 영역이 표시됩니다.

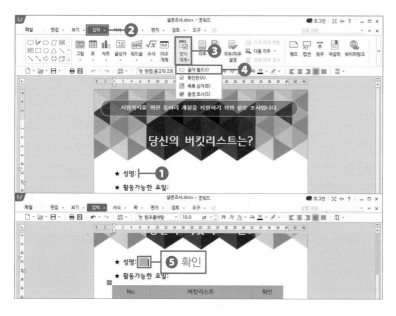

02. 회색 영역에 커서를 클릭하여 '나영진 한컴'을 입력합니다. 글자가 회색 영역보다 많을 때는 자동으로 회색 영역이 추가됩니다. Yes, No를 체크할 영역에 커서를 두고 [입력] 탭-[양식 개체]-[확인란]을 클릭합니다.

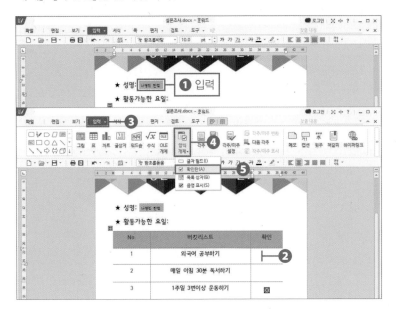

03. 입력한 확인란을 더블클릭합니다. [확인란 속성] 대화상자의 [기본 값]-[선택한 상태]를 체크하고 [확인] 단추를 클릭합니다. 체크 표시된 확인란으로 변경되었습니다. 복사하여 다른 영역에 붙여 넣기하여 사용할 수 있습니다.

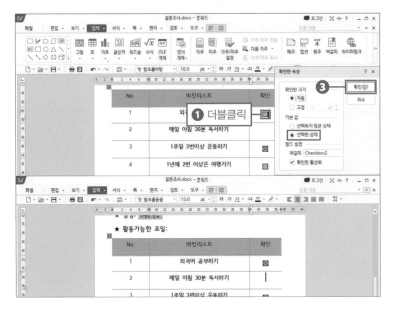

> **꿀팁**
> 입력, 확인란 양식 개체의 회색 배경을 흰색 배경으로 변경할 때는 [입력] 탭-[양식 개체]-[음영 표시]의 체크를 해제합니다.

1 목록 양식 개체 활용하기

01. 앞선 따라하기에 이어서 여러 개의 항목에서 선택할 수 있는 목록 상자를 작성할 위치에 커서를 두고 [입력] 탭-[양식 개체]-[목록 상자]를 클릭합니다. 생성된 목록 상자를 더블클릭하여 [목록 상자 속성] 대화상자에서 [목록 상자 항목]에 '월, 수, 금'을 입력하고 추가(+)를 클릭합니다. '화, 목'을 입력하고 추가(+)를 클릭하여 [확인] 단추를 클릭합니다. 상단의 '월, 수, 금' 목록을 변경할 때는 목록 상자를 더블클릭하여 '화, 목'을 위로 변경하고 [확인] 단추를 클릭합니다.

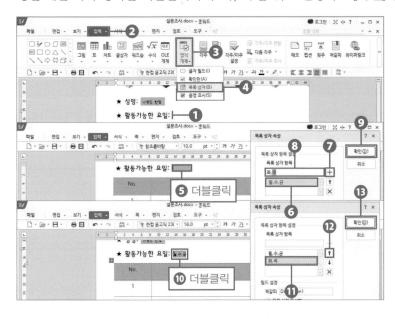

002 각주/미주/차례 활용하기

난이도 ◆◆◆◆◆

✦ 사용 가능 버전 : 2018 2020
✦ 사용 기능 : [입력] 탭-[각주/미주]

각주/미주/차례 ▶▶ 쪽 하단에 보충 자료 또는, 인용 자료를 추가할 수 있는 각주와, 문서의 끝에 추가되는 미주를 작성하는 방법과 차례 작성 방법을 알아봅니다.

말랑말랑 기본기 다지기

예제 파일 : Chapter 04/조선의 무용.docx | 완성 파일 : Chapter 04/조선의 무용_완성.docx

1 각주 달기

01. '조선의 무용.docx' 파일을 불러옵니다. 2쪽의 '조선' 뒤에 커서를 두고 [입력] 탭-[각주]를 클릭합니다. 페이지 하단에 각주를 입력할 수 있는 창이 활성화됩니다. 각주 입력란에 '1392년 ~1910년'을 입력합니다. '조선' 뒤에 각주 1이 표시됩니다.

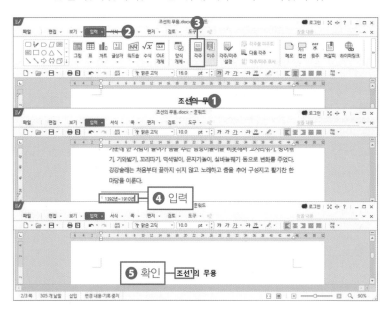

2 미주 달기

01. 3쪽의 '탈놀음' 뒤에 커서를 두고 [입력] 탭-[미주]를 클릭합니다. 4쪽이 추가되면서 미주를 삽입할 수 있는 편집 창이 활성화됩니다. 미주 입력란에 '탈을 쓰고 하는 놀음놀이. 꼭두각시놀음, 산대놀음 따위가 있다.'를 입력합니다.

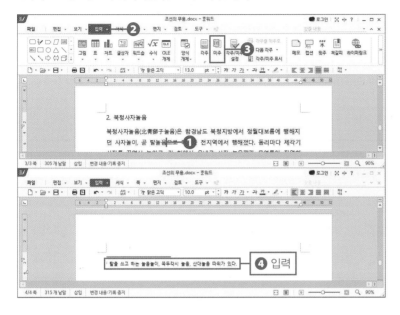

1 각주/미주 번호 서식 변경하기

01. 앞선 따라하기에 이어서 삽입된 각주와 미주 번호는 다양한 표식으로 변경할 수 있습니다. 미주 영역에 커서를 두고 [입력] 탭–[각주/미주 설정]을 클릭합니다. [각주 및 미주] 대화상자가 나타나면 [서식]–[번호 서식]을 'A, B, C..'로 지정하고 [적용] 단추를 클릭합니다. 번호 서식이 'A'로 변경되었습니다.

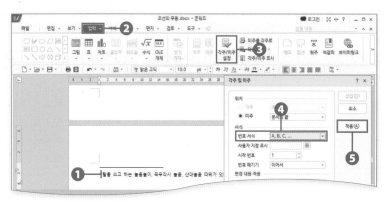

2 차례 만들기

01. 목차를 적용할 차례 코드를 지정하기 위해 2쪽의 '1. 강강술래' 앞에 커서를 위치시키고 [도구] 탭–[차례]–[글자 추가]–[수준1(A)]을 클릭합니다. 제목에 차례 코드가 삽입되지만 보이진 않습니다. '가) 유래' 앞에 커서를 위치시키고 [도구] 탭–[차례]–[글자 추가]–[수준2(B)]를 클릭합니다.

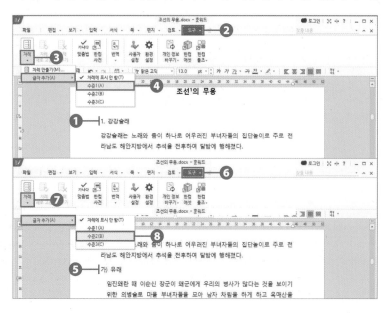

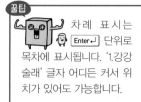

꿀팁

차례 표시는 Enter↵ 단위로 목차에 표시됩니다. '1.강강술래' 글자 어디든 커서 위치가 있어도 가능합니다.

02. 2쪽의 '나) 방법' 앞에 커서를 위치시키고 [도구] 탭-[차례]-[글자 추가]-[수준2(B)]를 클릭, 3쪽의 '2. 북청사자놀음'에 커서를 위치시키고 [도구] 탭-[차례]-[글자 추가]-[수준1(A)]를 클릭합니다.

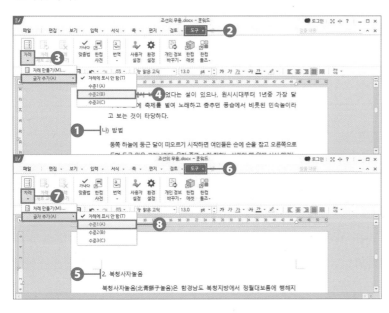

03. 1쪽에 차례를 만들 위치를 클릭하고 [도구] 탭-[차례]-[차례 만들기]를 클릭합니다. [차례] 대화상자가 나타나면 [확인] 단추를 클릭합니다. 수준1, 2에 따라 자동으로 들여쓰기와 탭이 적용되어 쪽 번호가 표시되는 차례가 작성됩니다.

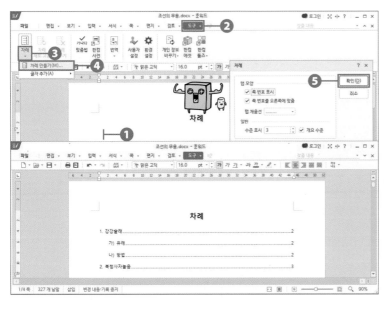

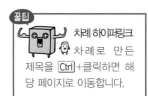

차례 하이퍼링크
차례로 만든 제목을 Ctrl+클릭하면 해당 페이지로 이동합니다.

꼭 알고가기!

차례 새로 고침
쪽 번호가 변경된 경우 반드시 차례 영역에 커서를 두고 [도구] 탭-[차례 새로 고침]을 클릭합니다.

003 편지(메일 머지) 기능 활용하기

난이도 ◆ ◆ ◆ ◆ ◆

✦ 사용 가능 버전 : 2020
✦ 사용 기능 : [편지] 탭

메일 머지 ▶▶ 같은 내용을 반복하여 표시하는 레이블 기능과 메일 머지에 필요한 데이터 파일과 서식 파일을 작성하고 데이터 파일을 문서 파일에 병합하여 일부의 내용만 다르게 표시하는 방법에 대해 알아봅니다.

말랑말랑 기본기 다지기
예제 파일 : Chapter 04/수상자.docx, 자료.xlsx

1 레이블 이용하기

01. 대량 발송에 사용할 보내는 사람 주소를 라벨지를 작성할 수 있습니다. [파일] 탭-[새 문서]를 클릭하여 새 문서를 실행합니다. [편지] 탭-[레이블]을 클릭하고 [봉투 및 레이블] 대화상자에서 [레이블] 탭-[옵션]을 클릭합니다. [레이블 옵션] 대화상자가 나타나면 [레이블 정보]-[레이블 문서 꾸러미]에서 'Formtec'-'주소(14칸)-3108'을 지정하고 [확인] 단추를 클릭합니다.

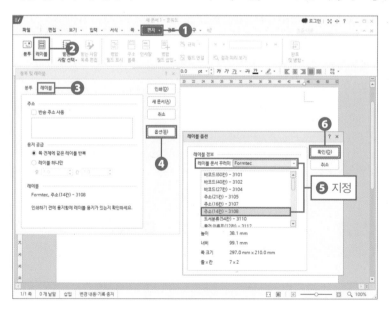

02. [주소]에 보내는 사람 주소를 입력합니다. [쪽 전체에 같은 레이블 반복]을 체크한 다음 [새 문서] 단추를 클릭하면 같은 내용이 한쪽에 여러 번 반복되어 표시됩니다.

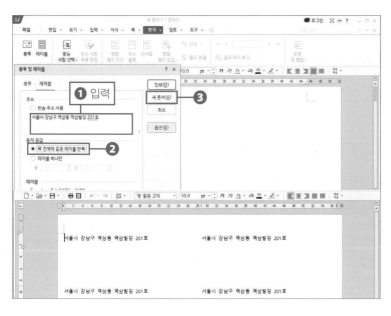

1 봉투 메일 머지 만들기

01. '수상자.docx' 파일을 불러옵니다. 커서를 수상자 텍스트 위에 두고 [편지] 탭–[받는 사람 선택]–[기존 목록 불러오기]를 클릭합니다. '자료.xlsx' 파일을 더블클릭하여 시트를 선택하고 [확인] 단추를 클릭합니다.

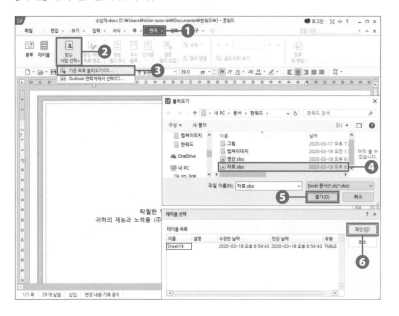

02. 수상자 위에서 [편지] 탭–[병합 필드 삽입]–[상]을 클릭합니다. 수상자 텍스트 아래에는 [이름]을 클릭해 삽입합니다.

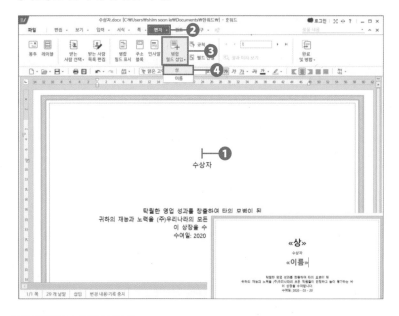

03. [편지] 탭에서 [결과 미리 보기]를 클릭합니다. [다음 레코드] 또는, [이전 레코드]를 클릭해 데이터 원본의 모든 레코드가 표시되는지 확인합니다. [완료 및 병합]-[새 문서로 병합]을 클릭합니다.

꼭 알고가기!!

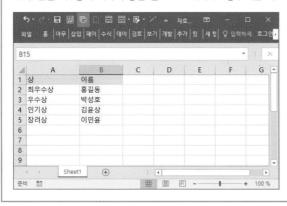

메일 머지 연결할 엑셀 파일 주의

상장의 '상'과 수상자 '이름'이 입력된 엑셀(자료.xlsx) 파일은 반드시 1행에 제목이 기재되어 있어야 합니다. 연결 시 1행의 제목이 병합 필드로 표시되며 2행부터는 자료로 연결됩니다.

004 검토하기

✦ 사용 가능 버전 : NEO 2018 2020
✦ 사용 기능 : 검토

메모 및 검토 ▶▶ 메모를 이용하여 문서에 추가 내용을 입력하고 문서의 변경 내용을 확인할 수 있는 변경 내용 추적을 활성화하는 방법에 대해 알아봅니다.

말랑말랑 기본기 다지기

예제 파일 : Chapter 04/검토.docx | 완성 파일 : Chapter 04/검토_완성.docx

1 메모 작성하기

01. '검토.docx' 파일을 불러온 후 '강강술래' 글자를 드래그하여 범위 지정합니다. [검토] 탭-[새 메모]를 클릭하면 화면 오른쪽에 메모 창이 활성화됩니다. '풍작과 풍요를 기원하는 풍속의 하나'라고 내용을 입력합니다.

02. 메모 영역에 메모가 활성화되어 보이는 상태에서 [검토] 탭-[모든 메모 표시]를 클릭하면 메모가 숨겨집니다. 다시 [모든 메모 표시]를 클릭하면 메모가 보이게 됩니다.

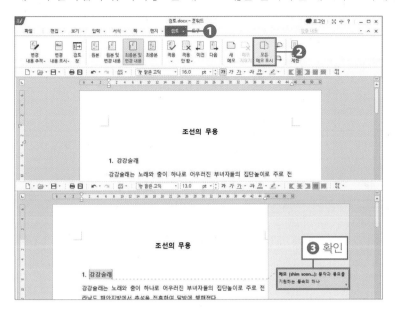

② 검토하기

01. [검토] 탭-[검토 창]을 클릭해 작업 창을 활성화한 다음 [검토] 탭-[변경 내용 표시]-[메모]를 체크합니다. [검토] 작업 창을 통해 문서에 메모가 삽입되어 문서의 변경된 내용이 있었다는 것을 확인할 수 있습니다.

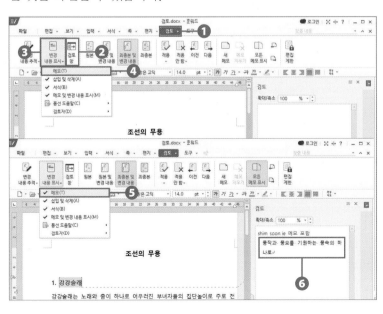

02. [검토] 탭-[원본 및 변경 내용]을 클릭하고 [변경 내용 추적]을 클릭합니다. 본문의 내용 중 '임진왜란'을 삭제합니다. 글자가 삭제되었다는 표식과 삭제 내용을 [검토] 작업 창에서 확인할 수 있습니다.

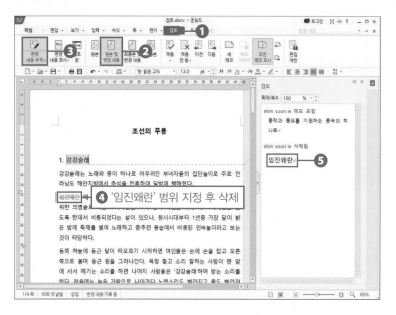

스마트한 업무에 필요한 기능이 한 권에 다 있는

한컴오피스 2020
한글

(주)한글과컴퓨터, 허미현, 부성순 공저

HANCOM
한글과컴퓨터

YoungJin.com
영진닷컴

Y.

한글편

한쇼

한셀　　　한쇼　　　한워드

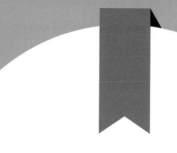

스마트한 업무를 위한
한컴오피스 2020

호글

CHAPTER 1

한글 2020
화면 구성 및 파일 관리

중요도 ◇◇◇◇◇

■ 사용하는 한글 기능 및 학습 후 효과

기능	효과	미리 보기
한글 2020 화면 구성	한글 2020의 전체 화면과 메뉴 구성 및 상황선에 대해 살펴보고 활용하는 방법에 대해 알아봅니다.	
새 문서 만들기	빈 문서, 문서 마당, 온라인 서식 문서 내려 받기 등 새 문서를 만드는 다양한 방법에 대해 알아봅니다.	
문서 저장하기	현재 문서를 다른 이름으로 저장하는 방법과 클라우드 저장소인 한컴스페이스에 저장하는 방법에 대해 알아봅니다.	
문서 불러오기	저장한 문서를 불러오는 것과 최근에 작업한 문서를 빠르게 불러오는 방법에 대해 알아봅니다.	
인쇄하기	인쇄 미리 보기 메뉴와 다양한 인쇄 옵션에 대해 알아봅니다.	

CHAPTER 01 화면 구성 및 파일 관리

CHAPTER 02 : 기본 문서 만들기 :

CHAPTER 03 : 일러리 문서 편집 :

CHAPTER 04 : 프레젠테이션 활용 :

CHAPTER 05 : 고급 문서 편집 기능 :

CHAPTER 06 : 문서 보안 및 검토 :

001 한글 2020 스마트한 최신 기능

난이도 ◆◆◆◆◆

✦사용 가능 버전 : NEO 2018 2020

한글 2020 신기능 ▶▶ 새로워진 한글 2020에서는 스마트워크와 높은 생산성을 추구하는 사용자가 효율적으로 작업할 수 있는 많은 기능을 제공합니다.

1 오피스 톡을 통해 한 번에 기능 실행

한컴오피스 챗봇 서비스인 오피스 톡에 필요한 기능을 물어보면 기능에 대한 설명과 기능을 바로 실행할 수 있는 메뉴를 제공합니다.

2 타자 프로그램 없이 사용자의 입력 타수를 즉시 확인

문서를 편집하는 동안 상태 표시줄에서 현재 입력 타수를 실시간으로 확인할 수 있습니다.

3 연결된 글상자 UI 개선

두 개 이상 연결된 글상자의 연결 여부를 알 수 있는 사용자 인터페이스를 개선하였습니다.

4 캡션 스타일 추가

그림이나 표와 같은 개체에 캡션 스타일이 추가되었습니다.

5 사용자가 입력 중인 언어 표시

문서 편집 영역에서 현재 사용 중인 언어를 표시해주므로 입력 오류를 방지할 수 있습니다.

6 빈 영역 없는 인쇄 지원

한 장의 용지에 여러 쪽을 모아서 인쇄할 때 빈 영역이 없도록 인쇄할 수 있습니다.

7 확인용 글머리표

확인란 모양의 글머리표를 사용하여 '할 일' 목록을 관리할 수 있습니다.

8 무엇이든 3줄 요약

긴 내용을 3줄로 요약하여 빠르게 훑어볼 수 있는 보조적인 수단으로 사용할 수 있습니다.

002 한글 2020 화면 구성 살펴보기

난이도 ◇◇◇◇◇

◆사용 가능 버전 : NEO 2018 2020
◆예제 파일 : 화면구성 및 파일관리.pptx

한글 화면 구성 ▶▶　한글 2020은 윈도우 표준 사용자 인터페이스 구조를 사용하며 한글에 익숙한 사용자 외에 처음 한글을 사
용하는 사용자도 쉽게 이해할 수 있습니다.

1 전체 화면 구성

❶ **제목** : 프로그램의 제목과 최소화, 최대화, 닫기 단추가 나타납니다.

❷ **메뉴** : 프로그램에서 사용하는 메뉴를 비슷한 기능별로 묶어 놓은 곳입니다.

❸ **기본 도구 상자** : 각 메뉴에서 자주 사용하는 기능을 그룹별로 묶어서 메뉴 탭 형식으로 제공
합니다. 기본적으로는 메뉴별 도구 상자가 나타나며, 상황에 따라 개체별, 상태별 도구 상자
가 동적으로 나타납니다.

❹ **서식 도구 상자** : 문서 편집 시 자주 사용하는 기능을 모아 아이콘으로 묶어 놓은 곳입니다.

❺ **작업 창** : 작업 창을 활용하면 문서 편집 시간을 줄이고 작업 속도를 높이는 등 효율적인 문서
작업을 수행할 수 있습니다.

❻ **탭 이동 아이콘** : 여러 개의 탭이 열려 있을 때 이전 탭/다음 탭으로 이동합니다.

❼ **문서 탭** : 작성 중인 문서와 파일명을 표시합니다. 저장하지 않은 문서는 파일 이름이 빨간색으로 표시되고, 자동 저장된 문서는 파란색, 저장 완료된 문서는 검은색으로 표시됩니다.

❽ **새 탭** : 문서에 새 탭을 추가합니다.

❾ **가로 이동 막대** : 문서 내용이 편집 화면보다 클 때 화면을 가로로 이동하기 위해 사용합니다.

❿ **상황선** : 편집 창의 상태 및 마우스가 있는 곳에 대한 정보 등을 보여줍니다.

⓫ **보기 선택 아이콘** : 쪽 윤곽, 문단 부호 보이기/숨기기, 조판 부호 보이기/숨기기, 투명 선 보이기/숨기기, 격자 설정, 찾기, 쪽 찾아가기, 구역 찾아가기, 줄 찾아가기, 스타일 찾아가기 설정, 조판 부호 찾아가기 설정, 책갈피 찾아가기 설정, 개체 찾아가기 설정과 같은 보기 관련 기능을 선택할 수 있습니다.

⓬ **세로 이동 막대** : 문서 내용이 편집 화면보다 클 때 화면을 세로로 이동하기 위해 사용합니다.

⓭ **세로 눈금자** : 개체의 세로 위치나 높이를 파악하기 위해 사용합니다.

⓮ **가로 눈금자** : 개체의 가로 위치나 너비를 파악하기 위해 사용합니다.

⓯ **편집 창** : 글자나 그림과 같은 내용을 넣고 꾸미는 작업 공간입니다.

⓰ **쪽 이동 아이콘** : 작성 중인 문서가 여러 장일 때 쪽 단위로 이동하기 위해 사용합니다.

2 메뉴 구성

❶ **메뉴** : 선택한 메뉴와 도구 상자가 탭 형태로 펼쳐집니다.

❷ **펼침 단추** : 선택한 메뉴의 하위 메뉴가 펼쳐집니다.

❸ **옆으로 이동** : 창이 축소되어 메뉴가 일부만 표시되는 경우 [옆으로 이동] 단추를 클릭하면 감춰진 메뉴가 나타납니다.

❹ **전체 화면** : 메뉴, 기본 도구 상자 및 서식 도구 상자를 접고 전체 화면으로 표시합니다.

❺ **크게 보기** : 메뉴, 기본 도구 상자, 서식 도구 상자 및 상황선 영역을 크게 배치합니다. [크기 보기] 상태에서 [기본 보기]로 언제든지 전환할 수 있습니다.

01. 각 메뉴를 클릭하면 해당 메뉴의 도구 상자가 탭 형태로 펼쳐집니다. [입력] 탭을 클릭하면 입력 도구 상자가 나타납니다. [입력] 탭 옆에 펼침 단추를 클릭하면 입력 관련 메뉴가 하위로 나타납니다. 입력 도구 상자에 나타나지 않은 메뉴는 이곳에서 선택하면 됩니다.

꿀팁

단, [파일] 탭은 도구 상자를 제공하지 않으며, 메뉴를 클릭하면 하위 메뉴가 바로 펼쳐집니다.

02. [기본 도구 상자 접기/펴기]를 클릭하면 기본 도구 상자가 숨겨지고 다시 클릭하면 나타납니다. 임의의 메뉴 이름을 더블클릭해도 동일한 작동을 합니다. 단축키는 Ctrl + F1 입니다.

CHAPTER 01 : 화면 구성 및 파일 관리

CHAPTER 02 : 기본 문서 만들기

CHAPTER 03 : 입력과 문서 편집

CHAPTER 04 : 프레젠테이션 활용

CHAPTER 05 : 고급 문서 편집 기능

CHAPTER 06 : 문서 보안 및 검토

꼭 알고가기!!

작업 창 화면 구성

작업 창을 활용하면 문서 편집 시간을 줄이고 작업 속도를 높이는 등 효율적인 문서 작업을 할 수 있습니다. 메뉴 [보기]의 펼침 단추를 클릭하고 원하는 명령을 선택합니다.

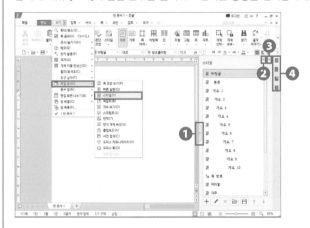

❶ 작업 창 접기/펴기 : 작업 창을 접거나 펼 수 있습니다.
❷ 작업 창 메뉴 : 작업 창 하위 메뉴가 나타납니다.
❸ 작업 창 닫기 : 열려 있는 작업 창을 닫습니다.
❹ 작업 창 탭 : 현재 열려 있는 작업 창을 탭 형태로 보여줍니다.

❸ 상황선 살펴보기

01. 상황선에는 커서가 있는 위치에 대한 정보와 현재 문서의 총 글자 수, 입력 상태 등 여러 정보를 보여줍니다. 상황선 오른쪽 부분 [확대/축소] 슬라이드 바를 오른쪽으로 드래그하면 편집 화면이 커서의 위치를 기준으로 확대되고 왼쪽으로 드래그하면 축소됩니다.

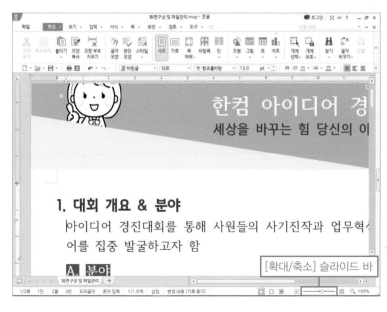

[확대/축소] 슬라이드 바

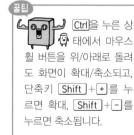

꿀팁

Ctrl 을 누른 상태에서 마우스 휠 버튼을 위/아래로 돌려도 화면이 확대/축소되고, 단축키 Shift + + 를 누르면 확대, Shift + - 를 누르면 축소됩니다.

상황선에는 '쪽 윤곽', '폭 맞춤', '쪽 맞춤' 등 자주 사용하는 보기 단추가 등록되어 있습니다.

- 쪽 윤곽
- [쪽 윤곽]이 선택되어 있으면 쪽의 여백 부분까지 쪽 전체 윤곽을 볼 수 있습니다.
- [쪽 윤곽]이 해제되어 있으면 쪽의 여백이나 머리말/꼬리말 등이 보이지 않고 본문 편집 공간만 나타납니다.
- 폭 맞춤 : 현재 용지의 너비가 문서 창의 너비에 맞도록 축소하거나 확대합니다.
- 쪽 맞춤 : 현재 용지 한쪽 분량을 한 화면에 모두 볼 수 있는 배율로 축소하거나 확대합니다.

02. 상황선의 [확대/축소]를 클릭하면 [확대/축소] 대화상자가 나타납니다.

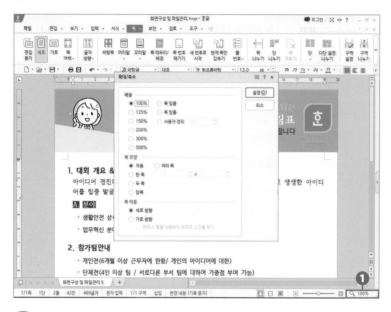

- 배율 : [100%, 125%, 150%, 200%, 300%, 500%, 폭 맞춤, 쪽 맞춤] 중에서 배율을 선택하거나, 사용자가 원하는 화면 배율을 지정할 수 있습니다.
- 쪽 모양 : [자동, 한 쪽, 두 쪽, 맞쪽] 중에서 쪽 모양을 선택하거나, 두 쪽 이상을 한 화면에서 볼 수 있는 [여러 쪽]을 선택할 수 있습니다.
- 쪽 이동 : 문서를 편집할 때 쪽 이동 방향을 [가로 방향] 또는, [세로 방향]으로 설정할 수 있습니다.

003 파일 관리 및 인쇄

난이도 ◆◆◆◆◆

✦ 사용 가능 버전 : **NEO** **2018** **2020**
✦ 사용 기능 : 새 문서, 인쇄

새 문서 만들기 및 인쇄
▶▶

한글 2020에서 새 문서를 불러오고, 저장하고 인쇄하는 등 문서를 만드는 전반적인 기능에 대해 알아봅니다.

1 새 문서 만들기

01. [파일] 탭-[새 문서]를 클릭하면 새로운 빈 문서가 열립니다. 서식 도구 상자에서 [새 문서]를 클릭해도 됩니다.

02. 문서 마당을 이용하여 새 문서를 작성할 수도 있습니다. [파일] 탭-[문서 마당]을 클릭하고 [문서마당] 대화상자에서 [문서마당 꾸러미] 탭을 클릭하면 다양한 서식 파일을 선택할 수 있습니다.

CHAPTER 01 화면 구성 및 파일 관리

CHAPTER 02 기본 문서 만들기

CHAPTER 03 입력과 문서 편집

CHAPTER 04 프레젠테이션 활용

CHAPTER 05 고급 문서 편집 기능

CHAPTER 06 문서 보안 및 검토

03. [파일] 탭-[문서 시작 도우미]를 클릭하고 [온라인 서식 문서 내려받기]를 클릭하면 한컴오피스의 온라인 서식 문서인 한컴 애셋을 사용할 수 있습니다. [필터] 단추를 클릭하고 목록 중에 [말랑말랑 무브먼트]를 클릭한 후 원하는 서식 파일을 다운로드하면 됩니다.

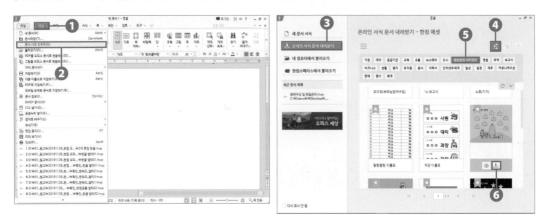

 꿀팁 한글 애셋은 [도구] 탭-[한컴 애셋]을 클릭해도 됩니다.

2 문서 저장하기

01. 현재 문서를 저장하려면 [파일] 탭-[저장하기]를 클릭합니다. [다른 이름으로 저장] 대화상자에서 저장 위치와 [파일 이름]을 지정하고 [저장] 단추를 클릭하면 됩니다.

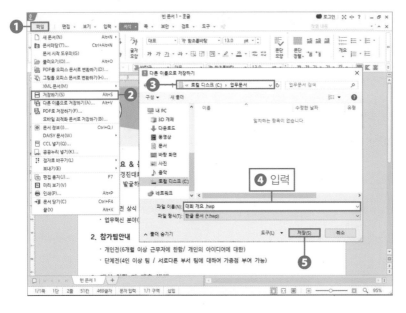

꿀팁 저장한 현재 문서를 다른 이름으로 다시 저장하고 싶으면 [파일] 탭-[다른 이름으로 저장하기]를 클릭하면 됩니다.

3 한컴스페이스에 저장하기(2020 버전에서 사용 가능)

01. 한컴스페이스를 이용하면 현재 문서를 클라우드 저장소에 저장하여 기기에 상관없이 언제나 문서를 불러와서 편집할 수 있습니다. 창 제목 표시줄 오른쪽 위의 [로그인]을 클릭합니다. 회원가입을 한 후 이메일 주소와 비밀번호를 입력하고 로그인합니다.

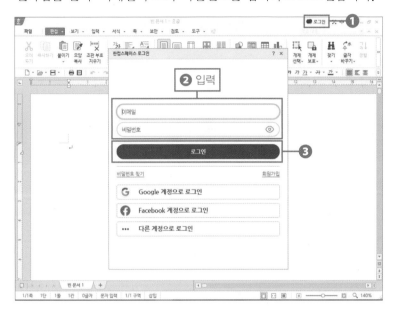

02. 제목 표시줄의 계정을 클릭하여 [한컴스페이스에 저장하기]를 클릭하면 됩니다.

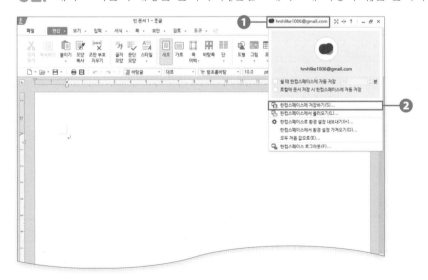

> **꿀팁**
>
> 한컴스페이스는 구글, 페이스북 등 다른 계정으로 로그인을 할 수 있습니다.
> 한컴스페이스 메뉴에서 [한컴스페이스로 환경 설정 내보내기]를 클릭하면 한글의 환경 설정 내용을 한컴스페이스에 저장할 수 있고 [한컴스페이스에서 환경 설정 가져오기]를 클릭하면 이전에 한컴스페이스에 저장한 환경 설정을 그대로 가져와 적용할 수 있습니다.

4 문서 불러오기

O1. 저장한 문서를 불러오려면 [파일] 탭-[불러오기] 또는, 서식 도구 상자의 [불러오기]를 클릭합니다. [불러오기] 대화상자에서 [저장 위치]를 지정하고 불러올 파일을 선택한 후 [열기] 단추를 클릭합니다.

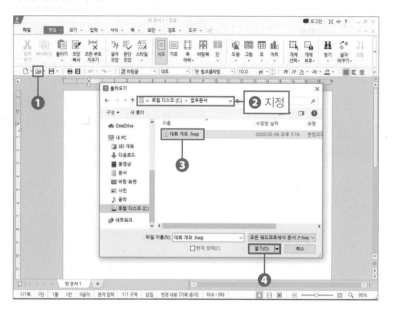

O2. 최근에 작업한 문서 확인은 [파일] 탭을 클릭하면 메뉴 아래쪽에 등록되어 있습니다. 또한, 서식 도구 상자의 [불러오기] 펼침 단추(▼)를 클릭하여 확인할 수도 있습니다.

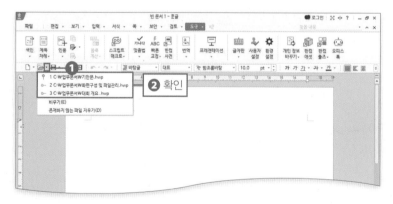

꿀팁

하위 메뉴에 대한 설명은 다음과 같습니다.
- 비우기 : 최근 문서 목록을 지울 수 있습니다.
- 존재하지 않은 파일 지우기 : 현재 경로가 바뀌었거나 존재하지 않는 파일을 목록에서 지웁니다.
- 문서 고정 아이콘을 클릭하여 📍 모양으로 바꾸면 문서가 고정되어 계속 표시됩니다. 다시 클릭하면 ⊶ 모양으로 바뀌고 고정이 해제됩니다.

5 인쇄 미리 보기

[파일] 탭−[미리 보기]를 클릭하면 인쇄 결과물을 미리 보기로 확인할 수 있습니다.

❶ 이전 쪽/다음 쪽 : 이전 쪽/다음 쪽으로 이동합니다.

❷ 인쇄 : [인쇄] 대화상자를 불러옵니다.

❸ 선택 인쇄 : '그리기', '그림', '교정 부호' 등의 인쇄 여부를 선택할 수 있습니다.

❹ 용지 크기 : 프린터에 공급할 종이의 종류를 지정합니다.

❺ 편집 용지 : [편집 용지] 대화상자를 불러옵니다.

❻ 세로/가로 : 인쇄할 용지 방향을 설정합니다.

❼ 워터마크 : 그림 및 글자 워터마크를 설정할 수 있습니다.

❽ 컬러 : 미리 보기 화면과 인쇄물을 원본 색상 그대로 출력합니다.

❾ 회색조/연한 회색조 : 미리 보기 화면과 인쇄물을 회색조 또는, 연한 회색조로 출력합니다.

❿ 쪽 여백 : 편집 용지의 여백 프리셋을 제공합니다.

⓫ 여백 보기 : 용지 여백을 빨간색 점선으로 표시합니다.

⓬ 편집 용지 보기 : 용지 종류의 크기를 초록색 선으로 표시합니다.

⓭ 쪽 보기 : '쪽 맞춤', '맞쪽', '여러 쪽' 중 원하는 쪽 보기 방식을 설정합니다.

⓮ 손도구 : 현재 창에서 보이지 않는 영역으로 이동할 수 있습니다.

⓯ 화면 확대 및 축소 : 확대/축소 비율을 선택하거나, 여러 쪽을 미리 보는 선택 사항이 있습니다.

⓰ 현재 쪽 편집 : 현재 미리 보고 있는 쪽으로 편집 화면으로 되돌아갑니다.

CHAPTER 01 : 화면 구성 및 파일 관리

CHAPTER 02 : 기본 문서 만들기

CHAPTER 03 : 입력과 문서 편집

CHAPTER 04 : 프레젠테이션 활용

CHAPTER 05 : 고급 문서 편집 기능

CHAPTER 06 : 문서 보안 및 검토

6 인쇄하기

[파일] 탭-[인쇄]를 클릭하면 다양한 인쇄 옵션을 지정하고 인쇄할 수 있습니다.

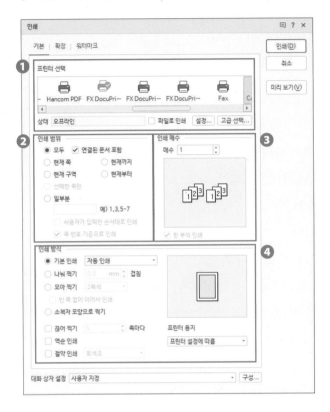

❶ 프린터 선택 : 프린터를 선택할 수 있으며, [PDF 저장], [그림으로 저장하기], [팩스로 보내기] 기능을 사용할 수도 있습니다.

❷ 인쇄 범위 : [모두], [현재 쪽], [현재까지], [현재 구역], [현재부터], [선택한 쪽만], [일부분]과 같이 문서의 인쇄 범위를 지정합니다.

❸ 인쇄 매수 : 인쇄 매수를 설정합니다. 인쇄 매수는 1~1000안에서 지정할 수 있습니다.

❹ 인쇄 방식 : 다양한 인쇄 방식을 선택합니다.

- **기본 인쇄** : '자동 인쇄', '공급 용지에 맞추어' 중 선택

- **모아 찍기** : 공급 용지 1장에 여러 쪽 인쇄 가능 [빈 쪽 없이 이어서 인쇄]를 체크하면 빈 쪽 없이 인쇄됨

- **나눠 찍기** : 작은 종이 여러 장에 나누어 인쇄

- **소책자 모양으로 인쇄** : 책처럼 용지 한 면에 두 쪽 인쇄

- **끊어 찍기** : 일정 쪽수 인쇄한 후 인쇄 여부 확인

- **절약 인쇄** : '회색조', '연한 회색조' 중 선택함

CHAPTER 01 화면 구성 및 파일 관리

CHAPTER 02 : 기본 문서 만들기 :

CHAPTER 03 : 입력과 문서 편집 :

CHAPTER 04 : 프레젠테이션 활용 :

CHAPTER 05 : 고급 문서 편집 기능 :

CHAPTER 06 : 문서 보안 및 검토 :

004 필수 단축키

난이도 ◇◇◇◇◇

✦ 사용 가능 버전 : NEO 2018 2020

단축키 ▶▶ 단축키와 글자판 사용에 익숙한 사용자를 위하여 한글은 지금까지 제공하던 대부분의 단축키를 그대로 지원합니다. 따라서 지금까지 단축키를 사용해 왔다면 비록 문서 편집 환경이 바뀌었더라도 별다른 어려움 없이 한글 단축키를 사용할 수 있습니다.

■ 커서 이동

기능	단축키	기능	단축키
문서 맨 처음/맨 끝	Ctrl + Page Up / Page Down	앞 쪽 처음/다음 쪽 처음	Alt + Page Up / Page Down
화면 첫 줄/끝 줄	Ctrl + Home / End	줄 처음/줄 끝	Home / End
앞 화면/ 다음 화면	Page Up / Page Down	찾아가기	Alt + G

■ 편집

기능	단축키	기능	단축키
되돌리기	Ctrl + Z	붙이기	Ctrl + V
다시 실행	Ctrl + Shift + Z	골라 붙이기	Ctrl + Alt + V
모두 선택	Ctrl + A	모양 복사	Alt + C
오려두기	Ctrl + X	찾기	Ctrl + F
복사하기	Ctrl + C	바꾸기	Ctrl + H / F2

■ 글자 모양·문단 모양

기능	단축키	기능	단축키
글씨 크게	Alt + Shift + E / Ctrl +]	보통 모양	Alt + Shift + C
글씨 작게	Alt + Shift + R / Ctrl + [	진하게/밑줄/기울임	Ctrl + B / U / I
자간 좁게/넓게	Alt + Shift + N / W	빠른 내어 쓰기	Shift + Tab
장평 장으로/평으로	Alt + Shift + J / K	줄 간격 넓게/좁게	Alt + Shift + Z / A

■ 입력·서식

기능	단축키	기능	단축키
상용구	Alt + I	강제 줄 나누기	Shift + Enter
글자 모양	Alt + L	쪽 나누기	Ctrl + Enter / Ctrl + J
문단 모양	Alt + T	스타일	F6
한자 변환	F9	한 수준 증가/감소	Ctrl + Num Lock + / -
편집 용지	F7	개체 속성	P

CHAPTER 1

복합 응용력 UP!

동영상 해설

문제1 : 한컴 애셋에서 서식 파일을 다운받아 저장하세요.

완성 파일 : 노트.hwp

- 한컴 애셋에서 [필터]–[말랑말랑 무브먼트]를 선택하고 '노트(지지)' 서식 파일을 다운받으세요.

- 다운받은 서식 파일을 바탕화면에 '개인 문서'라는 폴더를 만들고 '노트.hwp' 파일로 저장하세요.

- 서식 도구 상자의 [불러오기]에 최근 문서로 목록으로 등록된 '노트.hwp' 파일을 고정시키세요.

- 한 화면에 두 쪽이 보이도록 [쪽 모양]을 [두 쪽]으로 설정하세요.

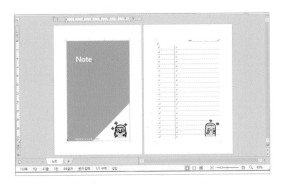

동영상 해설

문제2 : 한글 문서를 PDF와 그림으로 저장하세요.

예제 파일 : 연습문제_2.hwp

- 한컴스페이스 '내 저장공간'에 파일 이름은 '제주 식도락 여행'이라고 저장하세요.

이것이 궁금하다! Q&A

CHAPTER 01 화면 구성 및 파일 관리

CHAPTER 02 기본 문서 만들기

CHAPTER 03 입력과 문서 편집

CHAPTER 04 프레젠테이션 활용

CHAPTER 05 고급 문서 편집 기능

CHAPTER 06 문서 보안 및 검토

Q&A 01 | 한컴오피스 업데이트 - 한컴오피스 2020 프로그램 실행 - [업데이트] 탭

- 프로그램이 수정되거나 기능 향상이 이루어질 경우 인터넷을 통하여 간편하게 자동 업데이트 할 수 있습니다. 수동으로 업데이트하려면 한컴오피스 2020 프로그램을 실행하고 [업데이트] 탭에서 각 업데이트 항목을 확인한 다음 [업데이트]를 클릭합니다.

Q&A 02 | 한컴스페이스 계정 관련 - 한컴스페이스 사이트(space.malangmalang.com)

- 한컴스페이스를 이용해서 Dropbox, Box, Evernote, Google Drive, OneDrive 등 다양한 클라우드 서비스를 하나의 계정으로 관리합니다. 사용 현황을 확인하거나 계정 관리, 비밀번호 변경 등 환경 설정의 변경은 한컴스페이스 사이트(space.malangmalang.com)에서 할 수 있습니다.

Q&A 03 | 한글 시작 화면을 빈 문서로 설정 - [도구] 탭-[환경 설정]-[편집]

- 한글 2020을 실행하면 '문서 시작 도우미'가 나타나는 데 화면 왼쪽 하단에 [다시 표시 안 함]을 체크하면 됩니다. 또한 [도구] 탭-[환경 설정]을 클릭하면 나타나는 [환경 설정] 대화상자의 [편집] 탭에서 [편집]-[시작 설정]에는 '빈 문서', '문서 시작 도우미', '마지막에 작업한 문서 열기' 등 다양한 옵션이 있습니다.

Q&A 04 | 백업 파일(*.bak)과 복구용 임시 파일(*.asv) - [도구] 탭-[환경 설정]-[파일]

- 백업 파일 : [백업 파일 만듦]을 체크하면, 문서를 저장할 때마다 수정 전의 문서를 파일 이름은 같고 확장자가 BAK인 파일이 만들어집니다. 이렇게 하면 실수로 저장했을 때 저장 전의 문서를 복구할 수 있습니다.
- 복구용 임시 파일 자동 저장(*.asv) : 사용자가 일정 시간 쉬고 있을 때 자동으로 저장되는 [쉴 때 자동 저장] 기능과 작업 여부와 관계없이 무조건 저장되는 [무조건 자동 저장] 기능을 설정할 수 있습니다. 한글이 정상적으로 종료되지 않았을 때 한글을 실행하면 복구용 임시 파일(.asv)이 실행되어 문서를 복구할 수 있습니다. 하지만, 한글이 정상적으로 종료되면 복구용 임시 파일(.asv)은 자동 삭제됩니다.

CHAPTER 2

한글 2020 기본 문서 만들기

중요도 ◇◇◇◇◇

■ 사용하는 한글 기능 및 학습 후 효과

기능	효과	미리 보기
글자 모양	글자 모양은 글꼴, 글자 크기, 장평, 자간 등을 일괄적으로 지정할 수 있고, 언어 종류별 각각 따로 지정할 수도 있습니다. 또한, 글자 색 바꾸기, 기울임, 진하게, 밑줄, 그림자, 양각, 음각, 외곽선, 첨자 등의 다양한 글자 속성을 적용하여 꾸밀 수도 있습니다.	
문단 모양	문단 모양은 문단의 왼쪽/오른쪽 여백, 들여쓰기/내어쓰기, 정렬 방식, 줄 간격, 탭 설정 등을 바꿀 수 있습니다.	
표 작성 및 편집	표를 만드는 기본 기능과 함께 문자열을 표로 변환하고, 표 계산식 등 표의 전반적인 내용에 대해 알아봅니다.	
그림 삽입	문서에 그림을 삽입한 후 크기 조정과 본문과의 배치에 대해 배웁니다. 또한, 삽입한 그림을 편집하고 용량을 줄이는 방법에 대해 알아봅니다.	

001 글자 모양 꾸미기

난이도 ◇◇◇◇◇

✦ 사용 가능 버전 : NEO 2018 2020
✦ 사용 기능 : 글자 모양

글자 모양 ▶▶ 글자 모양과 문단 모양은 문서 편집의 가장 기본적인 요소로 문서를 보기 좋게 꾸미기 위해 필요한 다양한 글자 모양(글꼴, 크기, 그림자, 자간, 장평 등)에 대해 알아봅니다.

말랑말랑 기본기 다지기

예제 파일 : Chapter 02/글자모양_기본기다지기.hwp | 완성 파일 : Chapter 02/글자모양_기본기다지기_완성.hwp

1 편집 용지 설정하기

01. 문서 작성의 기본인 편집 용지에 대해 알아보겠습니다. '글자모양_기본기다지기.hwp' 파일을 열고 [쪽] 탭-[가로]를 클릭합니다.

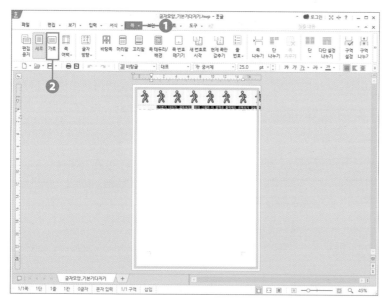

꿀팁

- 편집 용지 단축키 : F7
- 한글, 한셀, 한쇼 모두 F7로 쪽 설정을 합니다.

CHAPTER 01 : 화면 구성 및 파일 관리 :
CHAPTER 02 : 기본 문서 만들기 :
CHAPTER 03 : 입력과 문서 편집 :
CHAPTER 04 : 프레젠테이션 활용 :
CHAPTER 05 : 고급 문서 편집 기능 :
CHAPTER 06 : 문서 보안 및 검토 :

02. 용지 모양이 '가로'로 변경되었습니다. 'A4' 용지를 'B5' 용지로 축소하겠습니다. [쪽] 탭-[편집 용지]를 클릭합니다. [편집 용지] 대화상자에서 [용지 종류]-[종류]를 'B5(46배판) [182 × 257]'로 지정합니다.

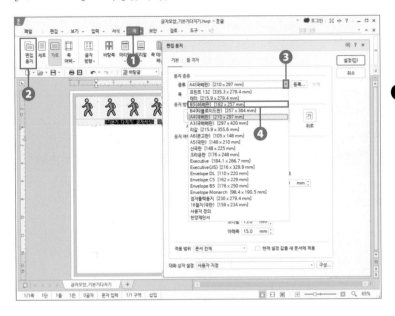

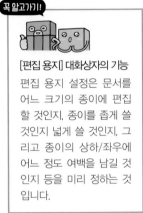

꼭 알고가기!!

[편집 용지] 대화상자의 기능
편집 용지 설정은 문서를 어느 크기의 종이에 편집할 것인지, 종이를 좁게 쓸 것인지 넓게 쓸 것인지, 그리고 종이의 상하/좌우에 어느 정도 여백을 남길 것인지 등을 미리 정하는 것입니다.

03. [편집 용지] 대화상자의 [용지 여백]에서 [위쪽]의 숫자 영역을 더블클릭하고 '40'을 입력합니다. [왼쪽]의 숫자 영역을 더블클릭하고 '20', [오른쪽] 숫자 영역을 더블클릭하고 '20' [아래쪽]의 숫자 영역을 더블클릭하고 '10'을 입력한 후 [설정] 단추를 클릭합니다.

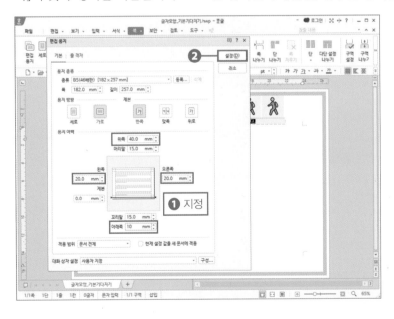

2 글자 입력하기(한글, 영문, 한자, 특수 문자)

01. 현재 입력 상태가 '한글'일 때는 '가', 영문일 때는 'A'로 표시됩니다. 한글 입력 상태에서 '함께 걷기 운동 프로젝트 Let's go'를 입력합니다.

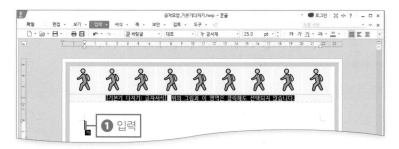

02. 'Let's go' 의 마지막에서 Enter↵를 눌러 입력 위치를 변경합니다. '걷기운동 협회'를 입력한 뒤 '협회' 글자를 한자로 변경하기 위하여 한자 또는, F9를 누릅니다.

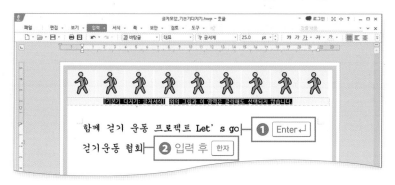

03. [한자로 바꾸기] 대화상자에서 '협회'의 한자를 확인하고 [한글(漢字)]를 체크한 후 [바꾸기] 단추를 클릭합니다.

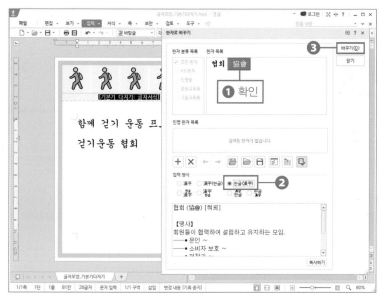

꼭 알고가기!!

• 한자를 한글로 변경하려면 한 글자나 한 단어만 바꾸기 : 커서를 바꾸고자 하는 한자 뒤에 두고 한자를 누름
예) '國家' 뒤에 커서를 두고 한자를 누르면 '국가'로 변경됨

• 블록 지정된 여러 단어 바꾸기 : 블록 지정 후 [편집] 탭–[글자 바꾸기]–[한글로 바꾸기] 클릭

• 한자의 자음을 보려면 : [보기] 탭–[한자 발음 표시] 클릭

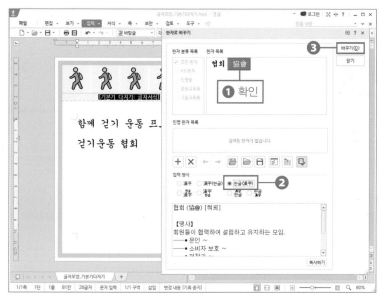

CHAPTER 01 : 화면 구성 및 파일 관리 ::
CHAPTER 02 : 기본 문서 만들기
CHAPTER 03 : 입력과 문서 편집 ::
CHAPTER 04 : 프레젠테이션 활용 ::
CHAPTER 05 : 고급 문서 편집 기능 ::
CHAPTER 06 : 문서 보안 및 검토 ::

04. '운동'을 블록 지정합니다. 블록 지정된 '운동'에 대한 유사어를 '한컴 사전'에서 제공합니다. '운동가'에서 더블클릭하여 '걷기운동'을 '걷기운동가'로 손쉽게 변경합니다.

- 블록 지정 방법 1 : 마우스 왼쪽 버튼을 클릭하고 드래그
- 블록 지정 방법 2 : '운' 글자 앞에 커서를 두고 Shift 를 누른 후 →를 두 번 누름

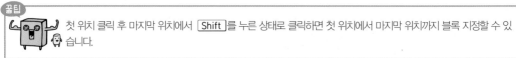

꿀팁 첫 위치 클릭 후 마지막 위치에서 Shift 를 누른 상태로 클릭하면 첫 위치에서 마지막 위치까지 블록 지정할 수 있습니다.

05. Enter↵ 표시를 확인하면서 작업하기 위하여 [보기] 탭-[문단 번호]를 체크합니다. 만약 [보기] 탭 아래 메뉴가 나타나지 않을 때는 [보기] 탭을 두 번 더블클릭하여 메뉴를 펼친 후 문장의 내용을 완성합니다.

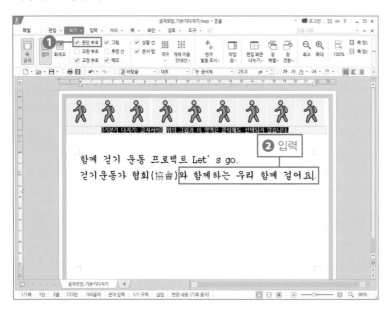

- 내용 입력 : 걷기운동가 협회 (協會)와 함께하는 우리 함께 걸어요

06. '걸어요'의 마지막에서 Enter↲ 를 두 번 누른 뒤 한글 자음 'ㅁ'을 입력하고 한자 를 누릅니다. [특수 문자로 바꾸기] 대화상자에서 '★'을 선택하고 [바꾸기] 단추를 클릭합니다.

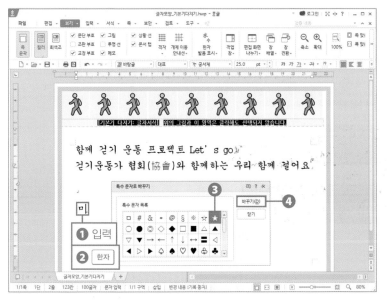

꿀팁

한글에서 특수 문자는 한글 자음+ 한자 또는, [입력] 탭-[문자표]를 사용합니다.

07. 내용을 입력하여 문서를 완성합니다.

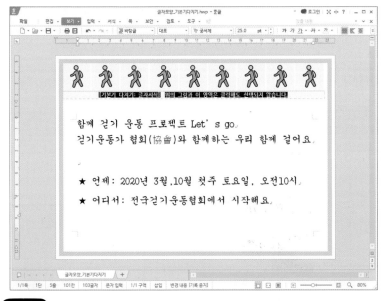

• 언제 : 2020년 3월,10월 첫주 토요일, 오전10시
• 어디서 : 전국걷기운동협회에 서 시작해요

문자 입력 시 자동으로 한영으로 변경될 때
[도구] 탭-[글자판]-[글자판 자동 변경]에 체크되어 있을 때 클릭하여 체크 해제합니다.

CHAPTER 01 : 화면 구성 및 파일 관리 :

CHAPTER 02 : 기본 문서 만들기 :

CHAPTER 03 : 입력과 문서 편집 :

CHAPTER 04 : 프레젠테이션 활용 :

CHAPTER 05 : 고급 문서 편집 기능 :

CHAPTER 06 : 문서 보안 및 검토 :

3 글자 서식 적용하기

01. 문서의 전체 내용을 블록 지정합니다.

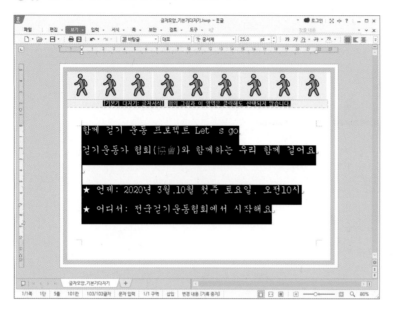

- 블록 지정 방법 1 : 마우스로 드래그
- 방법 2 : Ctrl + A (모두 선택)
- 방법 3 : '함께'의 글자 앞에 커서를 클릭 후 Shift 를 누른 상태에서 마지막 '시작해요'의 '요'자 뒤 클릭

02. [서식] 탭-[글자 모양]을 클릭합니다. [글자 모양] 대화상자를 다음과 같이 지정하고 [설정] 단추를 클릭합니다.

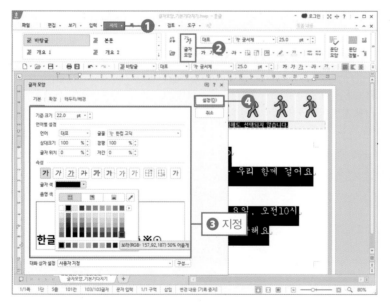

- 기준 크기 : 22pt
- 글꼴 : 한컴 고딕
- 진하게
- 글자색 : 보라(RGB: 157, 92, 187) 50% 어둡게

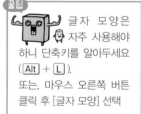

꿀팁

글자 모양은 자주 사용해야 하니 단축키를 알아두세요 (Alt + L).
또는, 마우스 오른쪽 버튼 클릭 후 [글자 모양] 선택

03. 문서의 제목은 글자 크기와 글자체를 강조할 수 있는 글꼴로 지정하면 주목성을 높일 수 있습니다. '함께 걷기 운동 프로젝트 Let's go'를 블록 지정합니다. [서식] 탭-[글꼴]을 '한컴 소망 B', [글자 크기]를 '40'으로 지정하고 [진하게]를 클릭하여 해제합니다.

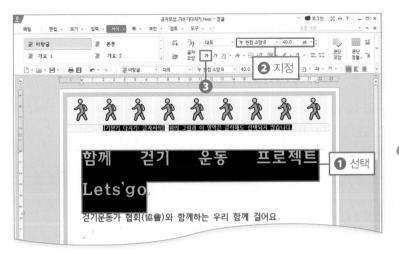

꿀팁
두꺼운 글꼴은 '진하게'를 설정하지 않는 편이 가독성이 좋습니다.

④ 자간과 장평

01. 두 줄로 표시된 제목을 한 줄로 줄이는 3가지 방법 중 자간을 조정하여 제목을 한 줄로 표시하겠습니다. 제목이 블록 지정된 상태에서 [서식] 탭-[글자 자간 좁게]를 9번 클릭하여 한 줄로 제목을 표시합니다.

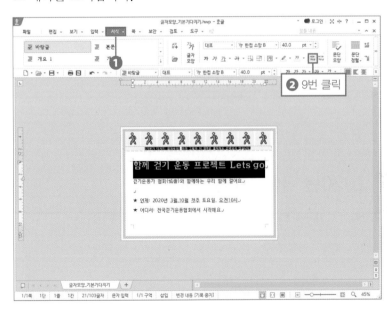

- 방법 1 : 글자 크기를 줄임
- 방법 2 : 글자 사이 간격을 줄임(자간)
- 방법 3 : 글자의 폭(너비)을 줄임(장평)

꿀팁

- 자간 좁게/넓게 단축키 : Alt + Shift + N / Alt + Shift + W
- 장평 좁게/넓게 단축키 : Alt + Shift + J / Alt + Shift + K

CHAPTER 01 : 화면 구성 및 파일 관리

CHAPTER 02 : 기본 문서 만들기

CHAPTER 03 : 입력과 문서 편집

CHAPTER 04 : 프레젠테이션 활용

CHAPTER 05 : 고급 문서 편집 기능

CHAPTER 06 : 문서 보안 및 검토

 자간과 장평

• 자간

자간은 −50~50%까지 지정할 수 있습니다. 자간이 '0'이면 자간을 따로 주지 않은 상태이며, '0'보다 작은 숫자를 입력하면 다음 글자와의 간격이 좁아지고, '0'보다 큰 숫자를 입력하면 다음 글자와의 간격이 넓어집니다.

자간50%: 한글과컴퓨터

자간-25%: 한글과컴퓨터

자간 0%: 한글과컴퓨터

자 간 25%: 한 글 과 컴 퓨 터

자 간 50%: 한 글 과 컴 퓨 터

• 장평

글자의 크기는 그대로 유지하면서 글자의 가로 폭을 줄이거나 늘려서 글자 모양에 변화를 줄 수 있습니다. 장평은 글자의 '가로/세로'의 비율로 나타냅니다. 장평에서 지정할 수 있는 가로/세로 비율은 50~200%입니다. 장평이 '100%'보다 작으면 홀쭉한 글자가 되고, '100%'보다 크면 옆으로 퍼진 글자가 됩니다.

장평 50%: 한글과컴퓨터

장평 100%: 한글과컴퓨터

장평 150%: 한글과컴퓨터

장평 200%: 한글과컴퓨터

02. '언제:'와 '어디서:'의 너비를 맞추기 위하여 '언 제:' 사이에서 [Space Bar]를 두 번 눌러 사이 간격을 띄웁니다. 위아래의 ':' 위치가 정확하게 일치하지 않을 때도 자간을 활용합니다. '언 제:'를 블록 지정하고 [서식] 탭−[글자 자간 좁게]를 3번 클릭합니다.

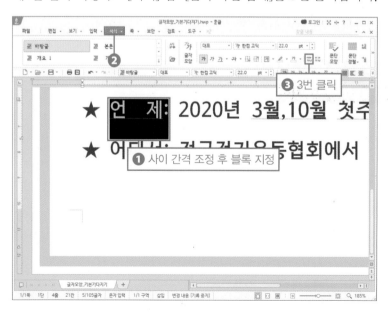

5 글자 모양 그림자/테두리 배경

01. '함께 걷기 운동 프로젝트 Lets' go' 제목줄을 블록 지정합니다. [서식] 탭-[글자 모양]을 클릭하고 [글자 모양] 대화상자의 [기본] 탭-[속성]에서 [외곽선]과 [그림자]를 클릭합니다. [확장] 탭에서 [그림자]-[연속]을 체크하고 [설정] 단추를 클릭합니다.

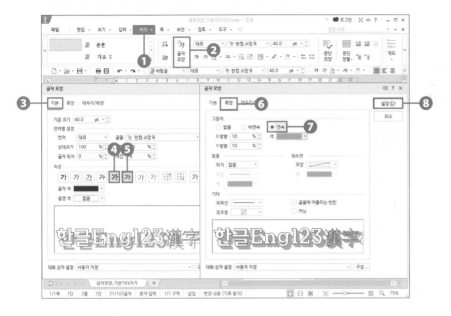

02. 제목줄의 서식을 변경하였습니다. 두 번째 줄에 커서를 두고 세 번 클릭하여 Enter↵ 단위로 블록 지정합니다.

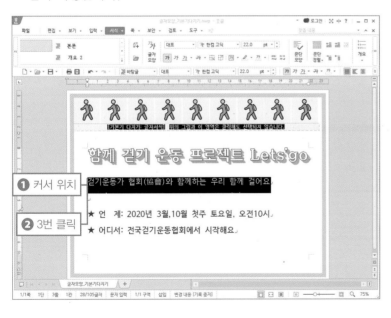

CHAPTER 01 : 화면 구성 및 파일 관리

CHAPTER 02 기본 문서 만들기

CHAPTER 03 : 입력과 문서 편집

CHAPTER 04 : 프레젠테이션 활용

CHAPTER 05 : 고급 문서 편집 기능

CHAPTER 06 : 문서 보안 및 검토

03. [서식] 탭-[글자 모양]을 클릭하고 [글자 모양] 대화상자가 나타나면 [테두리 배경] 탭-[배경]의 [면 색]을 '검정(RGB: 0,0,0)'으로 지정하고 [설정] 단추를 클릭합니다.

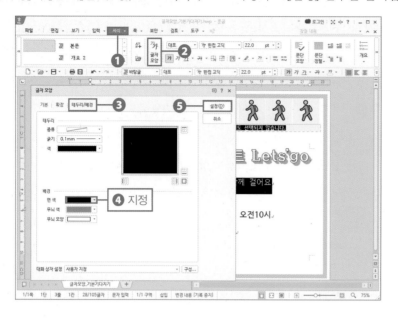

04. [서식] 탭-[글자 색]의 펼침 단추(▼)를 클릭하여 [하양(RGB: 255,255,255)]를 클릭합니다.

1 한컴 애셋 다운로드 글꼴 사용하기

01. 예제 파일을 불러온 후 [도구] 탭-[한컴 애셋]을 클릭하고 [한컴 애셋] 창의 [글꼴] 탭을 클릭합니다. 'KCC 무럭무럭' 글꼴의 [내려받기] 단추를 클릭합니다. 글꼴 설치가 완료되면 한글 프로그램을 종료한 후 다시 실행하고 '글자모양_실전.hwp' 파일을 불러옵니다.

02. 한글과 영문에 대해 한 번에 글꼴을 설정할 수 있습니다. 제목의 두 줄을 블록 지정하고 Alt + L 을 눌러 [글자 모양] 대화상자를 불러옵니다. [언어별 설정]으로 이동한 뒤 ↓ 를 눌러 '한글'을 선택합니다. Tab ↹ 을 눌러 [글꼴]에서 'KCC무럭무럭'을 입력합니다. 같은 방법으로 [언어별 설정]-[영문]에서 'Baskerville BT'를 선택하여 한글과 영문 글꼴을 다르게 지정합니다.

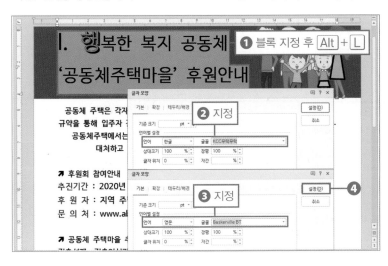

꿀팁
Alt 를 누르면 표시되는 영문은 단축키를 의미합니다.

03. 저작권 관련하여 글꼴에 대한 주의를 해야 합니다. 한글 2020에서는 사용권이 없는 글꼴이 포함된 문서를 열거나 저장할 때 경고 메시지를 표시할 수 있습니다. [도구] 탭−[환경 설정]을 클릭하고 [환경 설정] 대화상자의 [글꼴] 탭에서 [주의 글꼴 알림]에 체크한 후 [설정] 단추를 클릭합니다.

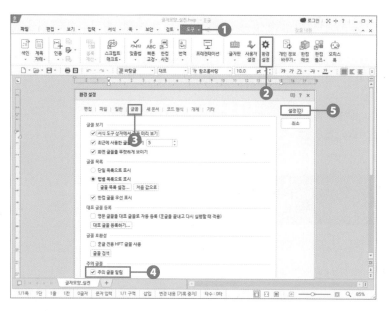

> **꿀팁**
> [도구] 탭−[환경 설정]−[글꼴] 탭에서 F1 을 누르면 [글꼴] 탭의 도움말이 나타납니다.

2 모양 복사하기(글자 서식 복사)

01. 글자 서식을 복사하여 반복하여 서식을 붙여 넣을 수 있습니다. '행' 글자 뒤에 커서를 두고 Alt + C 또는, [편집] 탭−[모양 복사]를 클릭합니다. [모양 복사] 대화상자의 [본문 모양 복사]에서 [글자 모양]을 체크하고 [복사] 단추를 클릭합니다.

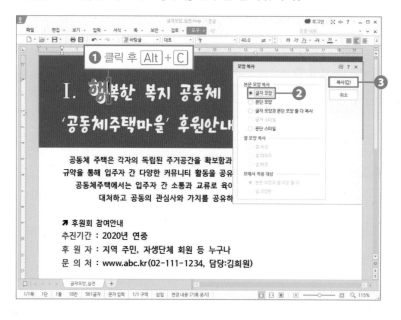

02. '복'을 블록 지정한 후 Alt + C 를 누르고, '공'을 블록 지정한 후 Alt + C 를 누릅니다. '공동체주택마을'을 블록 지정하고 Alt + C 를 눌러 모양 복사한 서식을 붙여 넣습니다.

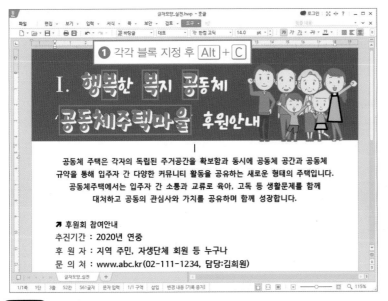

꿀팁

Shift 를 누르고 → 를 눌러 블록 지정하면 마우스를 사용하지 않고 모양 붙여 넣기를 쉽게 실행할 수 있습니다.

꼭 알고가기!!

모양 복사는 블록 지정하지 않아야 하며 커서의 왼쪽에 있는 글자 서식을 복사합니다. 모양 붙여 넣기는 블록 지정한 후 Alt + C 또는, [편집] 탭–[모양 복사]를 클릭합니다.

03. '↗ 후원회 참여안내'를 클릭 세 번 클릭하여 블록 지정하고 Alt + L 을 눌러 [글자 모양] 대화상자를 불러옵니다. [기본] 탭에서 [글자 색]을 '흰색'으로 지정합니다. [테두리/배경] 탭에서 [테두리]의 종류(이중 물결선), 굵기(2mm), 색(검정)을 지정하고 [모두]를 클릭합니다. [배경]의 [면 색]을 '검정'으로 지정한 후 [설정] 단추를 클릭합니다.

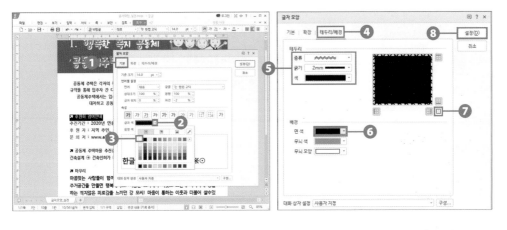

CHAPTER 01 : 화면 구성 및 파일 관리 :

CHAPTER 02 : 기본 문서 만들기 :

CHAPTER 03 : 입력과 문서 편집 :

CHAPTER 04 : 프레젠테이션 활용 :

CHAPTER 05 : 고급 문서 편집 기능 :

CHAPTER 06 : 문서 보안 및 검토 :

04. 테두리/배경 서식이 설정된 글자 뒤에 커서를 두고 Alt + C 를 눌러 [모양 복사] 대화상자가 나타나면 [글자 모양]을 체크한 후 Enter↵ 를 눌러 모양 복사를 합니다. '↗ 공동체 주택마을 추진절차'를 세 번의 클릭으로 블록 지정 후 Alt + C 를 눌러 모양을 붙여 넣습니다. '↗ 마무리'도 세 번 클릭하여 블록 지정 후 Alt + C 를 눌러 모양을 붙여 넣습니다.

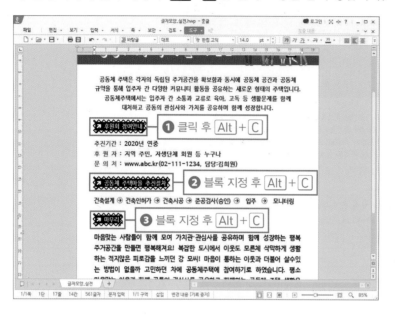

❸ 글자 서식 Tip

01. [글자 색] 창을 분리해서 클릭하는 시간을 단축할 수 있습니다. 서식 도구 상자에서 [글자 색]의 펼침 단추(▼)를 클릭하여 나타나는 색상표를 드래그합니다.

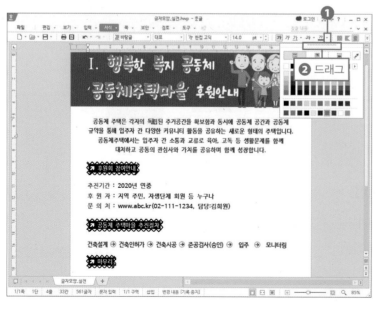

02. 분리된 [글자 색] 창을 이용하여 글자 색상을 설정하겠습니다. '행'을 블록 지정 후 [글자 색] 창에서 [색 골라내기]를 클릭하고 가족사진의 빨간색 바지를 클릭하여 색상을 추출합니다.

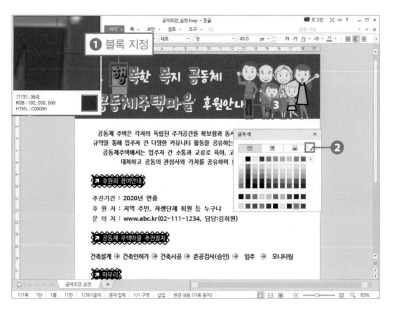

03. [글자 색] 창을 이용하여 다음과 같이 글자 색상을 지정하고 분리된 [글자 색] 창을 닫습니다.

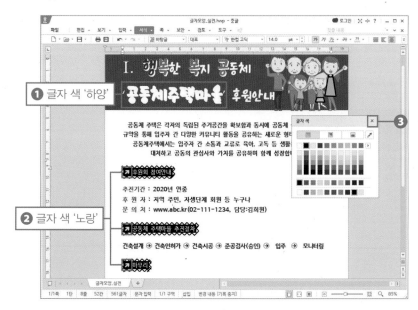

• 공동체주택마을 : 하양
• ➚ : 노랑

CHAPTER 01 : 화면 구성 및 파일 관리 :
CHAPTER 02 : 기본 문서 만들기 :
CHAPTER 03 : 입력과 문서 편집 :
CHAPTER 04 : 프레젠테이션 활용 :
CHAPTER 05 : 고급 문서 편집 기능 :
CHAPTER 06 : 문서 보안 및 검토 :

04. [글자 모양] 대화상자의 [확장] 탭에서 강조하고 싶은 글자 위에 표식을 넣을 수 있습니다. '행복'을 블록 지정하고 Alt + L 을 눌러 [글자 모양] 대화상자가 나타나면 [확장] 탭의 [기타]-[강조점]을 클릭하여 두 번째 목록을 선택한 후 Enter↵ 를 누릅니다.

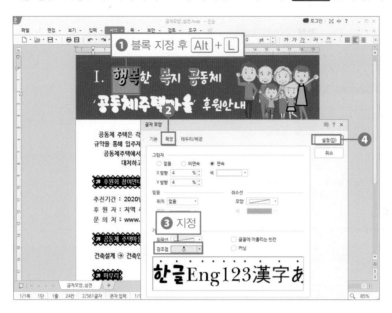

05. '공동주택마을'을 두 번 클릭하여 블록 지정하고 Alt + L 을 눌러 [글자 모양] 대화상자가 나타나면 [확장] 탭의 [그림자]를 다음과 같이 지정합니다.

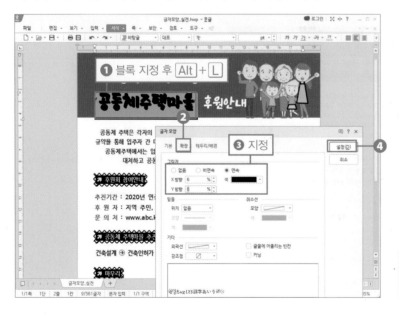

• 연속, X방향(6), Y방향(6), 색 (검정)

4 글자 겹치기

01. 두 개 이상의 글자를 겹쳐서 특수 문자를 사용자가 작성할 수 있습니다. '추진기간'의 맨 앞에 커서를 클릭하고 [입력] 탭–[입력 도우미]–[글자 겹치기]를 클릭합니다. [겹쳐 쓸 글자]에 '1'을 입력하고 [겹치기 종류]에서 '모서리가 둥근 네모 문자'를 지정한 후 [넣기] 단추를 클릭합니다.

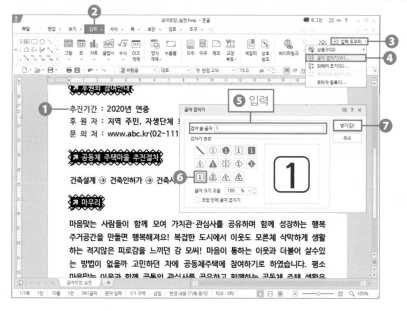

02. ①을 복사해서 '후 원 자' 앞에 붙이고, 붙여진 ① 뒤에서 Ctrl+N+K를 눌러 [글자 겹치기] 대화상자를 불러옵니다. [겹쳐 쓸 글자]에 '2'를 입력하고 [넣기] 단추를 클릭합니다. 같은 방법으로 '문의처' 앞에도 복사한 후 ③으로 변경합니다.

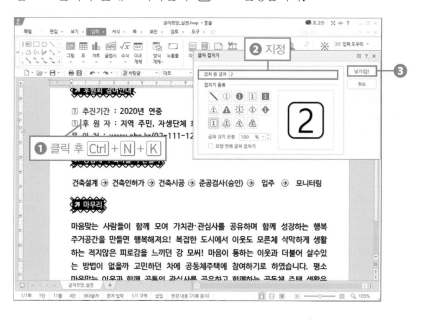

CHAPTER 01 : 화면 구성 및 파일 관리 :

CHAPTER 02 : 기본 문서 만들기

CHAPTER 03 : 입력과 문서 편집 :

CHAPTER 04 : 프레젠테이션 활용 :

CHAPTER 05 : 고급 문서 편집 기능 :

CHAPTER 06 : 문서 보안 및 검토 :

002 문단 모양 꾸미기

난이도 ◇◇◇◇◇

✦ 사용 가능 버전 : NEO 2018 2020
✦ 사용 기능 : 문단 모양

문단 모양 꾸미기 ▶▶ 문단 모양은 왼쪽, 가운데, 오른쪽 정렬과 문단의 위, 아래, 좌, 우 간격 조정, 줄 간격 조정 등 문단의 기본 모양을 꾸밀 수 있습니다. 또한, 글머리표 및 문단 번호와 탭 설정 등 문단을 꾸미는 다양한 기능에 대해 알아봅니다. 문단 모양은 [서식] 탭-[문단 모양]을 클릭하거나, Alt + T 를 누르면 됩니다. 자주 사용하는 문단 모양은 서식 도구 상자에 등록되어 있습니다.

말랑말랑 기본기 다지기

예제 파일 : Chapter 02/문단모양_기본기다지기.hwp | 완성 파일 : Chapter 02/문단모양_기본기다지기_완성.hwp

1 문단 여백 조절하기

01. '제품 안내서'부터 문서 끝까지 블록 지정하고 마우스 오른쪽 버튼을 클릭한 후 [문단 모양]을 선택합니다. [문단 모양] 대화상자의 [기본] 탭을 다음과 같이 지정하고 [설정] 단추를 클릭합니다.

• 여백 : 왼쪽 260pt
　　　　오른쪽 30pt

2 문단 정렬과 줄 간격

01. '제품 안내서~뽀얗게'까지 블록 지정하고 서식 도구 상자에서 다음과 같이 지정합니다.

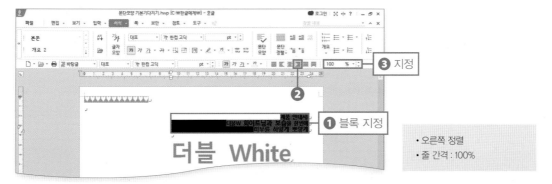

- 오른쪽 정렬
- 줄 간격 : 100%

02. '더블 White' 안에 커서를 두고 서식 도구 상자에서 [오른쪽 정렬] 클릭한 후 '♥♥♥♥♥' 안에 커서를 두고 서식 도구 상자에서 [배분 정렬]을 클릭합니다

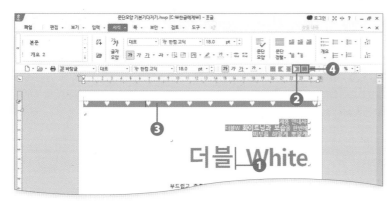

3 첫 줄 들여쓰기와 글머리표/문단 번호

01. '부드럽고'에서 문서 마지막까지 블록 지정하고 마우스 오른쪽 버튼을 클릭한 후 [문단 모양]을 선택합니다. [문단 모양] 대화상자의 [기본] 탭을 다음과 같이 지정하고 [설정] 단추를 클릭합니다.

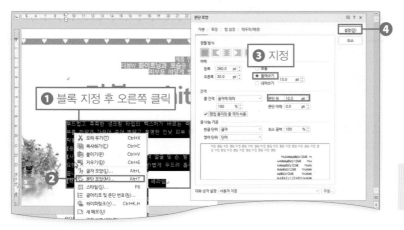

- 첫줄 : 들여쓰기 15pt
- 간격 : 문단 위 10pt

CHAPTER 01 : 화면 구성 및 파일 관리 :
CHAPTER 02 : 기본 문서 만들기
CHAPTER 03 : 입력과 문서 편집 :
CHAPTER 04 : 프레젠테이션 활용 :
CHAPTER 05 : 고급 문서 편집 기능 :
CHAPTER 06 : 문서 보안 및 검토 :

02. 【용 량】에서 문서 끝까지 블록 지정하고 [서식] 탭–[문단 번호]에서 그림처럼 해당 문단 번호를 클릭합니다.

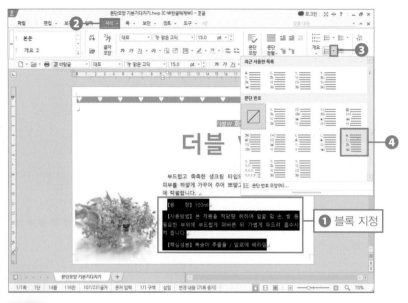

① 블록 지정

확인용 글머리표

[서식] 탭–[글머리표]에는 [확인용 글머리표]가 있습니다. 확인란 모양의 글머리표를 사용하여 '할 일' 목록을 관리하거나 설문지에서 선택 여부 표시를 할 수 있습니다

03. 커서를 그림처럼 '본 제품을' 앞에 두고 첫 줄 내어쓰기 단축키인 Shift + Tab 을 누릅니다.

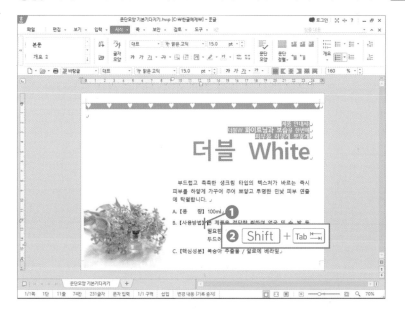

꿀팁

표 안에서 첫 줄 내어쓰기 단축키는 Ctrl + Shift + Tab 입니다.

꼭 알고가기!

그림처럼 블록 지정하고 세로 눈금자에서 문단 위 간격을 아래로 드래그합니다.

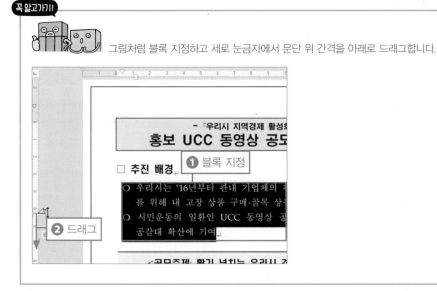

CHAPTER 01 : 화면 구성 및 파일 관리 :
CHAPTER 02 기본 문서 만들기
CHAPTER 03 : 입력과 문서 편집 :
CHAPTER 04 : 프레젠테이션 활용 :
CHAPTER 05 : 고급 문서 편집 기능 :
CHAPTER 06 : 문서 보안 및 검토 :

1 탭 설정하기

01. '참가 대상~신청기간'까지 블록을 설정하고 문단 모양 단축키인 Alt + T를 누릅니다. [문단 모양] 대화상자의 [탭 설정] 탭에서 [채울 모양]은 '점선'을 선택하고 [탭 위치]에서 단위를 '센티미터(cm)'로 지정합니다.

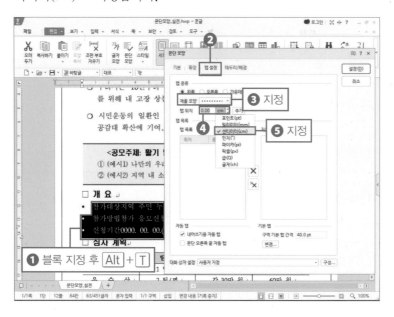

02. [탭 위치]를 '센티미터(cm)'로 지정했다면 [탭 위치]에 '6'을 입력하고 [추가] 단추를 클릭한 후 [설정] 단추를 클릭합니다.

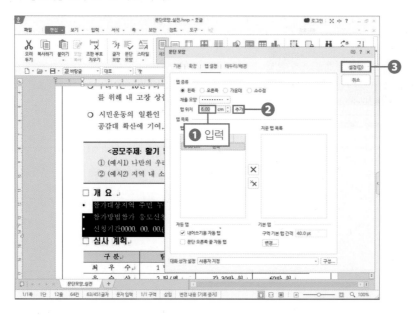

03. 커서를 '참가대상' 뒤에 두고 [Tab ⇆]을 누르면 점선이 채워지면서 6cm 탭 거리로 이동합니다. '참가방법'과 '신청기간' 뒤에서도 각각 [Tab ⇆]을 누릅니다.

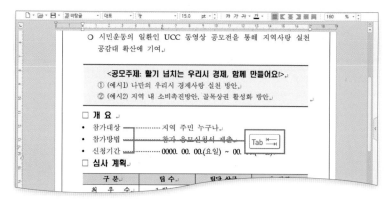

2 반 칸 띄우기

01. 반 칸 정도 줄이 맞지 않을 경우 고정폭 반 칸 단축키 [Alt]+[Space Bar]를 누르면 쉽게 해결됩니다. 커서를 '2. 작품 소개서' 앞에 두고 [Alt]+[Space Bar]를 누릅니다.

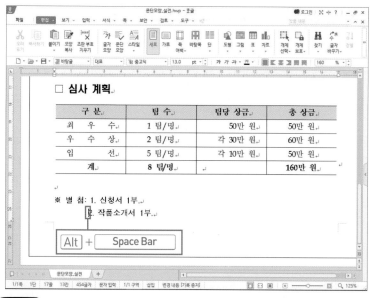

꼭 알고가기!!

'고정 폭 반 칸' 기능은 말 그대로 반 칸의 폭을 고정하는 것입니다. 보통 반 칸은 한 문단이 자동 줄 바꿈 될 때 [양쪽 정렬]을 하기 위해 폭을 조절합니다. 이때 반 칸의 폭을 고정할 때 사용하는 것인데, 그 크기가 반 칸 정도 크기여서 예제처럼 반 칸 정도 줄이 맞지 않을 때 사용하면 편리합니다.

003 표 작성하기

난이도 ◆◆◆◆◆

✦사용 가능 버전 : NEO 2018 2020
✦사용 기능 : 표 삽입, 표 편집

표 삽입 및 편집 ▶▶   한글 문서 작성 시 많이 사용하는 표를 삽입하는 방법과 셀 선택, 표 편집 등 표를 작성하는 전반적인 방법에 대해 알아봅니다.

말랑말랑 기본기 다지기

예제 파일 : Chapter 02/표_기본기다지기.hwp | 완성 파일 : Chapter 02/표_기본기다지기_완성.hwp

1 표 작성 및 셀 크기 조절하기

01. '지식과 경험을 나누는 강연회 일정(2회 예시)' 아래에 커서를 두고 [편집] 탭-[표]를 클릭합니다. [표 만들기] 대화상자에서 다음과 같이 지정하고 [만들기] 단추를 클릭합니다.

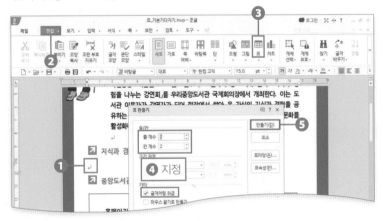

• 줄 개수 : 2
• 칸 개수 : 2
• 글자처럼 취급 : 체크

02. 첫 번째 셀에 커서를 두고 F5를 한 번 누른 후 Ctrl+←를 여러 번 눌러 그림처럼 셀 너비를 작게 조절합니다.

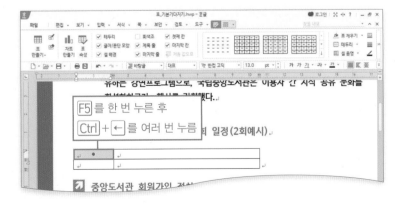

꼭 알고가기!!

셀 블록 지정하기

1. 마우스로 셀 블록 지정
- 마우스 드래그 : 드래그하는 방향으로 셀이 블록 지정됩니다.
- 넓은 영역 블록 지정 : 블록 시작 셀을 클릭하고 마지막 셀을 Shift를 누른 상태에서 클릭합니다.
- 비연속적인 셀을 블록 지정 : Ctrl을 누른 상태에서 추가하려는 셀을 클릭합니다.

2. 블록 지정 단축키
- F5 1번 : 하나의 셀을 블록 지정하고 방향키로 블록을 이동할 수 있습니다.
- F5 2번 누른 후 〈방향키〉 : 여러 셀을 블록 지정할 수 있습니다.
- F5 3번 : 표 전체를 블록 지정합니다.
- F5 2번 누른 후 Page down : 현재 셀에서 아래쪽 마지막 셀까지 블록 지정합니다.
- F5 2번 누른 후 End : 현재 셀에서 오른쪽 마지막 셀까지 블록 지정합니다.
- F5 누른 후 F7 : 칸 전체를 블록 지정합니다.
- F5 누른 후 F8 : 줄 전체를 블록 지정합니다.

03. 첫 번째 셀이 블록 지정되어 있는 상태에서 Ctrl+↓를 여러 번 눌러 그림처럼 셀 높이를 크게 조절합니다.

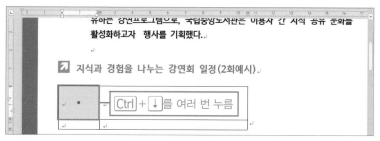

꼭 알고가기!!

표 크기 조절 단축키
- Ctrl+방향키 : 줄, 칸의 크기가 조절되는 만큼 표 전체 크기도 함께 변경
- Alt+방향키 : 표 전체 크기를 고정한 채 줄, 칸 크기가 조절
- Shift+방향키 : 블록 지정된 셀만 크기 조절

04. 커서를 표 안에 두고 F5를 세 번 눌러 표 전체를 블록 지정하고 [표 레이아웃] 탭−[셀 높이를 같게]를 클릭합니다.

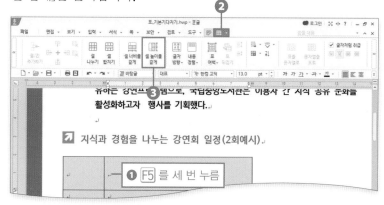

- 셀 너비를 같게 단축키 : W
- 셀 높이를 같게 단축키 : H

2 줄 칸 삽입·삭제와 셀 합치기·나누기

01. 첫 번째 셀에 커서를 두고 [표 레이아웃] 탭-[왼쪽에 칸 추가하기]를 클릭하면 커서 왼쪽에 칸이 추가됩니다.

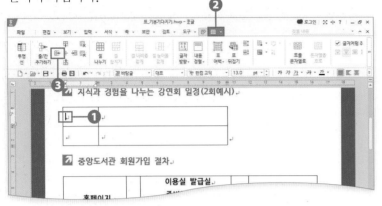

02. [표 레이아웃] 탭-[아래에 줄 추가하기]를 두 번 클릭하여 커서 아래에 2줄을 추가합니다.

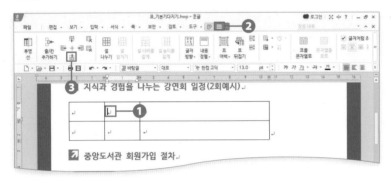

03. 표의 제일 마지막 줄을 블록 지정하고 Delete를 눌러 선택한 셀을 삭제합니다. '내용만 지우고 셀 모양은 남겨 둘까요?' 메시지 창에서 [지우기] 단추를 클릭하여 줄을 삭제합니다.

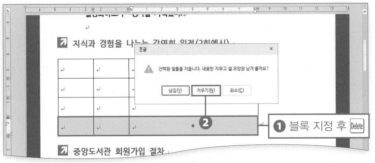

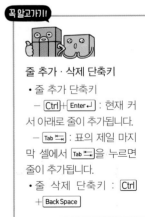

꼭 알고가기!

줄 추가 · 삭제 단축키

• 줄 추가 단축키
  - Ctrl + Enter↵ : 현재 커서 아래로 줄이 추가됩니다.
  - Tab ⇥ : 표의 제일 마지막 셀에서 Tab ⇥을 누르면 줄이 추가됩니다.

• 줄 삭제 단축키 : Ctrl + Back Space

04. 표의 첫 번째 칸을 블록 지정하고 [표 레이아웃] 탭-[셀 나누기]를 클릭하여 [셀 나누기] 대회상자를 불러옵니다. [칸 개수]에 '2'를 입력하고 [줄 개수]의 체크는 해제한 다음 [나누기] 단추를 클릭합니다.

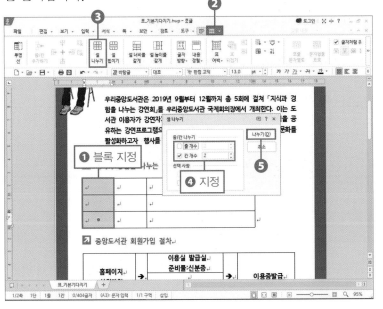

• 셀 나누기 단축키 : 블록 지정
후 S

05. 그림처럼 블록 지정하고 [표 레이아웃] 탭-[셀 너비를 같게]를 클릭합니다.

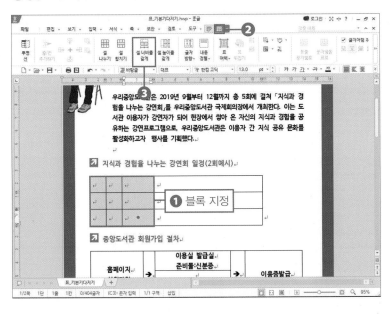

CHAPTER 01 : 화면 구성 및 파일 관리 :
CHAPTER 02 : 기본 문서 만들기 :
CHAPTER 03 : 입력과 문서 편집 :
CHAPTER 04 : 프레젠테이션 활용 :
CHAPTER 05 : 고급 문서 편집 기능 :
CHAPTER 06 : 문서 보안 및 검토 :

06. 그림처럼 블록 지정된 상태에서 [Ctrl]+[→]를 여러 번 눌러 표 전체 크기가 문서 너비만큼 되도록 조절합니다.

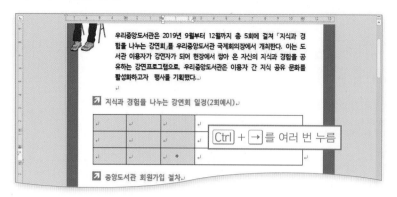

07. 그림처럼 블록 지정하고 [표 레이아웃] 탭-[셀 합치기]를 클릭하고, 그 다음 셀도 블록 지정하고 셀을 합쳐줍니다.

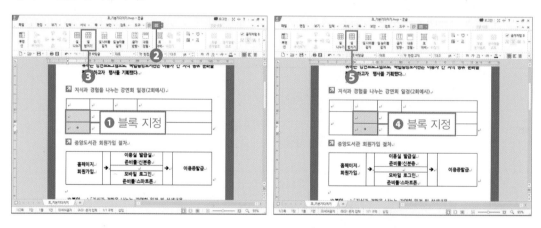

08. 그림처럼 블록 지정하고 [편집] 탭-[복사하기]를 클릭하거나, [Ctrl]+[C]를 눌러 복사합니다.

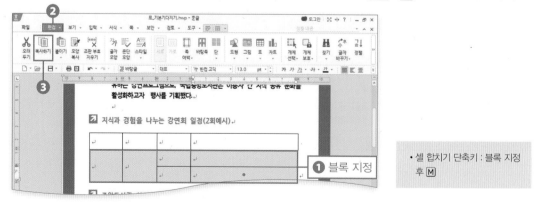

• 셀 합치기 단축키 : 블록 지정 후 [M]

09. 커서를 두 번째 줄 첫 번째 칸에 두고 [편집] 탭-[붙이기]를 클릭하거나, Ctrl+V를 누릅니다. [셀 붙이기] 대화상자에서 [아래쪽에 끼워 넣기]를 클릭합니다.

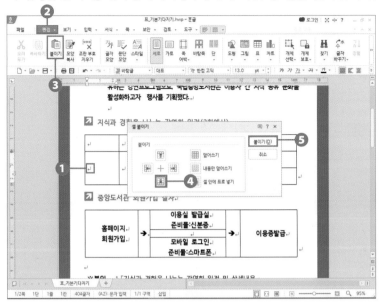

10. 각각의 셀 안에 내용을 입력합니다. F5를 세 번 눌러 표 전체를 블록 지정하고 서식 도구 상자에서 [가운데 정렬]을 클릭합니다.

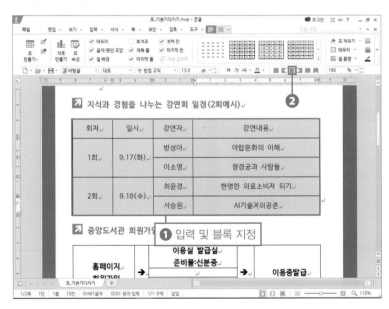

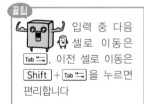

꿀팁
입력 중 다음 셀로 이동은 Tab, 이전 셀로 이동은 Shift+Tab을 누르면 편리합니다

3 표 테두리/배경 꾸미기

01. 표 전체가 선택된 상태에서 [표 디자인] 탭–[표 스타일]의 자세히(↓)를 클릭하고 [밝은 스타일 2–붉은 색조]를 클릭합니다.

02. 표의 왼쪽, 오른쪽 선을 지우기 위해 표 전체가 선택된 상태에서 마우스 오른쪽 버튼 클릭 후 [셀 테두리/배경]–[각 셀마다 적용]을 선택합니다.

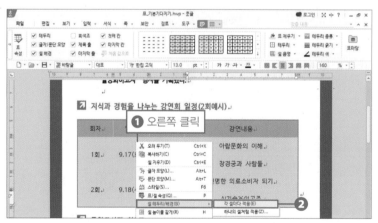

꿀팁
- 셀 테두리 변경 단축키 : L
- 셀 배경 변경 단축키 : C

03. [셀 테두리/배경] 대화상자의 [테두리] 탭에서 [왼쪽 테두리]와 [오른쪽 테두리]를 각각 선택하고 [테두리]-[종류]의 '없음'으로 지정한 후 [설정] 단추를 클릭합니다.

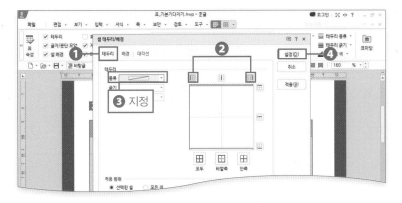

04. 커서를 '중앙도서관 회원가입 절차' 아래의 표 안에 두고 [표 디자인] 탭-[표 스타일]에서 [일반-투명]을 클릭합니다.

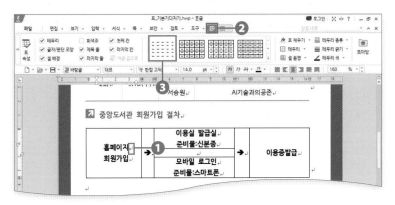

05. 커서를 '홈페이지 회원가입'에 두고 F5를 눌러 블록 지정한 후 마우스 오른쪽 버튼을 클릭하고 [셀 테두리/배경]-[각 셀마다 적용]을 선택합니다.

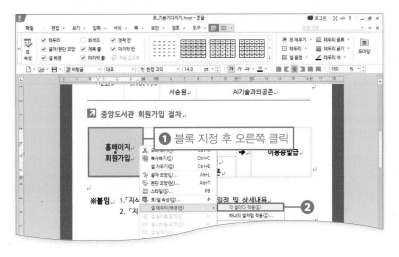

CHAPTER 01 : 화면 구성 및 파일 관리 :

CHAPTER 02 : 기본 문서 만들기 :

CHAPTER 03 : 입력과 문서 편집 :

CHAPTER 04 : 프레젠테이션 활용 :

CHAPTER 05 : 고급 문서 편집 기능 :

CHAPTER 06 : 문서 보안 및 검토 :

06. [셀 테두리/배경] 대화상자의 [테두리] 탭에서 [바깥쪽]을 클릭하고 [테두리]는 다음과 같이 지정합니다.

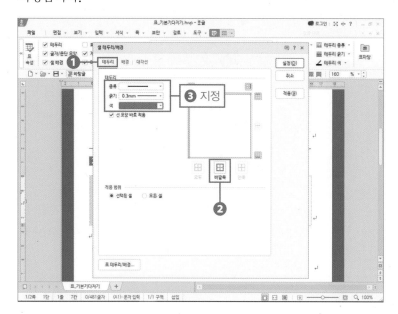

- 종류 : 실선
- 굵기 : 0.3mm
- 색 : 검정(RGB: 0,0,0) 50%밝게

07. [셀 테두리/배경] 대화상자의 [배경] 탭을 클릭하고 [채우기]−[색]의 [면색]을 '연한 노랑 (RGB: 250,243,219)'으로 지정하고 [설정] 단추를 클릭합니다.

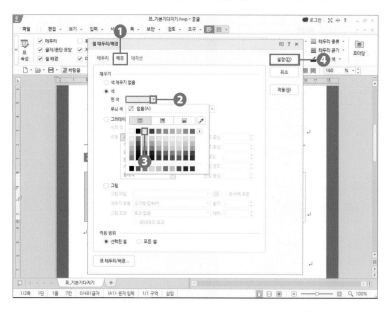

4 셀 모양 복사

01. 커서를 '홈페이지 회원가입' 안에 두고 [편집] 탭-[모양 복사]를 클릭하거나, Alt + C를 누릅니다. [모양 복사] 대화상자의 [셀 모양 복사]에서 [셀 테두리]와 [셀 배경]을 각각 체크하고 [복사] 단추를 클릭합니다.

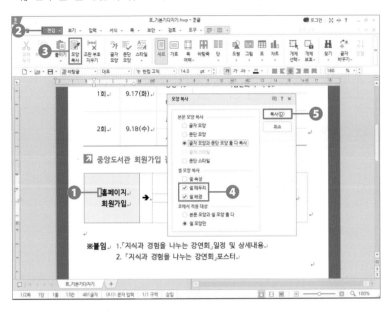

02. 그림처럼 각각의 셀을 Ctrl을 누른 상태로 클릭하여 블록 지정하고 [편집] 탭-[모양 복사]를 클릭하거나 Alt + C를 눌러 모양 복사를 적용합니다.

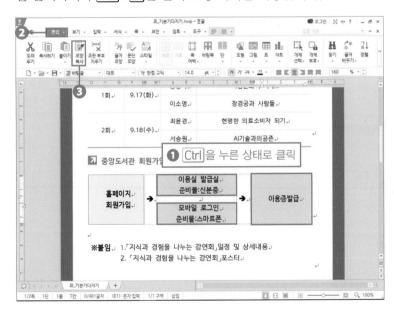

실전에서 사용하는 표 작성의 모든 것

예제 파일 : Chapter 02/표_실전.hwp | 완성 파일 : Chapter 02/표_실전_완성.hwp

1 문자열을 표로 변환하기

01. 예제 파일을 불러온 후 '아랍문화의 이해~ 인문학 교실'까지 블록 지정하고 [편집] 탭-[표]-[문자열을 표로]를 클릭합니다.

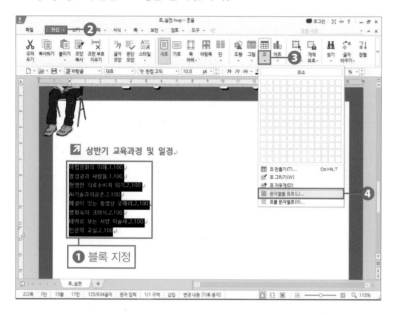

02. [문자열을 표로] 대화상자에서 [분리 방법 지정]과 [쉼표]를 체크한 후 [설정] 단추를 클릭합니다.

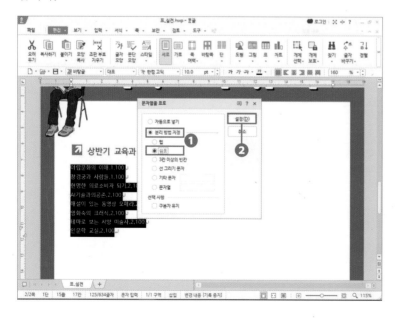

03. 커서를 '아랍 문화의 이해'에 두고 [표 레이아웃] 탭-[위에 줄 추가하기]를 클릭한 후 [글자처럼 취급]을 체크합니다.

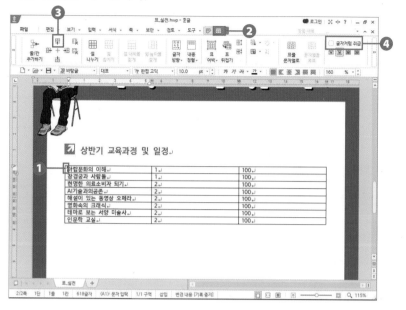

04. 추가된 첫 번째 줄의 각 셀에 '과정명', '횟수', '인원'을 각각 입력하고 '횟수'와 '인원'을 블록 지정합니다. Ctrl+←를 여러 번 눌러 그림처럼 셀 너비를 조절합니다.

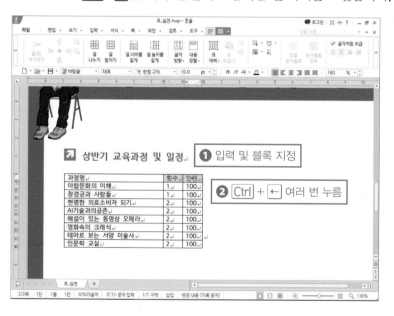

CHAPTER 01 : 화면 구성 및 파일 관리 ::

CHAPTER 02 : 기본 문서 만들기

CHAPTER 03 : 입력과 문서 편집 ::

CHAPTER 04 : 프레젠테이션 활용 ::

CHAPTER 05 : 고급 문서 편집 기능 ::

CHAPTER 06 : 문서 보안 및 검토 ::

2 표 자동 채우기

01. 커서를 '과정명'에 두고 메뉴 [표 레이아웃] 탭–[왼쪽에 칸 추가하기]를 클릭합니다. 추가된 칸의 첫 번째 셀에 'NO'라고 입력하고 F5를 눌러 블록 지정합니다. Ctrl+← 를 여러 번 눌러 셀 너비를 조절합니다.

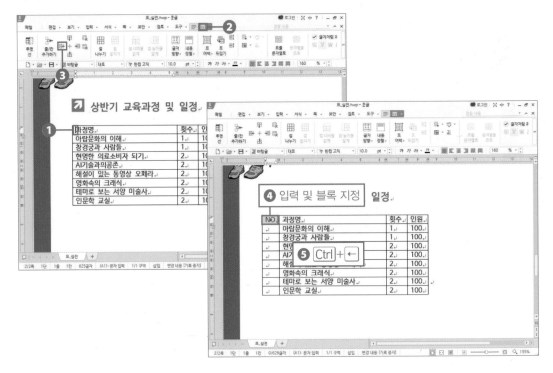

02. 'NO' 아래에 '1'과 '2'를 입력하고 '1'부터 아래쪽 끝까지 블록 지정 후 표 자동 채우기 단축 키인 A 를 누릅니다.

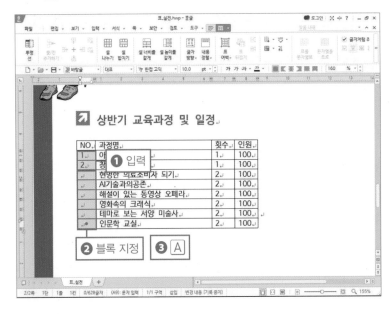

03. '인원' 칸 전체를 블록 지정하고 [표 레이아웃] 탭–[셀 나누기]를 클릭합니다. [셀 나누기] 대화상자에서 [칸 개수]를 '8'로 지정하고 [줄 개수]의 체크는 해제한 후 [나누기] 단추를 클릭합니다.

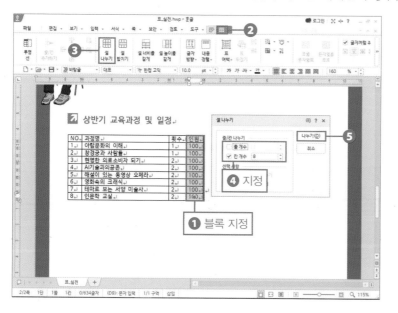

04. '인원'에서부터 표 마지막 셀까지 블록 지정된 상태에서 Ctrl+→와 Ctrl+↓를 여러 번 눌러 그림처럼 표의 크기를 조절합니다.

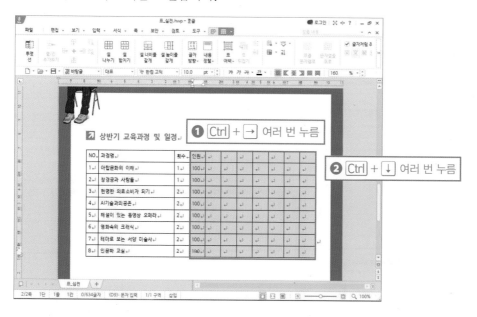

CHAPTER 01 : 화면 구성 및 파일 관리 :

CHAPTER 02 : 기본 문서 만들기

CHAPTER 03 : 입력과 문서 편집 :

CHAPTER 04 : 프레젠테이션 활용 :

CHAPTER 05 : 고급 문서 편집 기능 :

CHAPTER 06 : 문서 보안 및 검토 :

05. '인원' 셀 오른쪽 옆의 셀에 '총인원', '1월', '2월'을 각각 입력하고 '1월'부터 오른쪽 마지막 셀까지 블록 지정 후 표 자동 채우기 단축키 A를 누릅니다.

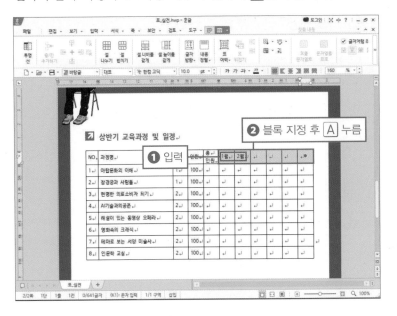

06. 표 전체를 블록 지정하고 서식 도구 상자에서 [가운데 정렬]을 클릭합니다. 그리고 '아랍 문화의 이해'에서 '인문학 교실'까지 블록 지정하고 서식 도구 상자에서 [양쪽 정렬]을 클릭합니다.

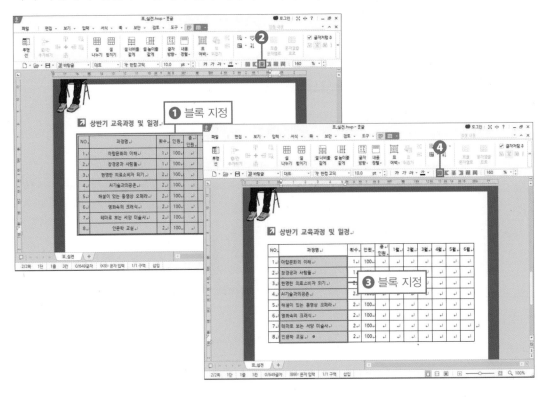

3 표 계산식

O1. 커서를 '8'에 두고 Ctrl + Enter↵ 를 눌러 줄을 추가합니다. 그리고 그림처럼 블록 지정 후 셀 합치기 단축키 M 을 누릅니다.

O2. 셀을 합친 곳에 '계'라고 입력하고 그 오른쪽 옆에 셀에 커서를 두고 [표 레이아웃] 탭-[계산식]-[세로 합계]를 클릭합니다.

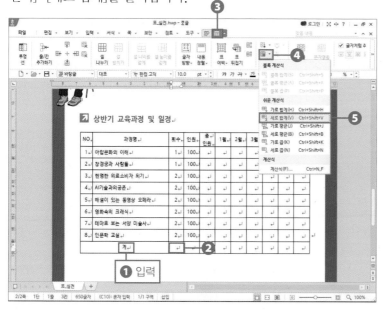

CHAPTER 01 : 화면 구성 및 파일 관리 :

CHAPTER 02 : 기본 문서 만들기

CHAPTER 03 : 입력과 문서 편집 :

CHAPTER 04 : 프레젠테이션 활용 :

CHAPTER 05 : 고급 문서 편집 기능 :

CHAPTER 06 : 문서 보안 및 검토 :

03. '총인원'을 계산하려고 합니다. 먼저 '횟수' 아래 커서를 두고 상황선에서 셀 번지를 확인합니다. 같은 방법으로 '인원' 아래 커서를 두어 셀 번지를 확인한 후 커서를 '총인원' 아래에 두고 [표] 탭-[계산식]-[계산식]을 클릭합니다.

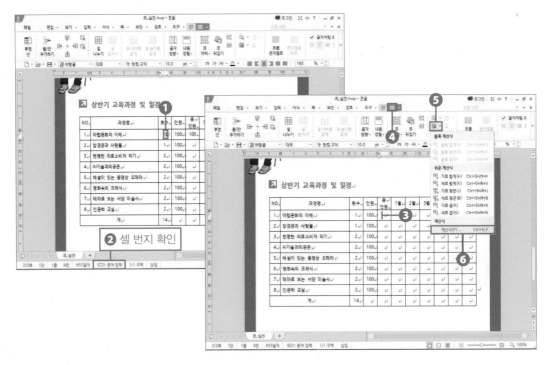

04. 총인원의 계산식은 '횟수*인원'이므로 'C2*D2'입니다. 하지만 그 아래 줄은 'C3*D3'이 계산되어야 하고 그 아래는 'C4*D4'가 계산되어야 합니다. 한글 2020에서는 셀 번지 중 바뀌는 부분을 '?'로 표현하므로 [계산식] 대화상자의 [계산식]에 '=C?*D?'를 입력하고 [설정] 단추를 클릭합니다.

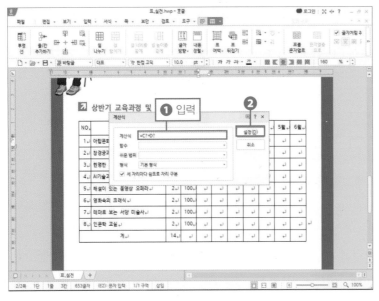

05. 총인원이 구해졌습니다. 나머지 셀에도 값을 구하기 위해 그림처럼 블록 지정하고 표 자동 채우기 단축키인 A를 누릅니다. 그리고 전체 총인원을 계산하기 위해서 그림처럼 블록 지정하고 [표 레이아웃] 탭-[계산식]-[블록 합계]를 클릭합니다.

❶ 블록 지정 후 A 누름

❷ 블록 지정

06. '총인원'과 '1월' 사이 경계선에 마우스 포인터를 두고 오른쪽으로 드래그하여 '총인원'의 너비를 적당히 키웁니다. 그리고 그림처럼 '1월~6월' 칸 전체를 블록 지정하고 [표 레이아웃] 탭-[셀 너비를 같게]를 클릭합니다.

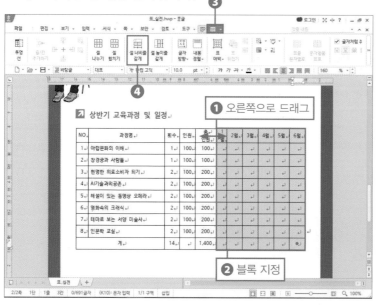

❶ 오른쪽으로 드래그

❷ 블록 지정

CHAPTER 01 : 화면 구성 및 파일 관리 :

CHAPTER 02 : 기본 문서 만들기

CHAPTER 03 : 입력과 문서 편집 :

CHAPTER 04 : 프레젠테이션 활용 :

CHAPTER 05 : 그림 문서 편집 기능 :

CHAPTER 06 : 문서 보안 및 검토 :

4 표 캡션 삽입하기

01. 커서를 표 안에 두고 [표 레이아웃] 탭-[캡션]-[위]를 클릭합니다.

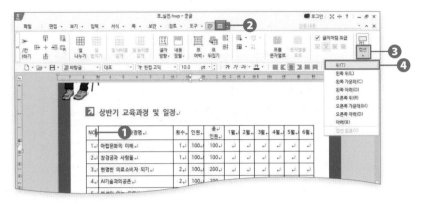

02. '표 4'라는 캡션은 Back Space 를 눌러 삭제합니다. '[번호 넣기]를 지울까요?' 메시지 창이 나타나면 [지움] 단추를 클릭합니다.

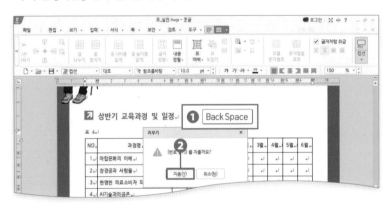

03. 캡션 내용으로 '* 문의 사항: 02-1234-1234'라고 입력하고 서식 도구 상자에서 [오른쪽 정렬]을 클릭합니다.

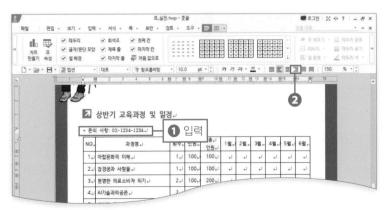

04. 표와 캡션의 간격을 조절하기 위해 커서를 표 안에 두고 [표 디자인] 탭-[표 속성]을 클릭합니다. [표/셀 속성] 대화상자의 [여백/캡션] 탭에서 [캡션]-[개체와의 간격]을 '1mm'로 지정하고 [설정] 단추를 클릭합니다.

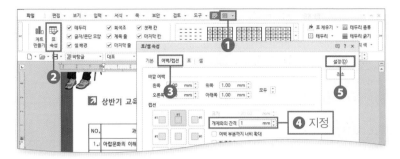

05. 커서를 표 안에 두고 메뉴 [표 디자인] 탭에서 [회색조]를 체크하고 [표 스타일]에서 [밝은 스타일 2- 노란 색조]를 클릭합니다.

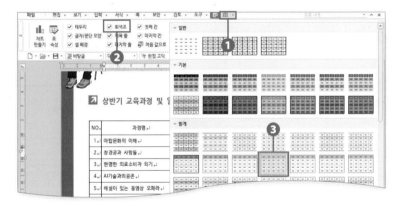

06. 그림처럼 Ctrl+클릭으로 여러 셀을 선택하고 [표 디자인] 탭-[표 채우기]에서 [하늘색 (RGB:97,130,151) 80% 밝게]를 클릭합니다.

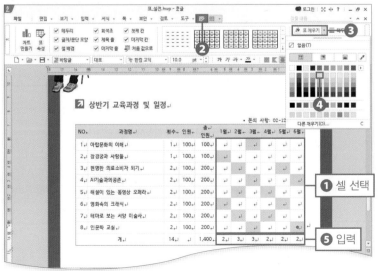

CHAPTER 01 : 환경 구성 및 파일 관리 :

CHAPTER 02 : 기본 문서 만들기 :

CHAPTER 03 : 일반적 문서 편집 :

CHAPTER 04 : 프레젠테이션 활용 :

CHAPTER 05 : 고급 문서 편집 기능 :

CHAPTER 06 : 문서 보안 및 검토 :

004 그림 삽입하기

◆ 사용 가능 버전 : NEO 2018 2020
◆ 사용 기능 : 그림 스타일 변경

그림 삽입 ▶▶ 문서에 그림을 삽입하는 방법과 본문과의 배치 방법에 대해 살펴봅니다. 또한 문서에 삽입한 그림에 스타일을 적용하고 그림 용량을 줄이는 방법에 대해서도 알아봅니다.

말랑말랑 기본기 다지기

예제 파일 : Chapter 02/그림삽입_기본기다지기.hwp | 완성 파일 : Chapter 02/그림삽입_기본기다지기_완성.hwp

1 그림 삽입하기

01. 커서를 '석류석' 앞에 두고 [입력] 탭-[그림]을 클릭합니다. [그림 넣기] 대화상자에서 'img01.jpg' 파일을 선택하고 [문서에 포함]과 [글자처럼 취급]을 체크한 후 [열기] 단추를 클릭합니다.

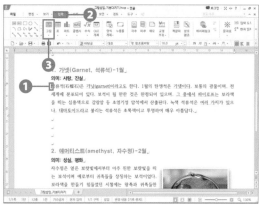

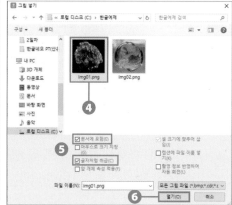

- **문서에 포함** : 그림 파일을 현재 문서에 연결(link)하는 방식이 아니라 그림 파일 자체를 문서 파일 속에 포함시킵니다.
- **마우스로 크기 지정** : 원하는 위치에 사용자가 마우스를 끌어서 지정한 사각형 크기로 그림을 삽입합니다. 이 항목을 체크하지 않고 [넣기] 단추를 클릭하면 현재 커서 위치에 100% 크기로 그림이 삽입됩니다.
- **글자처럼 취급** : 삽입할 그림에 글자처럼 취급 속성을 적용합니다. 글자처럼 취급 속성을 적용한 경우 그림 개체를 보통 글자와 동일하게 취급합니다. 따라서 글을 입력하거나 지우는 대로 그림 개체의 위치가 같이 변합니다.
- **앞 개체 속성 적용** : 삽입할 그림에 이전 삽입한 그림의 속성을 적용합니다.
- **셀 크기에 맞추어 삽입** : 그림을 셀 크기에 맞추어 삽입합니다.
- **캡션에 파일 이름 넣기** : 그림을 삽입할 때 그림 파일 이름을 캡션으로 자동 입력합니다.
- **촬영 정보 반영하여 자동 회전** : 그림 파일 속성에 저장된 촬영 정보(EXIF)의 회전 값을 기준으로 그림 파일을 자동으로 회전하여 삽입합니다.

2 본문과의 배치와 색조 조정

01. 삽입한 그림을 더블클릭하고 [개체 속성] 대화상자가 나타나면, [기본] 탭-[위치]에서 [글 자처럼 취급]을 해제하고 [본문과의 배치]는 [글 뒤로]를 선택한 후 [설정] 단추를 클릭합니다.

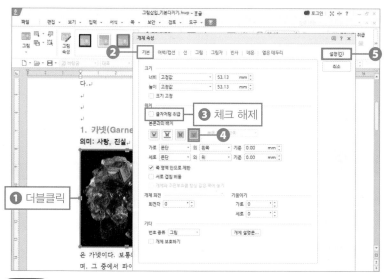

본문과의 배치
• 어울림 : 개체와 본문이 같은 줄을 나누어 쓰되, 서로 자리를 침범하지 않고 본문이 개체에 흐르듯이 어울리도록 배치합니다.
• 자리 차지 : 개체가 차지하고 있는 영역에는 본문이 오지 못합니다.
• 글 뒤로 : 개체가 글 뒤로 가서 본문의 배경처럼 사용됩니다.
• 글 앞으로 : 개체가 글 앞으로 와서 본문이 덮이도록 본문 위에 배치합니다.

02. 그림이 본문 뒤에 있어 글자가 보이지 않는 상황이 되었습니다. 그림을 선택하고 [그림] 탭-[색조 조정]-[워터마크]를 클릭하면 본문 내용이 잘 보입니다. 다시 [그림] 탭-[색조 조정]-[효과 없음]을 클릭하여 워터마크 기능을 해제합니다.

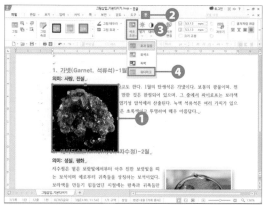

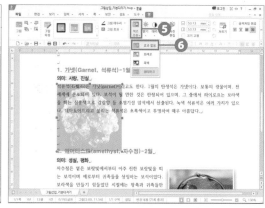

03. 그림을 문단의 오른쪽 끝에 위치시키기 위해 그림을 더블클릭합니다. [개체 속성] 대화상자의 [기본] 탭에서 [위치]를 다음과 같이 지정하고 [설정] 단추를 클릭합니다.

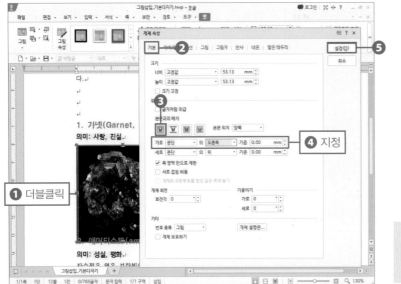

- 본문과의 배치 : 어울림
- 가로 문단의 오른쪽 기준 0.00mm

> **꼭 알고가기!**
>
> 본문에 삽입한 개체가 놓일 위치를, 문서 안에서 어디를 기준으로 정하여 나타낼지 선택할 수 있습니다. 기준 위치는 일반 글자처럼 취급하거나 가로/세로 기준 위치를 따로 정할 수 있으며, 기준 위치에 따라 본문과의 배치와 가로/세로 위치가 달라집니다. 개체의 위치를 계산할 때 종이의 가로/세로 방향으로 어느 영역에 들어갈지 정하는 [가로/세로] 위치 기준은 '종이, 쪽, 단, 문단' 중에서 고를 수 있습니다.

❸ 그림 스타일 적용 및 편집하기

01. 그림을 선택하고 [그림] 탭-[그림 스타일]-[회색 아래쪽 그림자]를 클릭합니다. 그리고 [그림 테두리]-[선 굵기]-[1mm]를 클릭합니다.

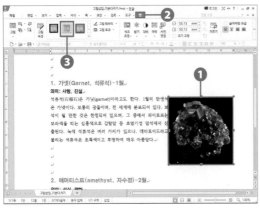
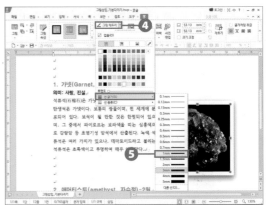

4 그림 용량 줄이기

01. 석류석 그림을 선택하고 [그림] 탭-[줄이기]-[용량 줄이기 설정]을 클릭합니다. [용량 줄이기 설정] 대화상자를 다음과 같이 지정하고 [확인] 단추를 클릭합니다.

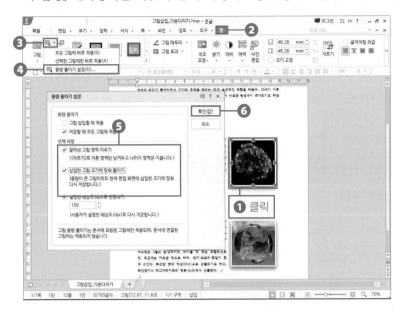

- 잘라낸 그림 영역 지우기 : 선택
- 삽입한 그림 크기에 맞춰 줄이기 : 선택
- 설정한 해상도(dpi)로 변경하기 : 150dpi

02. 그림이 선택되어 있는 상태에서 [그림] 탭-[줄이기]-[모든 그림에 바로 적용]을 클릭합니다.

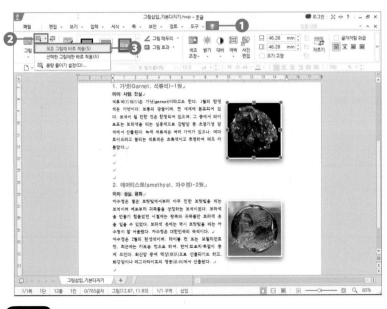

> **꿀팁**
> [그림] 탭-[줄이기]-[선택한 그림에만 바로 적용]을 클릭하면 선택한 그림만 용량이 줄어듭니다.

꼭 알고가기!

Shift 활용
- 그림 자르기 : Shift 를 누른 상태에서 그림의 상하좌우 테두리를 드래그
- 그림 크기 조정 : Shift 를 누른 상태에서 방향키

CHAPTER 01 : 화면 구성 및 파일 관리 :

CHAPTER 02 : 기본 문서 만들기 :

CHAPTER 03 : 입력과 문서 편집 :

CHAPTER 04 : 프레젠테이션 활용 :

CHAPTER 05 : 고급 문서 편집 기능 :

CHAPTER 06 : 문서 보안 및 검토 :

1 그림판에서 서명하기

01. 그림판 프로그램에서 [홈] 탭–[브러시]를 클릭하고 그림처럼 '홍길동'이라고 서명을 합니다. [선택]을 클릭하고 그림처럼 드래그하여 선택한 후 Ctrl + C 를 눌러 복사합니다.

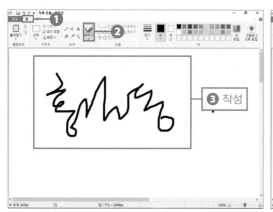
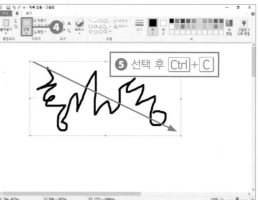

02. '그림삽입_실전.hwp' 파일의 '성명' 옆에 '홍 길 동'이라고 입력하고 '(서명 또는 인)'옆에 커서를 두고 붙이기 단축키인 Ctrl + V 를 누릅니다. 삽입한 그림을 선택하고 오른쪽 아래의 조절점을 그림처럼 드래그하여 크기를 작게 줄입니다.

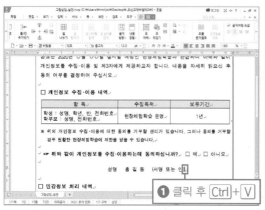

03. 서명을 '(서명 또는 인)'으로 이동시키고 [그림] 탭−[글 앞으로]를 클릭합니다.

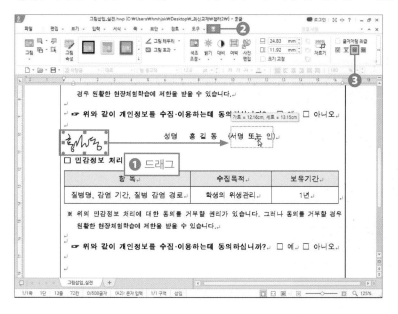

2 사진 편집-배경 이미지 투명하게 하기

01. 서명의 배경을 투명하게 처리하려고 합니다. 서명을 선택하고 [그림] 탭−[사진 편집]을 클릭합니다.

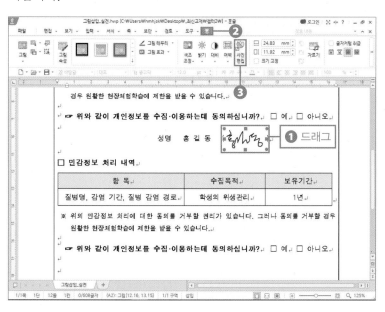

CHAPTER 01 : 화면 구성 및 파일 관리 :

CHAPTER 02 : 기본 문서 만들기 :

CHAPTER 03 : 입력과 문서 편집 :

CHAPTER 04 : 프레젠테이션 활용 :

CHAPTER 05 : 고급 문서 편집 기능 :

CHAPTER 06 : 문서 보안 및 검토 :

02. [사진 편집기] 창에서 [투명 효과] 탭을 클릭합니다. [보정 후] 부분의 흰 배경을 클릭하여
배경을 투명하게 설정하고 [적용] 단추를 클릭합니다.

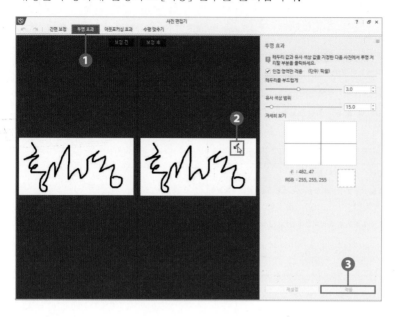

3 이미지 상용구 등록하기

01. 편집한 서명을 다음에도 사용하기 위해 상용구 등록을 합니다. 서명 이미지를 클릭하고
Alt + I 를 누릅니다. [본문 상용구 등록] 대화상자가 나타나면 [준말]에 '서명'이라고 입력합니다.

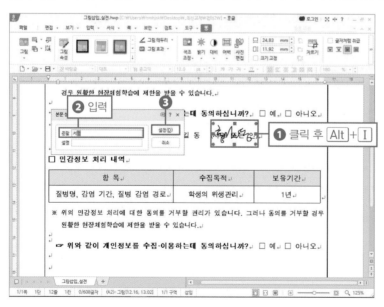

02. 문서 제일 마지막 줄의 '성명' 옆에 '홍 길 동'이라고 입력하고 '(서명 또는 인)' 뒤에 '서명'을 입력하고 Alt + I 를 누릅니다.

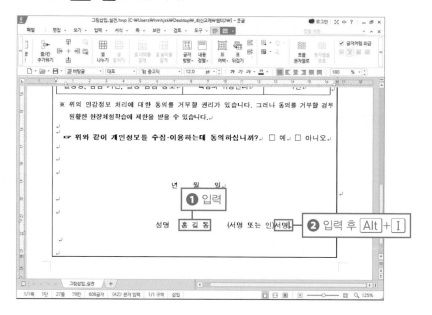

03. 커서 주변에 나온 서명 이미지의 위치를 '(서명 또는 인)' 위로 이동시킵니다.

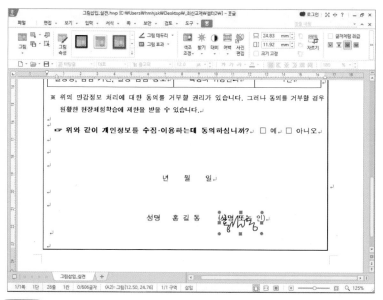

꼭 알고가기!

상용구 활용
자주 사용하는 문장 또는 낱말, 입력하기 어려운 기호를 상용구로 등록해서 사용하면 편리합니다.
상용구는 글자뿐 아니라 그림, 표 등 개체도 등록할 수 있습니다.
• 상용구 등록 : Alt + I
• 상용구 실행 : 준말 입력 후 Alt + I
• 상용구 내용 확인 : Ctrl + F3

CHAPTER 01 : 화면 구성 및 파일 관리 :
CHAPTER 02 : 기본 문서 만들기 :
CHAPTER 03 : 입력과 문서 편집 :
CHAPTER 04 : 프레젠테이션 활용 :
CHAPTER 05 : 고급 문서 편집 기능 :
CHAPTER 06 : 문서 보안 및 검토 :

복합 응용력 UP!

동영상 해설

문제1 : 글자 모양과 문단 모양을 바꾸고 그림을 삽입하고 편집하세요.

예제 파일 : 연습문제_1.hwp, img03.jpg | 완성 파일 : 연습문제_1_완성.hwp

- '시무식 식순'의 서식을 다음과 같이 적용하세요.
  - 글꼴 : 함초롬돋움, 글자 크기 : 35pt, 진하게, 글자 색 : 하양(RGB:255,255,255), 가운데 정렬
- '개회선언~ 폐회' 다음과 같이 적용하세요.
  - 문단 왼쪽 여백 : 60pt, 줄 간격 : 240%, 문단번호 : 1,2,3....
- 'img03.png' 파일을 삽입하고 다음과 같이 편집하세요.
  - 본문과의 배치 : 글 뒤로, 색조 조정 : 워터마크

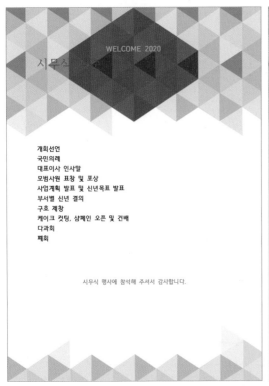

▲ Before   ▲ After

CHAPTER 01 : 화면 구성 및 파일 관리 :

CHAPTER 02 : 기본 문서 만들기 :

CHAPTER 03 : 입력과 문서 편집 :

CHAPTER 04 : 프레젠테이션 활용 :

CHAPTER 05 : 고급 문서 편집 기능 :

CHAPTER 06 : 문서 보안 및 검토 :

이것이 궁금하다! Q&A

Q A 01 | 대표 글꼴 등록하기 - [도구] 탭-[환경 설정]-[글꼴]

- [환경 설정] 대화상자의 [글꼴] 탭에서 [대표 글꼴]을 새로 등록하거나 이미 등록된 사용자 정의 대표 글꼴을 수정합니다. 따라서 [대표 글꼴]만 바꾸면 언어별로 미리 정해 둔 글꼴에 따라 한 번에 어울리는 글꼴로 바뀝니다.

Q A 02 | 입력 중 갑자기 일본어가 입력될 때 - [도구] 탭-[글자판]-[글자판 바꾸기]

- 키보드 오른쪽 [Shift]+[Space Bar]를 누르면 일본어 자판으로 변경됩니다. [도구] 탭-[글자판]-[글자판 바꾸기]를 클릭합니다. [입력기 환경 설정] 대화상자의 [글자판 바꾸기] 탭에서 [제 3글자판]을 [한국어], [두벌식 표준]으로 설정하면 실수로 오른쪽 [Shift]+[Space Bar]를 눌러도 일본어 자판으로 변경되지 않습니다.

Q A 03 | 개체의 캡션 기본 글자 모양 바꾸기 - [편집] 탭-[스타일]

- 스타일 단축키 [F6]을 누르고 [스타일 목록]에서 '캡션'을 선택합니다. [글자 모양 정보]의 [설정] 단추를 클릭하고 글자 모양을 바꾸면 됩니다.

Q A 04 | 글자 뒤로 배치되어 있는 그림 선택이 어려울 때 - [편집] 탭-[개체 선택]

- [Alt]를 누른 상태에서 그림을 클릭하면 됩니다. 또는, [편집] 탭-[개체 선택]을 클릭하고 그림을 선택하면 쉽게 그림을 선택할 수 있습니다.

Q A 05 | 개체 보호 - [편집] 탭-[개체 보호]

- 개체 보호 기능을 이용하면 개체의 크기를 변경하거나 위치를 이동할 수 없도록 개체를 보호할 수 있습니다. 보호된 개체를 편집하려면 [편집] 탭-[개체 보호]-[모든 개체 보호 해제하기]를 클릭하여 현재 문서의 모든 개체 보호를 한꺼번에 해제할 수 있습니다.

Q A 06 | 표 크기 조절 최대한 줄이고 싶을 때 - [표 레이아웃] 탭-[표 여백]

- 셀의 크기를 최대한 줄이고 싶으면 표의 안쪽 여백을 모두 없애주면 됩니다. 커서를 표 안에 두고 [표 레이아웃] 탭-[표 여백]에서 [표 모든 셀의 안 여백]-[없음]을 클릭합니다. 특별히 셀의 높이는 글자 크기와도 상관이 있으므로 글자 크기를 '1pt'나 '2pt' 등으로 지정하면 높이를 아주 작게 조절할 수 있습니다.

CHAPTER 3

스마트한 입력과 문서 편집

중요도 ◆◆◆◆◆

■ 사용하는 한글 기능 및 학습 후 효과

기능	효과	미리 보기
음성 명령	PC와 모바일 장치와 연결하여 원격지에서 음성을 인식하여 텍스트를 입력하고 명령을 내릴 수 있습니다.	
스마트 입력	한컴 툴즈의 스마트 입력을 이용하면 모바일 장치의 사진, 영상 등 다양한 개체를 원격지에서 한글 문서로 바로 보낼 수 있습니다.	
글자에서 문자 추출	OCR 기능을 이용하여 그림에 글자를 추출할 수 있습니다.	
PDF 문서를 오피스 문서로 변환 삽입	PDF 문서를 한글 문서로 변환하여 편집하는 방법에 대해 알아봅니다.	
도형 그리기	한글의 기본 도형 그리기와 그리기 마당을 통해 도형을 그리고 도형 편집 방법에 대해 알아봅니다.	
스타일	다각도로 수집한 내용에 통일감 있는 서식을 적용하는 효율적인 방법에 대해 알아봅니다.	
다양한 개체 삽입	한셀, 한쇼, 엑셀, 파워포인트 등 다른 프로그램에서 작성한 문서를 한글에 삽입하고 편집하는 방법을 알아봅니다.	

CHAPTER 01 : 화면 구성 및 파일 관리 :
CHAPTER 02 : 기본 문서 만들기 :
CHAPTER 03 : 입력과 문서 편집 :
CHAPTER 04 : 프레젠테이션 활용 :
CHAPTER 05 : 고급 문서 편집 기능 :
CHAPTER 06 : 문서 보안 및 검토 :

001 스마트한 문서 편집-한컴 툴즈, OCR, PDF 변환

난이도 ◆◆◆◆◆

✦ 사용 가능 버전 : 2020
✦ 사용 기능 : 한컴 툴즈, 그림에서 글자 가져오기, 번역

한컴 툴즈 ▶▶ 음성 명령, 스마트 입력, 그림에서 글자를 추출해서 번역하기, PDF 문서를 한글로 변환하여 편집하기 등 문서 내용을 다각도로 입력하고 편집하는 방법에 대해 알아봅니다.

말랑말랑 기본기 다지기

예제 파일 : Chapter 03/스마트문서편집_기본기다지기.hwp │ 완성 파일 : Chapter 03/스마트문서편집_기본기다지기 완성.hwp

1 한컴 툴즈-음성 명령

01. 한컴 툴즈를 이용하면 PC와 모바일 장치를 연결하여 다양한 입력을 할 수 있습니다. 한글 2020에서 '스마트문서편집_기본기다지기.hwp' 파일을 불러온 후 음성으로 문장의 내용을 추가할 곳에 커서를 위치시킵니다.

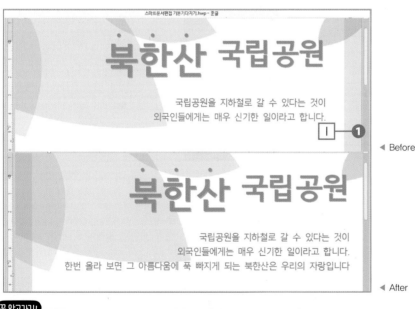

◀ Before

◀ After

꼭 알고가기!!

한컴오피스 공통 사항

한컴 툴즈를 사용하려면 윈도우용 컴퓨터에 한컴오피스를 설치하고 안드로이드용 모바일 장치에 한컴 툴즈를 설치한 다음 두 기기를 유무선 네트워크나 블루투스(버전 4.0 이상)로 연결해야 합니다. 한컴오피스와 한컴 툴즈를 연결하려면 컴퓨터, 노트북 및 모바일 장치가 동일 대역의 네트워크에 연결되어 있어야 합니다. Chapter 03 마지막 페이지의 '이것이 궁금하다! Q&A'에서 '01 윈도우 10에서 모바일 기기와 블루투스로 연결하기' 부분을 참조하세요.

02. [도구] 탭-[한컴 툴즈]-[스마트 입력]을 클릭합니다. [한컴 툴즈 스마트 입력] 대화상자가 나타나면 [연결하기] 단추를 클릭합니다. [모바일 장치 연결하기] 대화상자에 모바일 장치와 연결할 수 있는 QR 코드가 나타납니다.

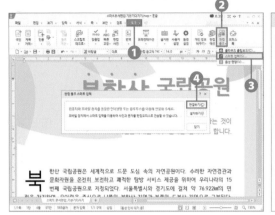

03. 다음과 같이 3단계를 실행하여 모바일과 [한컴 툴즈 스마트 입력]을 연결합니다.

❶ 모바일 기기에서 [한컴 툴즈] 앱을 실행합니다.
❷ 모바일 기기의 [스마트 입력] 에서 오른쪽 상단의 [자세히] 아이콘을 클릭하고 [컴퓨터와 연결하기]를 클릭합니다.
❸ 모바일 장치로 한글 화면에 나타난 [모바일 장치 연결하기] 대화상자에 있는 QR 코드를 스캔합니다.

꼭 알고가기!

와이파이와 블루투스
그림과 같이 모바일 기기에 [음성 명령]과 관련한 메시지가 나오면 [확인]을 클릭하여 모바일 기기에서 블루투스 기능을 활성화합니다

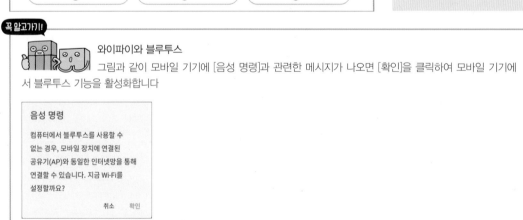

음성 명령

컴퓨터에서 블루투스를 사용할 수 없는 경우, 모바일 장치에 연결된 공유기(AP)와 동일한 인터넷망을 통해 연결할 수 있습니다. 지금 Wi-Fi를 설정할까요?

취소   확인

04. PC의 '스마트문서편집_기본기다지기.hwp' 파일이 선택된 상태에서 작업합니다. 자세히(⋮)를 클릭하여 [음성 명령]을 클릭합니다. 모바일 기기의 상단에 '한글에 연결됨' 메시지를 확인하고 하단의 [명령어+텍스트]를 터치합니다. 모바일 기기의 가운데에 있는 마이크 아이콘을 누른 후 '한 번 올라보면 그 아름다움에 푹 빠지게 되는 북한산은 우리의 자랑입니다.'라고 말합니다.

• 모바일 기기 상단 변경 내용
❶ [스마트 입력] → [음성 명령]
❷ 연결 안됨(♣) → 연결됨(♣)
❸ [한글에 연결됨]이 표시(선택된 프로그램 표시)
• 모바일 기기 하단 변경 내용
❹ [명령어+텍스트] 파란색으로 표시
❺ [명령어 표시]

05. 음성 입력이 끝나면 '텍스트 전송이 완료 되었습니다' 메시지와 함께 한글 문서의 커서가 있는 위치에 음성 입력 내용이 추가됩니다.

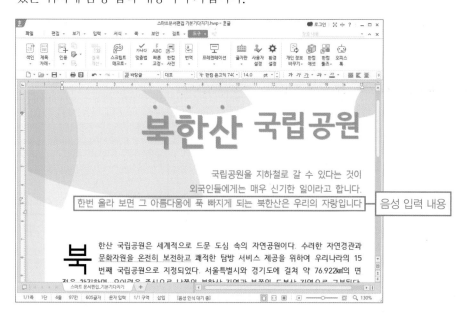

CHAPTER 01 : 화면 구성 및 파일 관리 :
CHAPTER 02 : 기본 문서 만들기 :
CHAPTER 03 입력과 문서 편집
CHAPTER 04 : 프레젠테이션 활용 :
CHAPTER 05 : 고급 문서 편집 기능 :
CHAPTER 06 : 문서 보안 및 검토 :

06. 모바일 기기에서 음성 명령으로 한글의 기능을 실행할 수 있습니다. 커서의 위치를 빈 행에 위치시키고 음성 명령으로 줄(문단 띠)을 한글에 입력할 수 있습니다.

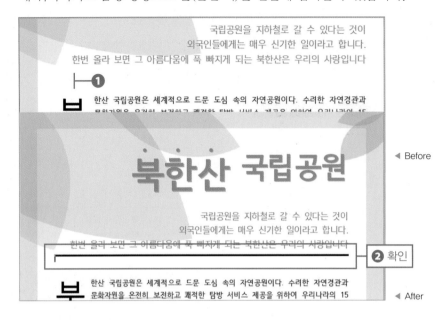

[음성 명령] 하단의 명령어(🎙️)를 클릭

❶ '말씀하세요' 메시지 표시됨

❷ 음성 입력 '문단띠'

❸ '명령 전송을 완료하였습니다' 표시

❹ 한글 문서에서 '문단띠' 작업 완료

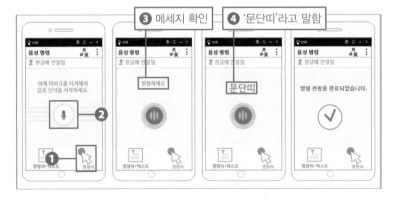

 한글 음성 명령어 리스트

명령어	명령어	명령어	명령어	명령어
새 문서	전체 선택	도움말	캡션 넣기	단 나누기
문서마당	찾기	작성	문단 띠	다단 설정
불러오기	정렬	취소	덧말 넣기	다단 설정 나누기
PDF를 오피스 문서로 변환하기	OLE 연결	확인	글자 겹치기	구역 설정
다른 이름으로 저장하기	OLE 개체 속성	완료	문서 끼워 넣기	구역 나누기
PDF로 저장하기	확대 축소	줄바꿈	상호 참조	쪽 지우기
모바일 최적화 문서로 저장하기	그림	입력 취소	책갈피	원고지
넷피스 24 로그인	표	한글 실행	문단 첫 글자 장식	변경 내용 표시 설정
문서 정보	문자표	한쇼 실행	문단 번호 모양	문서 이력 관리
CCL 넣기	한자 입력	한셀 실행	개요 번호 모양	문서 비교
공공누리 넣기	메모 넣기	한워드 실행	개요 적용 해제	메모 모양
미리 보기	메모	스마트 입력 실행	개요 수준 증가	메모 보이기 숨기기
미리 보기 닫기	하이퍼링크	클라우드 클립보드 실행	개요 수준 감소	메모 보이기
인쇄	글자 모양	호환 문서	한 수준 증가	인터넷 우체국
문서 보안 설정	문단 모양	저장하기	한 수준 감소	오피스 커뮤니케이터
한컴 애셋	문단 번호 적용 해제	점자로 바꾸기	스타일	문서 암호 설정
편집 용지	글머리표 적용 해제	모양 복사	스타일 마당	문서 암호 변경 및 해제
문서 닫기	한컴 사전	지우기	개체 속성	공인 인증서로 문서 암호화
끝	한자 자전	조판 부호 지우기	쪽 테두리 배경	공인 인증서로 전자 서명
되돌리기	유의어 반의어 사전	고치기	바탕쪽	유효성 검사
다시 실행	변경 내용 추적	쪽 윤곽	머리말 꼬리말	배포용 문서로 저장
오려 두기	맞춤법	한자 발음	쪽 번호 매기기	배포용 문서 저장
복사하기	문서 찾기	격자	새 번호로 시작	배포용 문서 편집
붙이기	개인 정보 바꾸기	개체 이동 안내선	감추기	배포용 문서 설정 변경 및 해제
골라 붙이기	사용자 설정	글상자	줄 번호	보안 문서로 저장
모두 선택	환경 설정	수식	쪽 나누기	

CHAPTER 01 : 화면 구성 및 파일 관리 :
CHAPTER 02 : 기본 문서 만들기 :
CHAPTER 03 : 입력과 문서 편집 :
CHAPTER 04 : 프레젠테이션 활용 :
CHAPTER 05 : 고급 문서 편집 기능 :
CHAPTER 06 : 문서 보안 및 검토 :

2 한컴 툴즈-스마트 입력

01. PC의 '스마트문서편집 기본기다지기.hwp' 파일이 선택된 상태에서 자세히(⋮)를 클릭하고 [스마트 입력]을 클릭합니다. 스마트 입력이 실행되면 입력 모바일 기기 화면 하단 상자의 왼쪽에 있는 [추가](+) 아이콘 옆의 빈칸을 클릭하면 모바일 기기의 입력 화면이 나타납니다. 모바일 기기에서 '▽' 문자를 여러 번 입력합니다. 입력을 중단하면 자동으로 PC로 전송됩니다.

꼭 알고가기!!

입력 아이콘과 전송 아이콘 차이점

❶ 입력 아이콘 : 모바일 입력된 내용을 PC로 전송하지 않고 모바일에서만 대기
❷ 전송 아이콘 : 모바일 입력된 내용 즉시 전송

02. 스마트 입력이 실행된 상태에서 입력 상자 하단의 왼쪽에 있는 [추가](+) 아이콘을 클릭합니다. [이미지], [동영상], [음성 메시지] 또는, [파일]에서 선택한 파일이나 [카메라]를 이용해 촬영한 사진을 한컴오피스로 전송할 수 있습니다. 용량이 많은 자료는 한글 화면 우측 하단에 전송 상태가 나타납니다.

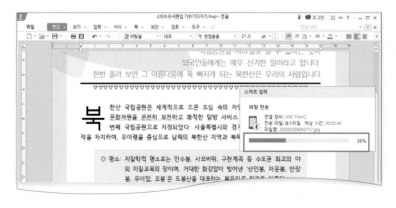

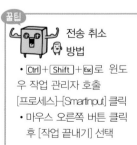

꿀팁

전송 취소 방법

• Ctrl + Shift + Esc 로 윈도우 작업 관리자 호출 [프로세스]-[SmartInput] 클릭
• 마우스 오른쪽 버튼 클릭 후 [작업 끝내기] 선택

03. 전송된 목록은 추가로 전송하거나 삭제할 수 있습니다.

• 방법 1
삭제할 목록을 1초 이상 누르고 있으면 체크 표시 항목이 있는 아이콘으로 변경됩니다.
클릭하여 체크 표시하고 모바일 우측 상단의 [휴지통]을 클릭하여 삭제 또는, 전송
• 방법 2
[스마트 입력]-[자세히] 클릭 후 [항목 선택] 항목별 클릭하여 체크 후 삭제 또는, 전송

3 그림에서 글자 가져오기(OCR)(2020 버전에서 사용 가능)

01. 한글에서 OCR 기술을 활용하여 그림에서 글자를 추출할 수 있습니다. '스마트 문서 편집 기본기다지기.hwp' 파일의 2페이지 그림 위에서 마우스 오른쪽 버튼을 클릭한 후 [그림에서 글자 가져오기]를 선택합니다.

꼭 알고가기!!

OCR 정의
OCR이란 'Optical Character Reader(광학적 문자 인식)'의 약어로 그림 또는, 이미지에 포함된 문자나 기호 등을 인식하여 컴퓨터에서 읽을 수 있는 문자로 변환하는 기술을 의미합니다.

CHAPTER 01 : 화면 구성 및 파일 관리 :
CHAPTER 02 : 기본 문서 만들기 :
CHAPTER 03 : 입력과 문서 편집
CHAPTER 04 : 프레젠테이션 활용 :
CHAPTER 05 : 고급 문서 편집 기능 :
CHAPTER 06 : 문서 보안 및 검토 :

02. [글자 가져오기] 대화상자에서 '가져오기 100%' 메시지가 나오면 [확인] 단추를 클릭합니다. 커서를 그림 아래에 두고 붙여 넣기 단축키인 Ctrl+V 를 누릅니다.

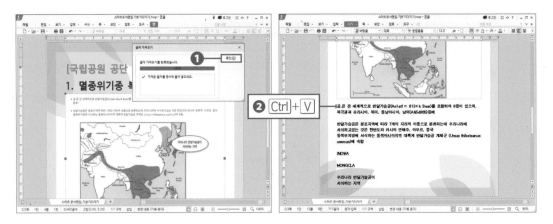

4 찾아 바꾸기

01. 그림은 삭제하고 글자의 내용을 정리합니다. 문서에서 지정한 글자만 글자 색을 한 번에 변경할 수 있습니다. [편집] 탭-[찾기]-[찾아 바꾸기]를 클릭합니다. [찾아 바꾸기] 대화상자에서 [찾을 내용]에 '반달' [바꿀 내용]에 '반달'을 입력하고 [바꿀 내용]의 [서식 찾기]-[바꿀 글자 모양] 을 클릭합니다.

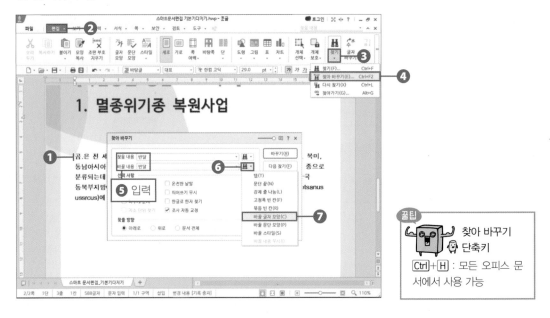

02. [글자 모양] 대화상자의 [테두리/배경] 탭에서 [배경]–[면 색]을 '노랑'으로 지정하고 [설정] 단추를 클릭합니다. [찾아 바꾸기] 대화상자로 되돌아오면 [모두 바꾸기] 단추를 클릭합니다. [한글] 대화상자에서 [찾음] 단추를 클릭하여 문서의 모든 영역에서 바꾸기를 수행합니다.

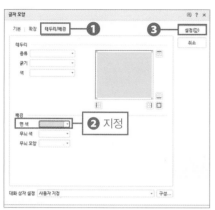
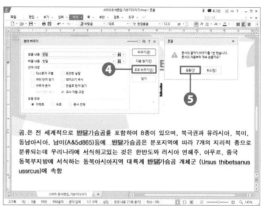

꼭 알고가기!

문서의 일부분만 찾아 바꾸려고 할 때

문서의 범위를 지정한 뒤 찾아 바꾸기를 실행합니다. [한글] 대화상자에서 [취소] 단추를 클릭하여 범위 외의 영역에서는 작업하지 않도록 합니다.

---

5 번역하기

01. 문서의 일부분을 영어로 번역하려고 합니다. '멸종위기종 복원사업' 문장을 블록 지정하고 마우스 오른쪽 버튼을 클릭한 후 [번역]–[선택 영역 번역]을 선택합니다. [한글] 대화상자에서 [언어 변경] 단추를 클릭합니다.

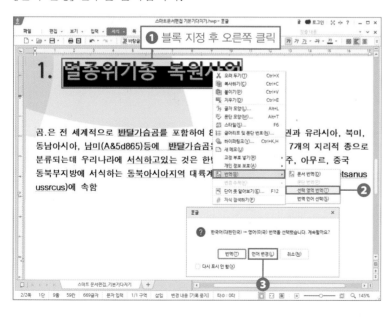

CHAPTER 01 : 화면 구성 및 파일 관리 :

CHAPTER 02 : 기본 문서 만들기 :

CHAPTER 03 : 입력과 문서 편집

CHAPTER 04 : 프리젠테이션 활용 :

CHAPTER 05 : 고급 문서 편집 기능 :

CHAPTER 06 : 문서 보안 및 검토 :

02. [번역] 작업 창이 활성화됩니다. [번역 언어 선택]에서 '한국어(대한민국)'을 선택한 후 아래에 '영어(미국)'을 선택합니다. [번역] 단추를 클릭하면 [번역] 작업 창의 [본문]에 번역한 결과가 나타납니다. 번역된 [본문]의 오른쪽 펼침 단추를 클릭하고 [문단 아래에 삽입]을 클릭합니다.

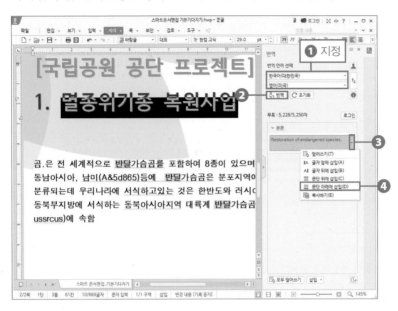

6 PDF 문서를 오피스 문서로 변환하기

01. PDF 문서를 한글 문서로 변환할 수 있습니다. [파일] 탭–[PDF를 오피스 문서로 변환하기]를 클릭합니다. [PDF를 오피스 문서로 변환하기] 대화상자에서 '예제.pdf' 파일을 선택하고 [열기] 단추를 클릭합니다. [한글] 대화상자에 나타난 메시지를 확인하고 [확인] 단추를 클릭합니다. PDF 문서가 한글 문서로 변환되었기 때문에 문서를 재편집할 수 있습니다.

실전에 사용하는 스마트 문서 편집의 모든 것

예제 파일 : Chapter 03/스마트문서편집_실전_pdf | 완성 파일 : Chapter 03/스마트문서편집_실전_완성.hwp

1 PDF 문서의 일부분만 추출하여 한글 문서로 변환하기

01. 바탕화면에 [한컴오피스 2020] 프로그램을 실행합니다. [한컴오피스] 창에서 [한PDF 2020]-[실행] 단추를 클릭합니다.

02. 한PDF 시작 화면에서 [내 컴퓨터에서 불러오기]를 클릭합니다. [불러오기] 대화상자에서 '스마트문서편집_실전.pdf' 파일을 선택하고 [열기] 단추를 클릭합니다.

CHAPTER 01 : 화면 구성 및 파일 관리 :

CHAPTER 02 : 기본 문서 만들기 :

CHAPTER 03 : 입력과 문서 편집 :

CHAPTER 04 : 프레젠테이션 활용 :

CHAPTER 05 : 고급 문서 편집 기능 :

CHAPTER 06 : 문서 보안 및 검토 :

03. 왼쪽에서 3쪽을 선택하고 Shift 를 누른 상태로 4쪽을 선택합니다. 마우스 오른쪽 버튼을 클릭한 후 [선택한 쪽 추출하기]를 선택합니다. [쪽 추출하기] 대화상자가 나타나면 [확인] 단추를 클릭합니다.

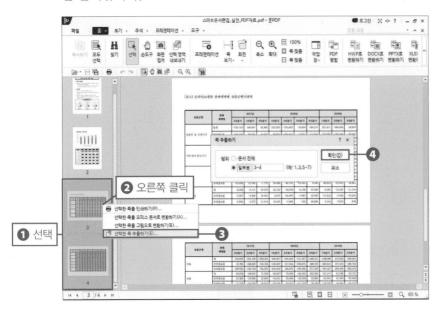

04. 서식 도구 상자에서 [저장하기]를 클릭하고 [다른 이름으로 저장하기] 대화상자가 나타나면 저장 위치를 지정한 후 [파일 이름]에 '스마트문서편집_실전_완성'이라고 입력한 뒤 [저장] 단추를 클릭합니다.

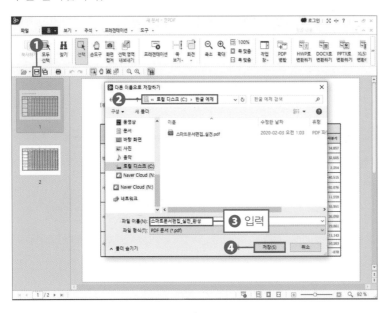

05. [홈] 탭-[HWP로 변환하기]를 클릭하고 [PDF 변환하기] 대화상자가 나타나면 [변환하기] 단추를 클릭합니다. [폴더 찾아보기] 대화상자에서 저장 위치를 지정하고 [확인] 단추를 클릭합니다.

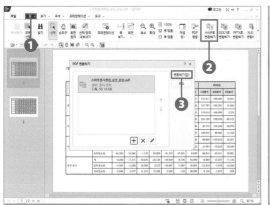
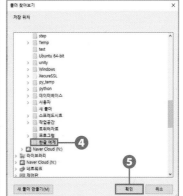

06. 변환이 완료되면 [PDF 변환하기] 대화상자에서 [확인] 단추를 클릭합니다. 한글 2020에서 '스마트문서편집_실전_완성.hwp' 파일을 확인해 봅니다.

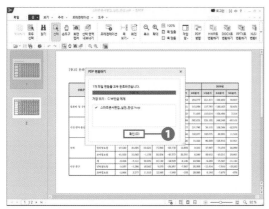
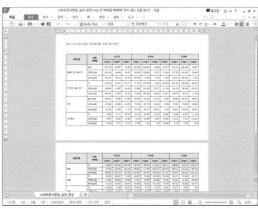

CHAPTER 01 : 화면 구성 및 파일 관리 :

CHAPTER 02 : 기본 문서 만들기 :

CHAPTER 03 입력과 문서 편집

CHAPTER 04 : 프레젠테이션 활용 :

CHAPTER 05 : 고급 문서 편집 기능 :

CHAPTER 06 : 문서 보안 및 검토 :

002 도형 그리기

난이도 ◆◆◆◆◆

◆ 사용 가능 버전 : NEO 2018 2020
◆ 사용 기능 : 도형 그리기, 도형 편집

도형 작성 ▶▶ 한글의 도형 그리기 및 그리기 마당을 통해 도형을 편집하는 다양한 방법에 대해 알아봅니다.

말랑말랑 기본기 다지기
예제 파일 : Chapter 03/도형그리기_기본기다지기.hwp | 완성 파일 : Chapter 03/도형그리기_기본기다지기_완성.hwp

1 도형 그리기

01. '도형그리기_기본기다지기.hwp' 파일을 불러온 후 [입력] 탭–[직사각형]을 클릭하고 그림처럼 드래그하여 직사각형을 그립니다.

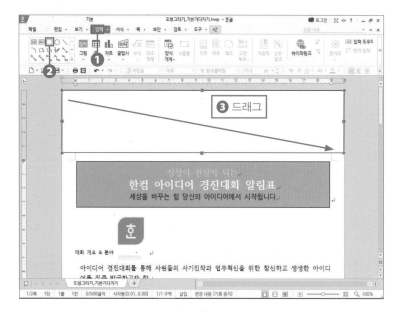

02. 직사각형이 선택된 상태에서 [도형] 탭-[도형 윤곽선]-[없음]을 클릭합니다.

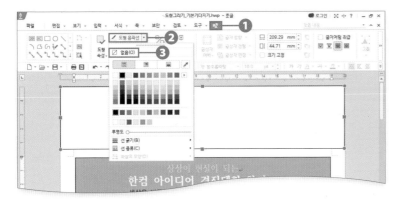

03. 직사각형이 선택된 상태에서 [도형] 탭-[도형 채우기]-[색 골라내기]를 클릭하고 한글 로고의 파란색을 클릭합니다.

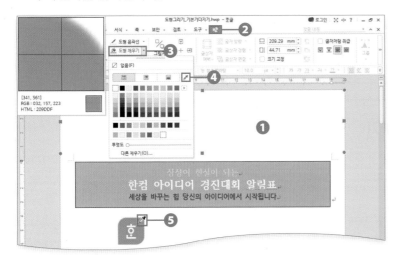

04. 직사각형이 선택된 상태에서 [도형] 탭-[색 채우기]에서 [투명도] 슬라이드 바를 적당히 오른쪽으로 드래그하여 직사각형의 배경색을 조절합니다.

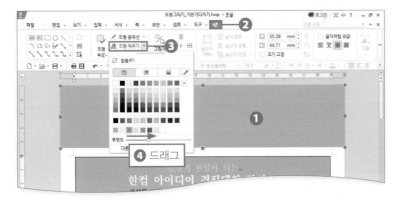

CHAPTER 01 :: 화면 구성 및 파일 관리 ::

CHAPTER 02 :: 기본 문서 만들기 ::

CHAPTER 03 :: 입력과 문서 편집 ::

CHAPTER 04 :: 프레젠테이션 활용 ::

CHAPTER 05 :: 고급 문서 편집 기능 ::

CHAPTER 06 :: 문서 보안 및 검토 ::

05. 직사각형의 너비를 용지 너비와 정확하게 맞추기 위해 직사각형을 더블클릭합니다. [개체 속성] 대화상자의 [기본] 탭에서 [크기]-[너비]를 '종이에 따라', '100%'로 지정하고 [설정] 단추를 클릭합니다.

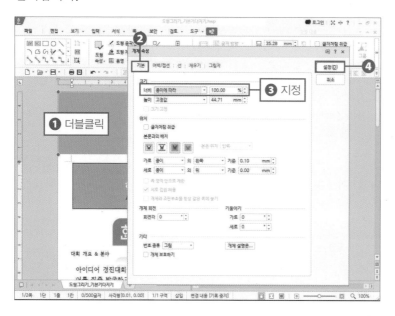

2 그림 삽입하고 편집하기

01. [입력] 탭-[그림]을 클릭하고 [그림 넣기] 대화상자에서 'img01.jpg' 파일을 선택합니다. [글자 처럼 취급]의 체크를 해제하고 [마우스로 크기 지정]을 체크한 후 [열기] 단추를 클릭합니다.

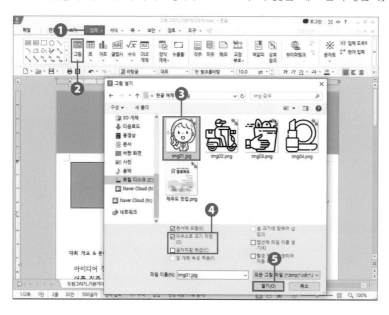

02. 그림처럼 그림을 삽입할 위치에 드래그하여 그림을 넣습니다.

03. 삽입한 그림이 선택된 상태에서 [도형] 탭-[글 앞으로]를 클릭하여 직사각형 뒤에 있는 그림이 위에 나타나게 합니다. 그리고 그림의 배경을 제거하기 위해 [도형] 탭-[사진 편집]을 클릭합니다.

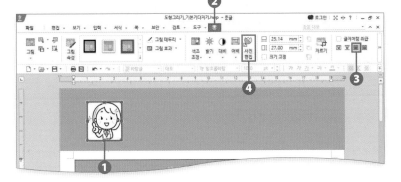

04. [사진 편집기] 창에서 [투명 효과] 탭을 선택합니다. [보정 후]의 흰 배경을 클릭하여 투명하게 처리한 후 [적용] 단추를 클릭합니다.

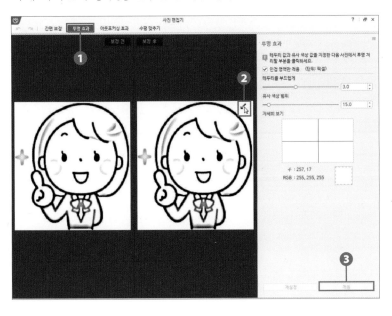

CHAPTER 01 : 화면 구성 및 파일 관리 :

CHAPTER 02 : 기본 문서 만들기 :

CHAPTER 03 : 입력과 문서 편집

CHAPTER 04 : 프레젠테이션 활용 :

CHAPTER 05 : 고급 문서 편집 기능 :

CHAPTER 06 : 문서 보안 및 검토 :

05. '한글 로고'를 더블클릭하고 [개체 속성] 대화상자의 [기본] 탭을 다음과 같이 지정한 후 [설정] 단추를 클릭합니다.

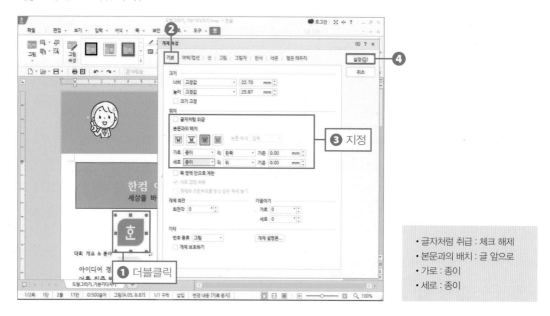

- 글자처럼 취급 : 체크 해제
- 본문과의 배치 : 글 앞으로
- 가로 : 종이
- 세로 : 종이

06. '한글 로고'를 그림처럼 문서 오른쪽 상단으로 드래그하여 이동시킵니다. 마우스 오른쪽 버튼으로 클릭한 후 [순서]-[맨 앞으로]를 선택합니다.

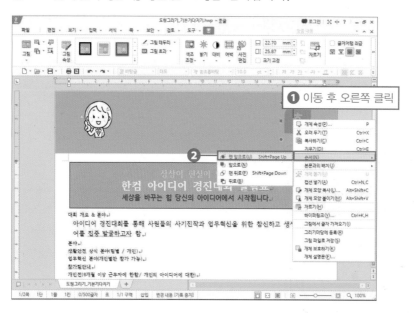

3 다각형 도형 그리기

01. [입력] 탭-[다각형]을 클릭하고 그림처럼 클릭하여 다각형을 그립니다.

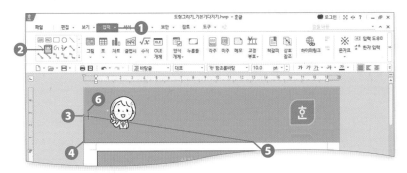

꿀팁

다각형에서 수직·수평선을 그리려면 Shift 를 누른 상태에서 마우스를 움직여 다음 점을 클릭하면 됩니다. 다각형은 시작점을 다시 클릭하거나 Esc를 누르면 종료됩니다.

02. 다각형을 선택하고 [도형] 탭-[도형 윤곽선]-[하양(RGB:255,255,255)5% 어둡게]를 클릭합니다.

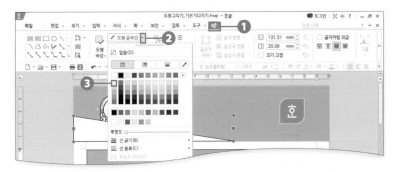

03. 다각형이 선택된 상태로 [도형] 탭-[도형 채우기]-[하양(RGB:255,255,255)5% 어둡게]를 클릭합니다.

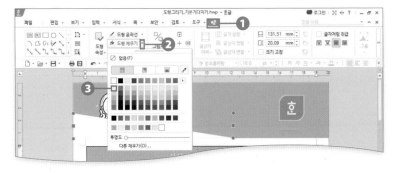

CHAPTER 01 : 화면 구성 및 파일 관리 :

CHAPTER 02 : 기본 문서 만들기 :

CHAPTER 03 : 입력과 문서 편집

CHAPTER 04 : 프레젠테이션 활용 :

CHAPTER 05 : 고급 문서 편집 기능 :

CHAPTER 06 : 문서 보안 및 검토 :

4 글상자로 제목 만들기

01. 이번에는 [도형] 탭-[가로 글상자]를 클릭하고 그림처럼 드래그합니다.

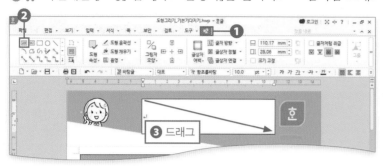

02. 문서 제목인 '상상이~ 시작됩니다.'까지 블록 지정하고 Ctrl+X를 눌러 자릅니다. 그리고 글상자에 커서를 두고 Ctrl+V를 눌러 붙여 넣습니다.

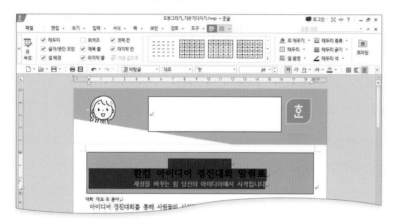

03. 제목 박스를 선택하고 Delete를 눌러 삭제합니다. 그리고 글상자의 테두리 부분을 클릭하고 서식 도구 상자에서 [오른쪽 정렬]을 클릭하고 다음과 같이 지정합니다.

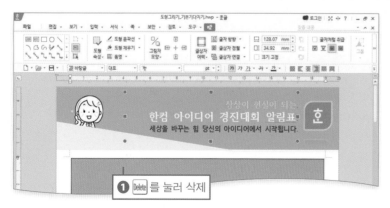

- [도형] 탭-[도형 윤곽선] : 없음
- [도형] 탭-[도형 채우기] : 없음

실전에 사용하는 도형의 모든 것

예제 파일 : Chapter 03/도형그리기_실전.hwp | 완성 파일 : Chapter 03/도형그리기_실전_완성.hwp

1 문서에 도형 활용하기

01. 예제 파일을 불러온 후 [입력] 탭-[타원]을 클릭하고 Shift 를 누른 상태에서 대각선 방향으로 드래그하여 원을 만들고 [도형] 탭-[앞으로]-[맨 앞으로]를 클릭합니다. 원을 더블클릭하고 [개체 속성] 대화상자를 다음과 같이 지정합니다.

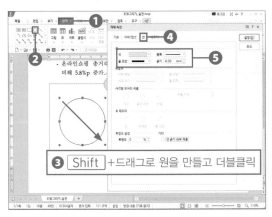

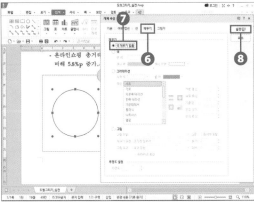

- 선 색 : 주황(RGB:255,132,58) 80% 밝게
- 선 굵기 : 4mm
- 색 채우기 : 없음

02. Ctrl + Shift 를 누른 상태에서 원을 오른쪽으로 드래그하여 복사합니다.

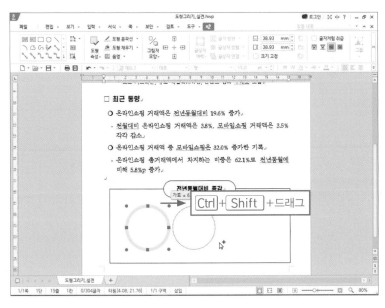

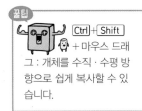

꿀팁

Ctrl + Shift + 마우스 드래그 : 개체를 수직·수평 방향으로 쉽게 복사할 수 있습니다.

CHAPTER 01 : 화면 구성 및 파일 관리 :

CHAPTER 02 : 기본 문서 만들기 :

CHAPTER 03 : 입력과 문서 편집 :

CHAPTER 04 : 프레젠테이션 활용 :

CHAPTER 05 : 고급 문서 편집 기능 :

CHAPTER 06 : 문서 보안 및 전환 :

03. 복사한 원을 선택하고 [도형] 탭-[도형 채우기]-[주황(RGB:255,132,58) 80% 밝게]를 클릭합니다. Ctrl+X를 눌러 선택한 원을 잘라둡니다.

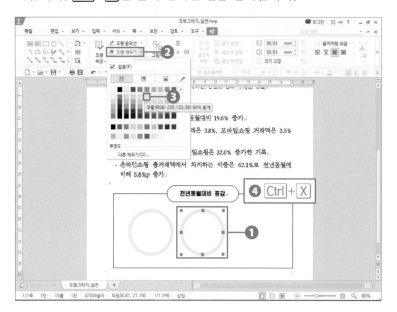

04. 커서를 '5.8p 증가' 뒤에 두고 골라 붙이기 단축키인 Ctrl+Alt+V를 누르고 [골라 붙이기] 대화상자가 나타나면 '장치 독립 비트맵'을 선택하고 [확인] 단추를 클릭합니다.

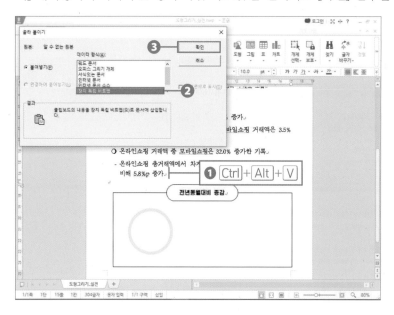

05. 붙여진 원을 선택하고 [도형] 탭-[글 앞으로]를 클릭한 후 도형에서 마우스 오른쪽 버튼을 클릭한 뒤 [순서]-[맨 앞으로]를 선택합니다.

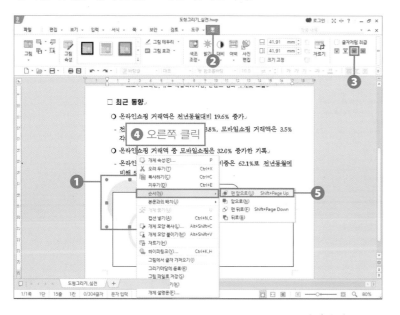

06. 그림처럼 개체 크기 조절점에 마우스 포인터를 위치시키고 Shift 를 누른 상태에서 아래로 드래그하여 그림을 자릅니다.

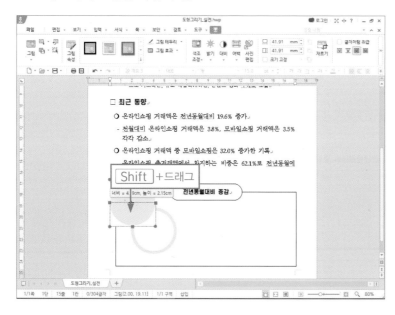

꿀팁
한글에서는 그림의 크기 조절점을 Shift 를 누른 상태에서 드래그하면 일부분을 자를 수 있습니다.

CHAPTER 01 : 화면 구성 및 파일 편집 :

CHAPTER 02 : 기본 문서 만들기 :

CHAPTER 03 입력과 문서 편집

CHAPTER 04 : 프레젠테이션 활용 :

CHAPTER 05 : 고급 문서 편집 기능 :

CHAPTER 06 : 문서 보안 및 검토 :

07. 반원을 더블클릭하고 [개체 속성] 대화상자의 [그림] 탭에서 [투명도 설정]을 '40%'로 지정한 후 [설정] 단추를 클릭합니다.

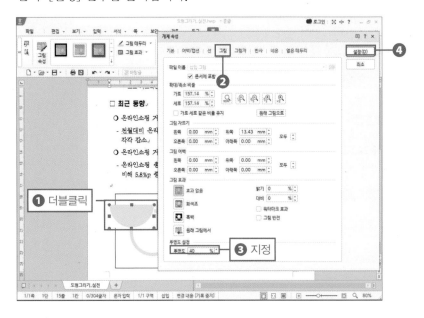

08. 반원을 그림처럼 이동시키고 Ctrl+N+B를 눌러 그림처럼 각각 글상자를 만들어 '80.6%'와 '음식서비스'를 입력하고 다음과 같이 서식을 지정합니다.

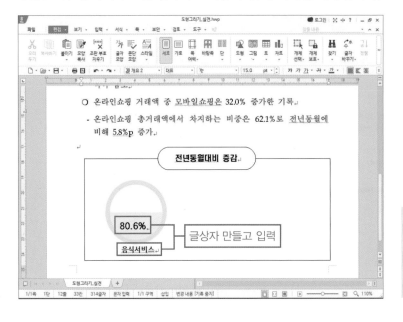

- 80.6% : 글자 크기 18pt, 진하게
- 음식서비스 : 글자 크기 13pt, 진하게
- 글상자 도형 윤곽선 : 없음
- 글상자 도형 채우기 : 없음

09. [입력] 탭-[그림]-[그리기마당]을 클릭하고 [그리기 마당] 대화상자가 나타나면 [그리기 조각] 탭의 [블록화살표]에서 '위쪽 화살표'를 선택하고 [넣기] 단추를 클릭합니다.

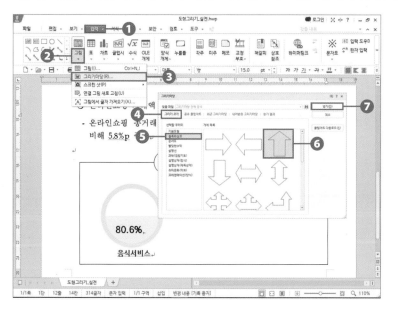

10. 그림처럼 화살표를 그린 후 [도형] 탭에서 다음과 같이 지정합니다.

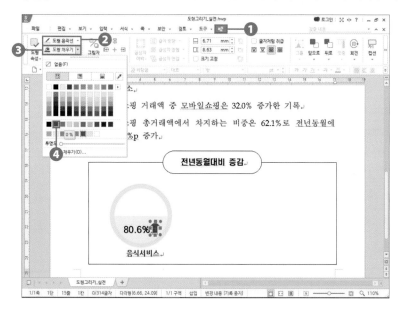

• 도형 윤곽선 : 없음
• 도형 채우기 : 빨강(RGB: 255,0,0)

CHAPTER 01 : 화면 구성 및 파일 관리 :
CHAPTER 02 : 기본 문서 만들기 :
CHAPTER 03 : 입력과 문서 편집
CHAPTER 04 : 프레젠테이션 활용 :
CHAPTER 05 : 고급 문서 편집 기능 :
CHAPTER 06 : 문서 보안 및 검토 :

11. [입력] 탭-[그림]을 클릭하고 [그림 넣기] 대화상자가 나타나면 'img02.png' 파일을 선택하고 [글자처럼 취급]의 체크 해제, [마우스로 크기 지정]은 체크한 후 [열기] 단추를 클릭합니다. 그림처럼 드래그하여 그림을 삽입하고 [그림] 탭-[글 앞으로]를 클릭합니다.

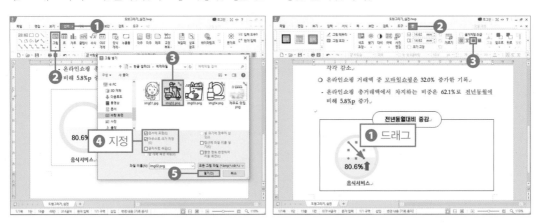

12. [편집] 탭-[개체 선택]을 클릭하고 그림처럼 드래그하여 여러 개체를 선택합니다. 그리고 Ctrl + Shift 를 누른 상태에서 오른쪽으로 드래그합니다. 같은 방법으로 한 번 더 드래그하여 두 번 복사합니다.

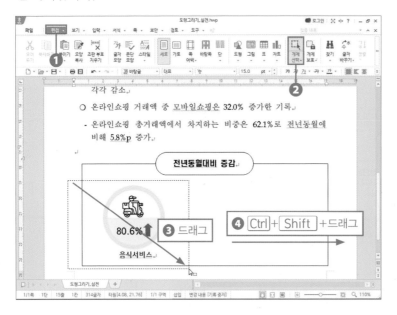

13. 두 번째 그림을 선택하고 [그림] 탭–[바꾸기/저장]–[그림 바꾸기]를 클릭합니다. [그림 바꾸기] 대화상자에서 'img03.png' 파일을 선택하고 [열기] 단추를 클릭합니다.

14. 세 번째 그림은 동일한 방법으로 'img04.png' 파일로 바꾼 뒤 완성합니다.

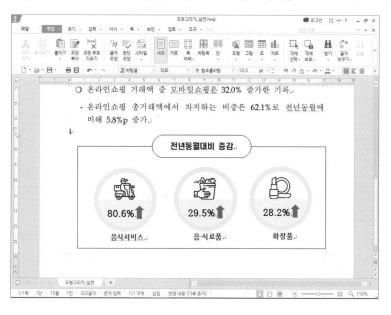

CHAPTER 01 : 화면 구성 및 파일 관리 :

CHAPTER 02 : 기본 문서 만들기 :

CHAPTER 03 : 입력과 문서 편집

CHAPTER 04 : 프레젠테이션 활용 :

CHAPTER 05 : 고급 문서 편집 기능 :

CHAPTER 06 : 문서 보안 및 검토 :

003 스타일로 문서 정돈하고 다양한 개체 삽입하기

난이도 ◇◇◇◇◇

✦ 사용 가능 버전 : NEO 2018 2020
✦ 사용 기능 : 스타일, 개요 번호, 한셀/엑셀/PPT 문서 삽입

글자 모양 꾸미기 &
OLE 개체 삽입 ▶▶

자주 사용하는 글자 모양이나 문단 모양을 미리 정해 놓고 쓰는 것을 '스타일'이라고 합니다. 스타일을 이용해 문서를 정돈하는 방법에 대해 알아봅니다. 그리고 한셀, 한쇼, 엑셀, 파워포인트 등 다양한 프로그램에서 작성한 개체를 삽입하고 편집하는 방법에 대해 알아봅니다.

말랑말랑 기본기 다지기

예제 파일 : Chapter 03/스타일_기본기다지기.hwp | 완성 파일 : Chapter 03/스타일_기본기다지기_완성.hwp

1 스타일 설정하기

01. 아래와 같은 스타일을 만들고 적용해 봅니다.

스타일 이름	문단 모양	글자 모양
개요1	왼쪽 여백 : 0, 문단 위 : 15, 문단 아래 : 0	글꼴 : 고양덕양EB, 크기 : 15 글자 색 : 하늘색(RGB:97,130,214)
개요2	왼쪽 여백 : 10, 문단 위 : 5, 문단 아래 : 0	글꼴 : 함초롬바탕, 크기 : 14, 진하게, 글자 색 : 하양(RGB:255,255,255) 음영 : 검정(RGB:0,0,0) 35% 밝게
개요3	왼쪽 여백 : 20, 문단 위 : 5, 문단 아래 : 0	글꼴 : 함컴 고딕, 크기 : 12

02. '스타일_기본기다지기.hwp' 파일을 불러옵니다. 본문에서 마우스 오른쪽 버튼을 클릭하고 [스타일]을 선택합니다.

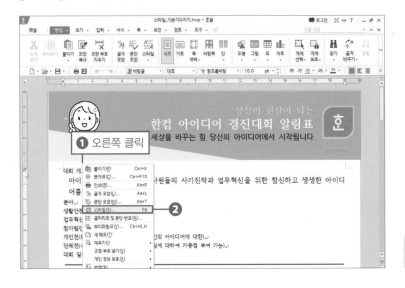

• 스타일 단축키 : F6

03. [스타일] 대화상자의 [스타일 목록]에서 '개요1'을 선택하고 [문단 모양 정보]-[설정] 단추를 클릭합니다.

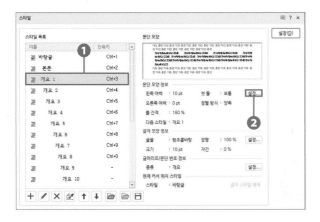

04. [문단 모양] 대화상자의 [여백]-[왼쪽]은 '0', [간격]-[문단 위]는 '15'로 지정하고 [설정] 단추를 클릭합니다.

05. [스타일] 대화상자로 되돌아오면 이번에는 [글자 모양 정보]-[설정] 단추를 클릭합니다.

CHAPTER 01 : 화면 구성 및 파일 관리 ::

CHAPTER 02 : 기본 문서 만들기 ::

CHAPTER 03 : 입력과 문서 편집

CHAPTER 04 : 프레젠테이션 활용 ::

CHAPTER 05 : 고급 문서 편집 기능 ::

CHAPTER 06 : 문서 보안 및 검토 ::

06. [글자 모양] 대화상자에서 [글꼴]은 '고양덕양EB', [기준 크기]는 '15pt', [글자 색]은 '하늘색(RGB:97,130,214)50% 어둡게'로 지정하고 [설정] 단추를 클릭합니다.

꼭 알고가기!

'고양체' 글꼴 다운받기

[도구] 탭–[한컴 애셋]을 클릭하고 [한컴 애셋] 창의 [글꼴] 탭을 선택합니다. 추가할 글꼴 목록이 나타나면 새로 설치할 '고양체'에서 [내려받기]를 클릭합니다. 새로 추가된 글꼴은 한글 프로그램을 다시 실행하면 사용할 수 있습니다.

07. 같은 방법으로 '개요2', '개요3'의 스타일을 01번 따라하기 표의 내용대로 '글자 모양', '문단 모양'을 지정하고 [스타일] 대화상자를 닫습니다.

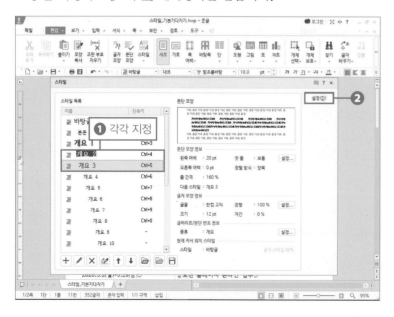

2 스타일 적용하기

O1. '대회 개요 & 분야'를 블록 지정하고 서식 도구 상자의 [스타일]에서 '개요1' 스타일을 클릭합니다.

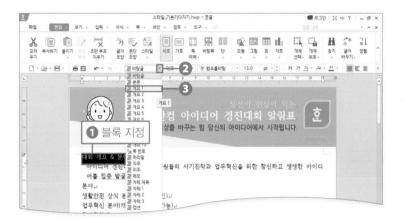

O2. '분야'를 블록 지정하고 서식 도구 상자의 [스타일]에서 '개요2' 스타일을 클릭합니다. 그리고 '생활 안전~참가 가능)'까지 블록 지정하고 '개요3' 스타일을 클릭합니다.

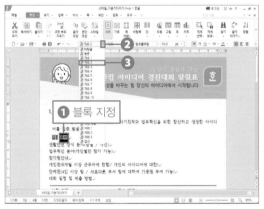 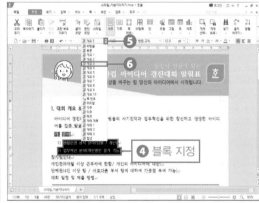

꼭 알고가기!

스타일의 단축키([F6])

[F6]을 누르면 [스타일] 대화상자가 나타나는데 [스타일 목록]에 등록된 순서대로 단축키가 지정된 것을 알 수 있습니다. 예를 들면 '개요1' 스타일은 위에서 3번째 위치하고 있으니까 단축키는 [Ctrl]+[3]에 해당됩니다.

개요 스타일 단축키

'개요1~개요7' 개요 스타일의 단축키는 다음과 같이 사용할 수도 있습니다.

• 한 수준 내리기 : [Ctrl]+[+]를 누를 때마다 '바탕글 >개요1 > 개요2...' 순으로 한 수준씩 내려갑니다.

• 한 수준 올리기 : [Ctrl]+[-]를 누를 때마다 '개요3 > 개요2 > 개요1 > 바탕글' 순으로 한 수준씩 올라갑니다.

03. 그림을 참고하여 스타일을 모두 적용해 봅니다.

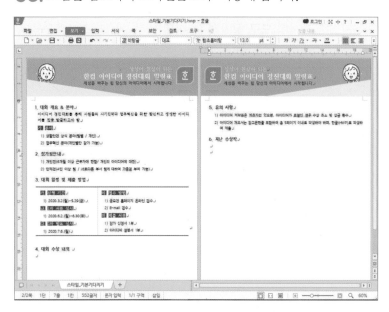

3 개요 번호 모양 바꾸기

01. 개요 스타일이 적용된 문단에는 개요 번호가 매겨져 있습니다. 개요 번호 모양을 바꾸려면 커서를 '1. 대회 개요 & 분야'에 두고 [서식] 탭-[개요]-[개요 번호 모양]을 클릭합니다.

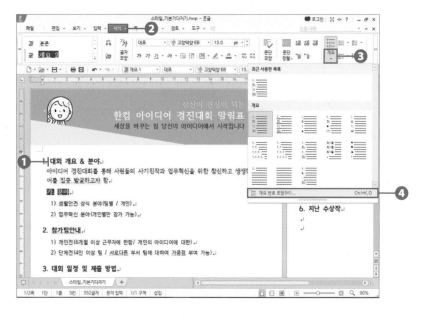

02. [개요 번호 모양] 대화상자에서 첫 번째 목록을 선택하고 [사용자 정의] 단추를 클릭합니다.

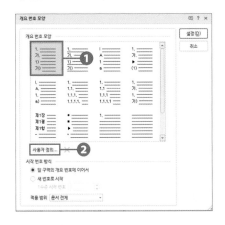

03. [개요 번호 사용자 정의 모양] 대화상자에서 '1수준' 번호 모양은 그대로 사용하고, '2수준' 번호 모양을 바꾸기 위해 [수준]에서 '2수준'을 선택하고 [번호 모양]을 'A,B,C'로 지정합니다.

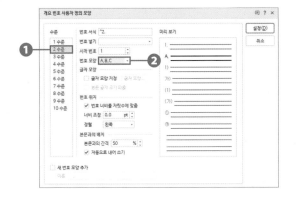

04. [개요 번호 사용자 정의 모양] 대화상자의 [수준]에서 '3수준'을 선택하고 [번호 서식]의 내용을 삭제한 후 문자표 단축키 Ctrl+F10을 누릅니다. [문자표] 대화상자가 나타나면 [사용자 문자표] 탭의 [문자 영역]에서 '※ 기호1'을 선택하고 [문자 선택]에서 '·'을 선택한 후 [넣기] 단추를 클릭합니다.

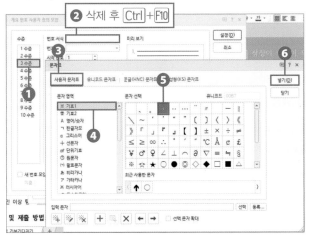

CHAPTER 01 : 화면 구성 및 파일 관리 ::

CHAPTER 02 : 기본 문서 만들기 ::

CHAPTER 03 : 입력과 문서 편집

CHAPTER 04 : 프레젠테이션 활용 ::

CHAPTER 05 : 고급 문서 편집 기능 ::

CHAPTER 06 : 문서 보안 및 검토 ::

05. [개요 번호 사용자 정의 모양] 대화상자에서 [새 번호 모양 추가]를 체크하고 [이름]에 '번호 01'이라고 입력한 후 [설정] 단추를 클릭합니다. 그리고 [개요 번호 모양] 대화상자로 되돌아오면 [설정] 단추를 클릭하여 변경한 개요 번호 모양을 적용합니다.

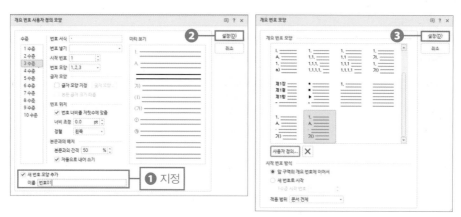

꿀팁

[새 번호 모양 추가]를 체크하면 모든 문서에서 새로 추가한 번호 모양을 사용할 수 있습니다.

4 한셀 표 삽입하기

01. 한셀에서 '대회수상내역.cell' 파일을 불러옵니다. [A1] 셀에서 [D6] 셀까지 범위 지정하고 마우스 오른쪽 버튼을 클릭한 후 [복사하기]를 선택합니다.

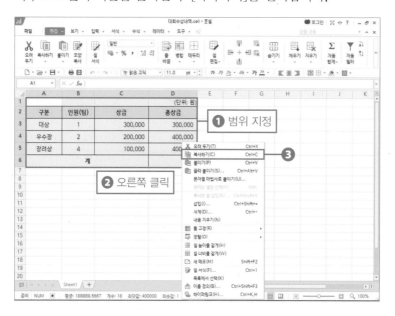

02. 한글에서 '4.대회 수상 내역' 아래에 커서를 두고 [Ctrl]+[V]를 눌러 붙여 넣습니다. 한셀에서 만든 표지만 한글의 표처럼 삽입되었습니다. 표의 바깥 테두리를 클릭하고 그림처럼 크기 조절점을 오른쪽으로 드래그하여 전체 표 크기를 조절합니다.

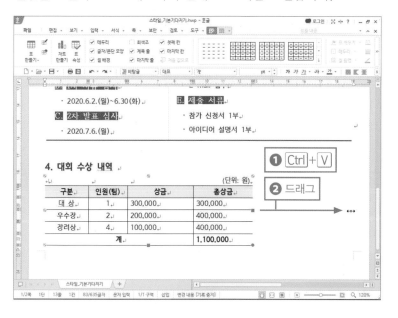

5 파워포인트 문서 삽입하기

01. 커서를 '6. 지난 수상작' 아래에 두고 [편집] 탭–[표]를 클릭하여 [표 만들기] 대화상자를 다음과 같이 지정하고 [만들기] 단추를 클릭합니다.

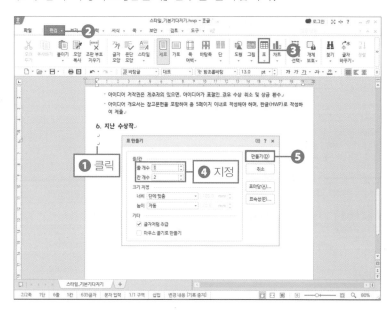

- 줄 개수 : 1
- 칸 개수 : 2

CHAPTER 01 : 화면 구성 및 파일 편리 :

CHAPTER 02 : 기본 문서 만들기 :

CHAPTER 03 입력과 문서 편집

CHAPTER 04 : 프레젠테이션 활용 :

CHAPTER 05 : 고급 문서 편집 기능 :

CHAPTER 06 : 문서 보안 및 검토 :

02. 커서를 표 안에 두고 [표 디자인] 탭-[일반-투명]을 클릭합니다.

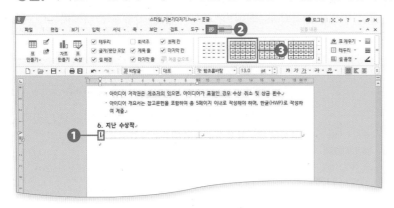

03. 한쇼에서 '샘플.pptx' 파일을 불러옵니다. 첫 번째 슬라이드를 마우스 오른쪽 버튼을 클릭한 후 [복사]를 선택합니다.

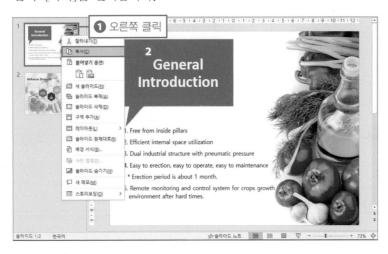

04. 표의 첫 번째 셀에 커서를 두고 Ctrl + V 를 누릅니다. 삽입된 개체를 선택하고 [그림] 탭을 다음과 같이 지정합니다.

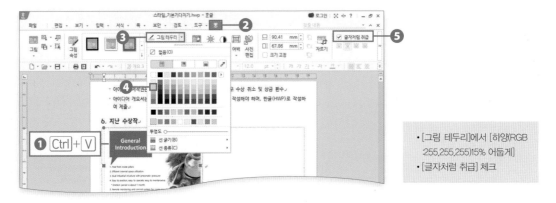

- [그림 테두리]에서 [하양(RGB 255,255,255)15% 어둡게]
- [글자처럼 취급] 체크

05. 동일한 방법으로 '샘플.ppt' 파일의 두 번째 슬라이드를 복사하고 한글에 붙여 그림과 같이 완성합니다.

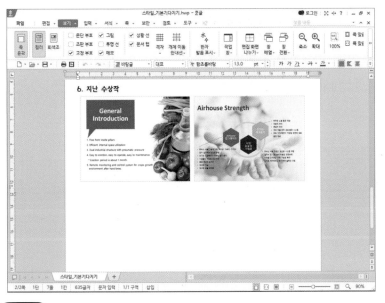

꼭 알고가기!

인쇄 설정값을 모아찍기로 하면 모아찍기 화면 그대로 PDF로 저장할 수 있습니다. [파일] 탭–[인쇄]를 클릭하고 [인쇄] 대화상자가 나타나면, [인쇄 방식]–[모아 찍기] '2쪽씩'을 선택하고 [미리 보기] 단추를 클릭합니다. PDF로 저장하면 현재 보고 있는 모습 그대로 저장됩니다. [미리 보기] 화면에 [닫기]를 클릭합니다. [파일] 탭–[PDF로 저장하기]를 클릭하여 현재 문서를 PDF로 저장합니다.

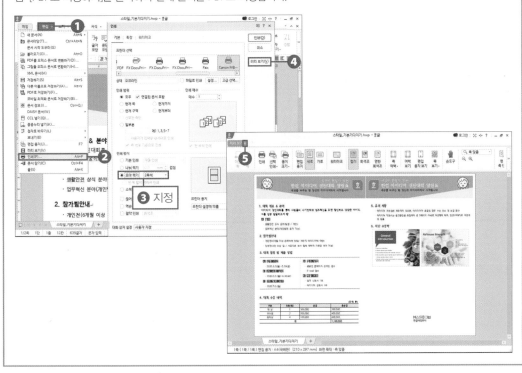

CHAPTER 01 : 화면 구성 및 파일 관리 :
CHAPTER 02 : 기본 문서 만들기 :
CHAPTER 03 : 입력과 문서 편집 :
CHAPTER 04 : 프레젠테이션 활용 :
CHAPTER 05 : 고급 문서 편집 기능 :
CHAPTER 06 : 문서 보안 및 검토 :

실전에 사용하는 스타일 활용의 모든 것

예제 파일 : Chapter 03/스타일_실전.hwp, 스타일 예제.hwp, 가입자현황.xlsx ｜ 완성 파일 : Chapter 03/스타일_실전_완성.hwp

1 스타일 가져오기

01. 다른 문서에 적용된 스타일을 가져와서 적용해보겠습니다. '스타일_실전.hwp' 파일에서 스타일 단축키 F6을 누릅니다. [스타일] 대화상자에서 [스타일 가져오기] 단추를 클릭합니다.

02. [스타일 가져오기] 대화상자에서 [파일 선택]을 클릭하고 '스타일 예제.hwp' 파일을 선택한 후 원본 스타일에서 'ㅁ'을 클릭하고 'ㅇ'은 Shift 를 누른 상태로 클릭합니다. [복사]를 클릭하고 [스타일] 대화상자가 나타나면 [복사] 단추를 클릭한 후 [스타일 가져오기] 대화상자에서 [닫기] 단추를 클릭합니다.

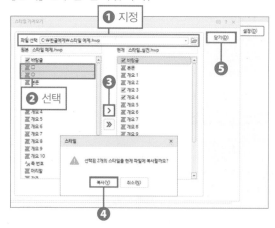

03. '바탕글' 스타일 아래에 'ㅁ'와 'ㅇ' 스타일이 추가된 것을 확인할 수 있습니다. [스타일] 대화
상자에서 [닫기]를 클릭합니다.

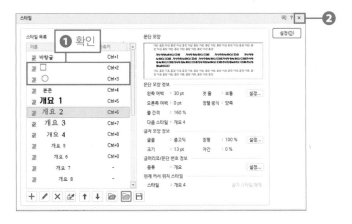

04. '인터넷 쇼핑이란?'을 블록 지정하고 [서식] 탭에서 'ㅁ' 스타일을 클릭하여 적용합니다.

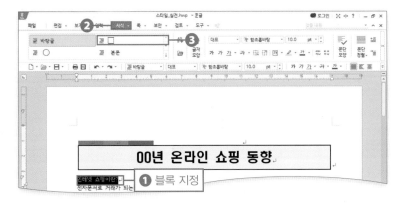

05. '전자 문서로~ 해당함'까지 블록 지정하고 [서식] 탭에서 'ㅇ' 스타일을 클릭합니다.

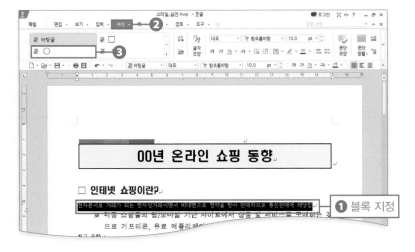

CHAPTER 01 : 화면 구성 및 파일 관리 :
CHAPTER 02 : 기본 문서 만들기 :
CHAPTER 03 : 입력과 문서 편집 :
CHAPTER 04 : 프레젠테이션 활용 :
CHAPTER 05 : 고급 문서 편집 기능 :
CHAPTER 06 : 문서 보안 및 검토 :

06. 나머지 부분도 그림을 참고하여 [서식] 탭에서 'ㅁ'과 'ㅇ' 스타일을 각각 적용합니다.

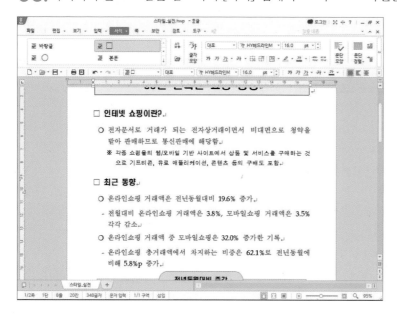

2 엑셀 차트 삽입하기

01. 예제 파일인 '가입자현황.xlsx'을 한셀에서 불러와서 차트를 선택한 다음 [Ctrl]+[C]를 눌러 복사합니다.

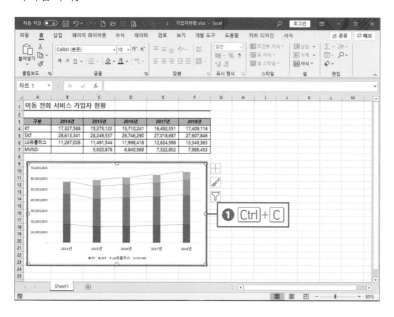

CHAPTER 01 : 화면 구성 및 파일 관리 :

CHAPTER 02 : 기본 문서 만들기 :

CHAPTER 03 : 입력과 문서 편집

CHAPTER 04 : 표와 컨테이너 활용 :

CHAPTER 05 : 고급 문서 편집 기능 :

CHAPTER 06 : 문서 보안 및 검토 :

02. '스타일_실전.hwp' 파일에서 2쪽의 '□ 이동전화서비스 가입자 현황' 아래에 커서를 두고 골라 붙이기 위해 Ctrl + Alt + V 를 눌러 [골라 붙이기] 대화상자가 나타나면 '장치 독립 비트맵'을 선택하고 [확인] 단추를 클릭합니다. 차트를 선택하고 [그림] 탭-[글자처럼 취급]을 체크합니다.

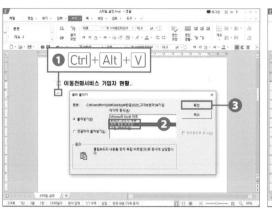 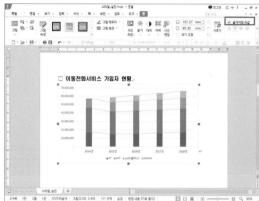

3 엑셀 표 삽입하기

01. 한셀에서 '쉼표' 스타일이 적용된 숫자를 복사하여 한글에 붙이면 숫자 앞에 많은 공백이 나타납니다. 이를 해결하기 위해 '가입자현황.xlsx' 파일의 [B4] 셀에서 [F7] 셀까지 범위 지정하고 [홈] 탭-[표시 형식]-[일반]을 클릭합니다. 그리고 [A3] 셀에서 [F7] 셀까지 범위 지정하고 Ctrl + C 를 눌러 복사합니다.

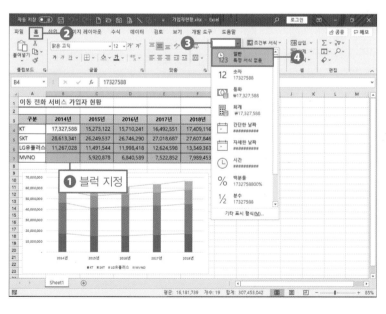

02. '스타일_실전.hwp' 파일에서 2쪽의 차트 아래에 커서를 두고 Ctrl + V 를 눌러 붙여 넣습니다. 커서를 표 안에 두고 [표 레이아웃] 탭-[글자처럼 취급]을 체크합니다.

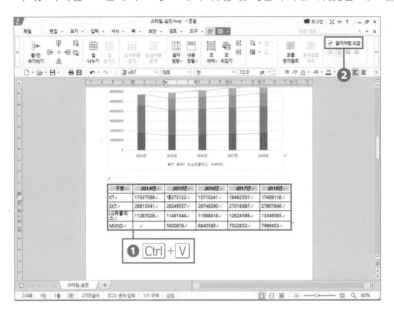

03. 표 전체가 블록 지정된 상태에서 서식 도구 상자를 다음과 같이 지정합니다.

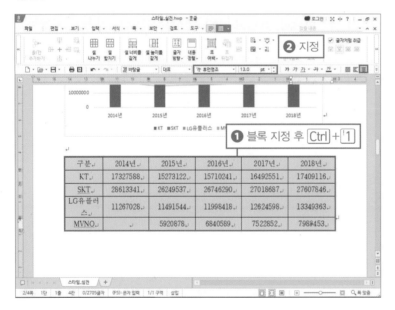

- 글꼴 : 휴먼명조
- 글자 크기 : 13pt
- 가운데 정렬

꿀팁
- 바탕글 스타일 단축키 : Ctrl + 1

04. 그림처럼 셀을 블록 지정하고 마우스 오른쪽 버튼을 클릭한 후 [1,000단위 구분 쉼표]–[자릿점 넣기]를 선택합니다.

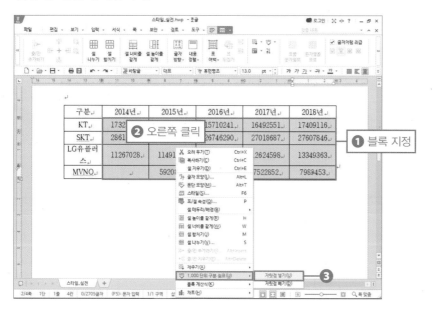

05. 표의 각 셀의 너비를 적당히 조절하고 커서를 표 안에 둔 후 [표 디자인] 탭–[표 스타일]–[밝게]–[밝은 스타일2–파란 색조]를 클릭하여 완성합니다.

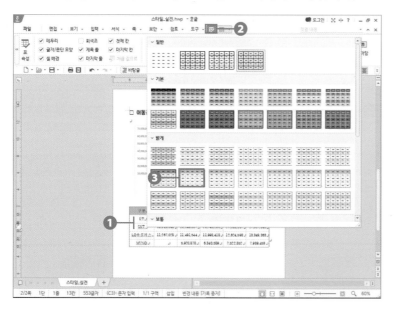

CHAPTER 01 : 화면 구성 및 파일 관리 :

CHAPTER 02 : 기본 문서 만들기 :

CHAPTER 03 : 입력과 문서 편집 :

CHAPTER 04 : 프레젠테이션 활용 :

CHAPTER 05 : 고급 문서 편집 기능 :

CHAPTER 06 : 문서 보인 및 검토 :

CHAPTER 3

복합 응용력 UP!

동영상 해설

문제1 : 개요 스타일과 개요 번호를 이용하여 문서를 완성하세요.

예제 파일 : 연습문제_1.hwp, 스타일_기본기다지기_완성.hwp | 완성 파일 : 연습문제_1_완성.hwp

- '스타일_기본기다지기_완성.hwp' 파일에 있는 '개요1', '개요2', '개요3' 스타일을 가져오세요.
- 개요 번호 모양을 다음과 같이 지정하세요.
  - 1수준 모양 : □
  - 2수준 모양 : A.
  - 3수준 모양 : · (가운데 온점)
- 아래의 〈After〉 그림처럼 스타일을 적용하세요.

독서 마라톤 대회

우리시는 책 읽는 문화를 조정하기 "우리시 독서마라톤 대회"를 개최합니다.
독서마라톤 대회는 독서활동을 마라톤에 접목시켜 마라톤 2m를 책 1쪽으로 환산하여 종목별로 정해진 독서량을 완주하는 경기입니다.
독서코스 선택

번호	종목명	코스 거리	독서량
1	걸음마 코스	5Km	2,500쪽
2	단축 코스	10Km	5,000쪽
3	하프코스	21.087Km	10,500쪽
4	풀코스	42.195Km	21,097쪽

독후감 작성법
도서관 방문 후 신청서를 작성하여 제출
홈페이지에서 신청서 다운로드 후 작성
참여방법
신청기간
  2020.4.10.~6.월 월
신청방법
도서관 방문 후 신청서를 작성하여 제출
홈페이지에서 신청서 다운로드 후 작성
완주자 심사 및 시상
코스별 우수 완주자 시상 (4개 코스 총 20명) : 완주인증서 및 시장상 수여
도서 대출권수 5권에서 10권으로 상향
월 회명도서 신청 권수 3권에서 5권으로 상향

▲ Before

독서 마라톤 대회

우리시는 책 읽는 문화를 조정하기 "우리시 독서마라톤 대회"를 개최합니다.
독서마라톤 대회는 독서활동을 마라톤에 접목시켜 마라톤 2m를 책 1쪽으로 환산하여 종목별로 정해진 독서량을 완주하는 경기입니다.

□ **독서코스 선택**

번호	종목명	코스 거리	독서량
1	걸음마 코스	5Km	2,500쪽
2	단축 코스	10Km	5,000쪽
3	하프코스	21.087Km	10,500쪽
4	풀코스	42.195Km	21,097쪽

□ **독후감 작성법**
  · 도서관 방문 후 신청서를 작성하여 제출
  · 홈페이지에서 신청서 다운로드 후 작성

□ **참여방법**
  A. **신청기간**
    · 2020.4.10.~6.월 월
  B. **신청방법**
    · 도서관 방문 후 신청서를 작성하여 제출
    · 홈페이지에서 신청서 다운로드 후 작성
  C. **완주자 심사 및 시상**
    · 코스별 우수 완주자 시상 (4개 코스 총 20명) : 완주인증서 및 시장상 수여
    · 도서 대출권수 5권에서 10권으로 상향
    · 월 회명도서 신청 권수 3권에서 5권으로 상향

▲ After

이것이 궁금하다! Q&A

ⓠⓐ 01 ┃ 윈도우 10에서 모바일 기기와 블루투스 연결하기

1. 윈도우 10에서 [시작] 단추를 클릭한 후 [설정]을 클릭합니다.

2. [Windows 설정] 창에서 [장치] 메뉴를 클릭합니다.

3. [Bluetooth 및 기타 디바이스] 창에서 블루투스를 켠 다음 [Bluetooth 및 기타 디바이스 추가] 를 클릭합니다.

4. [디바이스 추가] 창에서 [Bluetooth] 메뉴를 클릭합니다.

5. [디바이스 추가] 창에서 연결할 모바일 기기를 선택한 다음 [연결] 단추를 클릭합니다.

6. 모바일 기기에서도 연결(페어링) 요청을 수락해야 합니다.

ⓠⓐ 02 ┃ 블루투스 연결 시 모바일 기기와 컴퓨터 사양

• 모바일 기기는 블루투스 4.0 이상, Android 5.0 이상이고 사용자 컴퓨터는 블루투스 4.0 이상 을 지원해야 합니다. 사용자 컴퓨터에서 다른 프로그램이 이미 블루투스 연결을 사용하고 있 는 상태에서 연결을 시도하면 문제가 있을 수 있습니다. 이런 경우 사용자 컴퓨터의 작업 표 시줄에 있는 [한컴 툴즈 에이전트] 아이콘을 마우스 오른쪽 버튼으로 클릭한 후 [연결 초기화] 를 선택합니다.

ⓠⓐ 03 ┃ 문서 번역과 보안

• 번역 기능을 사용하려면 인터넷에 연결되어 있어야 합니다. 번역할 문서의 내용이 보안 처리 되어 인터넷을 통해 한글과컴퓨터 또는 타사, 번역 서비스 공급자에게 전송됩니다.

ⓠⓐ 04 ┃ 스타일 복사

• 글자 스타일이나 문단 스타일을 복사할 때에는 현재 커서 위치에 적용된 스타일의 글자나 문 단의 속성뿐만 아니라 스타일 이름까지 복사합니다.

예를 들어, 글자에 스타일을 적용하고 나서 글자 모양을 바꾼 다음 [모양 복사] 대화상자에서 [본문 모양 복사]–[글자 모양]을 선택하면 바뀐 글자 모양을 복사합니다. 하지만 [모양 복사] 대화상자에서 [본문 모양 복사]–[글자 스타일]을 선택하면 바뀐 글자 모양이 아니라 해당 스 타일의 원래 글자 모양을 복사합니다.

CHAPTER 01 : 화면 구성 및 파일 관리 :

CHAPTER 02 : 기본 문서 만들기 :

CHAPTER 03 : 입력과 문서 편집

CHAPTER 04 : 프레젠테이션 활용 :

CHAPTER 05 : 고급 문서 편집 기능 :

CHAPTER 06 : 문서 보안 및 검토 :

CHAPTER 4

한글 2020 프레젠테이션 활용

중요도 ◇◇◇◇◇

■ 사용하는 한글 기능 및 학습 후 효과

기능	효과	미리 보기
프레젠테이션 실행 및 슬라이드 이동	업무 문서를 프레젠테이션하는 방법과 슬라이드를 이동하는 다양한 방법에 대해 알아봅니다.	
슬라이드 확대/축소 펜 사용	'폭 맞춤', '쪽 맞춤', '크게 하기' 등 슬라이드를 확대/축소하는 방법과 펜을 사용하고, 지우고, 펜 색을 바꾸는 방법에 대해 알아봅니다.	
프레젠테이션 배경 및 화면 전환	슬라이드 배경 화면을 '색', '그라데이션', '그림' 등으로 꾸밀 수 있습니다. 또한, 다양한 화면 전환에 대해 알아봅니다.	
구역별 서로 다른 프레젠테이션 배경 설정	문서에 구역을 나누고 구역별 서로 다른 프레젠테이션 배경을 설정하는 방법에 대해 알아봅니다.	
프레젠테이션 범위 설정	문서에 구역을 나눠서 특정 구역만 프레젠테이션을 하는 방법에 대해 알아봅니다.	

001 프레젠테이션 활용하기

난이도 ◆◆◆◆◆

✦ 사용 가능 버전 : 2018 2020
✦ 사용 기능 : 프레젠테이션

프레젠테이션 ▶▶ 프레젠테이션 기능은 한글에서 편집한 문서를 간단한 프레젠테이션을 이용하여 업무 보고를 할 수 있도록 그림이나 그라데이션이 깔린 배경 화면에 문서 내용을 나타내는 기능입니다. 프레젠테이션 실행과 설정에 대해 알아봅니다.

말랑말랑 기본기 다지기
예제 파일 : Chapter 04/프레젠테이션 활용_기본기다지기.hwp | 완성 파일 : Chapter 04/프레젠테이션 활용_기본기다지기_완성.hwp

1 프레젠테이션 실행 및 슬라이드 이동

01. 한글 문서로 프레젠테이션을 하려면 [도구] 탭–[프레젠테이션]–[프레젠테이션 실행]을 클릭합니다.

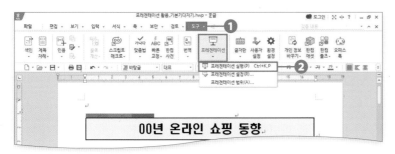

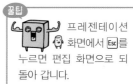

꿀팁 프레젠테이션 화면에서 Esc를 누르면 편집 화면으로 되돌아 갑니다.

02. 프레젠테이션 화면 오른쪽 아래에 빠른 메뉴가 나타납니다. [다음 쪽](⇨), [이전 쪽](⇦)을 클릭하면 슬라이드를 이동할 수 있습니다.

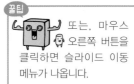

꿀팁 또는, 마우스 오른쪽 버튼을 클릭하면 슬라이드 이동 메뉴가 나옵니다.

03. 마우스를 화면 맨 왼쪽에 놓으면 슬라이드 미리 보기 영역이 나타나며 모든 쪽을 섬네일 이미지로 확인할 수 있습니다. 원하는 쪽을 클릭하면 쉽게 이동할 수 있습니다.

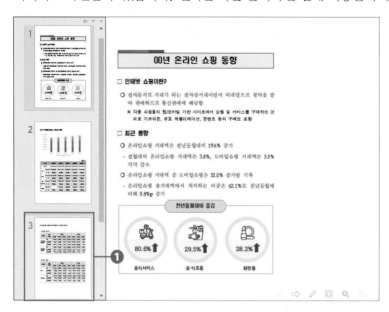

2 슬라이드 확대/축소, 펜 사용하기

01. 프레젠테이션 화면 오른쪽 아래의 [쪽 맞춤/폭 맞춤](⊡)을 클릭하면 현재 용지의 너비가 문서 창의 너비에 맞춰집니다. 위/아래로 드래그하면 문서를 이동할 수 있습니다. [쪽 맞춤/폭 맞춤]을 다시 클릭하면 용지 한 쪽 분량을 한 화면에서 모두 볼 수 있습니다.

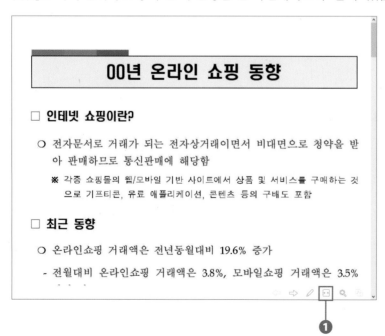

02. 오른쪽 아래의 [크게 보기](🔍)를 클릭하고 확대해서 보고 싶은 부분을 클릭합니다. 클릭한 부분의 문서를 2배로 확대해서 보여줍니다. 확대되었을 때 마우스로 드래그하면 화면을 이동시킬 수 있습니다. 다시 클릭하면 원래 화면으로 되돌아갑니다.

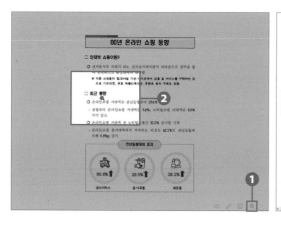

03. 오른쪽 아래의 [펜](✏️)을 클릭하면 문서 내의 중요한 부분을 표시할 수 있습니다. Esc를 누르면 마우스 포인터가 펜에서 일반 화살표 모양으로 바뀝니다.

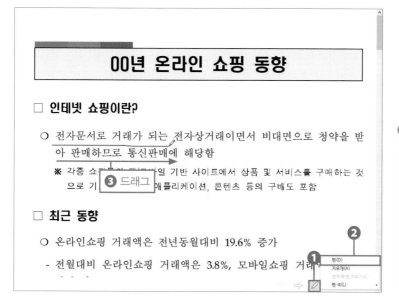

> **꿀팁**
> 펜 메뉴
> • 지우개 : 펜을 선택적으로 지울 수 있습니다.
> • 현재 쪽 펜 지우기 : 현재 쪽에 표시된 모든 펜을 지울 수 있습니다.
> • 펜 색 : 다양한 펜의 색을 고를 수 있습니다.

3 프레젠테이션 배경 및 화면 전환하기

01. Esc를 눌러 프레젠테이션을 종료하고 편집 화면으로 되돌아옵니다. 프레젠테이션 배경 화면과 화면 전환을 설정하기 위해 [도구] 탭-[프레젠테이션]-[프레젠테이션 설정]을 클릭합니다.

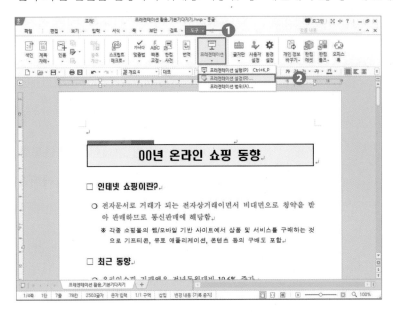

02. [프레젠테이션 설정] 대화상자가 나타나면 [배경 화면] 탭의 [색]-[하늘 색(RBG:97,130, 214) 80% 밝게]를 선택합니다. 그리고 [화면 전환] 탭을 클릭하고 [화면 전환]-[효과]-[임의로 선택]을 클릭한 후 [실행] 단추를 클릭합니다.

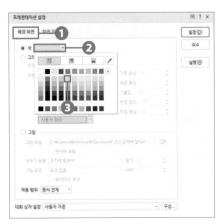
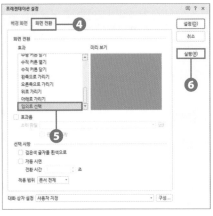

> **꿀팁**
> [프레젠테이션 설정] 대화상자의 [화면 전환] 탭에서 [검은색 글자를 흰색으로]를 선택하면 검은색 글자만 흰색으로 바뀌어 진한 색의 배경 화면을 설정한 경우 선명하게 볼 수 있습니다.

03. 슬라이드 배경 화면이 적용되었습니다. 다음 슬라이드로 이동하면 화면 전환 효과를 확인할 수 있습니다.

00년 온라인 쇼핑 동향

□ **인테넷 쇼핑이란?**

○ 전자문서로 거래가 되는 전자상거래이면서 비대면으로 청약을 받아 판매하므로 통신판매에 해당함

※ 각종 쇼핑몰의 웹/모바일 기반 사이트에서 상품 및 서비스를 구매하는 것으로 기프티콘, 유료 애플리케이션, 콘텐츠 등의 구배도 포함

□ **최근 동향**

○ 온라인쇼핑 거래액은 전년동월대비 19.6% 증가

- 전월대비 온라인쇼핑 거래액은 3.8%, 모바일쇼핑 거래액은 3.5%

꼭 알고가기!!

프레젠테이션 단축키
• 프레젠테이션 시작 : Ctrl + K + P
• 프레젠테이션 종료 : Esc
• 다음 쪽/이전 쪽 : ← / → 또는, '쪽 맞춤' 상태에서 Page Down / Page Up
• 다음 화면/이전 화면 : '폭 맞춤 상태'에서 Page Down / Page Up
• 처음 쪽/끝 쪽 : Home / End
• 특정 쪽으로 이동 : 쪽 번호 입력 후 Enter ↵
• 화면 숨기기/해제 : B
• 화면 숨기기 상태에서 Enter ↵ 또는, Page Up / Page Down 을 누르면 화면 숨기기가 해제되고 다음 쪽(이전 쪽)의 프레젠테이션을 진행합니다.

CHAPTER 01 : 화면 구성 및 파일 관리

CHAPTER 02 : 기본 문서 만들기

CHAPTER 03 : 입력과 문서 편집

CHAPTER 04 : 프레젠테이션 활용

CHAPTER 05 : 고급 문서 편집 기능

CHAPTER 06 : 문서 보안 및 검토

1 구역별 서로 다른 프레젠테이션 배경 설정하기

01. '프레젠테이션_실전.hwp' 파일을 불러옵니다. 문서의 표지와 내용에 서로 다른 프레젠테이션 배경을 적용하려면 구역을 나누어야 합니다. 커서를 2쪽 제일 처음에 두고 [쪽] 탭-[구역 나누기]를 클릭합니다.

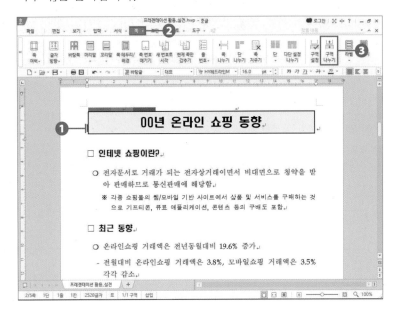

02. 커서에서부터 새로운 구역이 나뉘었습니다. 그런데 2쪽에 빈 쪽이 생겼으므로 커서를 2쪽에 두고 Delete 를 눌러 삭제합니다.

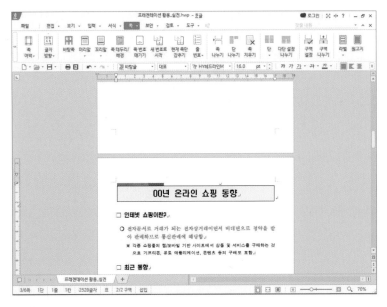

꿀팁 상황선에는 커서가 위치한 쪽과 구역에 대한 정보가 나옵니다.

03. 커서를 문서 제일 처음에 두고 [도구] 탭-[프레젠테이션]-[프레젠테이션 설정]을 클릭합니다. [프레젠테이션 설정] 대화상자가 나타나면 [배경 화면] 탭에서 [그림]을 체크하고 [그림 선택] 단추를 클릭하여 '배경.jpg' 파일을 불러옵니다. [채우기 유형]은 '크기에 맞추어'를 선택하고 [적용 범위]는 '현재 구역'이 선택되어 있는 지를 확인하고 [설정] 단추를 클릭합니다.

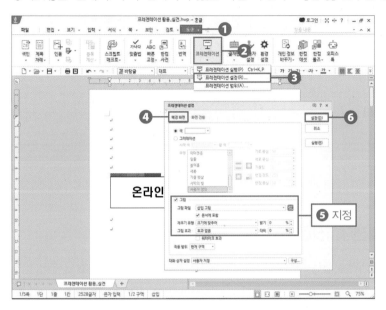

04. 커서를 2구역인 2쪽 내에 두고 [도구] 탭-[프레젠테이션]-[프레젠테이션 설정]을 클릭합니다. [프레젠테이션 설정] 대화상자의 [배경 화면] 탭에서 [색]-[하늘색(RGB:97,130,214) 80% 밝게]로 지정하고 [적용 범위]가 '현재 구역'인 것을 확인한 후 [실행] 단추를 클릭합니다.

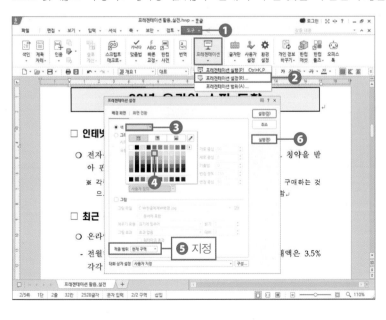

CHAPTER 01 : 화면 구성 및 파일 관리 :

CHAPTER 02 : 기본 문서 만들기 :

CHAPTER 03 : 입력과 문서 편집 :

CHAPTER 04 : 프레젠테이션 활용

CHAPTER 05 : 고급 문서 편집 기능 :

CHAPTER 06 : 문서 보안 및 검토 :

05. 프레젠테이션 화면에서 Home을 눌러 처음 쪽으로 이동하면 설정한 배경 화면을 확인할 수 있습니다. 그리고 오른쪽 하단의 [다음 쪽]을 클릭하면 다른 배경이 설정된 것을 확인할 수 있습니다.

2 문서의 일부분만 프레젠테이션하기

01. 문서의 제목 쪽과 [참고] 부분만 프레젠테이션하려고 합니다. 구역을 나누기 위해 커서를 4쪽 처음에 두고 [쪽] 탭-[구역 나누기]를 클릭합니다. 새 구역과 함께 커서 위에 빈 쪽이 삽입되었습니다. 커서를 빈 쪽에 두고 Delete를 눌러 삭제합니다.

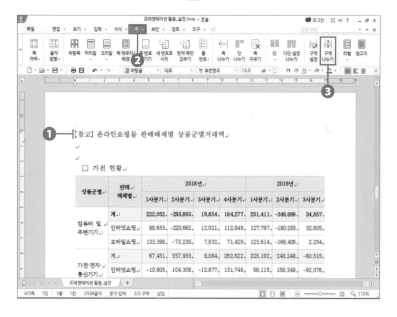

02. [도구] 탭-[프레젠테이션]-[프레젠테이션 범위]를 클릭합니다.

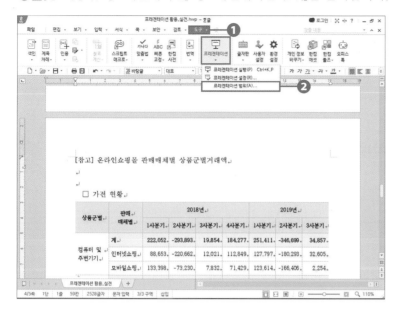

03. 1구역과 3구역만 프레젠테이션하려고 합니다. [프레젠테이션 범위] 대화상자에서 [일부분]을 체크하고 '2'를 선택하여 해제한 후 [설정] 단추를 클릭합니다. 그리고 [도구] 탭-[프레젠테이션]-[프레젠테이션 실행]을 클릭하면 범위 설정한 부분만 프레젠테이션이 실행되는 것을 확인할 수 있습니다.

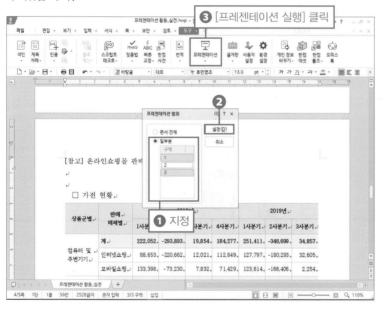

CHAPTER 01 : 화면 구성 및 파일 관리 :

CHAPTER 02 : 기본 문서 만들기 :

CHAPTER 03 : 입력과 문서 편집 :

CHAPTER 04 : 프레젠테이션 활용 :

CHAPTER 05 : 고급 문서 편집 기능 :

CHAPTER 06 : 문서 보안 및 검토 :

CHAPTER
4

복합 응용력 UP!

동영상 해설

문제1 : 프레젠테이션 배경 화면과 화면 전환을 설정하세요.
예제 파일 : 연습문제_1.hwp | 완성 파일 : 연습문제_1_완성.hwp

- 프레젠테이션 설정을 다음과 같이 설정하세요.

  1) 배경 화면 : 색(RGB 190,223,232)

  2) 화면 전환 : 왼쪽으로 펼치기

- 프레젠테이션을 실행하고 첫 쪽을 폭 맞춤으로 확대하세요.

▲ Before

▲ After

이것이 궁금하다! Q&A

Q&A 01 | 프레젠테이션 배경에 로고 넣기 – [도구] 탭–[프레젠테이션 설정]

- [프레젠테이션 설정] 대화상자의 [배경 화면] 탭–[그림]에서 로고 이미지를 선택하면 됩니다. 그런데, 이렇게 하면 로고 이미지 크기가 슬라이드의 확대·축소됨에 따라 달라집니다. 따라서 한쇼나 파워포인트에서 슬라이드 오른쪽 위나 아래에 로고를 삽입하고 슬라이드를 그림으로 저장합니다. 그림으로 저장하는 방법은 저장 화면에서 파일 확장자를 '.jpg'나 '.png' 등으로 지정하면 됩니다. 그리고 한글에서 프레젠테이션 배경 그림으로 지정해주면 됩니다. 이때 [채우기 유형]은 '크기에 맞추어'로 지정합니다.

Q&A 02 | 프레젠테이션 화면 하단 빠른 메뉴 숨기기 – [프레젠테이션 숨은 메뉴]–[항상 숨기기]

- 프레젠테이션 실행 중에 마우스 오른쪽 버튼을 클릭하면 [프레젠테이션 숨은 메뉴]를 선택할 수 있습니다. 하위 메뉴에 [자동 표시/숨기기], [항상 표시], [항상 숨기기]가 있는데 여기서 [항상 숨기기]를 선택하면 됩니다.

Q&A 03 | 특정 쪽으로 빠르게 이동 – 숫자+ Enter↵

- 예를 들어, 프레젠테이션 중 목차가 있는 3쪽으로 빠르게 이동하려면 '3'을 입력하고 Enter↵ 를 누르면 됩니다. 첫 쪽은 이동은 Home, 마지막 쪽은 이동은 End 를 누릅니다.

Q&A 04 | 화면 숨기기 – B

- 프레젠테이션을 실행하는 도중에 B 를 누르면 현재 진행 중이던 프레젠테이션 화면이 숨겨집니다. 이 상태에서 다시 B 를 누르면 화면 숨기기가 해제되어 프레젠테이션을 계속 진행할 수 있습니다.
  화면 숨기기 상태에서 Enter↵ 또는, Page Up / Page Down 을 누르면 화면 숨기기가 해제되고 다음 쪽(이전 쪽)의 프레젠테이션을 진행합니다. Esc 를 누르면 프레젠테이션을 끝내고 편집 화면 상태로 되돌아갑니다.

CHAPTER 01 : 화면 구성 및 파일 관리 :

CHAPTER 02 : 기본 문서 만들기 :

CHAPTER 03 : 입력과 문서 편집 :

CHAPTER 04 : 프레젠테이션 활용 :

CHAPTER 05 : 고급 문서 편집 기능 :

CHAPTER 06 : 문서 보안 및 검토 :

CHAPTER 5

고급 문서 편집 기능

중요도 ✦✦✦✦

■ 사용하는 한글 기능 및 학습 후 효과

기능	효과	미리 보기
쪽 복사/붙이기 쪽 지우기	쪽 단위로 복사하고 붙이고 지울 수 있습니다. 1Page 보고서를 취합할 때 유용합니다.	
쪽 번호 넣기 머리말/꼬리말 쪽 테두리 배경	쪽 번호를 넣고 번호 모양을 바꿀 수 있습니다. 머리말/꼬리말과 쪽 테두리/배경으로 쪽을 꾸미는 방법에 대해 알아봅니다.	
각주/미주 다단 문서 만들기 구역 나누기	각주/미주에 대해 알아보고 다단으로 문서를 정돈합니다. 구역 나누기를 통해 구열별 서로 다른 쪽 모양을 꾸며봅니다.	
차례 만들기	차례를 만들고 문서가 수정되었을 때 차례를 다시 만들지 않고 차례 새로 고침을 통해 차례를 업데이트할 수 있습니다.	
메일 머지와 라벨지	메일 머지와 라벨지 기능에 대해 익힙니다. 실전에서는 문서 서식 파일과 데이터 파일 2개의 문서를 병합해서 '워크샵 네임택'을 만드는 방법에 대해 알아봅니다.	

001 쪽 편집하기

난이도 ◇◇◇◇◇

✦사용 가능 버전 : NEO 2018 2020
✦사용 기능 : 쪽 복사, 쪽 지우기, 쪽 번호, 머리말/꼬리말, 쪽 테두리/배경

쪽 편집 ▶▶ 많은 양의 문서를 편집할 때 사용하는 고급 기능에 대해 알아봅니다. 쪽 복사, 쪽 붙이기, 쪽 지우기 기능과 쪽 번호 삽입, 머리말/꼬리말 넣기 등 쪽 편집에 대해 알아봅니다.

말랑말랑 기본기 다지기
예제 파일 : Chapter 05/다량의 문서 편집_기본기다지기.hwp, 한국 박물관.hwp, 쪽배경.jpg
완성 파일 : Chapter 05/다량의 문서 편집_기본기다지기_완성.hwp

1 쪽 복사/ 붙이기, 쪽 지우기

01. 한글 2020에는 쪽을 복사하고 붙이는 기능이 추가되었습니다. '한글 박물관.hwp' 파일의 1쪽에 커서를 두고 [쪽] 탭–[쪽 복사하기]를 클릭합니다.

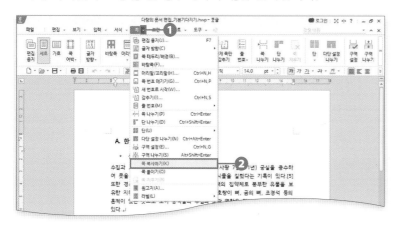

02. 커서를 '다량의 문서 편집_기본기다지기.hwp' 파일의 3쪽에 두고 [쪽] 탭–[쪽 붙이기]를 클릭하면 커서가 있는 3쪽 뒤에 복사한 쪽이 붙여집니다.

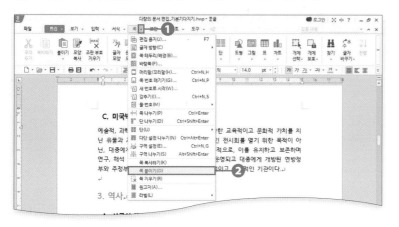

03. 쪽 단위로 문서를 지울 수도 있습니다. 커서를 8쪽에 두고 [쪽] 탭-[쪽 지우기]를 클릭합니다.

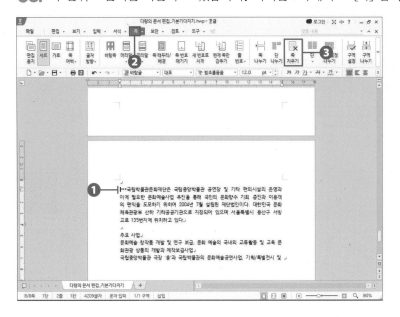

2 쪽 번호 넣기

01. `Ctrl`+`Page Up`을 눌러 커서를 문서 처음에 두고 [쪽] 탭-[쪽 번호 매기기]를 클릭합니다. [쪽 번호 매기기] 대화상자에서 [줄표 넣기]를 해제하고 [넣기] 단추를 클릭합니다.

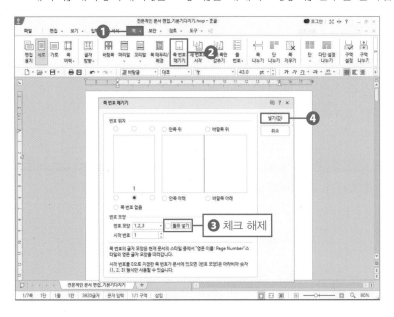

02. 1쪽은 차례가 들어가는 곳이므로 쪽 번호를 감추기 위해 커서를 1쪽에 두고 [쪽] 탭-[현재 쪽만 감추기]를 클릭합니다. [감추기] 대화상자가 나타나면 [쪽 번호]를 체크하고 [설정] 단추를 클릭합니다.

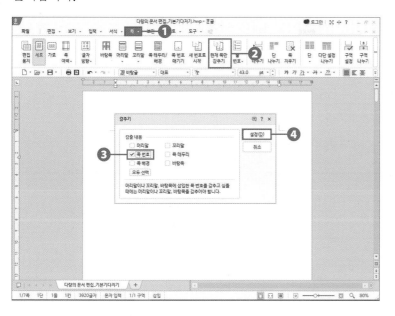

03. 2쪽부터 쪽 번호가 새롭게 '1'로 시작하기 위해 커서를 2쪽에 두고 [쪽] 탭-[새 번호로 시작]을 클릭합니다. [새 번호로 시작] 대화상자에서 [쪽 번호]를 체크하고 [시작 번호]가 '1'인 것을 확인한 후 [넣기] 단추를 클릭합니다.

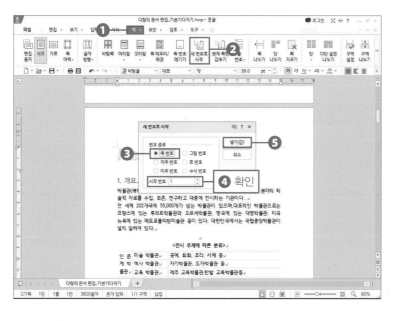

CHAPTER 01 : 화면 구성 및 파일 관리 :

CHAPTER 02 : 기본 문서 만들기 :

CHAPTER 03 : 입력과 문서 편집 :

CHAPTER 04 : 프레젠테이션 활용 :

CHAPTER 05 : 고급 문서 편집 기능 :

CHAPTER 06 : 문서 보안 및 검토 :

3 머리말/꼬리말 넣기

01. 쪽마다 윗부분에 공통으로 반복되는 내용을 '머리말'이라고 하고, 쪽 아래에 반복되는 내용을 '꼬리말'이라고 합니다. 2쪽부터 머리말을 넣기 위해 커서를 2쪽 처음에 두고 [쪽] 탭-[머리말]-[머리말/꼬리말]을 클릭합니다. [머리말/꼬리말] 대화상자가 나타나면 다음과 같이 지정하고 [만들기] 단추를 클릭합니다.

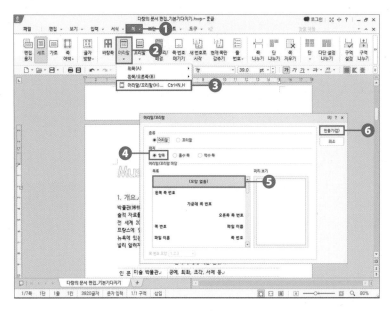

- 종류 : 머리말
- 위치 : 양쪽

02. '박물관(Museum)'을 입력하고 블록 지정하고 서식 도구 상자에서 다음과 같이 지정한 후 [머리말/꼬리말] 탭의 [닫기]를 클릭합니다.

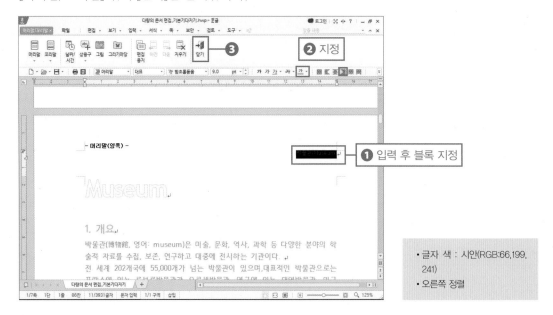

- 글자 색 : 시안(RGB:66,199, 241)
- 오른쪽 정렬

4 쪽 테두리/배경

01. 1쪽만 쪽 배경을 적용하려고 합니다. [쪽] 탭-[쪽 테두리/배경]을 클릭하고 [쪽 테두리/배경] 대화상자의 [배경] 탭에서 '쪽 배경.jpg' 파일을 불러봅니다.

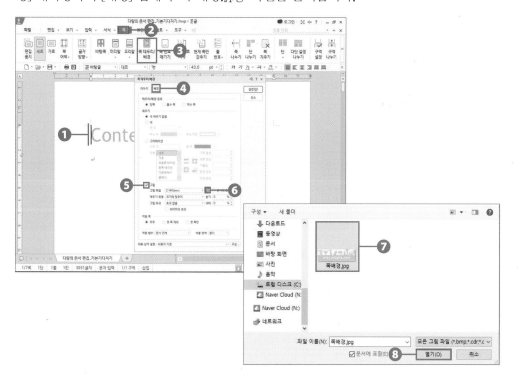

02. [쪽 테두리/배경] 대화상자로 되돌아오면 다음과 같이 지정하고 [설정] 단추를 클릭합니다. 첫 쪽만 그림으로 쪽 배경이 적용된 것을 알 수 있습니다.

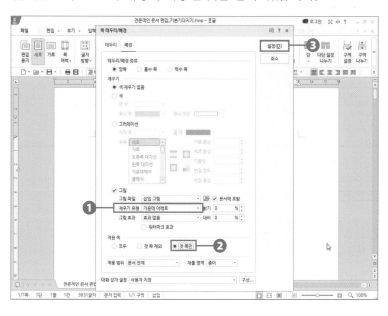

- 채우기 유형 : 가운데 아래로
- 적용 쪽 : 첫 쪽만

CHAPTER 01 : 화면 구성 및 파일 관리 :

CHAPTER 02 : 기본 문서 만들기 :

CHAPTER 03 : 입력과 문서 편집 :

CHAPTER 04 : 표계산(셀에서 활용) :

CHAPTER 05 : 고급 문서 편집 기능

CHAPTER 06 : 문서 보안 및 검토 :

03. 이번에는 첫 쪽만 제외하고 쪽 테두리를 지정하려고 합니다. [쪽] 탭-[쪽 테두리/배경]을 클릭하고 [쪽 테두리/배경] 대화상자의 [테두리] 탭을 다음과 같이 지정합니다.

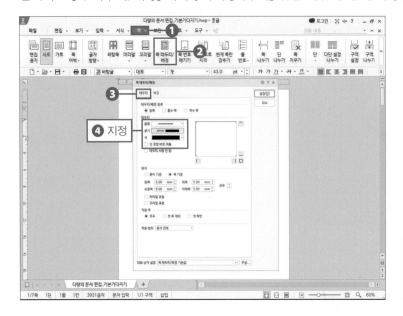

• [테두리]-[종류] : 실선
• [테두리]-[굵기] : 4mm
• [선 모양 바로 적용] : 체크 해제

04. [테두리]-[색]을 클릭하고 [색 골라오기]를 클릭합니다. 그림처럼 1쪽 배경으로 적용한 그림의 하늘색 부분을 클릭하여 색상을 추출하고 [테두리]-[아래]를 클릭합니다.

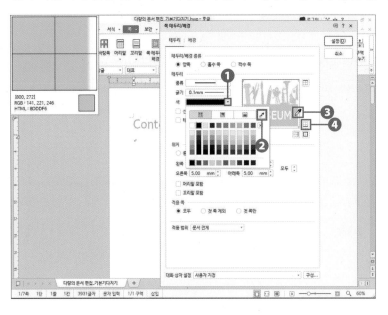

05. [쪽 테두리/배경] 대화상자의 나머지 옵션도 다음과 같이 지정한 후 [설정] 단추를 클릭합니다.

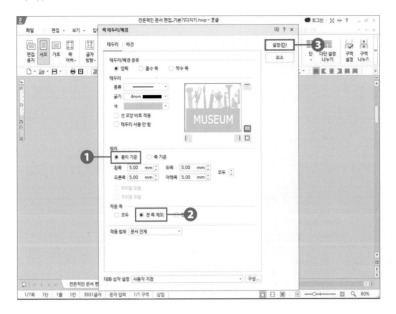

- 위치 : 종이 기준
- 적용 쪽 : 첫 쪽만 제외

06. 그림처럼 첫 쪽만 '쪽 배경'을 넣고 나머지 쪽은 '쪽 테두리'를 적용한 문서 편집이 완성되었습니다.

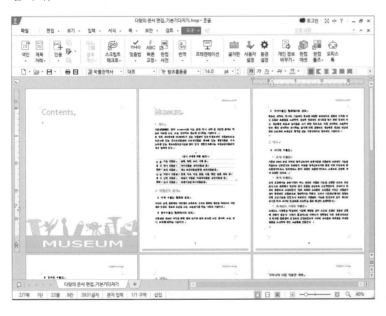

CHAPTER 01 : 화면 구성 및 파일 관리 :
CHAPTER 02 : 기본 문서 만들기 :
CHAPTER 03 : 입력과 문서 편집 :
CHAPTER 04 : 프레젠테이션 활용 :
CHAPTER 05 : 고급 문서 편집 기능 :
CHAPTER 06 : 문서 보안 및 검토 :

1 문서 끼워넣기

01. 문서 마지막에 '인터넷 역사.hwp' 파일과 취합하겠습니다. Ctrl + Page Down 을 눌러 커서를 문서 끝에 두고 [입력] 탭의 펼침 단추(▼)를 클릭한 후 [문서 끼워넣기]를 클릭합니다. [문서 끼워 넣기] 대화상자에서 예제 파일이 저장한 위치를 선택하고 '인터넷의 역사.hwp' 파일을 선택하고 [넣기] 단추를 클릭합니다.

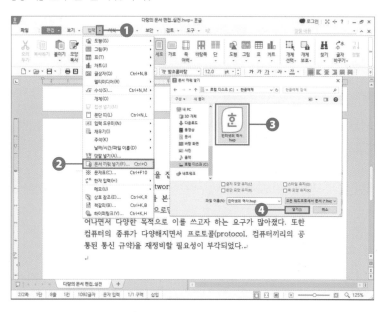

02. 2개의 문서가 하나로 취합되었습니다. 커서가 '인터넷의 역사' 앞에 있는 상태에서 Ctrl + Enter↲ 를 눌러 쪽을 나눕니다.

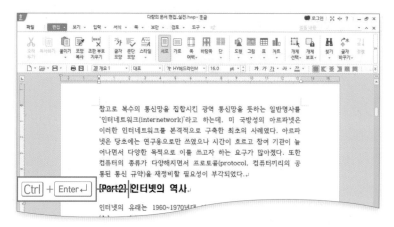

�..2 빈 줄 삭제하기

01. 문서에 빈 줄이 많이 있습니다. 빈 줄은 Enter↵가 두 번 입력된 것이니 '찾아 바꾸기' 기능으로 Enter↵ 한 번으로 바꾸겠습니다. Ctrl+Page/Up을 눌러 커서를 문서 처음으로 이동시킨 후 Ctrl+F2를 누릅니다. [찾아 바꾸기] 대화상자의 [찾을 내용]에서 [서식 찾기]를 클릭하고 '문단 끝'을 연속으로 2번 선택합니다. [찾을 내용]에 '^n'이 두 번 입력됐습니다.

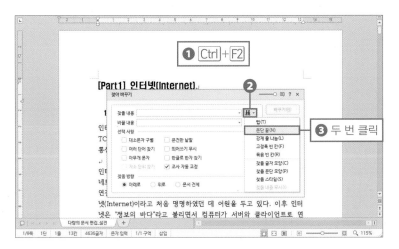

02. [찾아 바꾸기] 대화상자에서 [바꿀 내용]의 [서식 찾기]를 클릭한 후 '문단 끝'을 한 번 클릭하고 [모두 바꾸기] 단추를 클릭합니다.

03. 모두 바꾸었으면 [한글] 대화상자에서 [취소] 단추를 클릭합니다.

04. [찾아 바꾸기] 대화상자로 되돌아오면 [닫기] 단추를 클릭합니다.

CHAPTER 01 : 화면 구성 및 파일 관리 :
CHAPTER 02 : 기본 문서 만들기 :
CHAPTER 03 : 입력과 문서 편집 :
CHAPTER 04 : 프레젠테이션 활용 :
CHAPTER 05 : 고급 문서 편집 기능
CHAPTER 06 : 문서 보안 및 저장 :

3 스타일로 쪽 번호 모양 바꾸기

01. 커서를 문서 처음에 두고 [쪽] 탭-[쪽 번호 매기기]를 클릭합니다. [쪽 번호 매기기] 대화상 자에서 다음과 같이 지정하고 [넣기] 단추를 클릭합니다.

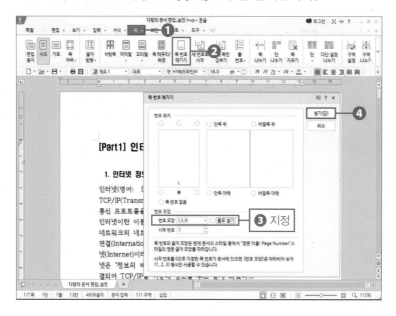

- 번호 모양 : I,II,III
- 줄표 넣기 : 체크 해제

02. 쪽 번호 모양을 바꾸려면 스타일을 이용하면 됩니다. 스타일 단축키 F6을 누릅니다. [스타 일] 대화상자의 [스타일 목록]에서 '쪽 번호'를 선택하고 [글자 모양 정보]-[설정] 단추를 클릭합 니다.

03. [글자 모양] 대화상자에서 다음과 같이 지정하고 [설정] 단추를 클릭합니다. [스타일] 대화상자에서 [닫기]를 클릭하면 삽입한 쪽 번호 모양이 바뀝니다.

- 기준 크기 : 13pt
- 속성 : 진하게

4 바탕쪽 만들기

01. 문서 전체 쪽을 꾸미는 데 편리한 바탕쪽에 대해 알아봅니다. [쪽] 탭–[바탕쪽]을 클릭하고 [바탕쪽] 대화상자에서 [만들기] 단추를 클릭합니다.

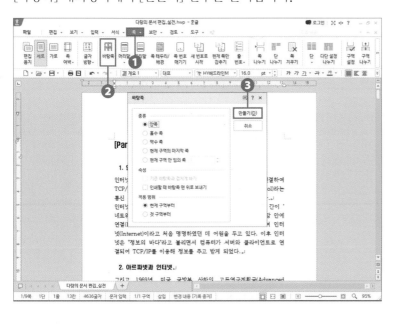

CHAPTER 01 : 화면 구성 및 파일 관리 :

CHAPTER 02 : 기본 문서 만들기 :

CHAPTER 03 : 입력과 문서 편집 :

CHAPTER 04 : 프레젠테이션 활용 :

CHAPTER 05 : 고급 문서 편집 기능

CHAPTER 06 : 문서 보안 및 검토 :

02. [바탕쪽] 편집 영역에서 상황선의 [쪽 맞춤]을 클릭하여 쪽 전체가 화면에 보이게 조절합니다. [입력] 탭-[직사각형]을 클릭하고 그림처럼 사각형을 만듭니다.

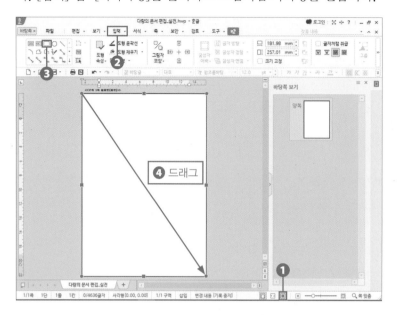

03. 사각형을 선택하고 [도형] 탭을 다음과 같이 지정합니다.

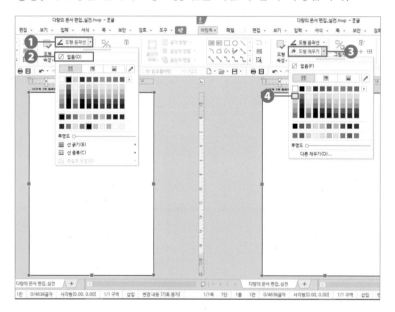

• 도형 윤곽선 : 없음
• 도형 채우기 : 하양(RGB: 255,255,255) 5% 어둡게

04. [입력] 탭-[직사각형]으로 그림과 같이 사각형을 그리고 [도형] 탭-[도형 윤곽선]-[하양 (RGB: 255,255,55) 15% 어둡게]를 클릭합니다.

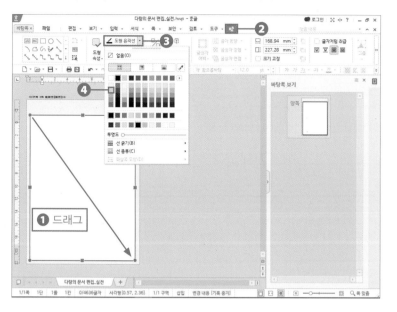

05. [Ctrl]을 누른 상태에서 마우스 휠 버튼을 위로 돌려 적당히 화면을 확대합니다. [입력] 탭-[직사각형]으로 그림과 같이 사각형을 그리고 [도형] 탭을 다음과 같이 지정합니다.

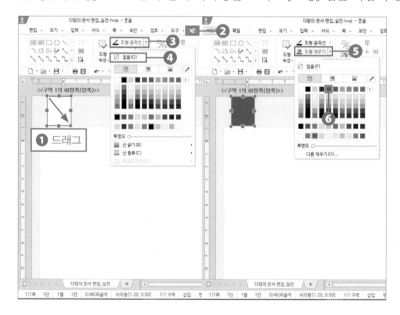

- 도형 윤곽선 : 없음
- 도형 채우기 : 하늘색(RGB: 97,130,214)

CHAPTER 01 : 화면 구성 및 파일 관리
CHAPTER 02 : 기본 문서 만들기
CHAPTER 03 : 입력과 문서 편집
CHAPTER 04 : 크래핀테이션 활용
CHAPTER 05 : 고급 문서 편집 기능
CHAPTER 06 : 문서 보안 및 검토

06. [입력] 탭-[가로 글상자]를 클릭하고 마우스로 드래그하여 글상자를 삽입합니다.

07. 글상자에 '01'을 입력한 뒤 다음과 같이 지정하고 [도형] 탭-[도형 윤곽선]-[없음], [도형 채우기]-[없음]을 클릭합니다.

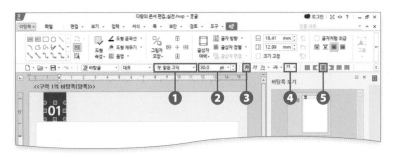

- 글꼴 : 맑은 고딕
- 글자 크기 : 30pt, · 진하게
- 글자 색 : 하양(RGB:255,255, 255), · 가운데 정렬

08. 위와 동일한 방법으로 글상자를 만들고 'INTERNET'을 입력한 뒤 다음과 같이 지정합니다. [바탕쪽] 탭의 [닫기]를 클릭하여 바탕쪽 편집을 완성합니다.

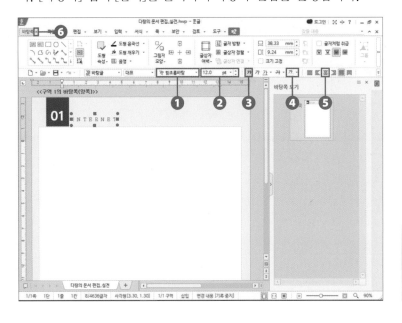

- 글꼴 : 함초롬바탕, · 글자 크기 : 12pt, · 진하게
- 글자 색 : 검정(RGB:0,0,0) 50% 밝게, · 배분 정렬

002 전문적인 문서 편집 기술

난이도 ◆◆◆◆◆

◆ 사용 가능 버전 : NEO 2018 2020
◆ 사용 기능 : 각주/미주, 다단, 구역, 차례 만들기

각주/미주, 다단, 구역, 차례 만들기 ▶▶ 단어에 대한 주석을 넣는 각주와 미주에 대해 알아보고 문서를 깔끔하게 정돈하는 다단 기능과 구역을 나누고 구역별 편집 용지를 설정하는 방법과 자동으로 차례를 만드는 방법에 대해 알아봅니다.

말랑말랑 기본기 다지기
예제 파일 : Chapter 05/전문적인 문서 편집_기본기다지기.hwp
완성 파일 : Chapter 05/전문적인 문서 편집_기본기다지기_완성.hwp

1 각주 삽입 및 편집하기

01. '전문적인 문서 편집_기본기다지기.hwp' 파일을 불러옵니다. 4쪽의 '국립중앙박물관'에 주석을 넣으려고 합니다. '국립중앙박물관' 뒤에 커서를 두고 [입력] 탭-[각주]를 클릭합니다. '각주' 편집 영역이 나타나면 다음과 같이 입력합니다.

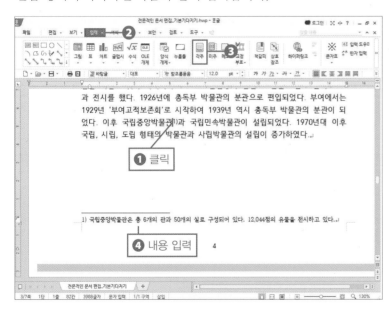

국립중앙박물관은 총 6개의 관과 50개의 실로 구성되어 있다. 12,044점의 유물을 전시하고 있다.

CHAPTER 01 : 화면 구성 및 파일 관리 :

CHAPTER 02 : 기본 문서 만들기 :

CHAPTER 03 : 입력과 문서 편집 :

CHAPTER 04 : 프레젠테이션 활용 :

CHAPTER 05 고급 문서 편집 기능

CHAPTER 06 : 문서 보안 및 검토 :

02. 이번에는 '금관총'에 주석을 넣기 위해 커서를 '금관총' 뒤에 두고 [입력] 탭-[각주]를 클릭합니다. 아래의 내용으로 '금관총'에 대한 각주를 입력합니다. '금관총'이 '국립중앙박물관'보다 먼저 나온 단어이므로 각주 번호는 다시 새로 매겨졌습니다.

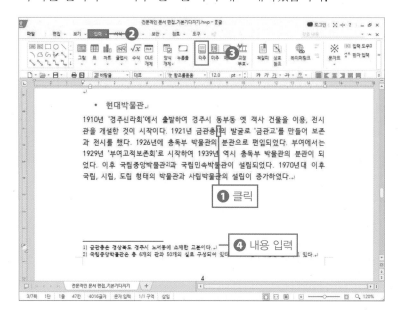

• 금관총은 경상북도 경주시 노서동에 소재한 고분이다.

03. 각주 모양을 변경하려면 커서를 쪽 아래 각주 편집 영역에 두고 [주석] 탭-[각주/미주 모양]을 클릭합니다. [주석 모양] 대화상자가 나타나면 다음과 같이 지정하고 [설정] 단추를 클릭합니다.

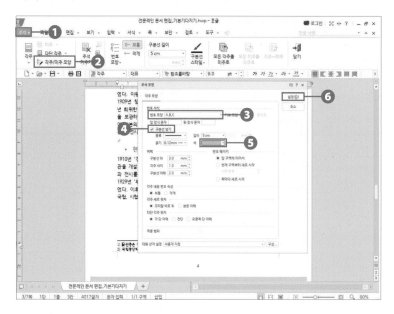

• [번호 서식]-[번호 모양] : A, B, C
• [구분선 넣기] 체크하고 [구분선 넣기]-[색]-[시안(RGB: 66,199,241)]을 지정함

❷ 다단 나누기

01. 다단 기능을 이용하여 문서를 정돈하겠습니다. 한글에서는 한 문서에 여러 다단을 섞어서 사용할 수 있습니다. 2쪽 '박물관~알려져 있다.'까지 블록 지정하고 [쪽] 탭-[단]-[둘]을 클릭합니다.

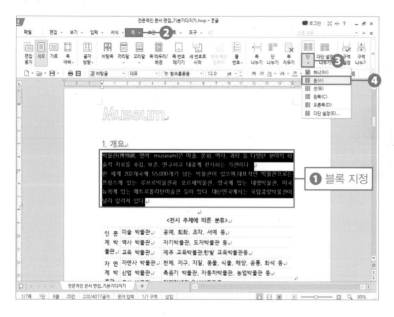

02. 블록 지정한 부분이 2단으로 나누어졌습니다.

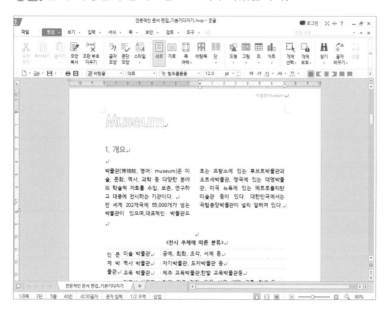

CHAPTER 01 : 화면 구성 및 파일 관리 :

CHAPTER 02 : 기본 문서 만들기 :

CHAPTER 03 : 입력과 문서 편집 :

CHAPTER 04 : 프레젠테이션 활용 :

CHAPTER 05 : 고급 문서 편집 기능 :

CHAPTER 06 : 문서 보안 및 검토 :

03. 3쪽 ' · 고대 박물관~만들었다.'까지 블록 지정하고 [쪽] 탭-[단]을 클릭합니다. [단 설정] 대화상자가 나타나면 다음과 같이 지정하고 [설정] 단추를 클릭합니다.

단 종류

각 단에 내용이 채워지는 방법에 따라 단 종류를 나눕니다. 단 종류는 단 개수가 '둘' 이상일 때에만 지정할 수 있습니다.

• 일반 다단

가장 기본적인 다단 편집으로, 한 단씩 차례로 내용을 가득 채웁니다. 한 단이 가득 차면 다음 단으로 내용이 넘어갑니다.

• 배분 다단

배분 다단으로 설정하면 마지막 쪽에서 각 단의 높이가 가능한 한 같아지도록 들어가는 내용의 양을 자동으로 조절합니다.

• 평행 다단

평행 다단으로 설정하면 하나의 단에서 내용이 다 채워지지 않더라도 다음 단으로 이동하여 내용을 입력할 수 있습니다. 사전 형식의 용어 설명과 같이 제목과 설명이 번갈아 나열되는 형식의 문서에 주로 쓰입니다.

04. '중세 박물관' 앞에 커서를 두고 [쪽] 탭-[단 나누기]를 클릭하면 커서에서부터 2단으로 넘어갑니다.

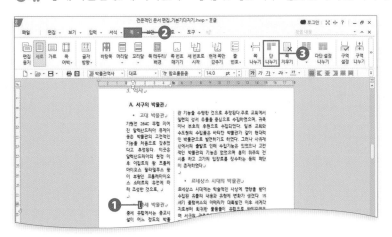

3 구역별 용지 방향 다르게 설정하기

01. 한 문서를 구역을 나누어 구역마다 편집 용지, 쪽 테두리/배경, 머리말/꼬리말 등을 다르게 설정할 수 있습니다. 7쪽에서부터 용지 방향을 '가로'로 바꾸려고 합니다. 커서를 7쪽 제일 처음에 두고 [쪽] 탭-[구역 나누기]를 클릭합니다.

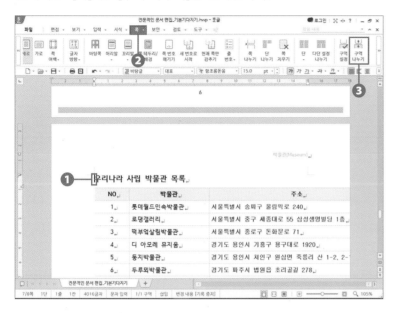

02. 상황선을 보면 커서가 위치한 곳이 2구역인 것을 확인할 수 있습니다. 그런데 '쪽 테두리/배경'이 1구역과 동일하게 적용되었습니다. 2구역 첫 쪽에 '쪽 배경'을 삭제하기 위해 [쪽] 탭-[쪽 테두리/배경]을 클릭합니다.

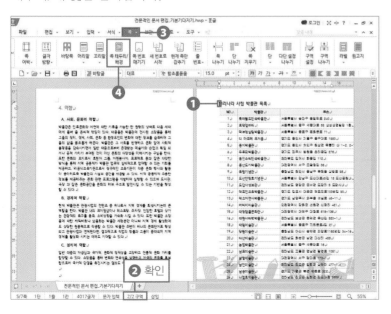

CHAPTER 01 : 화면 구성 및 파일 관리
CHAPTER 02 : 기본 문서 만들기
CHAPTER 03 : 입력과 문서 편집
CHAPTER 04 : 프레젠테이션 활용
CHAPTER 05 : 고급 문서 편집 기능
CHAPTER 06 : 문서 보안 및 검토

03. [쪽 테두리/배경] 대화상자에서 [배경] 탭–[채우기]–[그림]의 체크를 해제하고 [설정] 단추를 클릭합니다.

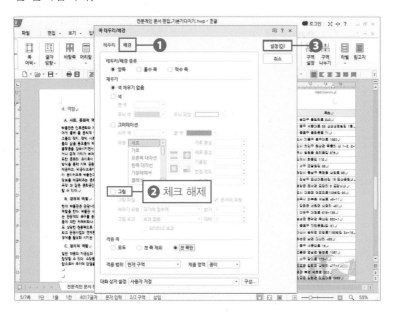

04. 2구역 다른 쪽과 동일한 첫 쪽에 '쪽 테두리'를 적용하기 위해 [쪽] 탭–[쪽 테두리/배경]을 다시 클릭하고 [쪽 테두리/배경] 대화상자의 [테두리] 탭에서 [적용 쪽]을 [모두]로 지정한 후 [설정] 단추를 클릭합니다.

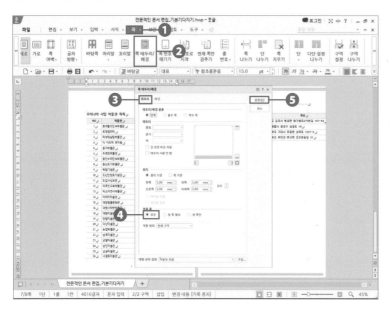

05. 커서를 2구역 처음에 두고 [쪽] 탭-[가로]를 클릭하면 커서에 있는 2구역 전체가 용지 방향이 '가로'로 바뀝니다.

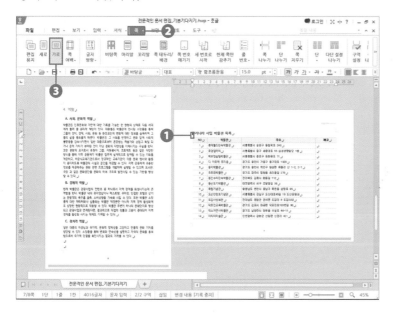

4 차례 만들기

01. 문서에 스타일이 적용되어 있다면 차례를 쉽게 만들 수 있습니다. 커서를 3쪽 '3. 역사'에 두고 서식 도구 상자의 [스타일]을 보면 '개요1' 스타일이 적용된 것을 알 수 있습니다. 같은 방법으로 'A. 서구의 박물관'은 '개요2', '· 고대 박물관'은 '박물관역사'라는 이름으로 스타일이 적용된 것을 확인할 수 있습니다.

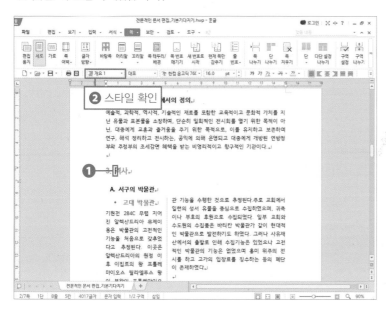

CHAPTER 01 : 화면 구성 및 파일 관리 :

CHAPTER 02 : 기본 문서 만들기 :

CHAPTER 03 : 입력과 문서 편집 :

CHAPTER 04 : 프레젠테이션 활용 :

CHAPTER 05 : 고급 문서 편집 기능

CHAPTER 06 : 문서 보안 및 검토 :

02. '개요1', '개요2'와 '박물관역사' 스타일을 모아서 차례를 만들려고 합니다. Ctrl + Page/Up 을 눌러 문서 처음으로 이동하고 'Contens' 아랫줄을 클릭합니다. [도구] 탭-[제목 차례]-[차례 만들기]를 클릭합니다. [차례 만들기] 대화상자에서 [만들 차례]를 다음과 같이 지정하고 [만들기] 단추를 클릭하여 차례를 만듭니다.

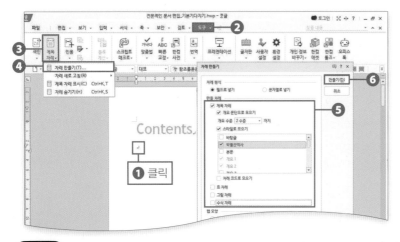

- [개요 문단으로 모으기]-[개요 수준] : '2수준'까지
- 스타일 모으기 : 박물관역사
- 표 차례, 그림 차례, 수식 차례 : 체크 해제

꼭 알고가기!

차례 형식

• 필드로 넣기

차례 필드를 사용하여 차례 영역을 만듭니다. 이 항목을 선택하면 차례 새로 고침 기능을 사용할 수 있습니다. 필드란 특정 작업을 자동으로 수행하도록 지시하는 코드 집합입니다.

• 문자열로 넣기

문자열로 된 차례를 만듭니다. 차례 새로 고침 기능을 사용할 수 없습니다.

03. 커서를 3쪽 '3. 역사' 앞에 두고 [쪽] 탭-[쪽 나누기]를 클릭하여 쪽을 나눕니다.

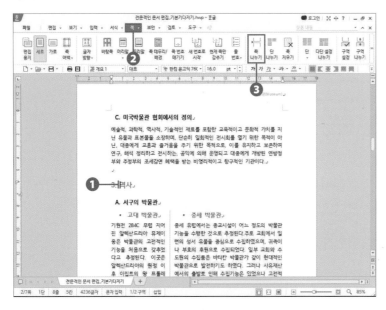

꿀팁

쪽 나누기 단축키

Ctrl + Enter↵ / Ctrl + J

04. 쪽 번호의 변화가 있으므로 차례를 새로 고칩니다. 커서를 1쪽 차례 부분에 두고 마우스 오른쪽 버튼을 클릭한 후 [차례 새로 고침]을 선택합니다.

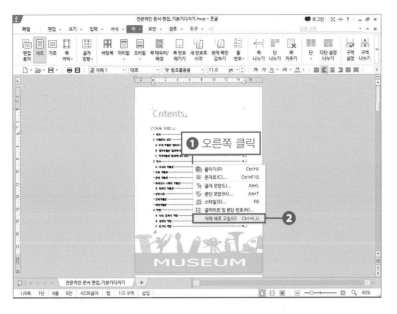

CHAPTER 01 : 화면 구성 및 파일 관리 :

CHAPTER 02 : 기본 문서 만들기 :

CHAPTER 03 : 입력과 문서 편집 :

CHAPTER 04 : 프레젠테이션 활용 :

CHAPTER 05 : 고급 문서 편집 기능 :

CHAPTER 06 : 문서 보안 및 검토 :

실전에 사용하는 구역별 쪽 번호 다르게 매기기

예제 파일 : Chapter 05/전문적인 문서 편집_실전.hwp | 완성 파일 : Chapter 05/전문적인 문서 편집_실전_완성.hwp

1 구역별 쪽 번호 매기기

01. 구역별로 쪽 번호를 다르게 매기기 위해 '전문적인 문서 편집_실전.hwp' 파일을 불러옵니다. 커서를 6쪽 '[참고 자료]' 앞에 두고 [쪽] 탭–[구역 나누기]를 클릭합니다.

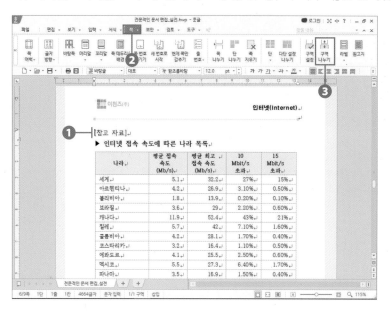

02. 새 구역과 함께 커서 위에 빈 쪽이 삽입되었습니다. 커서를 빈 쪽에 두고 Delete를 눌러 삭제합니다. 커서를 2구역이 시작되는 '[참고 자료]' 앞에 두고 [쪽] 탭–[쪽 번호 매기기]를 클릭합니다. [쪽 번호 매기기] 대화상자에서 [번호 모양]의 '1,2,3'을 선택하고 [넣기] 단추를 클릭합니다.

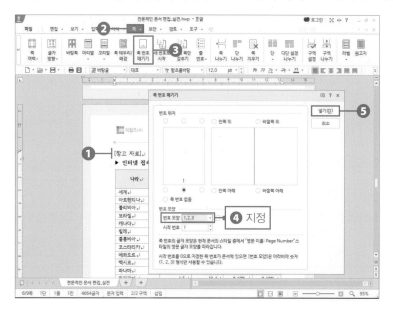

03. 커서가 있는 2구역 번호가 1구역과 다르게 아라비아 숫자로 번호 모양이 적용되었습니다. 시작 번호를 '1'로 지정하기 위해 커서를 '[참고 자료]' 앞에 두고 [쪽] 탭–[새 번호로 시작]을 클릭합니다. [새 번호로 시작] 대화상자에서 다음과 같이 지정되어 있는지 확인하고 [넣기] 단추를 클릭합니다.

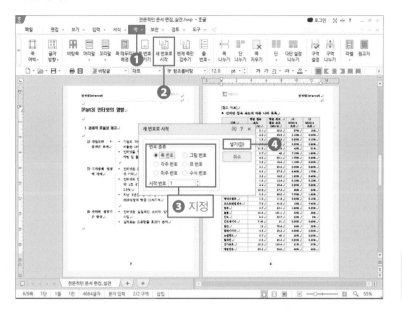

- 번호 종류 : 쪽 번호
- 시작 번호 : 1

CHAPTER 01 : 화면 구성 및 파일 관리 :
CHAPTER 02 : 기본 문서 만들기 :
CHAPTER 03 : 입력과 문서 편집 :
CHAPTER 04 : 프레젠테이션 활용 :
CHAPTER 05 : 고급 문서 편집 기능 :
CHAPTER 06 : 문서 보안 및 검토 :

003 메일 머지와 라벨지

✦ 사용 가능 버전 : NEO 2018 2020
✦ 사용 기능 : 메일 머지, 라벨지

메일 머지&라벨지 ▶▶   메일 머지 기능을 활용하여 상장을 만들어 봅니다. 상장의 내용은 같은데 받는 사람의 명단이 여러 명이라면 명단 데이터 파일을 따로 만들어 상장 문서와 병합해야 합니다. 이를 메일 머지 기능이라고 합니다. 또한, 메일 머지와 라벨지를 이용하여 '워크샵 네임텍'을 만드는 방법에 대해 알아봅니다.

말랑말랑 기본기 다지기
예제 파일 : Chapter 05/메일머지_기본기다지기.hwp, 명단.xlsx | 완성 파일 : Chapter 05/메일머지_기본기다지기_완성.hwp

1 메일 머지 표시 달기

01. 메일 머지 데이터 파일인 '명단.xlsx' 파일을 열어 각 데이터의 열 이름인 필드명을 확인합니다.

	A	B	C	D	E	F	G	H	I
1	일련번호	학년	반	이름					
2	2020-001	1	1	강 지은					
3	2020-002	1	2	신 영화					
4	2020-003	1	3	백 효설					
5	2020-004	2	1	민 중기					
6	2020-005	2	2	한 승용					
7	2020-006	2	3	김 택원					
8	2020-007	3	1	김 용명					
9	2020-008	3	2	송 석호					
10	2020-009	3	3	이 인욱					

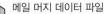

꼭 알고가기!

메일 머지 데이터 파일
한글에서 메일 머지의 데이터 파일에는 윈도우의 주소록과 Outlook 주소록, 한글 파일(*.hwp), DBF 파일(*.dbf)뿐만 아니라 한셀 파일(*.cell), 넥셀 파일(*.nxl)이나 엑셀 파일(*.xls) 등이 있습니다. 한셀이나 엑셀로 작성된 데이터 파일은 반드시 1행에 열 이름인 '필드명'이 입력되어 있어야 합니다.

02. 예제 파일에서 '제 호'에는 '명단.xlsx' 파일의 '일련번호' 필드가 삽입되어야 하는 곳입니다. '제' 뒤에 커서를 두고 [도구] 탭-[메일 머지]-[메일 머지 표시 달기]를 클릭합니다. [메일 머지 표시 달기] 대화상자가 나타나면 [필드 만들기] 탭-[필드 번호나 이름을 입력하세요]에 '일련번호'를 입력하고 [넣기] 단추를 클릭합니다.

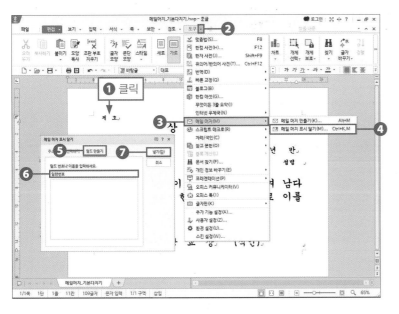

03. '제 학년 반'의 '학년' 앞에는 '명단.xlsx' 파일의 '학년' 필드가 삽입되어야 합니다. '학년' 앞에 커서를 두고 [도구] 탭-[메일 머지]-[메일 머지 표시 달기]를 클릭합니다. [메일 머지 표시 달기] 대화상자가 나타나면 [필드 만들기] 탭-[필드 번호나 이름을 입력하세요]에 '학년'을 입력하고 [넣기] 단추를 클릭합니다. 같은 방법으로 '번' 앞, '성명' 뒤에 다음과 같이 메일 머지 표시를 삽입합니다.

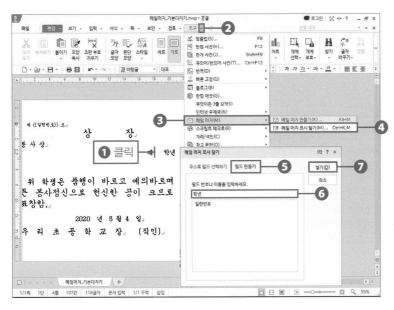

- '반' 앞에 클릭 : '반' 필드로 메일 머지 표시
- '성명' 뒤에 클릭 : '이름' 필드로 메일 머지 표시

CHAPTER 01 : 화면 구성 및 파일 관리 :
CHAPTER 02 : 기본 문서 만들기 :
CHAPTER 03 : 입력과 문서 편집 :
CHAPTER 04 : 프레젠테이션 활용 :
CHAPTER 05 : 고급 문서 편집 기능 :
CHAPTER 06 : 문서 보안 및 검토 :

04. 그림과 같이 메일 머지 표시 달기를 완성합니다.

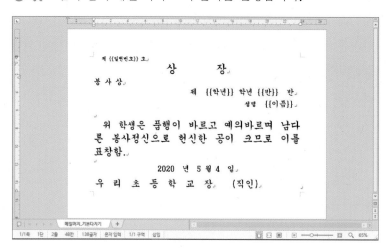

2 메일 머지 만들기

01. 메일 머지 표시 달기를 모두 했다면 이제 메일 머지 만들기를 실행하면 됩니다. [도구] 탭-[메일 머지]-[메일 머지 만들기]를 클릭합니다. [메일 머지 만들기] 대화상자를 다음과 같이 지정한 다음 [만들기] 단추를 클릭합니다.

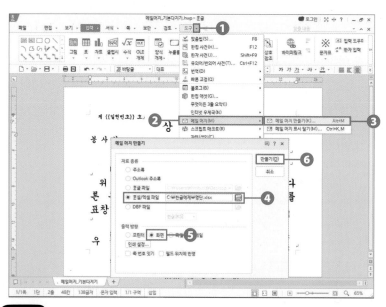

• [자료 종류]-[한셀/엑셀 파일]
: 명단.xlsx
• 출력 방향 : 화면

> **꿀팁**
> 메일 머지 만들기 명령을 실행하기 전 데이터 파일은 반드시 종료되어 있어야 합니다.

> **꼭 알고가기!**
> **메일 머지 만들기의 출력 방향**
> 출력 방향은 '프린터, 화면, 파일, 메일' 4가지 종류가 있습니다. [프린터]를 선택하면 메일 머지 결과를 바로 인쇄할 수 있게 되고, [화면]은 결과를 화면에 미리 보기 할 수 있습니다. [파일]은 출력 결과를 파일로 저장하는 것이고, [메일]은 바로 메일로 보내는 것인데, 데이터 파일에 메일 주소가 있어야 하며 [메일]을 선택했을 때 나오는 [주소] 필드에 입력해 주어야 합니다.

02. [시트 선택] 대화상자에서 'Sheet1'을 선택하고 [선택] 단추를 클릭합니다. [주소록 레코드 목록] 대화상자에서 모든 데이터가 선택되어 있는지 확인하고 [선택] 단추를 클릭합니다.

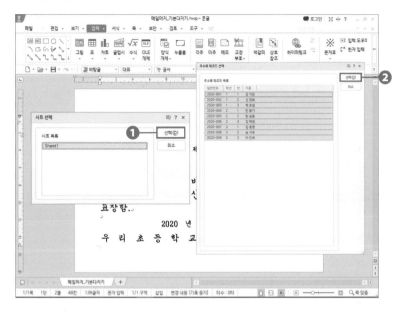

03. '상장'이 화면 미리 보기 상태로 보여집니다. 그림은 화면 미리 보기에서 [쪽 보기] 탭-[여러 쪽]을 '2줄*2칸'으로 지정한 상태입니다.

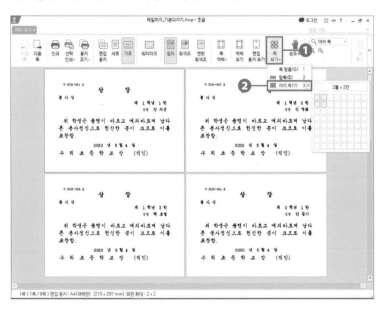

CHAPTER 01 : 화면 구성 및 파일 관리

CHAPTER 02 : 기본 문서 만들기

CHAPTER 03 : 일반적인 문서 편집

CHAPTER 04 : 프레젠테이션 활용

CHAPTER 05 : 고급 문서 편집 기능

CHAPTER 06 : 문서 보안 및 검토

1 라벨지로 네임택 만들기

01. 라벨지로 워크샵 네임택을 만들겠습니다. [쪽] 탭–[라벨]–[라벨 문서 만들기]를 클릭합니다. [라벨 문서 만들기] 대화상자가 나타나면 [라벨 문서 꾸미기] 탭에서 'AnyLabel'의 '물류관리 라벨(4칸)–V3140'을 선택하고 [열기] 단추를 클릭합니다.

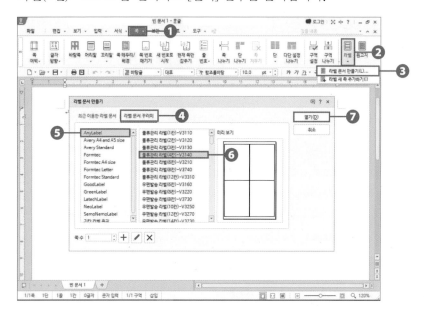

02. 첫 번째 칸에 커서를 두고 [편집] 탭–[표]를 클릭합니다. [표 만들기] 대화상자가 나타나면 다음과 같이 지정하고 [만들기] 단추를 클릭합니다.

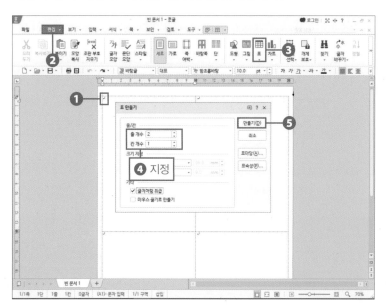

- 줄 개수 : 2
- 칸 개수 : 1

03. 그림처럼 첫 번째 줄과 두 번째 줄의 높이 조절을 합니다. F5를 눌러 블록 지정을 하고 Ctrl+↓를 눌러 셀의 높이를 조절합니다. 첫 번째 셀에 커서를 두고 [표 디자인] 탭-[표 스타일]-[일반 투명]을 클릭하고 [표 디자인] 탭-[표 채우기]-[시안(RGB: 66,199,241)]을 클릭합니다.

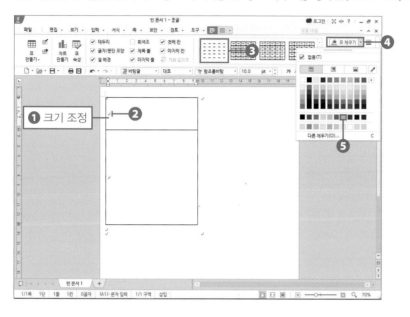

04. 그림처럼 첫 번째 셀에 '2020 WORKSHOP'이라고 입력하고 서식 도구 상자를 다음과 같이 지정합니다.

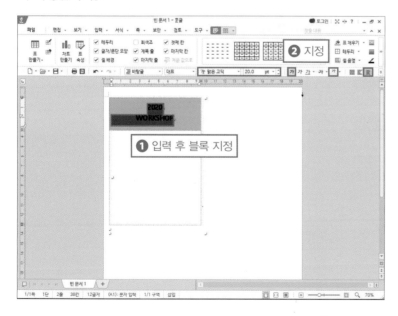

- 글꼴 : 맑은 고딕
- 글자 크기 : 20pt
- 진하게
- 글자색 : 하양(RGB: 255,255, 255)
- 가운데 맞춤

CHAPTER 01 : 화면 구성 및 파일 관리

CHAPTER 02 : 기본 문서 만들기

CHAPTER 03 : 입력과 문서 편집

CHAPTER 04 : 프레젠테이션 활용

CHAPTER 05 : 고급 문서 편집 기능

CHAPTER 06 : 문서 보안 및 검토

05. 두 번째 셀에 커서를 두고 F5 를 누른 후 C 를 누릅니다. [셀 테두리/배경] 대화상자의 [배경] 탭을 다음과 같이 지정한 후 [설정] 단추를 클릭합니다.

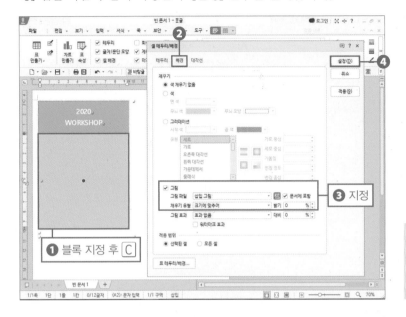

- 그림 : 체크
- [그림]-[그림 파일] : 'img02.jpg'
- 채우기 유형 : 크기에 맞추어

06. 두 번째 셀에 다음과 같이 입력하고 서식 도구 상자를 다음과 같이 지정합니다.

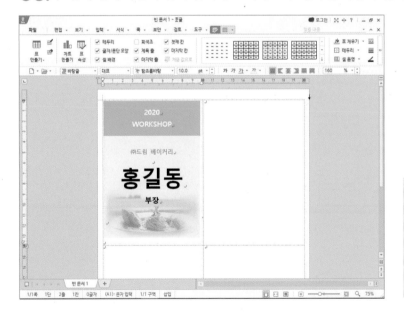

- ㈜드림 베이커리 : 맑은 고딕, 16pt, 가운데 정렬
- 홍길동 : 맑은 고딕, 60pt, 진하게, 가운데 맞춤, 줄 간격 : 130%
- 부장 : 맑은 고딕, 20pt, 가운데 맞춤

07. '워크샵 참석자.xlsx' 파일을 열어 데이터 파일의 필드명을 확인합니다.

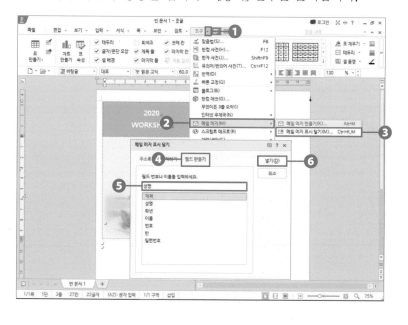

08. 입력한 '홍길동' 대신에 '성명' 필드가 입력되어야 하므로 '홍길동'을 지우고 [도구] 탭-[메일 머지]-[메일 머지 표시 달기]를 클릭합니다. [메일 머지 표시 달기] 대화상자에서 [필드 만들기] 탭의 입력란에 '성명'을 입력하고 [넣기] 단추를 클릭합니다.

CHAPTER 01 : 화면 구성 및 파일 관리

CHAPTER 02 : 기본 문서 만들기

CHAPTER 03 : 일반적 문서 편집

CHAPTER 04 : 프레젠테이션 활용

CHAPTER 05 : 고급 문서 편집 기능

CHAPTER 06 : 문서 보안 및 검토

09. 동일한 방법으로 {{성명}} 아래에 있는 '부장'을 삭제하고 '직책' 필드명으로 메일 머지 표시 달기를 합니다. 그리고 표 전체를 블록 지정하고 L 을 누릅니다. [표 테두리/배경] 대화상자가 나타나면 [테두리] 탭에서 [바깥쪽]을 클릭하고 다음과 같이 지정한 후 [설정] 단추를 클릭합니다.

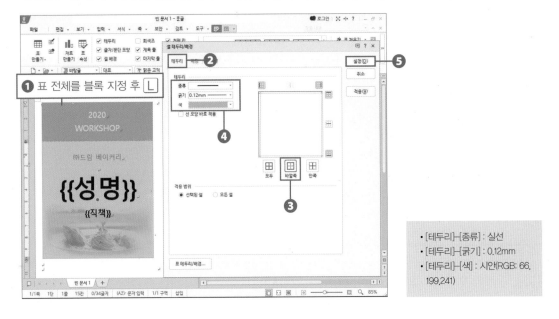

• [테두리]-[종류] : 실선
• [테두리]-[굵기] : 0.12mm
• [테두리]-[색] : 시안(RGB: 66, 199,241)

10. 라벨지는 첫 번째 칸에만 내용을 작성하면 됩니다. 메일 머지를 수행하면 나머지 칸에 메일 머지 병합된 결과가 나옵니다. [도구] 탭-[메일 머지]-[메일 머지 만들기]를 클릭합니다.

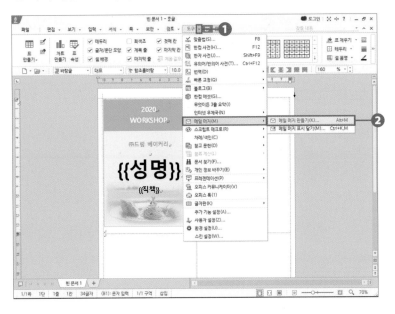

11. [메일 머지 만들기] 대화상자가 나타나면 [자료 종류]-[한셀/엑셀 파일]은 '워크샵참석자.xlsx', [출력 방향]은 '파일'을 선택하고 [파일 이름]에서 [저장]을 클릭합니다. [한글 파일 저장하기] 대화상자가 나타나면 저장 위치를 지정하고 [파일 이름]에 '워크샵 네임택'을 입력한 후 [저장] 단추를 클릭합니다. 그리고 [메일 머지 만들기] 대화상자로 되돌아 오면 [만들기] 단추를 클릭합니다.

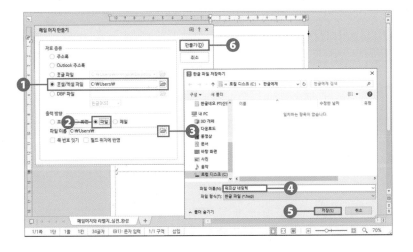

12. [시트 선택] 대화상자에서 'Sheet1'이 선택된 것을 확인하고 [선택] 단추를 클릭합니다. [주소록 레코드 선택] 대화상자가 나타나면 모두 선택된 것을 확인하고 [선택] 단추를 클릭합니다. 메일 머지 결과는 '워크샵 네임택.hwp' 파일로 저장한 후 불러와서 확인합니다.

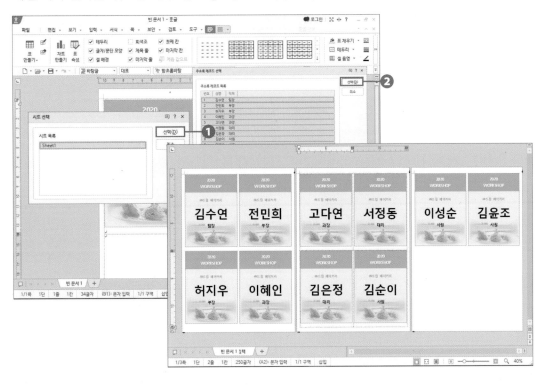

CHAPTER 01 : 화면 구성 및 파일 관리 :
CHAPTER 02 : 기본 문서 만들기 :
CHAPTER 03 : 입력과 문서 편집 :
CHAPTER 04 : 프레젠테이션 활용 :
CHAPTER 05 : 고급 문서 편집 기능 :
CHAPTER 06 : 문서 보안 및 검토 :

복합 응용력 UP!

동영상 해설

문제1 : 문서에 머리말을 넣고 편집하세요.

예제 파일 : 연습문제_1.hwp | 완성 파일 : 연습문제_1_완성.hwp

- 머리말 종류 : [머리말]–[왼쪽/오른쪽]–[오른쪽 여백 아래 크게]
- 머리말 도형 채우기 색 : 주황(RGB: 255, 102, 0)
- 머리말 쪽 번호 글자 색 : 하양(RGB:255,255,255)

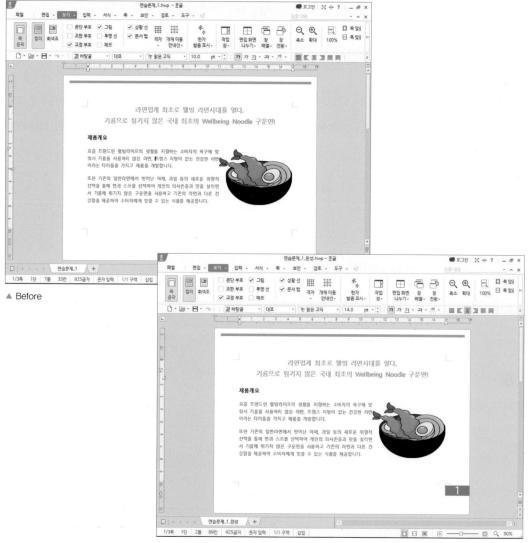

▲ Before

▲ After

CHAPTER 01 : 화면 구성 및 파일 관리 :

CHAPTER 02 : 기본 문서 만들기 :

CHAPTER 03 : 입력과 문서 편집 :

CHAPTER 04 : 프레젠테이션 활용 :

CHAPTER 05 고급 문서 편집 기능

CHAPTER 06 : 문서 보안 및 관리 :

Q&A 5

이것이 궁금하다! Q&A

Q&A 01 | 각주/미주의 기본 글자 모양 바꾸기 - [편집] 탭-[스타일]

• 한 문서에 각주를 많이 넣을 경우 매번 각주 모양을 바꾼다면 매우 번거로울 것입니다. 이럴 때는 스타일에 등록되어 있는 '각주'나 '미주'의 글자 모양, 문단 모양을 수정해주면 됩니다.

Q&A 02 | 책갈피를 이용한 하이퍼 링크 - [입력] 탭-[하이퍼 링크] / [입력] 탭-[책 갈피]

• 개요 스타일이 적용된 글자와 하이퍼링크를 지정하려면 특별한 작업 없이 바로 하이퍼링크를 설정하면 됩니다. 그런데 개요 스타일이 적용되지 않은 글자와 하이퍼링크를 지정하려면 그 글자 앞에 책갈피를 넣고 책갈피 이름으로 하이퍼링크를 설정하면 됩니다. 책갈피 명령은 [입력] 탭-[책갈피]에 있습니다.

Q&A 03 | 구역 찾아가기 - 찾아가기 단축키 (Alt + G)

• 여러 구역으로 나뉘어 있는 경우 구역 단위로 찾기 위해 상황선의 '구역'이 표되어 있는 부분을 클릭하면 [찾아가기] 대화상자가 나오고 찾아갈 구역 번호를 입력하고 [가기] 단추를 클릭하면 됩니다. 찾아가기 단축키는 Alt + G 입니다. '쪽', '구역', '줄', '스타일' 등 다양한 옵션으로 찾을 수 있습니다.

Q&A 04 | '제목 차례 표시' 코드로 차례 만들기 - [도구] 탭-[제목 차례]-[제목 차례 표시]

• 한글의 제목 차례는 개요 스타일이나 임의의 스타일이 적용된 글자를 모으고 어느 쪽에 있는 쪽 번호를 알려줍니다. 만약 특별한 스타일을 적용하지 않은 글자를 차례에 포함하려면 그 글자 앞에 '제목 차례 표시' 코드를 넣어주어야 합니다. 그런 다음 차례를 만들 때 [차례 코드 모으기]를 체크하면 됩니다.

Q&A 05 | 조판 부호 삭제하기 - [편집] 탭-[조판 부호 지우기]

• 서로 형식이 다른 여러 문서를 취합하면 쪽 번호, 머리말/꼬리말, 쪽 테두리, 구역 등이 여러 개 중복으로 입력되어 있어 문서가 엉망이 됩니다. 이럴 때 해당 조판 부호를 모두 제거하고 다시 문서를 정돈하는 것이 좋습니다. [편집] 탭-[조판 부호 지우기]에서 지우고 싶은 조판 부호를 선택하고 [지우기]를 클릭하면 해당 조판 부호를 깔끔히 지울 수 있습니다.

CHAPTER 6

문서 보안 및 검토

중요도 ◆◆◆◆◆

■ 사용하는 한글 기능 및 학습 후 효과

기능	효과	미리 보기
배포용 문서로 저장	문서 내용을 변경하지 못하게 하는 '배포용 문서로 저장'이라는 기능에 대해 알아봅니다. 옵션은 '인쇄 제한'과 '복사 제한'이 있습니다.	
개인정보 찾아서 보호	문서 내용 중 주소, 전화 번호, 생년월일 등 개인 정보를 자동으로 찾아서 다른 문자로 치환하는 '개인 정보 찾아서 보호'라는 기능에 대해 알아봅니다.	
문서 이력 관리	원본 문서를 훼손하지 않고 새로운 내용을 작성해 버전별로 문서를 저장하고 원본과 비교할 수 있는 '문서 이력 관리'에 대해 알아봅니다.	
변경 내용 추적	변경 내용 추적 기능을 실행하면 추가, 삭제, 서식 변경 사항을 구분하여 표시하고 검토하면서 메모를 넣거나 검토자별로 수정한 내용을 다르게 표시하도록 설정하여 특정 검토자가 수정한 내용만 선택적으로 검토할 수 있습니다.	

001 문서 보안 및 검토

난이도 ◆◆◆◆◆

✦ 사용 가능 버전 : NEO 2018 2020
✦ 사용 기능 : 배포용 문서로 저장, 개인 정보 찾아서 보호, 문서 이력 관리, 변경 내용 추적

보안과 검토 ▶▶ 문서에 포함된 개인 정보를 찾아 다른 문자로 치환하고 문서 내용을 변경하지 못하게 하는 문서 보안에 대해 알아봅니다. 또한, 문서 이력 관리, 변경 내용 추적과 변경 내용 적용, 취소 등 문서를 검토하는 방법에 대해 알아봅니다.

말랑말랑 기본기 다지기
예제 파일 : Chapter 06/문서보안 및 검토_기본기다지기.hwp | 완성 파일 : Chapter 06/문서보안_기본기다지기_완성.hwp

1 배포용 문서로 저장

01. 문서 내용을 변경 못하게 하려면 '배포용 문서로 저장'하면 됩니다. [보안] 탭-[배포용 문서로 저장]을 클릭하고 [배포용 문서로 저장] 대화상자에서 [쓰기 암호]와 [암호 확인]에 같은 암호를 5자 이상 입력합니다. [선택 저장]에서 [인쇄 제한]과 [복사 제한]이 체크된 것을 확인하고 [저장] 단추를 클릭합니다.

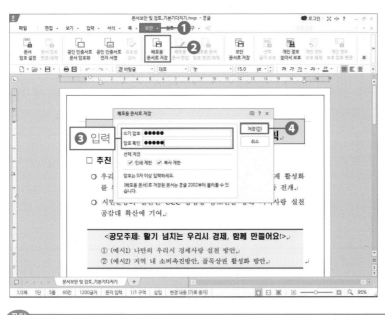

꿀팁
- 인쇄 제한 : [미리 보기]와 [인쇄]를 할 수 없고 단지 화면에서만 문서 내용을 볼 수 있습니다.
- 복사 제한 : 문서의 내용을 복사하거나 오려둘 수 없습니다.

CHAPTER 01 : 화면 구성 및 파일 관리 :
CHAPTER 02 : 기본문서 만들기 :
CHAPTER 03 : 입력과 문서 편집 :
CHAPTER 04 : 프레젠테이션 활용 :
CHAPTER 05 : 고급 문서 편집 기능 :
CHAPTER 06 문서 보안 및 검토

02. '인쇄 제한'과 '복사 제한'을 했으므로 인쇄 및 편집을 할 수 없습니다. 문서를 편집하려면 [보안] 탭-[배포용 문서 편집]을 클릭하여 암호를 입력하면 되고 만약 암호 변경 및 해제를 하려면 [보안] 탭-[배포용 문서 암호 변경/해제]를 클릭하면 됩니다. 암호를 해제하기 위해 [배포용 문서 암호 변경/해제] 대화상자에서 [암호 해제]를 체크하고 [현재 암호]에 암호를 입력한 후 [해제] 단추를 클릭합니다.

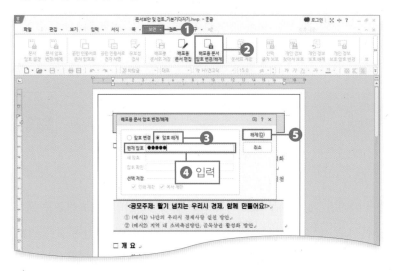

2 개인 정보 찾아서 보호하기

01. 현재 문서의 개인 정보를 찾아 다른 문자로 치환하는 개인 정보 마스킹에 대해 알아봅니다. [보안] 탭-[개인 정보 찾아서 보호]를 클릭합니다. [개인 정보 보호하기] 대화상자의 [개인 정보 선택 사항]에서 [전화번호]와 [전자 우편]을 체크하고 [보호 문자 선택]은 [******]를 체크한 후 [표시 형식 선택] 단추를 클릭합니다.

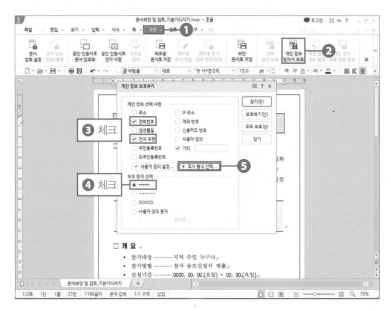

02. [표시 형식 선택] 대화상자를 다음과 같이 지정하고 [설정] 단추를 클릭합니다.

- [항목] : 전화번호 – [형식 목록] : NNN–****–NNNN
- [항목] : 전자 우편 – [형식 목록] : TTT@***.***.***

03. [개인 정보 보호하기] 대화상자에서 [모두 보호] 단추를 클릭하면 [개인 정보 보호 암호 설정] 대화상자가 나오는데 [보호 암호 설정]과 [암호 확인]에 각각 암호를 입력하고 [설정] 단추를 클릭합니다. 그런 후 개인 정보 보호하기를 몇 번 했다는 메시지가 나오면 [확인] 단추를 클릭하고 [개인 정보 보호하기] 대화상자로 다시 돌아오면 [닫기] 단추를 클릭합니다. 2쪽에 개인 정보가 보호된 것을 확인할 수 있습니다.

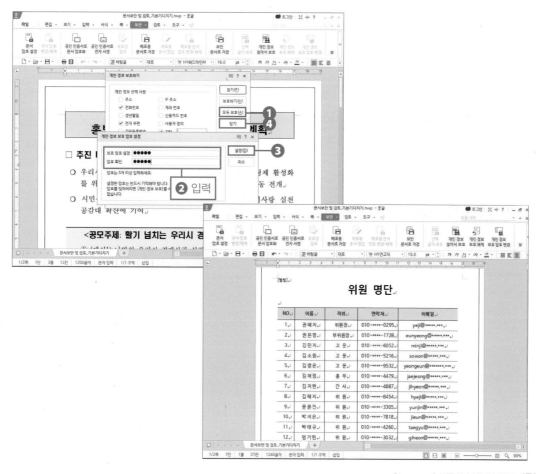

CHAPTER 01 : 화면 구성 및 파일 관리 :
CHAPTER 02 : 기본문서 만들기 :
CHAPTER 03 : 입력과 문서 편집 :
CHAPTER 04 : 프레젠테이션 활용 :
CHAPTER 05 : 고급 문서 편집 기능 :
CHAPTER 06 문서 보안 및 검토

04. 문서를 종료하고 다시 불러옵니다. '****'로 표시된 정보를 확인하려면 [보안] 탭-[개인 정보 보호 해제]를 클릭하고 [개인 정보 보안] 대화상자의 [현재 암호]에 암호를 입력하고 [확인] 단추를 클릭합니다.

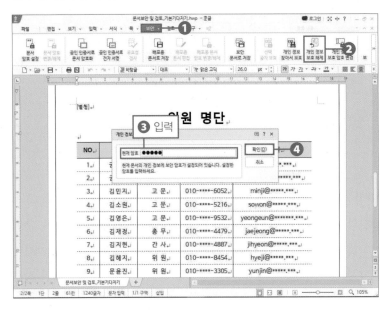

❸ 문서 이력 관리 및 문서 비교하기

01. 문서 이력 관리를 통해 하나의 문서를 여러 형태로 버전별 저장이 가능하여 파일 관리에 유용합니다. [검토] 탭-[문서 이력 관리]를 클릭하고 [문서 이력 관리] 대화상자에서 [새 버전으로 저장] 단추를 클릭합니다. [새 버전으로 저장] 대화상자의 [설명]에 '1차 주제 선정'이라고 입력하고 [확인] 단추를 클릭합니다.

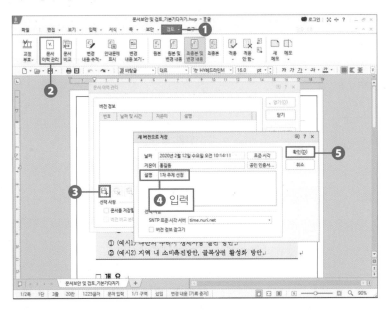

02. [문서 이력 관리] 대화상자의 [버전 정보]에 새로운 버전이 등록된 것을 확인하고 [닫기] 단추를 클릭합니다.

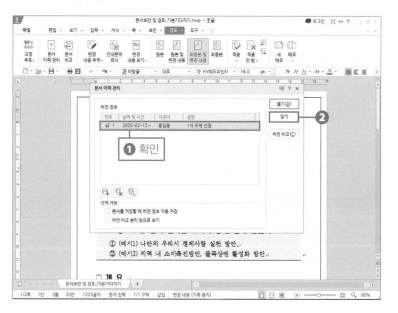

03. 공모 주제를 다음과 같이 수정하고 서식 도구 상자에서 [저장하기]를 클릭합니다. [개인 정보 보호] 대화상자가 나오면 [실행 안 함] 단추를 클릭합니다.

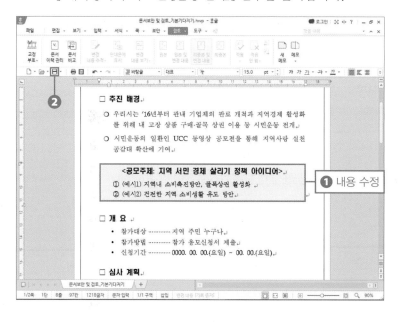

〈공모주제 : 지역 서민 경제 살리기 정책 아이디어〉
① (예시1) 지역내 소비촉진방안, 골목상권 활성화
② (예시2) 건전한 지역 소비생활 유도 방안

CHAPTER 01 : 화면 구성 및 파일 관리
CHAPTER 02 : 기본문서 만들기
CHAPTER 03 : 입력과 문서 편집
CHAPTER 04 : 프레젠테이션 활용
CHAPTER 05 : 고급 문서 편집 기능
CHAPTER 06 : 문서 보안 및 검토

04. 현재 문서는 제일 마지막에 저장한 문서입니다. 이전 버전의 문서와 비교하기 위해 [검토] 탭-[문서 이력 관리]를 클릭하고 [문서 이력 관리] 대화상자의 [버전 정보]에서 '1차 주제 선정'을 선택한 후 [버전 비교] 단추를 클릭합니다.

05. [버전 비교] 탭-[분리 창으로 보기]를 클릭합니다. 그러면 이전 버전 문서는 왼쪽 창에 나오고 현재 문서는 오른쪽 창에 나옵니다. 각 창을 클릭하여 상황선의 [쪽 맞춤]을 클릭합니다. 문서 내용이 어떻게 수정되었는지 확인하고 [닫기]를 클릭합니다.

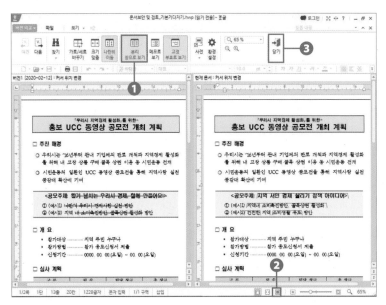

예제 파일 : Chapter 06/문서보안 및 검토_실전.hwp | 완성 파일 : Chapter 06/문서보안_실전_완성.hwp

1 변경 내용 추적하기

01. 변경 내용 추적 기능을 실행하면 수정된 내용을 원본 내용과 구분하여 쉽게 확인할 수 있습니다. [검토] 탭-[변경 내용 추적]-[변경 내용 추적]을 클릭합니다.

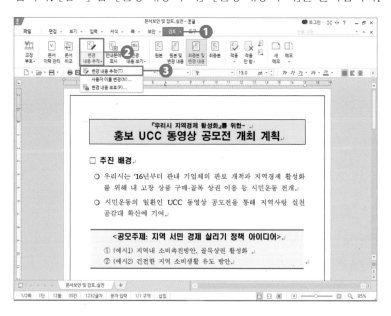

02. 문서에서 신청 기간인 '0000. 00. 00.(요일) ~ 00. 00.(요일)'을 삭제하고 '2020. 05. 05.(월) ~ 05. 28.(금)'을 입력합니다. [검토] 탭-[최종본 및 변경 내용]이 적용되어 있어 삭제된 모습과 삽입된 모습이 모두 표시됩니다.

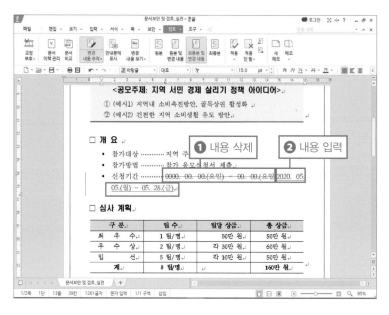

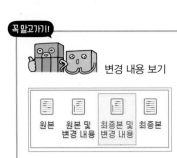

꼭 알고가기!!

변경 내용 보기

| 원본 | 원본 및 변경 내용 | 최종본 및 변경 내용 | 최종본 |

- 원본 : 변경 내용을 적용하지 않은 문서의 원본 형태를 표시합니다.
- 원본 및 변경 내용 : 원본 내용을 기준으로 변경 내용을 문서에 표시합니다.
- 최종본 및 변경 내용 : 변경 내용을 반영한 최종본과 변경 내용을 문서에 표시합니다.
- 최종본 : 모든 변경 내용이 적용된 문서의 최종 형태를 표시합니다.

03. 변경 내용 추적을 종료하기 위해 [검토] 탭-[변경 내용 추적]-[변경 내용 추적]을 클릭합니다.

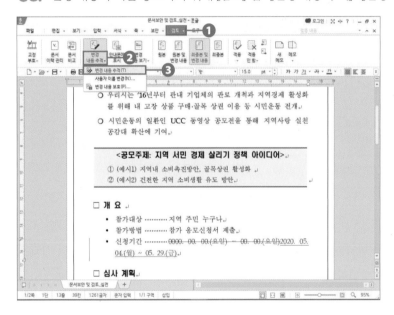

04. 문서 처음에 커서를 두고 [검토] 탭–[다음]을 클릭하면 현재 위치 다음의 변경된 곳으로 커서가 이동됩니다.

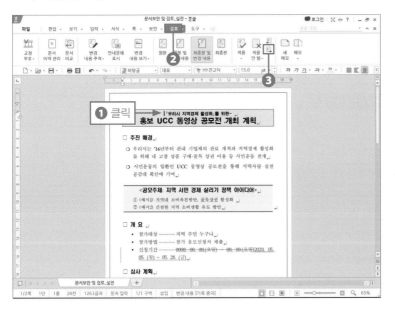

05. 변경한 내용을 적용하고 다음 변경 위치로 이동하려면 [검토] 탭–[적용]–[적용 후 다음으로 이동]을 클릭합니다.

CHAPTER 01 : 화면 구성 및 파일 관리 :

CHAPTER 02 : 기본문서 만들기 :

CHAPTER 03 : 일반적 문서 편집 :

CHAPTER 04 : 프레젠테이션 활용 :

CHAPTER 05 : 고급 문서 편집 기능 :

CHAPTER 06 문서 보안 및 검토

06. 변경된 내용이 더 없다면 [검토] 탭-[최종본]을 클릭하여 모든 변경이 내용이 적용된 문서의 최종 형태를 확인합니다.

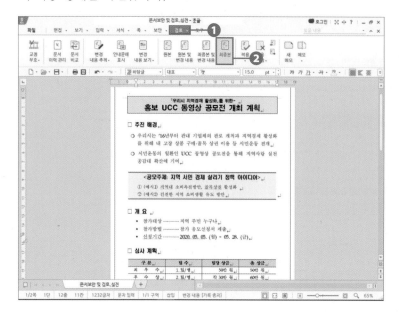

CHAPTER 01 : 화면 구성 및 파일 관리 :

CHAPTER 02 : 기본문서 만들기 :

CHAPTER 03 : 입력과 문서 편집 :

CHAPTER 04 : 프레젠테이션 활용 :

CHAPTER 05 : 고급 문서 편집 기능 :

CHAPTER 06 : 문서 보안 및 검토

CHAPTER 6

복합 응용력 UP!

동영상 해설

문제1 : 변경 내용 추적한 내용을 모두 적용 및 모두 취소하세요.

예제 파일 : 연습문제_1.hwp | 완성 파일 : 연습문제_1_완성.hwp

- 검토자 '감수자1'이 변경한 내용을 화면에 표시하세요.

- 검토자 '감수자1'이 변경한 내용은 '표시된 변경 내용 모두 취소'를 적용하세요.

- 검토자 '감수자2'가 변경한 내용을 화면에 표시하세요.

- 검토자 '감수자2'가 변경한 내용은 '표시된 변경 내용 모두 적용'을 적용하세요.

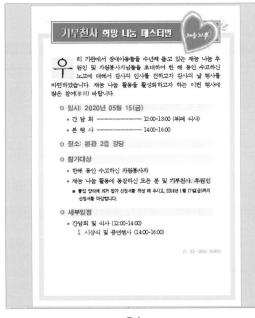

▲ Before

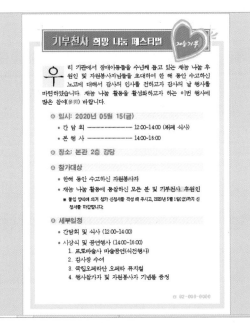

▲ After

이것이 궁금하다! Q&A

ⓆⒶ 01 | 문서 암호 설정 - [보안] 탭 - [문서 암호 설정]

• 문서 암호를 지정하여 암호를 모를 때 문서를 열 수 없게 할 수 있습니다. [보안] 탭-[문서 암호 설정]을 클릭하여 5자 이상의 암호를 지정해 주면 됩니다.

ⓆⒶ 02 | 문서 정보 확인 - [파일] 탭 - [문서 정보]

• 문서 정보에는 현재 문서에 대한 제목, 주제, 지은이 등의 문서 요약과 글자 수, 낱말 수, 쪽 수 등의 문서 통계 및 문서 안의 글꼴 정보, 그림 정보 등 문서에 대한 다양한 정보를 확인하거나 기록해 둘 수 있습니다.

ⓆⒶ 03 | 문서 정보를 이용해 글꼴 및 대체 글꼴 한 번에 바꾸기 - [파일] 탭-[문서 정보]-[글꼴 정보] 탭

• 다른 컴퓨터에서 작성된 문서를 불러오면 현재 시스템에 설치되지 않은 글꼴이 사용된 경우 대체 글꼴로 바뀝니다. 이와 같은 경우, [문서 정보] 대화상자의 [글꼴 정보] 탭에서 [대체된 글꼴] 목록을 확인할 수 있습니다. 대체된 글꼴을 선택하고 [사용된 글꼴 바꾸기] 단추를 클릭하여 다른 글꼴을 지정해 주면 일괄적으로 글꼴을 바꿀 수 있습니다. 대체된 글꼴뿐 아니라 문서에 정상적으로 적용된 글꼴도 같은 방법으로 다른 글꼴로 쉽게 바꿀 수 있습니다.

ⓆⒶ 04 | 특정 검토자가 변경한 내용만 화면에 표시하기 - [검토] 탭 - [변경 내용 보기] - [검토자]

• '변경 내용 추적' 기능을 통해 여러 검토자가 문서를 변경했을 때 특정 검토자가 변경한 내용만 화면에 표시할 수 있고, 그 내용만 '적용' 또는, '적용 안 함'을 할 수가 있습니다.

• [도구] 탭-[변경 내용 보기]-[검토자]를 클릭하면 문서를 변경한 모든 검토자가 나옵니다. 여기에서 특정 검토자를 선택하면 그 검토자가 변경한 내용만 화면에 표시됩니다. 만약, 그 검토자가 변경한 내용을 전부 취소하고 싶다면 [검토] 탭-[적용 안 함]-[표시한 변경 내용 모두 취소]를 클릭하면 됩니다.

ⓆⒶ 05 | 변경 내용을 검토하는 사용자 이름 변경 - [검토] 탭 - [변경 내용 추적] - [사용자 이름 변경]

• '변경 내용 추적'을 통해 문서를 변경하면 사용자(검토자)의 이름은 [환경 설정] 대화상자의 [일반]-[사용자 이름]에 저장된 이름인데 여기에서 이름을 변경하면 됩니다. 또는, [검토] 탭-[변경 내용 추적]-[사용자 이름 변경]에서 변경해도 됩니다.

스마트한 업무에 필요한 기능이 한 권에 다 있는

한컴오피스 2020

혼글

베스트 강사진이
알려주는
핵심 기능

스마트한 업무에 필요한 기능이 한 권에 다 있는

말랑말랑

한컴오피스 2020

한셀

유튜브 ▶ 동영상 강좌

한글과컴퓨터 공식 인증 도서 한컴오피스 2020

더욱 강력해진 한셀 핵심 기능 소개

필요한 기능만 골라서 빠르게 학습할 수 있는 구성

말랑말랑 기본기 다지기와 각 Chapter의 문제 해결에 필요한 유튜브 동영상 강좌 제공

(주)한글과컴퓨터, 허미현, 부성순 공저

베스트 강사진이 알려주는
핵심 기능

HANCOM 한글과컴퓨터　　YoungJin.com 영진닷컴　Y.

스마트한 업무에 필요한 기능이 한 권에 다 있는

한컴오피스 2020
한셀

(주)한글과컴퓨터, 허미현, 부성순 공저

HANCOM
한글과컴퓨터

YoungJin.com Y.
영진닷컴

한셀편

혼셀

혼글   혼쇼   혼워드

스마트한 업무를 위한
한컴오피스 2020
훈셀

CHAPTER 1

한셀 2020
화면 구성 및 파일 관리

중요도 ◇◇◇◇◇

■ 사용하는 한셀 기능 및 학습 후 효과

기능	효과	미리 보기
한셀 2020의 주요 기능 및 화면 구성	한셀 2020의 특징을 파악해 환경 설정이 가능합니다. 한셀 2020의 작업 영역에 대해 이해할 수 있으며, 한셀 2020의 구성 요소와 작업 창의 크기 조절을 빠르게 하는 방법 및 작업 창의 요소를 파악할 수 있습니다.	
한셀 메뉴	한셀 2020에서 제공하는 각 메뉴의 명칭과 클릭하였을 때 나타나는 하위 메뉴에 대해 이해하고 채우기 색 등의 메뉴를 분리하여 불필요한 선택을 없애 작업 속도를 높이는 방법에 대해 이해할 수 있습니다.	
개체별 탭	한셀 2020에서 제공하는 표, 차트, 피벗 테이블의 별도 개체 작업 시 자동으로 생성되는 개체별 탭에 대해 이해할 수 있습니다.	
파일 저장 & 단축키	xlsx, cell 자료 모두와 호환되는 한셀에서 자료 저장 시 사용 가능한 확장자와 작업 속도를 높이는 단축키에 대해 알 수 있습니다.	

CHAPTER 01 : 화면 구성 및 파일 관리 :

CHAPTER 02 : 문서 서식 이해하기 :

CHAPTER 03 : 수식 관리 :

CHAPTER 04 : 데이터 분석 및 관리 :

CHAPTER 05 : 데이터 시각화 :

CHAPTER 06 : 양식 도구와 매크로 :

001 한셀 2020 스마트한 최신 기능

난이도 ◆◆◆◆◆

✦사용 가능 버전 : 2020

한셀 2020 신기능 ▶▶   본격적인 학습에 앞서 한셀 2020에 새롭게 추가된 기능들을 간단히 알아보는 시간을 갖습니다.

1 XLSX, CELL 작업 환경 사용자 지정

한셀 2020에서는 [도구] 탭–[사용자 설정]–[테마]에서 기본 테마인 '한컴오피스' 또는, 'Office 호환' 테마를 선택하여 작업 화면을 변경할 수 있습니다.

2 XLSX, CELL 다양한 스프레드시트 확장자 지원

한셀에서는 확장자가 xls, xlsx, cell인 파일을 사용할 수 있으며 저장 시에도 사용자가 확장자를 선택하여 저장할 수 있어 오피스 프로그램 없이도 xlsx 파일을 편집하고 저장할 수 있습니다.

3 한글과 같은 문서 서식 단축키 사용

한셀에서 자간 조정, 글자 서식, 문단 서식, 글자 크기 조정 등의 문서 서식을 한글과 같은 단축키로 작업이 가능하기 때문에, 한셀은 타 프로그램보다 다양한 문서 작업이 가능합니다.

4 클라우드, 톡카페, 한컴 애셋 등 스마트 기능 탑재

한셀에서는 한컴 툴즈를 이용하여 작업 자료를 보관하는 클라우드 서비스를 이용할 수 있으며 한컴 말랑말랑 플랫폼의 메신저를 이용하여 한셀 작업 문서를 곧바로 메신저 대화상대에게 보낼 수 있습니다. 또한 모바일 기기에서 음성으로 명령 가능한 스마트 입력 기능을 사용할 수 있으며 모바일 기기의 자료를 무선으로 한셀 작업 창에 전송할 수도 있습니다. 한셀 무료 문서, 클립 그림, 글꼴도 한컴 애셋에서 다운받아 문서를 풍부하게 꾸밀 수 있습니다.

5 PDF를 오피스 문서로 변환하기

PDF 파일을 불러와 편집한 다음 한컴오피스 문서 형식으로 저장할 수 있습니다. 표로 작성된 PDF 파일은 타 프로그램보다 한셀에서 편집 가능한 문서로 변환이 잘 됩니다.

6 작업 환경 설정

[도구] 탭–[환경 설정]에서 Enter↵의 방향 지정, 수식 수동 계산 등 작업에 필요한 다양한 환경을 사용자가 직접 설정할 수 있습니다.

 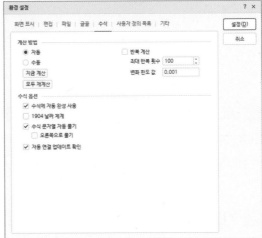

7 매크로와 VBA 개발 도구

VBA 개발 도구를 이용해 매크로와 VBA 코드를 작성하고 편집할 수 있으며 작성 중인 코드를 바로 실행해 확인할 수 있습니다. 또한 프로시저나 모듈을 간단한 절차로 추가할 수 있고 각 속성을 손쉽게 변경할 수도 있습니다.

002 한셀 2020 화면 구성 살펴보기

난이도 ◆◆◆◆◆

✦ 사용 가능 버전 : NEO 2018 2020
✦ 예제 파일 : 한셀 화면 구성 및 파일 관리.xlsx

화면 구성 ▶▶ xlsx 파일을 한셀에 연결하고, 한셀 2020의 기본 화면 구성을 이해하며 작업 창의 크기를 조절할 수 있습니다.

1 XLSX 파일을 한셀 2020에 연결하기

한셀 2020은 xlsx, cell 모든 파일을 다 연결하여 실행할 수 있습니다. '한셀 화면 구성 및 파일 관리.xlsx' 파일을 마우스 오른쪽 버튼으로 클릭하고 [연결 프로그램]—[Cell 2020]을 선택합니다.

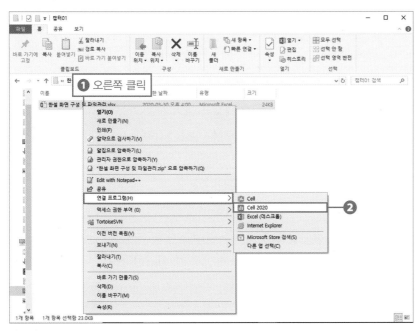

꼭 알고가기!

• 윈도우 10에서 확장자 확인법
윈도우 탐색기의 [보기] 탭—[파일 확장명]을 체크하면 확장자가 표시됩니다.

• 엑셀 자료를 한셀 자료로 빠르게 변경하는 법
파일명에서 엑셀의 확장자 xls 또는 xlsx를 한셀 확장자 cell로 변경합니다(이름 변경 단축키 : F2).

CHAPTER 01 화면 구성 및 파일 관리
CHAPTER 02 문서 서식 이해하기
CHAPTER 03 수식 편집
CHAPTER 04 데이터 분석 및 편집
CHAPTER 05 데이터 시각화
CHAPTER 06 양식 도구와 매크로

2 전체 화면 구성

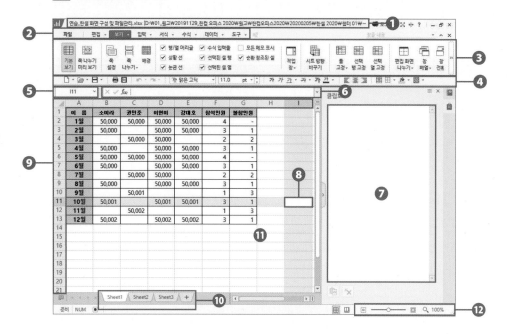

❶ **제목 표시줄** : 현재 작업 중인 문서의 작업 경로와 이름을 표시합니다.

❷ **메뉴** : 한셀에서 제공하는 기능으로 구성되어 있으며 F10을 눌러 사용 가능합니다.

❸ **기본 도구 상자** : 메뉴를 클릭하면 해당하는 기능이 탭 형식으로 나타납니다. 상황에 따라 개체별, 상태별 기본 도구 상자가 동적으로 나타납니다.

❹ **서식 도구 상자** : 한셀에서 자주 사용되는 기능을 제공합니다.

❺ **이름 상자** : 현재 선택한 셀의 주소가 나타납니다. 셀 주소 대신 이름을 지정할 수도 있습니다. 이때 하나의 셀뿐만 아니라 여러 셀의 영역을 설정한 다음 이름을 지정하는 것도 가능합니다.

❻ **수식 입력줄** : 선택한 셀의 내용을 나타내거나 수식을 직접 입력/편집합니다.

❼ **작업 창** : 작업 창을 활용하면 문서 편집 시간을 줄이고 작업 속도를 높이는 등 효율적인 문서 작업을 수행할 수 있습니다.

❽ **셀** : 셀(Cell)은 데이터 입력의 기본 단위입니다. 셀이 모여서 하나의 시트(Sheet)를 이룹니다.

❾ **행/열** : 셀이 가로로 모인 것을 행이라고 합니다. 하나의 워크시트가 가질 수 있는 최대 행의 개수는 1,048,576행입니다. 셀이 세로로 모인 것을 열이라고 합니다. 하나의 워크시트가 가질 수 있는 최대 열의 개수는 16,384열입니다.

❿ **시트 탭** : 워크시트 사이를 이동하거나 여러 개의 워크시트를 선택할 때 사용하는 탭입니다. 추가 가능한 워크시트 최대 개수는 255개입니다.

⓫ **작업 영역** : 한셀 2020을 실행하면 바둑판과 같이 가로줄과 세로줄이 그어진 문서가 나타나는데 이 문서를 워크시트(Worksheet)라고 합니다.

⓬ **확대/축소** : 화면 확대 및 축소 비율 변경이 가능합니다.

3 화면 크기 조정

[확대] 또는, [축소]를 클릭하여 화면의 크기를 조정할 수 있습니다. 또는, [보기] 탭-[확대]/[축소]를 클릭하여 화면의 크기를 조정합니다.

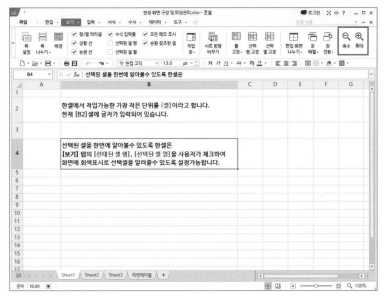

꿀팁

마우스로 조정하는 화면 확대/축소

Ctrl을 누른 상태에서 마우스 휠 버튼을 위아래로 움직여 조정합니다.

4 쪽 나누기 미리 보기

[Sheet2] 탭을 클릭하여 시트를 이동합니다. 화면 하단의 [기본 보기]와 [쪽 나누기 미리 보기]를 클릭하여 작업 화면과 인쇄 화면을 표시할 수 있습니다. [쪽 나누기 미리 보기]를 클릭 또는, [보기] 탭-[쪽 나누기 미리 보기]를 클릭하면 인쇄될 쪽 영역이 파란색 실선으로 표시됩니다.

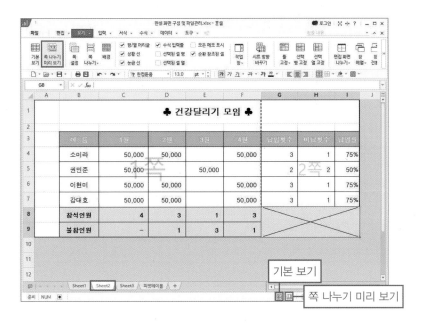

CHAPTER 01 화면 구성 및 파일 관리

CHAPTER 02 : 문서 서식 이해하기

CHAPTER 03 : 수식 관리

CHAPTER 04 : 데이터 분석 및 관리

CHAPTER 05 : 데이터 시각화

CHAPTER 06 : 양식 도구와 매크로

003 한셀 2020 메뉴 & 작업 개체 살펴보기

난이도 ✦✦✦✦✦

✦ 사용 가능 버전 : NEO 2018 2020
✦ 예제 파일 : 한셀 화면 구성 및 파일 관리.xlsx

[메뉴] & [작업] 탭 ▶▶ 한셀 2020에서 제공하는 메뉴와 탭에 대해 이해하여 한셀 작업을 좀 더 원활히 실행할 수 있습니다.

1 메뉴 구성

한셀 2020은 서로 관련 있는 기능을 분류하여 [파일], [편집], [보기], [입력], [서식], [수식], [데이터], [도구] 탭을 제공합니다. 또한, 문서 창 안에서 어떤 상황이든지 마우스 오른쪽 버튼을 클릭하면 그 상태에서 실행할 수 있는 기능을 단축키와 함께 보여 주는 빠른 메뉴를 제공합니다.

❶ 메뉴 : 선택한 메뉴의 도구 상자가 탭 형태로 펼쳐집니다. 탭 형태로 펼쳐지는 도구 상자를 열림 상자라고 부릅니다.

❷ 펼침 단추 : 선택한 메뉴의 하위 메뉴가 펼쳐집니다.

❸ 옆으로 이동 : 창이 축소되어 메뉴가 일부만 표시되는 경우 [옆으로 이동] 단추를 클릭하면 감춰진 메뉴가 나타납니다.

❹ 전체 화면 : 메뉴, 기본 도구 상자 및 서식 도구 상자를 접고 전체 화면으로 표시합니다.

❺ 크게 보기 : 메뉴 및 도구 상자 영역을 더 크게 표시합니다.

❻ 도움말 : 도움말 메뉴가 나타납니다.

꼭 알고가기!

기본 도구 상자 접기/펴기
기본 도구 상자를 숨기고 메뉴만 보고자 할 때는 [기본 도구 상자 접기/펴기]를 클릭합니다.

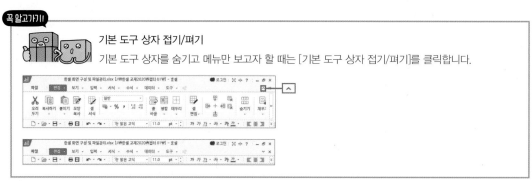

② 서식 도구 상자

서식 도구 상자는 자주 사용하는 서식 관련 기능을, 여러 경로를 거치지 않고 한 번의 동작으로 바로 실행할 수 있도록 아이콘으로 만들어 모아 놓은 곳입니다. 서식 도구 상자는 화면에서 보이기/숨기기 상태를 정할 수 있으며, [사용자 설정]을 실행하여 필요한 아이콘을 추가할 수도 있습니다.

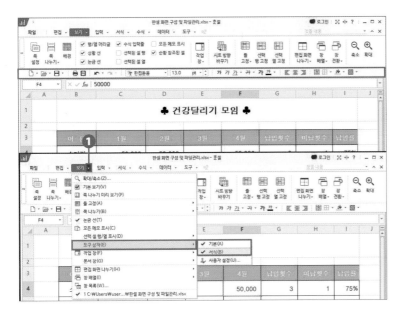

③ [표 디자인] 탭

예제 파일의 [Sheet3] 탭을 클릭하고 [B4:E8] 셀을 범위 지정한 뒤 [데이터] 탭-[표]를 클릭합니다. [표 만들기] 대화상자에서 [확인] 단추를 클릭하면 한셀에서 제공하는 표로 자료가 완성됩니다. [B3:E8] 셀 안에 커서를 클릭하면 한셀 2020 메뉴에 [표 디자인] 탭이 나타납니다.

• [표 디자인] 탭 : 데이터 표로 작성된 표 이름이나 표 편집 기능을 손쉽게 사용할 수 있습니다.

CHAPTER 01 화면 구성 및 파일 관리

CHAPTER 02 문서 서식 이해하기

CHAPTER 03 수식 관리

CHAPTER 04 데이터 분석 및 관리

CHAPTER 05 데이터 시각화

CHAPTER 06 양식 도구와 매크로

4 [차트] 탭

[입력] 탭-[차트]로 작성한 클릭하면 한셀 2020 메뉴에 [차트 디자인] 탭과 [차트 서식] 탭이 나타납니다.

▲ [차트 디자인] 탭

▲ [차트 서식] 탭

- [차트 디자인] 탭 : 차트를 입력하고 편집하는 데 필요한 기능들을 아이콘 모양으로 만들어 모아 놓은 곳입니다. [차트 디자인] 탭을 이용하면 차트 종류, 축, 범례 등의 속성을 바꿀 수 있습니다.
- [차트 서식] 탭 : 차트 글자, 차트 색상 등의 서식 관련 기능을 제공합니다.

5 [피벗 테이블] 탭

'피벗 테이블' 시트를 클릭하면 자료에 대하여 가로세로 테이블 형식의 집계를 드래그만으로 할 수 있는 피벗 테이블 표가 작성되어 있습니다. 피벗 테이블을 클릭하면 [피벗 테이블] 탭이 나타납니다.

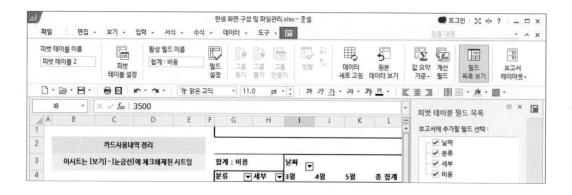

- [피벗 테이블] 탭 : [피벗 테이블] 탭을 이용하여 요약된 데이터를 손쉽게 사용할 수 있습니다.

004 파일 관리

난이도 ◆◆◆◆◆

✦사용 가능 버전 : NEO 2018 2020
✦예제 파일 : 한글 화면 구성 및 파일 관리.pptx

✦사용 기능 : 파일 관리 및 암호 설정

CHAPTER 01 : 화면 구성 및 파일 관리 :

CHAPTER 02 : 문서 서식 이해하기 :

CHAPTER 03 : 수식 편집 :

CHAPTER 04 : 데이터 분석 및 관리 :

CHAPTER 05 : 데이터 시각화 :

CHAPTER 06 : 양식 도구와 매크로 :

파일 관리 ▶▶　한셀 2020의 자료를 cell, xlsx, pdf 등의 다양한 형식으로 저장하여 사용할 수 있습니다.

1 저장 옵션 설정/암호, 저장 설정

파일에 문서 암호를 지정하면, 문서 암호를 정확하게 입력할 때만 문서 파일을 열어 내용을 볼 수 있습니다. [파일] 탭–[문서 암호]을 클릭합니다. [열기/쓰기 암호 설정] 대화상자가 나타나면 [열기 암호](암호를 모르면 읽을 수 없음)와 [쓰기 암호](파일 열기는 가능하나 암호를 모르면 수정 불가능)를 입력한 후 [확인] 단추를 클릭하여 암호를 설정할 수 있습니다.

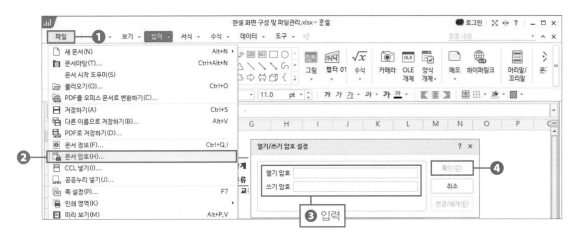

개인 정보가 있는 파일은 열기 암호로 보안이 가능합니다(1~255자 암호 가능).

한셀 파일 종류

파일 종류	확장자	설명
한셀 문서	*.cell	한셀 문서 형식으로 저장합니다.
한셀 서식	*.hcdt	한셀 디자인 서식 파일 형식으로 저장합니다.
엑셀 문서	*.xlsx	Microsoft Excel 파일 형식으로 저장합니다.
엑셀 95~2003	*.xls	Microsoft Excel 97-2003 파일 형식으로 저장합니다.
엑셀 매크로 사용 통합 문서	*.xlsm	Microsoft Excel 매크로 사용 형식으로 저장합니다.
넥셀 2003-2007 통합 문서	*.nxl	넥셀 문서 형식으로 저장합니다.
CSV 문서	*.csv	쉼표로 분리된 텍스트 형식으로 저장합니다.
텍스트 문서(탭으로 구분)	*.txt	탭으로 구분된 텍스트 형식으로 저장합니다.
PDF, PDF/A 문서	*.pdf	PDF 문서 형식으로 저장합니다.

2 CELL 파일로 저장

[파일] 탭–[다른 이름으로 저장하기]를 클릭하면 나타나는 [다른 이름으로 저장] 대화상자에서 [파일 형식]을 클릭하고 '한셀 통합 문서(*.cell)'로 지정하면 한셀 전용 파일로 저장할 수 있습니다.

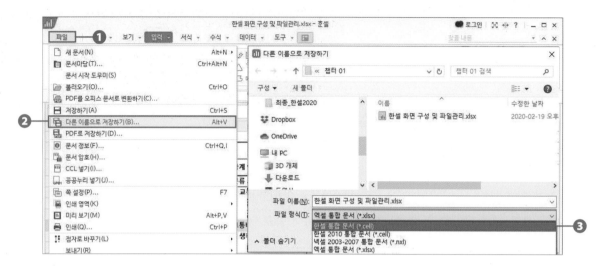

3 PDF 파일로 저장

현재 편집 화면에 있는 문서를 인쇄하지 않고 PDF 파일로 저장합니다. PDF로 저장할 때 변환 범위, 그림 품질, 열기 암호 및 권한 여부를 설정할 수 있습니다. [파일] 탭–[PDF로 저장]을 클릭하고 [PDF로 저장하기] 대화상자가 나타나면 저장할 위치를 지정하고 [저장] 단추를 클릭합니다. PDF 파일로 변환하는 동안 한쇼 왼쪽 하단의 상황선에는 PDF 저장 진행률이 나타나고 100%가 되면 저장이 완료됩니다. 저장된 PDF 자료를 마우스 오른쪽 버튼으로 클릭하고 [PDF 2020]을 선택합니다. 한셀의 인쇄 구역에 따라 페이지가 출력됩니다.

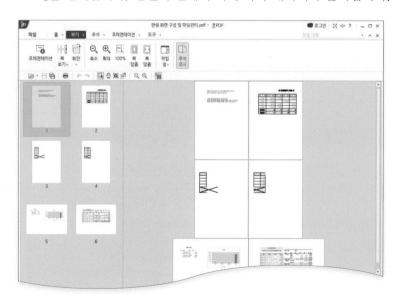

CHAPTER 01 : 화면 구성 및 파일 관리 :
CHAPTER 02 : 문서 서식 이해하기 :
CHAPTER 03 : 수식 관리 :
CHAPTER 04 : 데이터 편집 및 관리 :
CHAPTER 05 : 데이터 시각화 :
CHAPTER 06 : 엑셀 도구와 매크로 :

005 필수 단축키

난이도 ◇◇◇◇◇

✦ 사용 가능 버전 : NEO 2018 2020
✦ 예제 파일 : 한셀 2020 단축키.pdf

단축키 ▶▶   한셀 작업 시 키보드만으로 작업을 실행하면 빠르고 정확한 작업이 가능합니다.

■ 데이터 삽입 및 셀 편집

기능	단축키	기능	단축키
셀/행/열 삽입	Alt + Insert	셀/행/열 삭제	Alt + Delete
행 전체 선택	Shift + Space Bar	열 전체 선택	Ctrl + Space Bar
행 높이 늘이기/줄이기	Ctrl + Alt + ↑/↓	열 너비 늘이기/줄이기	Ctrl + Alt + →/←
행 숨기기	Ctrl + 9	행 숨기기 취소	Ctrl + Shift + 9
열 숨기기	Ctrl + 0	열 숨기기 취소	Ctrl + Shift + 0
현재 날짜	Ctrl + ;	현재 시간	Ctrl + Shift + ;
자간 넓히기	Alt + Shift + W	자간 줄이기	Alt + Shift + N
셀 전체 선택	Ctrl + A	시트 삽입	Shift + F11

■ 이동 및 변환

기능	단축키	기능	단축키
영역 지정	Shift +방향키	이전 쪽으로 이동	Page Up
데이터 있는 상태 (처음 및 마지막 셀로 이동)	Ctrl +방향키	다음 쪽으로 이동	Page Down
다음 데이터가 있는 셀까지 영역 지정	Ctrl + Shift +방향키	특정 셀로 이동	Alt + G / F5
선택한 행의 첫 번째 열로 이동	Home	[A1] 셀로 이동	Ctrl + Home

■ 편집

기능	단축키	기능	단축키
되돌리기	Ctrl + Z	찾기	Ctrl + F
다시 실행	Ctrl + Y	찾아 바꾸기	Ctrl + H
골라 붙이기	Ctrl + Alt + V	윗셀 복사 붙이기	Ctrl + D
모양 복사	Alt + C	왼쪽 셀 복사 붙이기 셀 편집 서식 복사	Ctrl + R
빠른 메뉴(마우스 우측)	Shift + F10	서식 붙여 넣기	Ctrl + R + F2

복합 응용력 UP!

CHAPTER 1

동영상 해설

문제1 : 파일의 확장자를 변경하세요.

예제 파일 : 연습_한셀 화면 구성 및 파일 관리.xlsx | 완성 파일 : 연습_한셀 화면 구성 및 파일 관리.cell

- 한셀 화면을 '쪽 나누기 미리 보기'로 변경하여 작업 중인 문서의 영역을 워크시트 상에서 확인하세요.
- 열기 암호를 '123'으로 설정하세요.
- 파일 확장자의 파일 형식을 '한셀 문서(*.cell)'로 저장하세요.

▲ Before

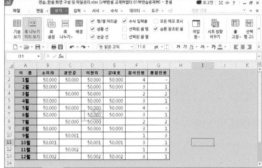

▲ After

동영상 해설

문제2 : 한셀 2020에서 작성된 워크시트를 다양한 방식으로 저장하세요.

예제 파일 : 연습_한셀 화면 구성 및 파일 관리.xlsx | 완성 파일 : 연습_한셀 화면 구성 및 파일 관리.pdf

- '연습_한셀 화면 구성 및 파일 관리.pdf' 파일로 저장하세요.

▲ Before

▲ After

CHAPTER 01 화면 구성 및 파일 관리
CHAPTER 02 문서 서식 이해하기
CHAPTER 03 수식 관리
CHAPTER 04 데이터 분석 및 관리
CHAPTER 05 데이터 시각화
CHAPTER 06 양식 도구와 매크로

이것이 궁금하다! Q&A

Q&A 01 | 현재 열려 있는 통합 문서 창을 배열 – [보기] 탭 – [창 배열, 창 전환]

• 창 배열 : 한셀 파일을 2개 이상 실행 중일 때 모니터에 작업 중인 한셀을 '가로, 세로, 겹치게, 또는 모두 최소화하여 Windows 작업 표시줄에 아이콘으로 정렬'할 수 있습니다.

• 창 전환: 한셀 파일을 2개 이상 실행 중일 때 작업 중인 한셀 파일을 리스트로 보여 주며 클릭하여 다른 한셀 파일을 선택할 수 있습니다.

Q&A 02 | 점자로 바꾸기 – [파일] 탭 – [점자로 바꾸기]

• 점자 변환 프로그램 없이 일반 문서를 점자 문서로 바꿉니다. 점자 문서는 저장하거나 인쇄할 수 있습니다. 점자 문서로 바꿀 때 적용되는 속성은 [점자로 바꾸기 설정] 대화상자에서 지정할 수 있습니다.

Q&A 03 | 사용자의 편의에 따라 분리 가능한 작업 창 – [창 분리]

• 글자 색을 반복적으로 작업할 때는 창을 분리하여 [글자 색] 창을 선택하는 시간을 단축할 수 있습니다.

• 글자의 범위를 지정하고 서식 도구 상자의 [글자 색] 펼침 단추(▼)를 클릭한 후 [창 분리]를 클릭하면 [글자 색] 창이 별도로 표시됩니다.

Q&A 04 | 작성 중인 문서 공유하기 – [파일] 탭 – [보내기] – [톡카페로 보내기]

• 작성 중인 문서 또는, 불러온 문서를 톡카페 친구에게 간편하게 전송합니다. 한 번도 저장하지 않은 신규 작성 문서도 편집 중에 바로 전송할 수 있습니다.

• [톡카페로 보내기]를 이용하려면 톡카페가 설치되어 있어야 합니다. 톡카페에 로그인할 수 있는 계정은 톡카페 모바일에서 등록한 이메일 주소입니다.

한셀의
문서 서식 이해하기

중요도 ◆◆◆◆

■ 사용하는 한셀 기능 및 학습 후 효과

기능	효과	미리 보기
셀 서식	[셀 서식] 대화상자는 [표시 형식, 맞춤, 글자 기본, 글자 확장, 테두리, 무늬, 채우기, 보호] 탭으로 구성되어 있어, 각 탭에서 제공하는 다양한 옵션을 설정하여 셀에 서식을 지정할 수 있습니다.	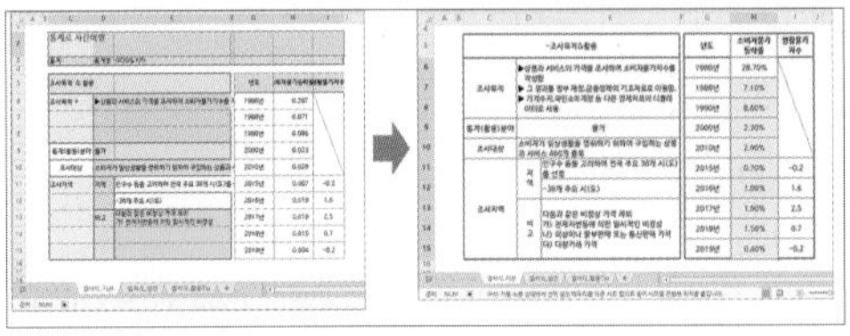
인쇄 설정하기	작성된 문서를 인쇄하는 다양한 옵션을 제공합니다. 회사 로고를 머리글/바닥글에 넣어서 인쇄할 수도 있습니다.	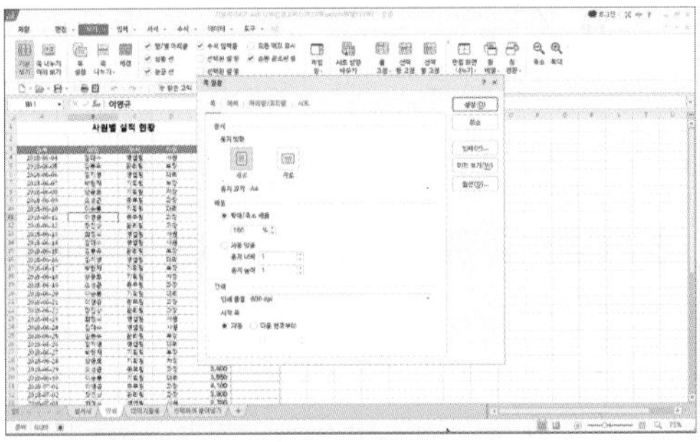
이미지 & 도형 개체	시트에 회사 로고를 삽입하고 흰색 배경을 제거하거나 인쇄 구역에서 반복하여 인쇄할 수 있습니다.	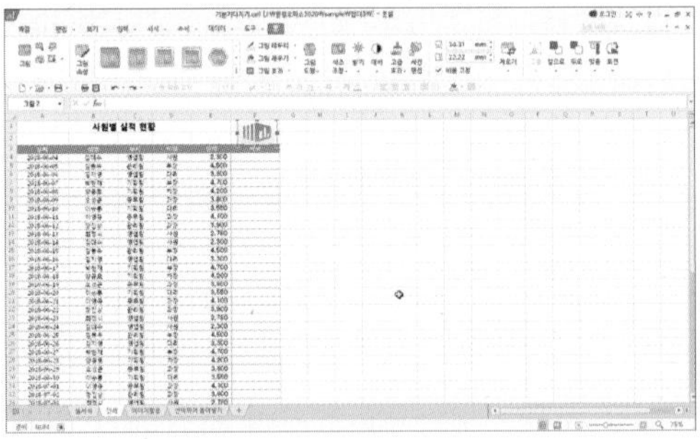

001 셀 서식 지정하기

난이도 ◇◇◇◇◇

✦ 사용 가능 버전 : NEO 2018 2020
✦ 사용 기능 : 셀 서식 지정

셀 서식 지정 ▶▶ 셀 서식, 사용자 지정 표시 형식, 조건부 서식 등 한셀 문서에 빠르고 효과적인 문서 서식을 지정하는 방법에 대해 알아봅니다.

말랑말랑 기본기 다지기

예제 파일 : Chapter 02/셀서식.cell, 시트명 [셀서식_기본] | 완성 파일 : Chapter 02/셀서식_완성.xlsx

1 셀 병합 및 줄 바꿈

01. 굵은 색 주황 테두리와 색상이 있는 셀은 병합을 작업할 셀의 영역입니다. [C2:I2] 셀을 드래그하여 범위 지정 후 [서식] 탭-[병합]을 클릭합니다. 블록으로 선택된 여러 개의 셀이 한 개의 셀로 합칩니다.

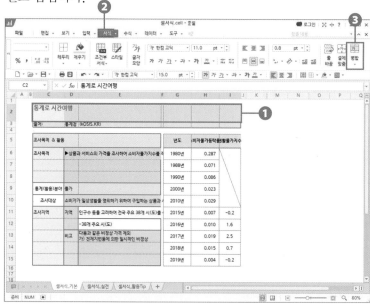

꿀팁

화면의 흰색 배경은 [보기] 탭-[눈금 선]의 체크를 해제하면 눈금선 없이 작업할 수 있습니다.

02. [C2] 셀에서 [서식] 탭-[가운데 정렬]을 클릭하여 문단의 가로 가운데로 글자 위치를 조정합니다. [서식] 탭-[중간 맞춤]을 클릭하여 문단의 세로 가운데로 글자 위치를 조정합니다.

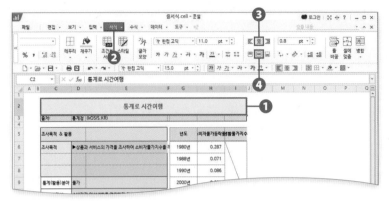

꿀팁

셀 병합하면서 가운데 정렬을 같이하기

단축키 : Ctrl + M 또는, [병합]에서 하위 메뉴 선택

03. 한셀에서는 [C3], [D3], [E3] 셀에 각각 입력된 자료를 셀 병합 시 모두 보존할 수 있도록 병합이 가능합니다. [C3:I3] 셀을 범위 지정 후 [서식] 탭-[병합]을 클릭합니다. [병합] 대화상자의 [모두] 단추를 클릭하여 셀을 한 개로 합칩니다.

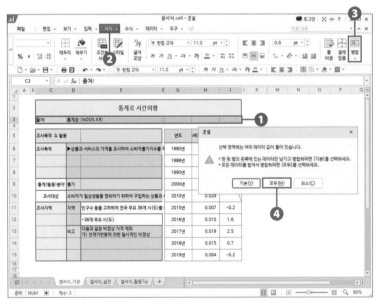

꼭 알고가기!

병합 옵션

주의 : 범위 지정된 셀 중에 숫자 자료가 있는 셀이 있으면 병합 옵션 [모두]는 표시되지 않습니다.

	[C3] 셀	[D3] 셀	[E3] 셀
원본	출처:	통계청	(kOSIS.KR)
[기본] 병합	출처:		
[모두] 병합	출처:통계청(KOSIS.KR)		

04. 병합된 셀은 자동으로 줄 바꿈이 적용됩니다. 자동으로 설정된 [서식] 탭-[줄 바꿈]을 클릭하여 [줄 바꿈] 기능을 해제하면 병합된 셀의 내용이 한 줄로 표시됩니다.

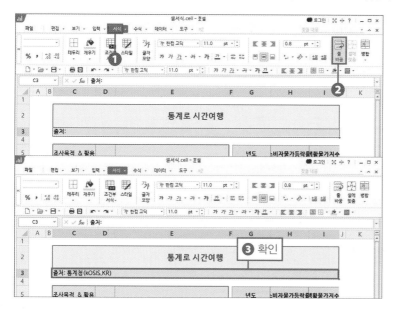

05. [5] 행을 클릭한 뒤 Shift 를 누른 상태로 [15] 행을 클릭하여 [5:15] 행을 범위 지정합니다. [서식] 탭-[줄 바꿈]을 클릭하면, 셀에 입력된 내용이 셀 크기를 넘어갈 때 셀 폭에 맞추어 자동으로 여러 줄을 표시하게 설정됩니다.

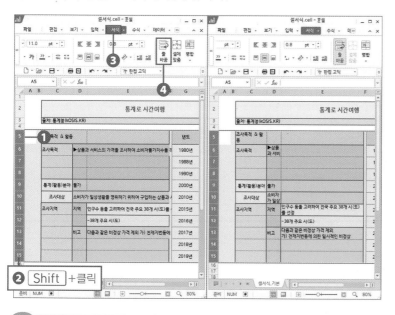

꿀팁

화면 크기 조정
- Ctrl 과 마우스 가운데 휠 버튼으로 화면 크기를 조정하면서 작업하세요.
- 글자의 크기를 셀 폭에 자동으로 맞추어 축소하려면 [서식] 탭-[셀에 맞춤]을 클릭하세요.

CHAPTER 01 : 화면 구성 및 파일 관리

CHAPTER 02 : 문서 서식 이해하기

CHAPTER 03 : 수식 편집

CHAPTER 04 : 데이터 분석 및 관리

CHAPTER 05 : 데이터 시각화

CHAPTER 06 : 양식 도구와 매크로

2 반복 작업을 빠르게 하는 F4키

01. 굵은 주황색 테두리와 색상별로 병합할 셀을 표시하였습니다. 이번에는 [C5:E5] 셀을 범위 지정한 후 서식 도구 상자의 [병합하고 가운데 맞춤]을 클릭하여 '병합하고 가운데 맞춤'을 한 번에 실행합니다. 그리고 [C6:C8] 셀을 범위 지정 후 F4를 눌러 방금 전에 작업했던 '병합하고 가운데 맞춤'을 재실행합니다.

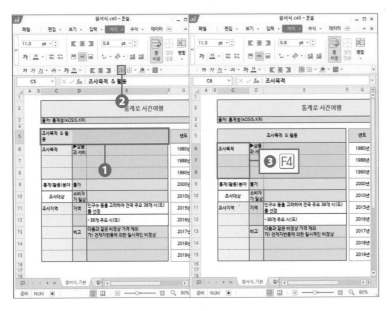

02. [D6:E8], [D9:E9], [D10:E10], [C11:C15], [D11:D12], [D13:D15], [E13:E15] 셀을 각각 범위 지정 후 F4를 눌러 '병합하고 가운데 맞춤 작업'을 반복 실행합니다.

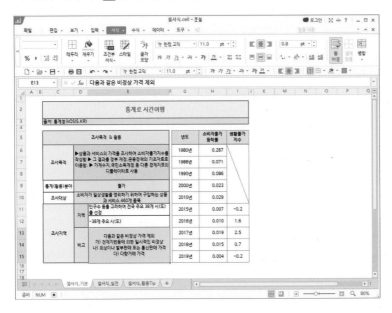

3 셀 색상 및 테두리 편집하기

01. 셀에 색상을 채우거나 제거할 수 있습니다. 전체 셀을 선택하고 [서식] 탭–[채우기]의 펼침 단추(▼)를 클릭한 후 [없음]을 클릭합니다. 셀을 클릭하여 전체 셀 선택을 해제합니다.

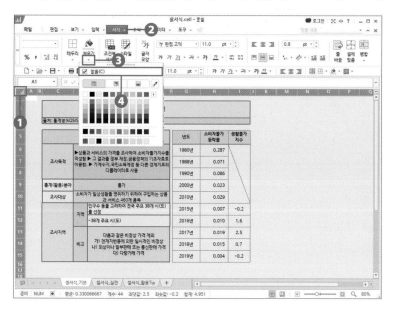

02. 셀 테두리를 작성하기 위하여 셀 테두리의 색상과 종류를 선택합니다. [서식] 탭–[테두리]의 펼침 단추(▼)를 클릭하고 [테두리 색]–[하늘색(RGB: 97,130,214) 50% 어둡게]를 클릭하여 테두리 색상을 지정합니다. [테두리]에서 [셀 단위 그리기]를 클릭합니다.

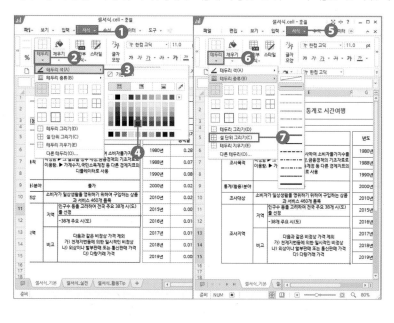

CHAPTER 01 화면 구성 및 파일 관리

CHAPTER 02 문서 서식 이해하기

CHAPTER 03 수식 관리

CHAPTER 04 데이터 분석 관리

CHAPTER 05 데이터 시각화

CHAPTER 06 양식 도구와 매크로

03. [C2:I3], [C5:E15], [G5:I15] 셀을 각각 드래그하여 표 테두리를 작성하고 Esc 를 눌러 셀
단위 그리기 작업을 마무리합니다.

04. [C2:I3] 셀을 범위 지정하고 [서식] 탭-[테두리]-[테두리 종류]-[바깥쪽(두꺼운 선)]을 클
릭합니다.

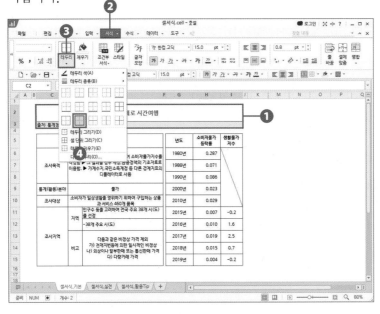

05. [C5:E15] 셀을 범위 지정하고 F4를 눌러 '바깥쪽(두꺼운 선)' 작업을 반복합니다. [C5:E5], [G5:I5], [G5:I15] 셀도 범위 지정 후 F4를 눌러 반복 작업을 진행합니다. 테두리 서식은 서식 도구 상자에서도 작업이 가능합니다. [C2:I3] 셀을 범위 지정하고 서식 도구 상자에서 [테두리]-[테두리 없음]을 클릭합니다.

4 특수 문자 및 대소문자 변경하기

01. 키보드에 표시되지 않은 특수 문자를 셀에 입력할 수 있습니다. [C2] 셀의 '통' 앞에 커서를 두고 더블클릭 후 한글 자음 'ㅁ'을 입력하고 한자를 누릅니다. [특수 문자로 바꾸기] 대화상자의 [특수 문자 목록]에서 '★'를 선택하고 [바꾸기] 단추를 클릭합니다.

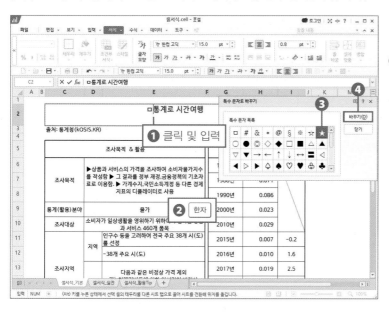

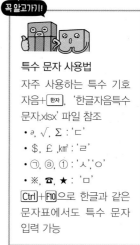

꼭 알고가기!!

특수 문자 사용법
자주 사용하는 특수 기호 자음+한자, '한글자음특수 문자.xlsx' 파일 참조

- ∂, √, ∑ : 'ㄷ'
- $, £, ㎢ : 'ㄹ'
- ㉠, @, ① : 'ㅅ', 'ㅇ'
- ※, ☎, ★ : 'ㅁ'

Ctrl+F10으로 한글과 같은 문자표에서도 특수 문자 입력 가능

CHAPTER 01 : 화면 구성 및 파일 관리 :
CHAPTER 02 : 문서 서식 이해하기 :
CHAPTER 03 : 수식 편집 :
CHAPTER 04 : 데이터 분석 및 관리 :
CHAPTER 05 : 데이터 시각화 :
CHAPTER 06 : 양식 도구와 매크로 :

02. [C3] 셀에 입력된 통계청 사이트 영문 'kOSIS.KR'를 영문 소문자 'kosis.kr'로 변경할 수 있습니다. [C3] 셀을 선택하고 [편집] 탭–[글자 바꾸기]–[대문자/소문자 바꾸기]–[모두 소문자로]를 클릭한 후 [바꾸기] 단추를 클릭합니다.

03. [C5] 셀을 더블클릭하여 글자의 맨 앞에 '–'을 입력합니다. 글의 맨 앞에 '+', '–', '='을 입력하면 수식 작성의 시작으로 한셀이 인식하여 '조사목적&활용'이 수식에서 찾을 수 없음이라는 '#NAME?' 에러가 표시됩니다. 작은따옴표를 누르고 '–' 을 입력해서 수식이 아닌 문자임을 표시합니다.

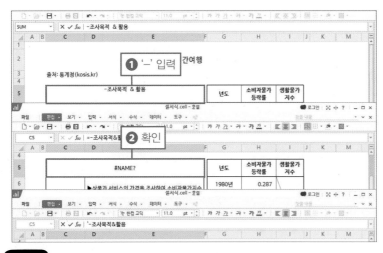

> • [C5] 셀 입력 내용 : ' – 조사목적&활용

꼭 알고가기!!

숫자 앞의 초록색 표시 알기

숫자 입력 시 가장 앞의 무효한 0은 표시되지 않습니다.

001 : 입력 시 표시 형식은 '1'로 표시됨. 이때 숫자이지만 '001'로 표시하려면 문자로 입력하는 방법이 있습니다. '001로 입력하면 초록색 표시가 셀에 표시됩니다. 이 자료는 숫자가 아닌 문자입니다.

001

5 줄 분리 및 셀 서식

01. [D6] 셀을 선택하고 Ctrl 을 누른 상태에서 [D10] 셀을 선택하고, 마지막으로 [E13] 셀을 선택한 후 Ctrl + Shift + L 을 눌러 왼쪽 정렬을 실행합니다. 한셀에서는 Alt + Enter↵ 를 이용하여 사용자가 지정한 위치에 줄 분리 기능을 추가할 수 있습니다. Alt + Enter↵ 가 적용된 자료는 줄 분리 위치에서 Delete 를 눌러 줄 분리 명령을 제거할 수 있습니다. [D6] 셀의 내용 두 번째 '▶' 앞에 커서를 위치하고 Alt + Enter↵ , 세 번째 '▶' 앞에 커서를 위치하고 Alt + Enter↵ 을 눌러 줄 분리 명령을 실행합니다.

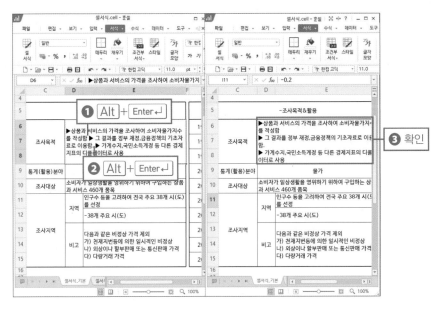

02. 한셀은 한글과 같은 글자 모양, 문단 모양 기능을 [셀 서식] 대화상자에서 실행할 수 있습니다. [D6] 셀을 선택하고 [서식] 탭-[셀 서식]을 클릭합니다. [맞춤] 탭-[내어 쓰기]를 클릭하고 '5.0'을 입력한 후 [설정] 단추를 클릭합니다.

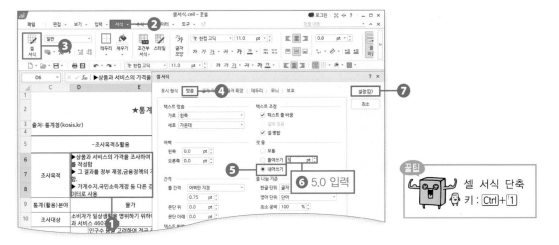

꿀팁

셀 서식 단축 키 : Ctrl + 1

CHAPTER 01 : 화면 구성 및 파일 관리 :
CHAPTER 02 : 문서 서식 이해하기
CHAPTER 03 : 수식 관리 :
CHAPTER 04 : 데이터 편집 및 관리 :
CHAPTER 05 : 데이터 시각화 :
CHAPTER 06 : 양식 도구와 매크로 :

03. [D6] 셀에서 Alt + Shift + N을 네 번 눌러 글자 사이 간격 자간을 줄여서 셀의 내용을 완성합니다.

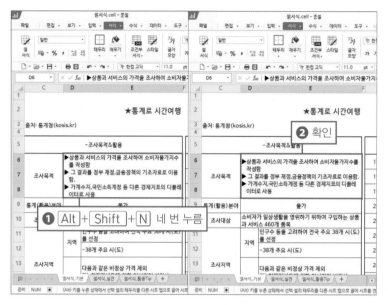

한글에서 제공하는 글자, 문단 모양을 한셀에서도 실행할 수 있습니다.

---

6 표시 형식

01. 텍스트의 세로쓰기와 숫자의 표시 형식을 변경할 수 있습니다. [D11:D15] 셀을 범위 지정 후 [서식] 탭-[텍스트 회전]-[세로 쓰기]를 클릭합니다.

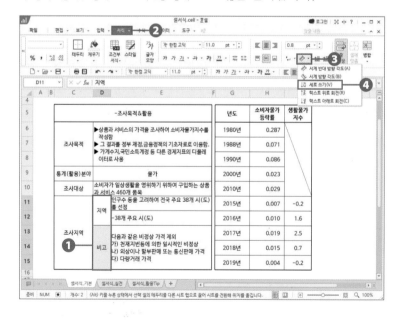

02. [H6:H15] 셀을 범위 지정 후 [서식] 탭-[백분율 스타일]을 클릭하고 [자릿수 늘임]을 두 번 클릭하여 소수점 이하 자릿수 표시 개수를 설정합니다.

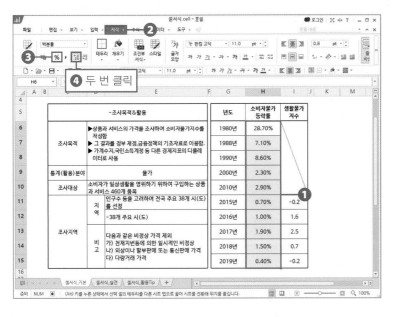

7 시트 복사 및 저장하기

01. '셀 서식_기본' 시트를 마우스 오른쪽 버튼으로 클릭하고 [시트 이동/복사]를 클릭합니다. [시트 이동/복사] 대화상자에서 [대상 통합 문서]에서 '새 통합 문서'를 지정하고 [확인] 단추를 클릭합니다. 새 워크시트에 복사된 시트가 나타납니다. [파일] 탭-[다른 이름으로 저장]을 클릭하고 [다른 이름으로 저장] 대화상자가 나타나면 '셀서식_완성.xlsx' 파일로 저장합니다.

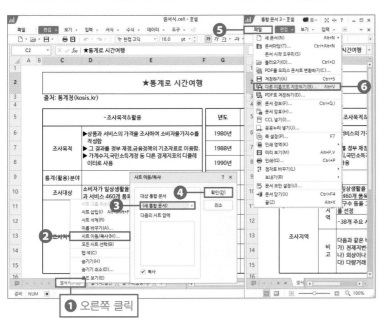

CHAPTER 01 :: 화면 구성 및 파일 관리 ::
CHAPTER 02 :: 문서 서식 이해하기 ::
CHAPTER 03 :: 수식 관리 ::
CHAPTER 04 :: 데이터 분석 및 관리 ::
CHAPTER 05 :: 데이터 시각화 ::
CHAPTER 06 :: 양식 도구와 매크로 ::

1 셀 작업 Tip

01. [C] 열을 선택하고 [편집] 탭-[왼쪽에 열 추가하기]를 클릭하여 열을 추가합니다.
[C5:C13] 셀에 '소분류', '남자', '여자'를 입력합니다.

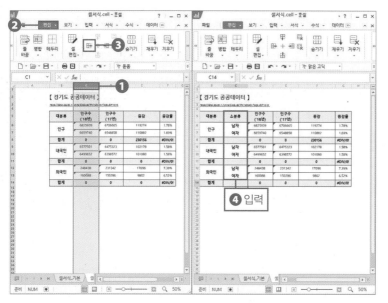

꿀팁
[C] 열 중 어디
든 클릭하고
`Ctrl`+`Space Bar`를 눌러서
열 선택이 가능합니다.

• 행 선택 :
`Shift`+`Space Bar`

• 행열 추가 단축키 :
`Ctrl`+`Shift`+`+`

• 행열 삭제 단축키 :
`Ctrl`+`-`

02. [C] 열에 테두리 및 글자 서식 등을 복사하기 위해 [D] 열을 선택하고 [편집]-[모양 복사]
를 클릭합니다. 마우스 포인터가 스포이드(🖋) 모양으로 바뀌면 [C] 열을 클릭합니다.

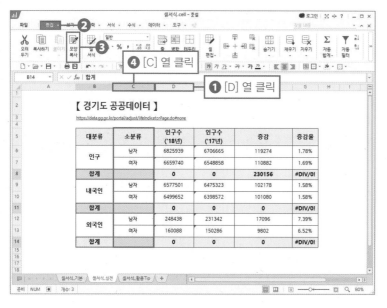

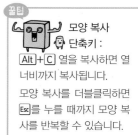

꿀팁
모양 복사
단축키 :
`Alt`+`C` 열을 복사하면 열
너비까지 복사됩니다.
모양 복사를 더블클릭하면
`Esc`를 누를 때까지 모양 복
사를 반복할 수 있습니다.

03. [B8:C8] 셀을 범위 지정 후 Ctrl 을 누른 상태로 [B11:C11], [B14:C14] 셀을 드래그하여 비연속으로 범위 지정을 합니다 Ctrl + M 을 눌러 '셀 병합 후 가운데 맞춤'을 실행하고, Ctrl + Alt 를 누르고 ↓ 를 다섯 번 눌러 행 높이를 크게 만듭니다.

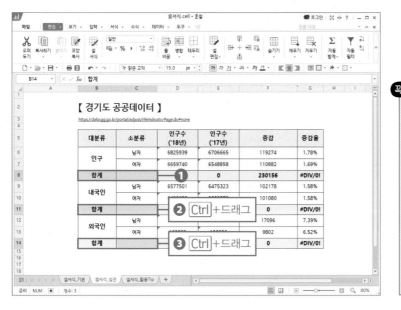

꼭 알고가기!!

서식 복사를 이용한 작업
[B8:C8] 셀 병합하고 [8] 행의 높이를 조정한 후 [8] 행을 선택합니다. [편집] 탭-[모양 복사]를 더블클릭하고 [11] 행 클릭, [14] 행 클릭하여 [8] 행의 서식을 복사한 뒤 Esc 를 눌러 모양 복사를 종료합니다.

04. '17'년 자료를 '18년' 자료 앞으로 이동시키기 위해 [E] 열을 선택하고 Shift 를 눌러 테두리에 이동키(✛)가 만들어지면 [D] 열 앞으로 이동합니다.

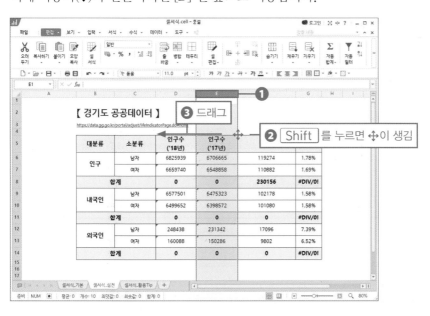

CHAPTER 01 : 화면 구성 및 파일 관리 ::

CHAPTER 02 : 문서 서식 이해하기 ::

CHAPTER 03 : 수식 관리 ::

CHAPTER 04 : 데이터 분석 및 관리 ::

CHAPTER 05 : 데이터 시각화 ::

CHAPTER 06 : 양식 도구와 매크로 ::

05. '인구' 자료를 '내국인', '외국인' 아래쪽으로 이동시키기 위해 [6:8] 행을 범위 지정하고 Shift 를 누른 상태로 이동키가 나올 때 [15] 행으로 이동시킵니다.

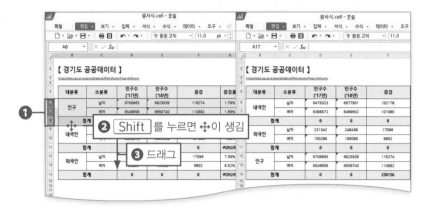

2 한글 표처럼 단축키 사용하기

01. 한셀에서도 한글과 같은 표 단축키를 사용할 수 있습니다. [도구] 탭-[한글 표처럼 단축키 지정]을 클릭합니다. [B5:G14] 셀 중 임의의 셀을 선택하고 Ctrl + A 를 눌러 표 전체를 범위 지정합니다. W 를 눌러 열의 너비를 균등하게 설정합니다.

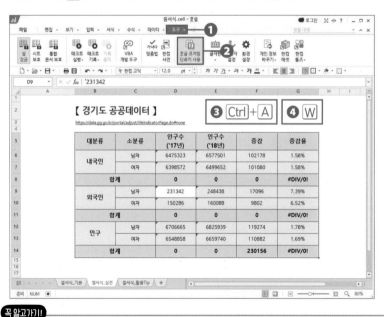

꼭 알고가기!!

한셀 표에서 한글과 같은 단축키 사용하기

[도구] 탭-[한글표처럼 단축키 사용]을 클릭하여 아래의 표에 있는 단축키를 한셀에서 사용할 수 있습니다.

기능	단축키	기능	단축키
셀 병합	M	행 삽입	Ctrl + Enter↵
행 높이를 같게	H	행 삭제	Ctrl + Back Space
열 너비를 같게	W		

3 데이터 형식 변경하기

01. 합계에 '0'이 표시되는 이유는 셀의 왼쪽 모서리에 있는 초록색 표시가 있는 셀은 숫자가 아닌 문자 형식이기 때문입니다. 웹사이트 자료 다운로드 시 많이 나타나는 표시이며 한셀에서는 초록색 표시를 없애서 숫자로 데이터 형식을 변경할 수 있습니다. [D] 열 선택 후 [데이터] 탭 –[텍스트 나누기]–[마침] 단추를 클릭합니다.

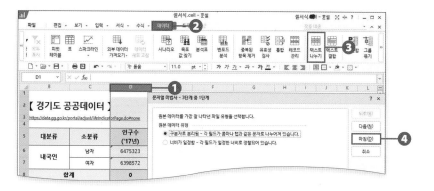

02. [D] 열은 숫자로 변경되어 합계가 표시됩니다. [E] 열도 선택하여 [데이터] 탭 –[텍스트 나누기]–[마침] 단추를 클릭하여 숫자 형식으로 변경합니다.

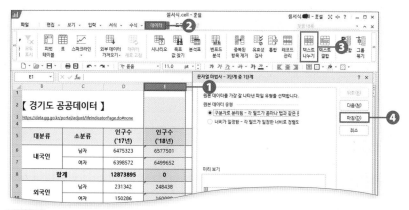

꼭 알고가기!

날짜 데이터 변형
'20201203'은 숫자 형식이며 '2020-12-03'으로 변경해야 날짜 서식과 함수 등을 사용할 수 있습니다. 날짜로 변경할 자료를 범위 지정 뒤 [데이터] 탭–[텍스트 나누기]에서 [다음], [다음]을 클릭하여 '문자열 마법사–3단계 중 3단계]에서 [날짜]–[마침]을 클릭하면 연–월–일의 날짜 형식으로 빠르게 변경할 수 있습니다.

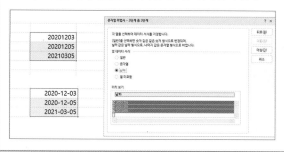

CHAPTER 01 : 화면 구성 및 파일 관리 :

CHAPTER 02 : 문서 서식 이해하기 :

CHAPTER 03 : 수식 관리 :

CHAPTER 04 : 데이터 분석 및 관리 :

CHAPTER 05 : 데이터 시각화 :

CHAPTER 06 : 양식 도구와 매크로 :

4 셀 표시 형식

01. [D6] 셀을 선택하고 Shift 를 누른 상태로 → 를 두 번 눌러 [F6] 셀까지 범위 지정합니다. Ctrl + Shift + ↓ 를 눌러 [D6:F14] 셀까지 범위를 확장합니다. Ctrl + Shift + '1 로 천 단위로 쉼표 표시를 넣는 셀 서식을 설정합니다.

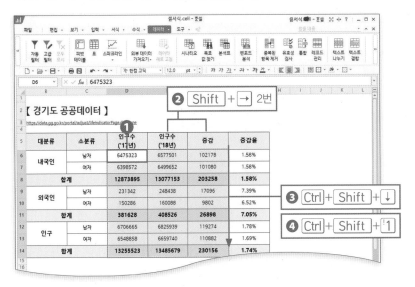

숫자 '1000'을 Ctrl + Shift +번호로 셀 서식 변경 시

번호	기능키	결과	번호	기능키	결과
1	쉼표	1,000	4	원화	₩ 1,000
2	시간	12:00 AM	5	백분율	100000%
3	날짜	1902-09-26	6	지수	1.00E+03 → 1.00 * 1000(+03)

02. 한셀에서는 숫자, 문자, 날짜 서식을 사용자가 마음껏 표시 형식을 변경할 수 있습니다. 문자 서식은 '@'의 앞뒤에 추가할 내용을 입력하여 표시합니다. 단 화면에만 표시되는 값입니다. [B6] 셀을 선택하고 Ctrl + '1 을 눌러 [셀 서식] 대화상자를 불러옵니다. [표시 형식] 탭-[사용자 정의]-[유형]에 "【 @ 】"을 입력하고 [설정] 단추를 클릭합니다.

03. [B6] 셀의 내용이 【 내국인 】으로 변경됩니다. [B9] 셀을 선택하고 Ctrl 을 누르고 [B12] 셀을 선택한 후 F4 를 눌러 셀 서식 변경 작업을 반복 실행합니다.

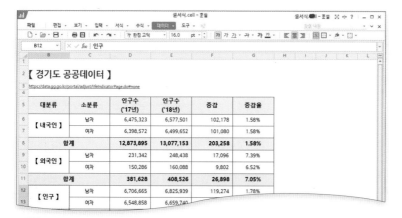

다양한 셀 사용자 정의 서식

• 숫자 표시 형식

서식 코드		설명
G/표준		숫자를 일반 표시 형식으로 지정
,		천 단위 마다 ','를 표시
#	숫자 데이터 표시	유효하지 않은 '0'은 표시하지 않습니다. 예를 들어 서식을 '#,###'으로 지정하고 '0'을 입력할 경우 화면에 공백으로 표시됩니다.
0		서식에 지정된 자릿수보다 적으면 유효하지 않은 '0'을 표시합니다. 예를 들어 '1.2'를 입력하고 '1.20'으로 표시하려 할 경우 0.00 서식을 사용합니다.

• 날짜 표시 형식

서식 코드	설명	서식 코드	설명
yy	연을 두 자리 숫자로 표시	yyyy	연을 네 자리 숫자로 표시
m	맨 앞에 '0'을 표시하지 않고 월을 숫자로 표시(1~12)	mm	'0'과 함께 월을 숫자로 표시(01~12)
mmm	약자로 영문 월 표시(Jan~Dec)	mmmm	완전한 이름으로 영문 월 표시(January~December)
d	맨 앞에 '0'을 표시하지 않고 일을 숫자로 표시(1~31)	dd	'0'과 함께 일을 숫자로 표시(01~31)
ddd	약자로 요일 표시(sun~sta)	dddd	완전한 이름으로 영문 요일 표시(Sunday~Saturday)
aaa	한글 약자로 요일 표시(월~일)	aaaa	완전한 이름으로 한글 요일 표시

• 시간 표시 형식

서식 코드	설명	서식 코드	설명
h	맨 앞에 '0'을 표시하지 않고 시간 표시(0~23)	[h]	지나간 시간을 누적하여 표시
hh	'0'과 함께 시간 표시(00~23)	m	맨 앞에 '0'을 표시하지 않고 분 표시(0~59)
[m]	경과된 시간을 분으로 표시	mm	'0'과 함께 분 표시(00~59)
s	맨 앞에 '0'을 표시하지 않고 초 표시(0~59)	[s]	지나간 시간을 초로 표시
ss	'0'과 함께 초 표시(00~59)	AM/PM	12시간제를 사용하여 시간 표시 자정에서 오전까지는 시간에 AM, 정오부터 자정까지 시간에 PM 표시

CHAPTER 01 : 화면 구성 및 파일 관리

CHAPTER 02 : 문서 서식 이해하기

CHAPTER 03 : 수식 관리

CHAPTER 04 : 데이터 분석 및 관리

CHAPTER 05 : 데이터 시각화

CHAPTER 06 : 양식 도구와 매크로

002 인쇄 설정하기

난이도 ◆◆◆◆◆

◆사용 가능 버전 : NEO 2018 2020
◆사용 기능 : 인쇄 미리 보기, 쪽 설정

인쇄 미리 보기 &
쪽 설정 ▶▶

한셀에서는 완성된 문서를 인쇄하기 전에 용지 방향, 인쇄 배율 등 다양한 옵션을 설정해야 합니다. 인쇄 설정은 인쇄 미리 보기에서 해제할 수 있습니다.

말랑말랑 기본기 다지기

예제 파일 : Chapter 02/인쇄.cell, 시트명 [인쇄-기본] | 완성 파일 : Chapter 02/인쇄_완성.cell

1 인쇄 영역 설정하기

01. [보기] 탭-[쪽 나누기 미리 보기]를 클릭하면 3페이지로 나누어 인쇄되는 영역이 표시됩니다.

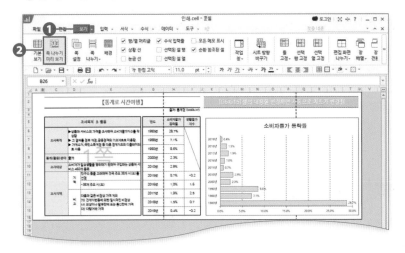

• 굵은색 파란선 : 인쇄 영역 표시
• 파란색 점선 : 페이지 나눔 표시

02. [보기] 탭-[쪽 설정] 또는, F7로 [쪽 설정] 대화상자를 불러온 후 다음과 같이 지정하고 [설정] 단추를 클릭합니다.

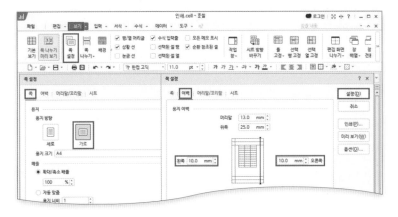

• [쪽] 탭 : 가로
• [여백] 탭 : 왼쪽, 오른쪽 10

03. 파란색 점선 표시가 1개로 변경되었습니다. [A] 셀에 있는 굵은색 테두리를 [B] 열로 드래그하여 인쇄 영역을 변경합니다.

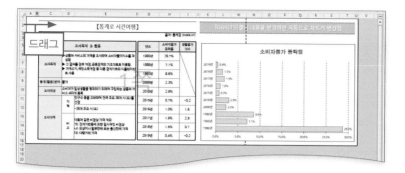

04. 파란색 점선 표시를 오른쪽으로 드래그하여 2페이지에 인쇄할 영역을 1페이지로 축소하여 인쇄 구역을 설정할 수 있습니다.

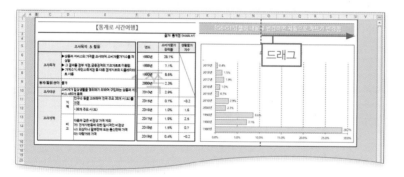

05. 모든 자료가 1페이지에 인쇄될 수 있도록 파란색 굵은색만 표시됩니다. [보기] 탭-[쪽 설정]을 클릭하면 [쪽 설정] 대화상자의 [쪽] 탭에서 [배율]-[확대/축소 비율]이 '69%'로 자동 조정되었습니다. [미리 보기] 단추를 클릭합니다.

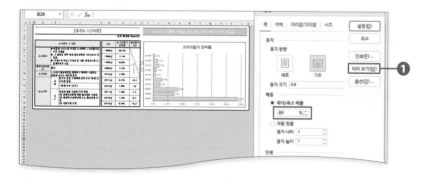

> **꿀팁**
> 모든 자료를 한 페이지에 인쇄하려면 인쇄 구역 설정 후 [보기] 탭-[쪽 설정]-[배율]-[자동 맞춤]에서 [용지 너비]와 [용지 높이]를 '1'로 지정합니다.

CHAPTER 01 : 화면 구성 및 파일 편리 ::
CHAPTER 02 : 문서 서식 이해하기 ::
CHAPTER 03 : 수식 편리 ::
CHAPTER 04 : 데이터 분석 및 편리 ::
CHAPTER 05 : 데이터 시각화 ::
CHAPTER 06 : 양식 도구의 매크로 ::

2 인쇄 옵션

01. [미리 보기] 탭에서는 쪽 이동, 인쇄, 쪽 설정, 확대/축소, 닫기와 같이 인쇄 미리 보기 상태에서 자주 사용하는 기능을 아이콘으로 제공합니다. [미리 보기] 탭-[여백 보기]를 클릭하면 상하좌우에 [쪽 설정] 대화상자의 [여백] 탭에서 지정한 용지 여백을 빨간색 점선으로 표시됩니다.

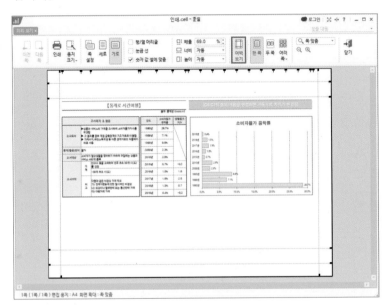

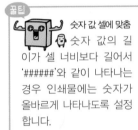

꿀팁

숫자 값 셀에 맞춤
숫자 값의 길이가 셀 너비보다 길어서 '######'와 같이 나타나는 경우 인쇄물에는 숫자가 올바르게 나타나도록 설정합니다.

02. 왼쪽과 오른쪽의 여백이 일치하지 않습니다. F7을 눌러 [쪽 설정] 대화상자를 불러옵니다. [여백] 탭-[쪽 가운데에 배치]-[가로]를 체크하고 [설정] 단추를 클릭합니다. [닫기]를 클릭하여 [미리 보기] 화면을 종료합니다.

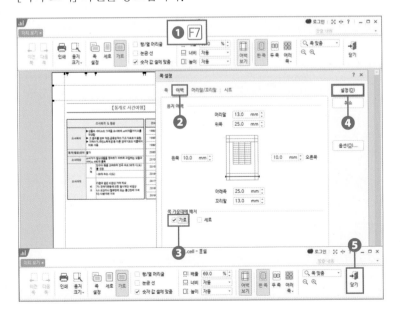

CHAPTER 01 :: 화면 구성 및 파일 관리 ::

CHAPTER 02 :: 문서 서식 이해하기 ::

CHAPTER 03 :: 수식 관리 ::

CHAPTER 04 :: 데이터 분석 및 관리 ::

CHAPTER 05 :: 데이터 시각화 ::

CHAPTER 06 :: 양식 도구와 매크로 ::

실전에 사용하는 인쇄의 모든 것

예제 파일 : Chapter 02/인쇄.cell, 시트명 [인쇄_실전] | 완성 파일 : Chapter 02/인쇄_완성.cell

1 쪽 나누기

01. [B1] 셀을 선택하고 Shift 를 누른 상태로 [I61] 셀을 선택하여 [B1:I61]을 범위 지정합니다. [파일] 탭-[인쇄 영역]-[인쇄 영역 설정]을 클릭합니다.

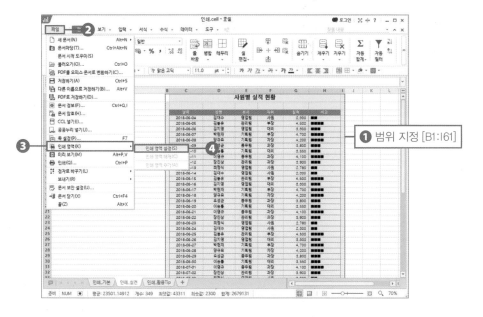

02. F7 을 눌러 [쪽 설정] 대화상자를 불러옵니다. [쪽] 탭-[확대/축소 배율]을 '94%'로 지정하고 [설정] 단추를 클릭합니다.

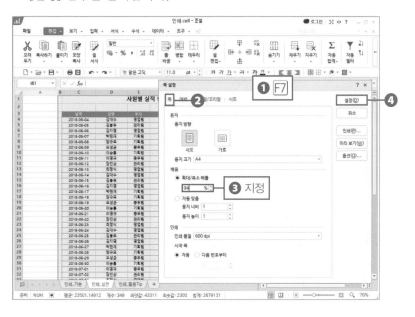

03. [46] 행 아래에 자동으로 2페이지로 나누어진 점선이 표시됩니다. [보기] 탭-[쪽 나누기 미리 보기]를 클릭하면 페이지 나눔선을 파란색으로 좀 더 명확하게 확인할 수 있습니다.

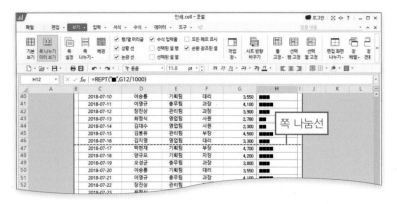

04. 사용자가 직접 행을 지정하며 쪽 나누기를 설정할 수 있습니다. [31] 행을 선택하고 [보기] 탭-[쪽 나누기]-[쪽 나누기]를 클릭하여 [31] 행부터 '2페이지'에 인쇄될 수 있도록 지정합니다.

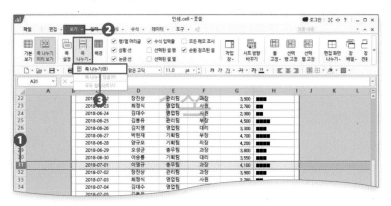

05. [31] 행 위에 굵은색으로 페이지 나눔선이 표시됩니다. 서식 도구 상자의 [미리 보기]를 클릭합니다.

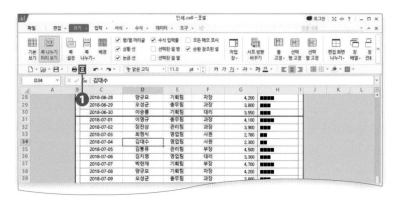

06. [두 쪽]을 클릭하면 [B1:I61] 인쇄 영역의 1~2페이지에 나뉘어서 표시됩니다. [닫기]를 클릭하여 [미리 보기]를 종료합니다.

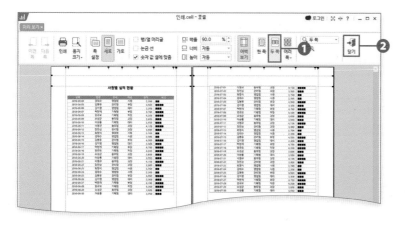

2 제목줄 반복 인쇄하기

01. F7을 눌러 [쪽 설정] 대화상자가 나타나면 [시트] 탭-[인쇄 제목]-[반복할 행]을 클릭합니다. [1:3] 행을 드래그하여 선택하고 [설정] 단추를 클릭합니다.

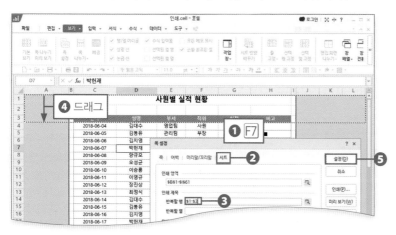

02. 서식 도구 상자의 [미리 보기]를 클릭합니다. [1:3] 행의 내용이 1, 2페이지에 모두 반복하여 표시되는 것을 확인하고 [닫기]를 클릭합니다.

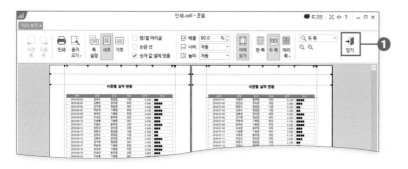

CHAPTER 01 : 화면 구성 및 파일 관리 :
CHAPTER 02 : 문서 서식 이해하기 :
CHAPTER 03 : 수식 관리 :
CHAPTER 04 : 데이터 분석 및 관리 :
CHAPTER 05 : 데이터 시각화 :
CHAPTER 06 : 양식 도구와 매크로 :

3 머리말/꼬리말

01. 한셀에서는 모든 페이지 상단과 하단에 같은 내용을 출력할 수 있는 '머리말/꼬리말' 기능을 제공합니다. F7을 눌러 [쪽 설정] 대화상자가 나타나면 [머리말/꼬리말] 탭-[머리말]-[편집]을 클릭합니다. [왼쪽 구역]에 '사원실적자료'를 입력합니다. [오른쪽 구역]을 클릭하고 [쪽 번호]을 클릭한 후 '/'를 입력하고 [전체 쪽 수]를 클릭합니다.

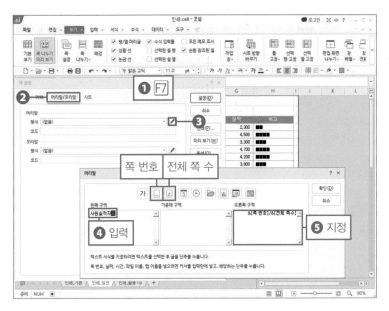

02. [미리 보기] 단추를 클릭합니다. 머리말 오른쪽 구역의 1페이지에는 '1/2', 2페이지에는 '2/2' 페이지 번호와 왼쪽 구역에는 '사원실적자료'가 표시됩니다.

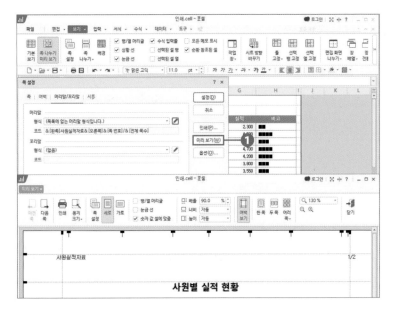

003 한셀에서 이미지와 도형 사용하기

난이도 ◆◆◆◆◆

✦ 사용 가능 버전 : NEO 2018 2020
✦ 사용 기능 : [그림], [도형] 탭

[그림], [도형] 탭 ▶▶ 한셀 시트 내에 회사 로고를 삽입하고 흰색 배경을 제거하거나 인쇄 구역에 제품 로고를 반복하여 인쇄할 수 있습니다. 작성된 자료는 그림으로 복사할 수도 있습니다. 이미지를 활용하는 방법을 알아봅니다.

말랑말랑 기본기 다지기

예제 파일 : Chapter 02/이미지&도형개체.cell, 시트명 [이미지&도형개체_기본] | 완성 파일 : Chapter 02/이미지&도형개체_완성.cell

1 로고 흰색 배경 제거하기

01. 이미지를 클릭하면 메뉴에 [그림] 탭이 추가됩니다. [그림] 탭-[사진 편집]을 클릭합니다.

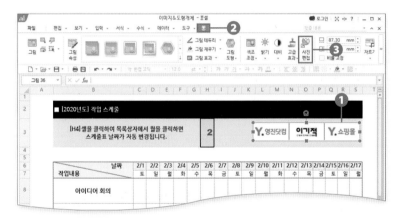

02. [사진 편집기] 창의 [투명 효과] 탭을 다음과 같이 지정하고 [보정 후]에서 흰색 영역을 클릭합니다.

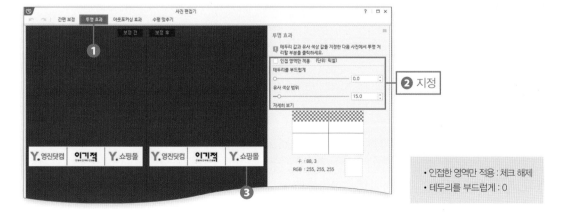

• 인접한 영역만 적용 : 체크 해제
• 테두리를 부드럽게 : 0

CHAPTER 01 : 화면 구성 및 파일 관리 :
CHAPTER 02 : 문서 서식 이해하기
CHAPTER 03 : 수식 편집 :
CHAPTER 04 : 데이터 분석 및 관리 :
CHAPTER 05 : 데이터 시각화 :
CHAPTER 06 : 양식 도구와 매크로 :

03. 클릭한 영역과 같은 배경색이 제거되면 [적용] 단추를 클릭합니다.

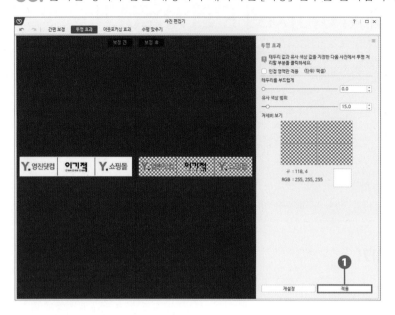

2 도형 작성 및 선택하기

01. 한셀에 흰색 배경이 제거되어 로고가 표시됩니다. [입력] 탭-[도형 목록]의 자세히(↓)를 클릭하고 [블록 화살표]-[오른쪽 화살표]를 클릭합니다.

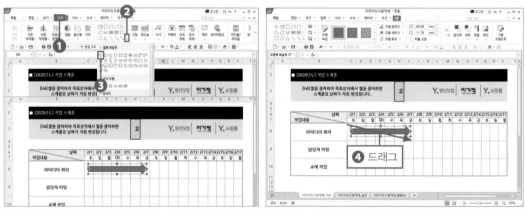

> **꿀팁**
> 도형 작성은 한글, 한쇼, 한셀에 동일한 기능이 많습니다.

02. 작성된 도형은 Ctrl을 누르고 드래그하여 복사하고, 도형의 크기를 조정하여 스케줄표를 완성합니다.

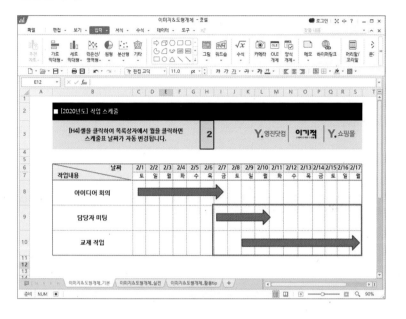

03. 한셀에서는 드래그하여 도형 및 이미지를 선택할 수 없어 Ctrl이나 Shift를 누른 상태에서 일일이 도형과 이미지를 선택해야 하는 번거로움이 있어 여러 개의 개체를 선택할 때는 개체 선택 메뉴를 활용합니다. [편집] 탭-[개체 선택]의 펼침 단추(▼)를 클릭하고 [걸쳐진 개체 선택]을 클릭한 후 3개의 도형을 드래그합니다.

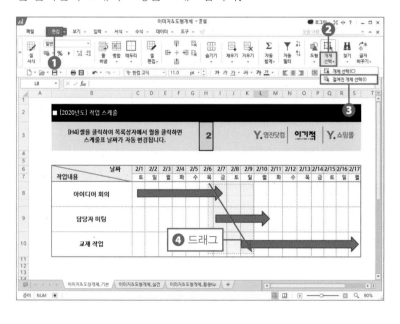

CHAPTER 01 : 화면 구성 및 파일 관리 :

CHAPTER 02 : 문서 서식 이해하기 :

CHAPTER 03 : 수식 관리 :

CHAPTER 04 : 데이터 문서화 및 관리 :

CHAPTER 05 : 데이터 시각화 :

CHAPTER 06 : 양식 도구와 매크로 :

1 도형 개체와 셀 내용 연결하기

01. 도형에 셀의 내용을 연결하기 위하여 도형을 클릭하고 수식 입력줄을 클릭합니다.

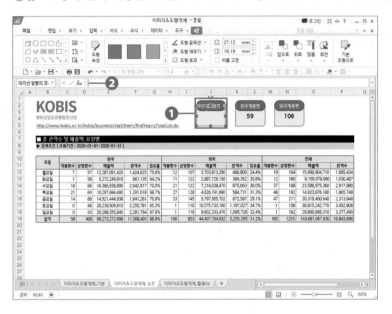

02. '='을 입력하고 전체개봉편수가 표시된 [M19] 셀을 클릭하여 '=M19' 수식을 작성한 뒤
Enter↵를 눌러 수식을 완성합니다. 도형 안의 왼쪽, 상단에 글자가 [M19] 셀의 내용으로 표시됩
니다.

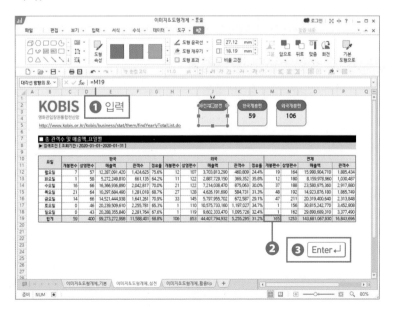

03. [도형] 탭-[도형 속성]을 클릭합니다. 화면 우측에 나타나는 [개체 속성] 작업 창에서 [크기 및 속성]을 클릭하고 다음과 같이 지정한 후 작업 창을 닫습니다.

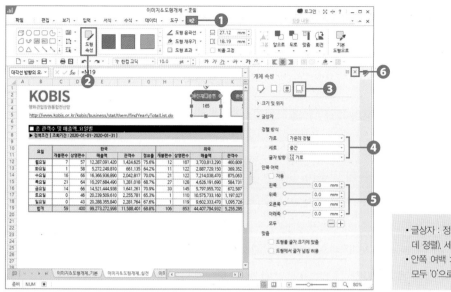

- 글상자 : 정렬 방식 가로(가운데 정렬), 세로(중간)
- 안쪽 여백 : – 표시 클릭하여 모두 '0'으로 표시

04. 서식 도구 상자에서 [글자 크기]를 '15', Ctrl + B 를 눌러 [진하게]로 설정합니다. [C12:C18], [H12:H18], [M12:M18] 셀의 내용이 변경되면 [C19], [H19], [M19] 합계 셀의 내용이 자동 변경되면서 작성된 도형의 표시 값도 자동으로 변경됩니다.

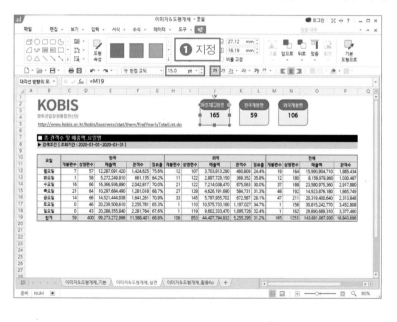

CHAPTER 01 : 화면 구성 및 파일 관리 :

CHAPTER 02 : 문서 서식 이해하기

CHAPTER 03 : 수식 관리 :

CHAPTER 04 : 데이터 분석 및 관리 :

CHAPTER 05 : 데이터 시각화 :

CHAPTER 06 : 엑셀 도구와 매크로 :

CHAPTER 2

복합 응용력 UP!

동영상 해설

문제1 : 셀 서식을 이용하여 표 서식을 작성하세요.

예제 파일 : 연습_달력만들기.xlsx | 완성 파일 : 연습_달력만들기_완성.xlsx

- [B1:H1] 셀을 병합하여 가운데 맞춤하고(모두 보존) 줄 바꿈 설정 해제하세요.

- [B1:H1] 셀의 내용 앞뒤에 '–'를 추가하여 '–2021년 01월 달력–'을 완성하세요.

- [B3:H8] 셀에 다음의 서식을 설정하세요.

  셀 모든 테두리 작성, 바깥쪽(두꺼운 선), 가운데 정렬, 글꼴 한컴고딕 12, 진하게

- [G4:G8] 셀에 글자 색은 '파랑', [H4:H8], [F4] 셀에 글자 색은 '빨강'으로 설정하세요.

- [B3:H3] 셀에 채우기 주황 계열, 무늬는 가는 위빗금, 무늬 색 '주황'으로 설정하세요.

- [파일] 탭–[다른 이름으로 저장]을 클릭하여 '연습_달력만들기_완성.xlsx' 파일로 저장하세요.

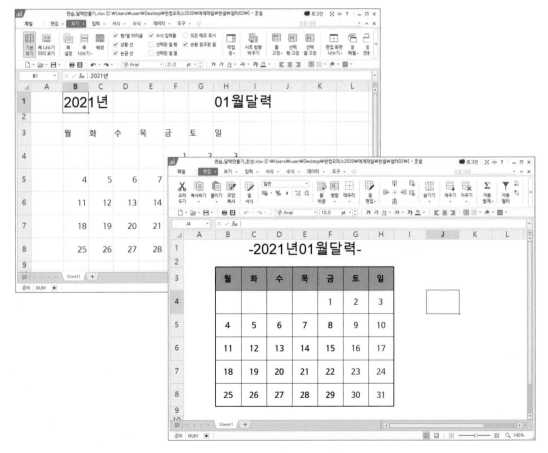

이것이 궁금하다! Q&A

Q&A 01 | 한셀에서 날짜 자료의 모든 것

- 날짜는 연-월-일 또는, 연/월/일로 입력하며 [셀 서식] 대화상자(Ctrl+1)의 [표시 형식] 탭-[날짜]에서 다양한 날짜 형식으로 지정할 수 있습니다.
  (입력 예 : 2020-3-5, 3-5, 2020/3/5, 3/5)
- 날짜 입력은 Ctrl+; 또는 '=TODAY()' 함수로 작성하여 셀에 날짜를 입력할 수 있습니다.
- '=TODAY()'로 작성된 날짜 자료는 컴퓨터 시스템의 날짜가 변경되면 자동으로 한셀의 날짜도 변경되며 Ctrl+;로 입력된 날짜는 변경되지 않습니다.

Q&A 02 | 한셀에서 시간 자료의 모든 것

- 시간은 시:분:초로 입력하며 [셀 서식] 대화상자(Ctrl+1)의 [표시 형식] 탭-[시간]에서 형식을 지정할 수 있습니다.
  (입력 예 : 11:20 PM 또는, 23:20)
- 시간 입력은 Ctrl+Shift+; 또는 '=NOW()' 함수로 작성하여 셀에 시간을 입력할 수 있습니다. NOW 함수는 날짜와 시간이 모두 출력됩니다. 셀 서식에서 시간만 보이게 설정합니다. '=NOW()'로 작성된 시간 자료는 컴퓨터 시스템의 시간이 변경되면 자동으로 한셀의 시간도 변경되며 Ctrl+Shift+;로 입력된 시간은 변경되지 않습니다.

Q&A 03 | 셀 단위 추가 자료 메모

- 셀에 메모 입력은 마우스 오른쪽 버튼 클릭 후 [새 메모] 선택 또는, Shift+F2를 눌러 할 수 있습니다.
- 메모가 삽입된 셀은 셀에 우측에 빨간색 세모 표시가 추가됩니다.
- 메모가 추가된 셀을 마우스 오른쪽 버튼으로 클릭한 후 [메모 편집] 선택 또는, Shift+F2를 눌러 편집할 수 있습니다.
- 메모 인쇄는 [보기] 탭-[모든 메모 표시]를 체크하여 추가된 메모를 모두 표시하고 [쪽 설정] 대화상자(F7)의 [시트] 탭-[인쇄]에서 [메모(시트 표시대로)]에 체크하여 인쇄 가능합니다.

CHAPTER 01 : 화면 구성 및 파일 관리 :
CHAPTER 02 : 문서 서식 이해하기 :
CHAPTER 03 : 수식 관리 :
CHAPTER 04 : 데이터 분석 및 관리 :
CHAPTER 05 : 데이터 시각화 :
CHAPTER 06 : 양식 도구와 매크로 :

한셀의 수식 관리

중요도 ◇◇◇◇◇

■ 사용하는 한셀 기능 및 학습 후 효과

기능	효과	미리 보기
수식 이해하기	한셀의 가장 중요한 기능 중의 하나가 계산 기능입니다. 셀 번지를 참조하여 계산식을 작성하면 아무리 복잡한 수식도 결괏값을 자동으로 계산해주며 셀의 데이터가 변동되면 자동으로 값을 재 계산해줍니다.	
자동 합계 기능으로 수식 계산	한셀에서는 값을 계산할 때 자주 사용하는 합계, 평균, 숫자 개수, 최댓값, 최솟값 등은 자동 합계 기능을 사용하면 클릭 한 번으로 간단하게 구할 수 있습니다.	
COUNT, SUMIF 함수 조건에 해당 하는 자료 구 하기	조건에 해당하는 셀의 개수를 구하는 COUNTIF, COUNTIFS 함수와 조건에 해당하는 셀의 자료의 합을 구하는 SUMIF, SUMIFS 함수로 조건에 맞는 자료만 계산할 수 있습니다.	
IF 함수로 조 건에 따른 결 괏값 구하기	IF 함수는 주어진 조건이 참(True)인지, 거짓(False)인지를 판단하여 다른 값을 반환하는 함수입니다.	
VLOOKUP, HLOOKUP 함수로 관련 데이터 찾아 표시하기	VLOOKUP, HLOOKUP 함수는 참조표에서 관련 데이터를 찾아 자동으로 표시해주는 함수입니다.	

001 수식 이해하기

난이도 ◆◆◆◆◆

✦사용 가능 버전 : NEO 2018 2020
✦사용 기능 : 수식

수식 ▶▶ 한셀은 가장 중요한 기능 중 하나가 계산 기능입니다. 셀 번지를 참조하여 계산식을 작성하면 아무리 복잡한 수식도 결괏값을 자동으로 계산해주며 셀의 데이터가 변동되면 자동으로 값을 재계산해 줍니다.

말랑말랑 기본기 다지기
예제 파일 : Chapter 03/수식이해하기.cell, 시트명 [셀 참조_기본] | 완성 파일 : Chapter 03/수식이해하기_완성.cell

1 기본 수식 작성하기

01. '수식이해하기.cell' 파일을 실행하고 '셀 참조_기본' 시트를 선택합니다. [E6] 셀을 선택한 후 '='를 입력하고 [C6] 셀을 선택합니다. '*'를 입력하고 [D6] 셀을 선택하여 '=C6*D6'과 같은 수식이 입력되면 Enter↵를 눌러 수식 입력을 완성합니다.

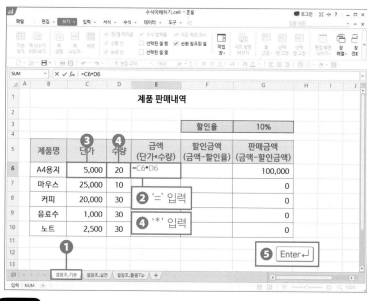

꿀팁 수식 작성 시 '+'로 시작해도 가능합니다. '+B4*C4' 수식도 가능합니다

꼭 알고가기!!

연산자의 종류
- 산술 연산자 : 더하기(+), 빼기(−), 곱하기(*), 나누기(/), 거듭 제곱(^)
- 비교 연산자 : 같다(=), 크다(>), 작다(<), 크거나 같다(≧), 작거나 같다(≦), 같지 않다(<>)
- 연결 연산자 : &

02. [G6:G10] 셀에는 '금액−할인금액' 수식이 작성되어 있습니다. [E6] 셀의 오른쪽 하단 모서리에 커서를 두고 채우기 핸들(+) 표시가 나타나면 더블클릭하여 [E6:E10] 범위까지 수식을 복사하여 붙여 넣습니다.

03. [E7] 셀을 더블클릭하면 복사하여 붙여 넣은 수식 '=C7*D7'이 표시되면서 파란색, 초록색으로 [C7] 셀과 [D7] 셀이 표시됩니다. '=C6*D6'으로 수식이 작성된 [E6] 셀을 아래쪽으로만 이동하였으므로 'C'와 'D'는 변함없이 숫자 값만 변경되었습니다. 이렇게 이동한 만큼 수식이 변경되는 것을 '상대 참조' 수식이라고 합니다.

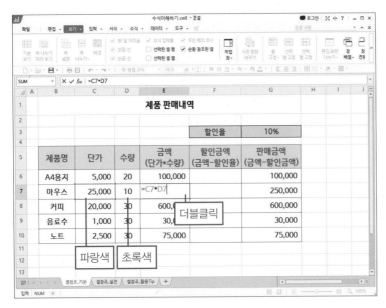

2 절대 참조

01. 할인금액 [E6:E10] 셀은 [E] 열의 금액에 [G3] 셀의 할인율을 곱한 값으로 계산해야 합니다. 수식을 입력할 [F6] 셀을 선택하고 '='을 입력하고 [E6] 셀을 선택한 후 '*'를 입력합니다. 그리고 [G3] 셀을 선택하여 '=E6*G3' 수식을 완성합니다.

02. [F6] 셀의 오른쪽 하단 모서리에 커서를 두고 채우기 핸들(+) 표시가 나타나면 더블클릭하여 [F6:F10] 셀까지 수식을 복사하여 붙여 넣습니다. '0' 값이 계산된 [F7] 셀을 더블클릭하면 '=E7*G4'로 변경된 수식이 확인되며 [G4] 셀에 초록색으로 표시됩니다.

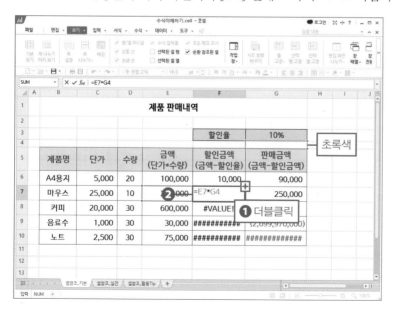

03. 상대 참조로 작성된 수식은 [G3] 셀이 변경되지 않도록 절대 참조로 변경해야 합니다. 이미 작성된 수식은 범위 지정하여 절대 참조로 변경할 수 있습니다. [F6] 셀을 더블클릭하여 수식 편집에서 '=E6*G3'의 [G3] 셀을 범위 지정한 후 [F4]를 누르면 '=E6*$G$3'과 같이 수식이 변경됩니다. [Enter↵]를 눌러 수식 입력을 종료합니다.

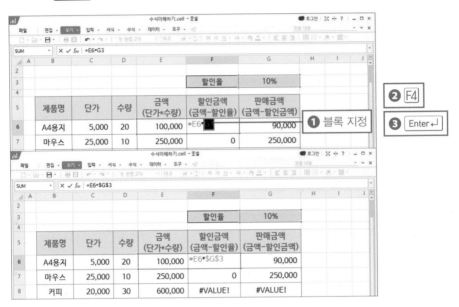

04. [F6] 셀의 오른쪽 하단 모서리에 커서를 두고 채우기 핸들(+) 표시가 나타나면 더블클릭하여 [F6:F10] 범위까지 수식을 복사하여 붙여넣습니다. [F10] 셀의 수식도 [G3] 셀값이 변하지 않고 '=E10*$G$3'으로 작성되었습니다.

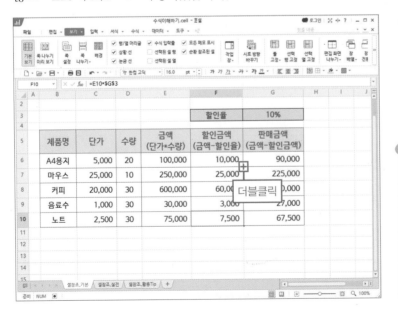

> 꿀팁
> 셀 참조하는 [F4]
> 수식 작성 시 또는, 수식 입력 후 셀 참조는 [F4]를 눌러 변환하며 [F4]를 계속 누르면 'A1 → $A1 → A$1 → A1' 순서대로 셀 참조 표시가 변경됩니다.

1 혼합 참조

01. '셀 참조_실전' 시트의 '제품판매 금액 테이블'의 [C6:G9] 셀은 제품의 '갯수*단가*(1−할인율)'의 수식으로 계산하는 테이블입니다. [C6] 셀에만 수식을 작성하여 [C6:G9] 셀 범위까지 복사하기 위해서는 행과 열의 한 개만 절대 참조하는 혼합 참조식을 작성해야 합니다.

02. [C6] 셀을 선택하고 '='을 입력한 후 [B6] 셀을 선택합니다. F4 를 세 번 눌러 '=$B6'으로 셀 참조를 변경하고 '*'를 입력한 후 [C5] 셀을 선택합니다. F4 를 두 번 눌러 '=$B6*C$5'로 수식을 변경하고 '*(1−'를 입력한 후 [G3] 셀을 선택합니다. F4 를 한 번 눌러 '=$B6*C$5*(1−$G$3)'으로 수식을 작성하고 Enter↵ 를 눌러 수식을 완성합니다.

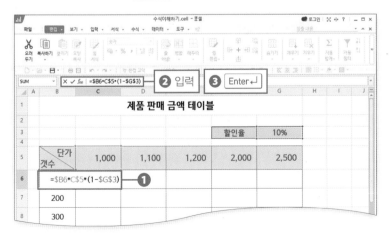

03. [C6:G9] 셀을 범위 지정하고 수식 입력줄에 커서를 위치시킨 후 Ctrl + Enter↵ 를 눌러 범위 지정한 셀에 수식 입력을 완성합니다.

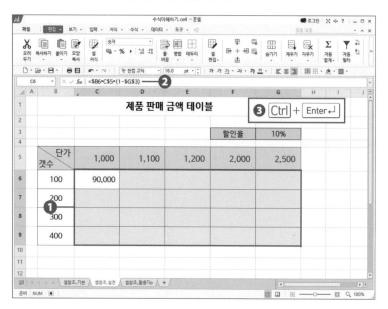

꿀팁

Ctrl + Enter↵ 는 서식 없이 수식만 입력할 수 있는 방법입니다. [C6] 셀을 복사하여 [C6:G9] 셀 범위 지정 후 Ctrl + V 로 붙여 넣기도 가능합니다.

04. [C6:G9] 셀에 '갯수*단가*할인율'의 수식이 완성되었습니다.

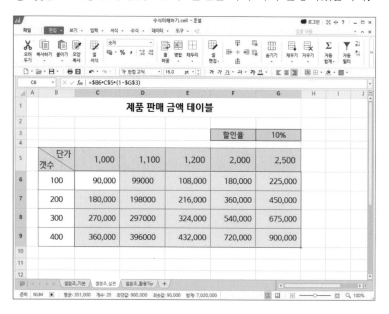

2 [Ctrl]+[Enter↵]

01. [Ctrl]+[Enter↵]를 꼭 사용해야 하는 경우는 셀 병합이 된 자료에 수식을 복사하는 경우입니다. [F14] 셀에는 '=D14*E14'로 수식이 입력되어 있습니다. [F14] 셀의 채우기 핸들을 [E20] 셀까지 드래그하면 '이 작업을 수행하려면 병합하는 셀의 크기가 동일해야 합니다'라는 에러 메세지가 출력됩니다.

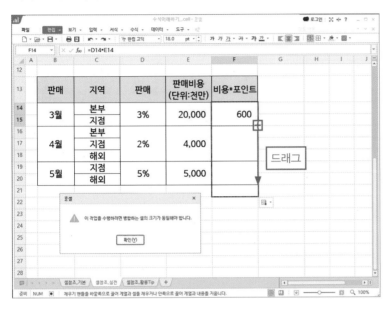

02. [F14:F20] 셀까지 범위 지정 후 수식 입력줄을 클릭하고 [Ctrl]+[Enter↵]를 누릅니다. 병합된 셀의 계산식이 복사되어 완성되었습니다.

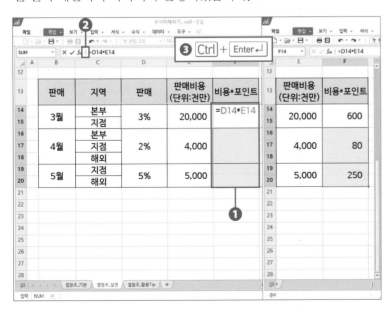

002 기본 함수 활용하기

난이도 ◇◇◇◇◇

✦사용 가능 버전 : NEO 2018 2020
✦사용 기능 : 수식

기본 함수 ▶▶ 한셀에서는 값을 계산할 때 자주 사용하는 합계, 평균, 숫자 개수, 최댓값, 최솟값 등을 [수식] 탭에서 한 번의 클릭으로 간단하게 값을 구할 수 있습니다.

말랑말랑 기본기 다지기

예제 파일 : Chapter 03/기본함수.cell, 시트명 [기본함수_기본] | 완성 파일 : Chapter 03/기본함수_완성.cell

1 합계(SUM) 함수 작성하기

01. '기본함수_기본' 시트를 클릭합니다. [G6] 셀을 선택하고 [수식] 탭-[합계]를 클릭합니다.

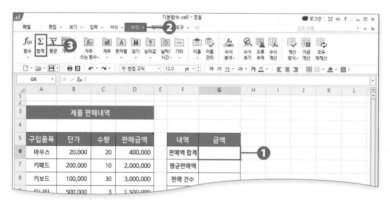

02. SUM 함수식이 자동으로 삽입되면 합계를 계산할 셀 범위를 지정하기 위해 [D6] 셀을 선택하고 [D10] 셀까지 드래그합니다. '=SUM(D6:D10)'과 같이 수식이 입력되면 Enter↵를 눌러 입력을 종료합니다.

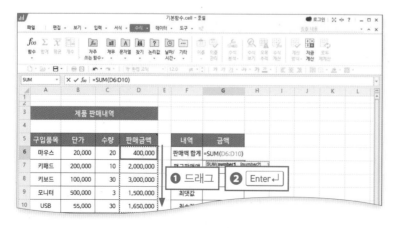

• SUM(셀 범위) : 셀 범위의 숫자 값의 합

2 평균(AVERAGE) 함수 작성하기

01. [G7] 셀을 선택하고 [수식] 탭-[평균]을 클릭합니다. AVERAGE 함수식이 자동으로 삽입되면 [D6] 셀을 선택하고 [D10] 셀까지 드래그하여 '=AVERAGE(D6:D10)'과 같이 수식이 입력되면 Enter↵를 눌러 입력을 종료합니다.

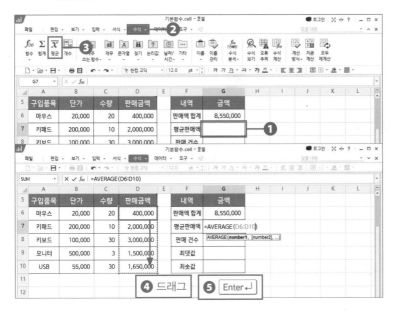

02. [G7] 셀에 [D6:D10] 셀 범위까지의 합을 [D6:D10] 셀의 개수인 '5'로 나눈 값인 평균값이 계산됩니다.

> • AVERAGE(셀 범위) : 셀 범위의 숫자 값의 합/셀 범위의 개수

3 COUNT 함수로 건수 구하기

01. [G8] 셀을 선택하고 [수식] 탭-[개수]를 클릭합니다. COUNT 함수식이 자동으로 삽입되면 [D6:D10] 셀을 범위 지정하여 '=COUNT(D6:D10)' 수식이 입력되면 Enter↵를 눌러 입력을 종료합니다.

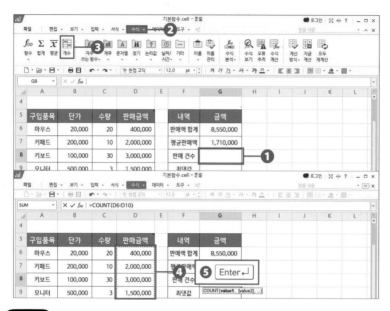

• COUNT(셀 범위) : 셀 범위의 숫자가 있는 셀의 개수

꼭 알고가기!!

개수 함수의 종류
• COUNTA(셀 범위) : 셀 범위에서 숫자, 문자값 셀의 개수
• COUNTBLANK(셀 범위) : 셀 범위에서 빈 셀의 개수

	A	B	C	D	E
1					
2		이름	출석		출석인원수
3		A	O		2
4		B			=COUNTA(C3:C7)
5		C			결석인원수
6		D	O		3
7		E			=COUNTBLANK(C3:C7)
8					

4 최대, 최솟값 구하기

01. [G9] 셀을 선택하고 [수식] 탭-[함수]의 펼침 단추(▼)를 클릭한 후 [최댓값]을 클릭합니다.

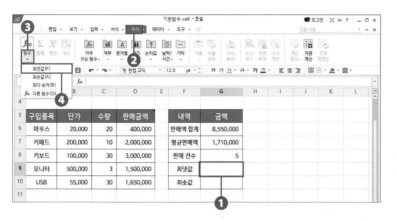

02. [D6:10] 셀을 범위 지정하고 '=MAX(D6:D10)'과 같이 수식이 입력되면 Enter↵를 눌러 입력을 종료합니다.

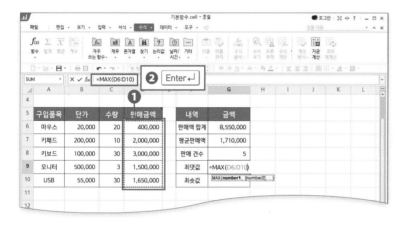

• MAX(셀 범위) : 셀 범위의 숫자 값 중 가장 큰 값

03. [G10] 셀을 선택하고 [수식] 탭-[함수]의 펼침 단추(▼)를 클릭한 후 [최솟값]을 클릭합니다. [D6:10] 셀을 범위 지정하고 '=MIN(D6:D10)'과 같이 수식이 입력되면 Enter↵를 눌러 입력을 종료합니다.

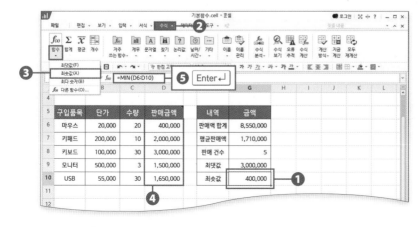

• MIN(셀 범위) : 셀 범위의 숫자 값 중 가장 작은 값

실전에 사용하는 기본 함수 활용의 모든 것

예제 파일 : Chapter 03/기본함수.cell, 시트명 [기본함수_실전] | 완성 파일 : Chapter 03/기본함수_완성.cell

1 SUM 함수 Tip

01. 합계, 평균, 최대, 최소, 개수를 가로세로로 한 번에 계산할 때는 셀의 범위를 계산 결과 범위까지 설정하면 빠르게 계산할 수 있습니다. [D7:F9] 셀을 범위 지정하고 [수식] 탭-[합계]를 클릭합니다.

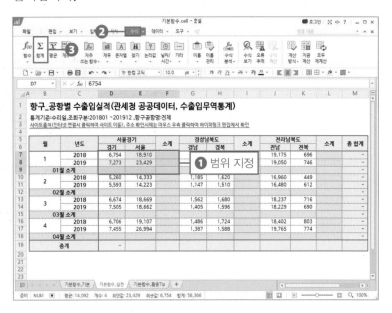

02. [D9:F9] 셀에 1월의 합계, [F7:F9] 셀에 서울 경기의 합계가 출력되었습니다. 빈 셀에 합계 수식을 한 번에 계산하기 위해 [D7:L18] 셀을 범위 지정합니다.

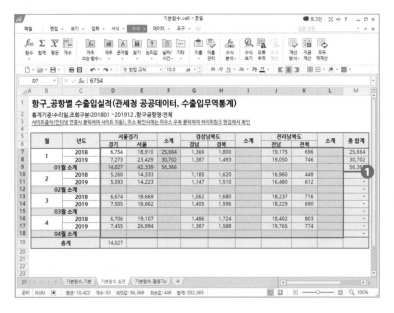

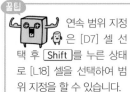

꿀팁

연속 범위 지정은 [D7] 셀 선택 후 Shift 를 누른 상태로 [L18] 셀을 선택하여 범위 지정을 할 수 있습니다.

03. F5를 눌러 [이동] 대화상자가 나타나면 [이동 옵션] 단추를 클릭합니다. [이동 옵션] 대화 상자에서 [빈 셀]을 체크하고 [확인] 단추를 클릭합니다.

04. [D7:L18] 셀 중에 빈 셀만 범위 지정됩니다. [수식] 탭-[합계]를 클릭합니다.

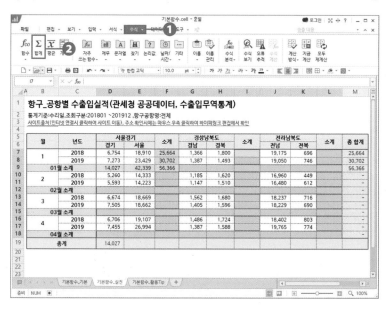

CHAPTER 01 : 화면 구성 및 파일 관리 :
CHAPTER 02 : 문서 서식 이해하기 :
CHAPTER 03 : 수식 관리
CHAPTER 04 : 데이터 분석 및 관리 :
CHAPTER 05 : 데이터 시각화 :
CHAPTER 06 : 양식 도구와 매크로 :

05. 빈 셀에 월별, 지역별 가로세로의 합계가 SUM 함수식으로 계산되어 표시됩니다.

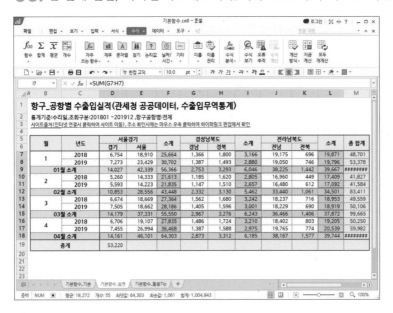

06. [D19] 셀을 선택하고 Shift 를 누른 상태에서 → 를 9번 눌러 [D19:M19] 셀을 범위 지정한후 F2 를 눌러 셀 셀 편집 상태로 변환합니다. Ctrl + Enter↵ 를 눌러 [D19] 셀의 수식을 [M19] 셀까지 복사합니다.

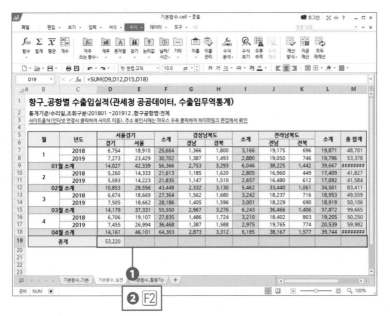

꿀팁 '####' 표시는 열과 열 사이를 (예 : C,D) 더블클릭하여 자동 열 너비 맞춤이 가능합니다.

2 그룹 설정하기

01. [B7] 셀을 선택하고 Ctrl을 누른 상태로 [B10], [B13], [B16] 셀을 선택합니다. [데이터] 탭-[그룹 묶기]를 클릭하고 [그룹 묶기] 대화상자가 나타나면 [행]을 체크한 후 [설정] 단추를 클릭합니다.

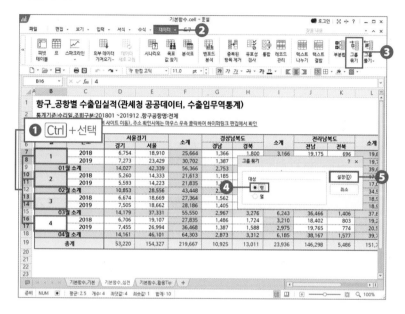

02. '–' 표시를 클릭하면 '소계'만 표시할 수 있습니다. 그룹 제거는 [데이터] 탭-[그룹 풀기]를 클릭하면 됩니다.

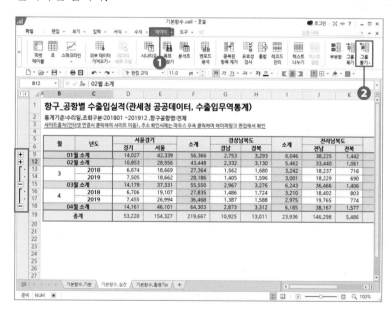

003 COUNTIF, SUMIF 함수로 조건에 맞는 자료만 계산하기

난이도 ◇◇◇◇◇

✦ 사용 가능 버전 : NEO 2018 2020
✦ 사용 기능 : COUNT, SUMIF 함수

COUNTIF, SUMIF 함수   COUNTIF, SUMIF 함수는 조건식이 한 개일 때 조건에 맞는 셀의 개수와 셀의 숫자를 합하는 함수입니다. 조건이
▶▶   여러 개일 때는 COUNTIFS, SUMIFS 함수를 이용하여 조건에 해당하는 자료만 별도로 계산할 수 있습니다.

말랑말랑 기본기 다지기

예제 파일 : Chapter 03/Countif,Sumif함수.cell, 시트명 [함수_기본] | 완성 파일 : Chapter 03/Countif,Sumif함수_완성.cell

1 COUNTIF 함수로 조건별 자료 계산하기

01. '2019년도 박스오피스 Top20' 자료가 [B4:F24] 셀에 작성되어 있습니다. 1월~12월 사이에 Top20에 있는 개봉 영화의 건수를 COUNTIF 함수로 계산할 수 있습니다. [O5] 셀을 선택합니다.

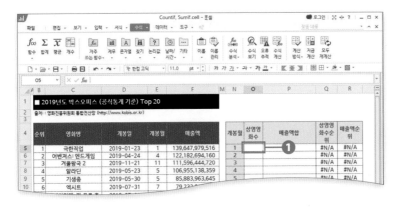

• COUNTIF(범위, 조건) : 범위 안에 조건이 있는 셀의 개수

02. [수식] 탭-[기타]-[통계]-[COUNTIF]를 클릭합니다.

03. [함수 마법사] 대화상자의 [range] 입력란을 클릭한 후 [E5] 셀을 선택합니다. Ctrl+Shift+↓를 눌러 [E5:E24] 셀까지 범위 지정을 합니다. [range] 입력란에 작성된 [E5:E24] 셀을 범위 지정하고 F4를 눌러 '$E$5:$E$24'로 변경합니다. [criteria]의 [영역 선택] 단추를 클릭합니다.

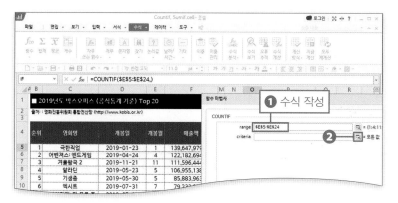

04. [함수 마법사] 대화상자에서 [N5] 셀을 선택하고 [영역 선택 완료] 단추를 클릭합니다. [함수 마법사] 대화상자에서 [확인] 단추를 클릭합니다.

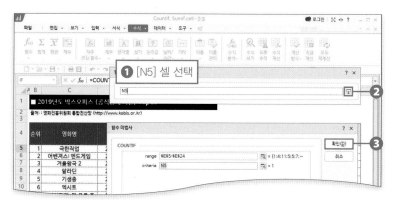

함수 마법사 없이 직접 함수식을 셀에 작성해도 됨

05. [O5] 셀에 '=COUNTIF($E$5:$E$24,N5)'의 수식이 완성되었습니다. [E5:E24] 셀에 [N5] 셀에 있는 개봉일 '1'월에 해당하는 영화가 [E5], [E24] 셀에 있어 COUNTIF 함수로 '2'가 집계됩니다. [O5] 셀의 채우기 핸들을 더블클릭하여 [O16] 셀까지 수식 작성을 완료합니다.

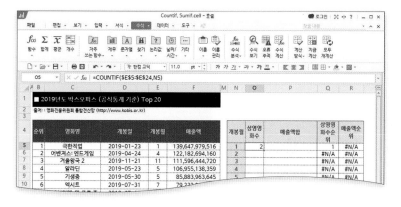

2 SUMIF 함수

01. '2019년도 박스오피스 Top20' 자료 중 [N5:N16] 셀의 '개봉월'에 해당하는 매출액 [F]열의 합계를 계산할 때는 SUMIF 함수로 수식을 작성합니다. [P5] 셀을 선택한 후 '=SUMIF'를 입력하고 [함수 마법사]를 클릭합니다.

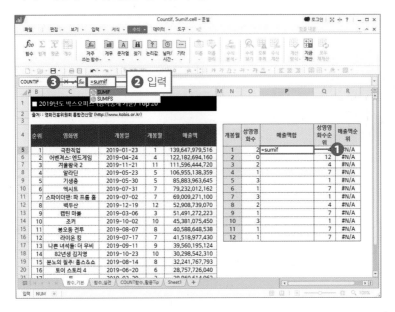

> • SUMIF(범위, 조건, SUM 범위)
> : 범위 안에 조건이 있는 셀에 해당하는 SUM 범위의 행

02. [함수 마법사] 대화상자의 각 항목을 다음과 같이 지정하고 [확인] 단추를 클릭합니다.

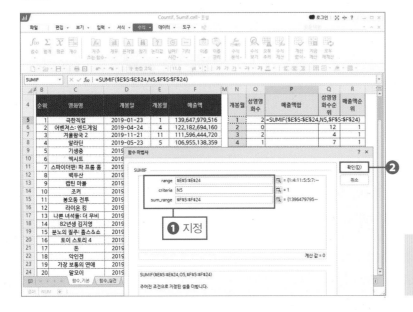

> • range(범위) : $E$5:$E$24
> • criteria(조건) : N5
> • Sum_Range : $F$5:$F$24

03. 함수식이 완성되었습니다. [P5] 셀의 채우기 핸들을 더블클릭하여 [P16] 셀까지 함수식을 완성합니다.

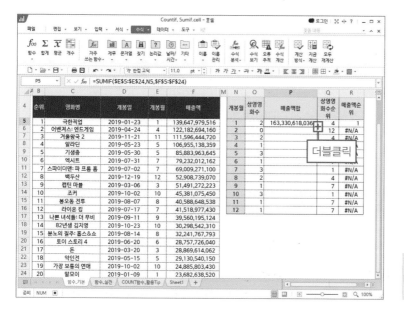

• [P5] 셀 : =SUMIF($E$5:$E$24,N5,$F$5:$F$24)

04. 'Top20' 순위에 가장 많은 영화수가 집계된 월은 '3건'의 5월 [N9]과, 7월 [N11], 10월 [N14] 셀입니다. 'Top20' 순위 중 가장 많은 매출액이 집계된 월은 5월(1위), 7월(2위)이며 10월은 매출액 순위 6위로서 Top20에 든 영화 수는 있지만, 큰 매출액이 없음을 알 수 있습니다.

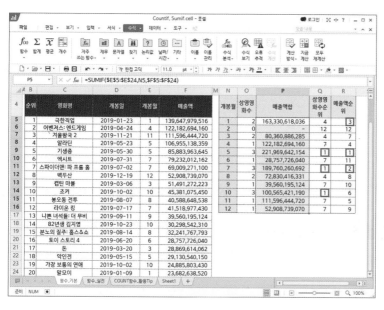

CHAPTER 01 : 화면 구성 및 파일 관리 :

CHAPTER 02 : 문서 서식 이해하기 :

CHAPTER 03 : 수식 관리 :

CHAPTER 04 : 데이터 분석 및 관리 :

CHAPTER 05 : 데이터 시각화 :

CHAPTER 06 : 양식 도구와 매크로 :

1 이름 정의

01. 한셀에서는 수식에 셀 번지를 대표하는 이름을 정의해 사용할 수 있습니다. 이름 정의는 셀 참조를 절대 참조로 인식함으로 별도로 '$'를 표시하지 않아 함수가 복잡할 때 효과적입니다. [B9:L29] 셀의 범위를 지정하고 [수식] 탭-[이름]의 펼침 단추(▼)를 클릭하여 [선택 영역에서 이름 만들기]-[첫 행]-[확인] 단추를 클릭합니다. [B9:L9] 셀의 가장 맨 위의 첫 행이 [B10:L29] 셀을 대표하는 이름으로 정의되었습니다.

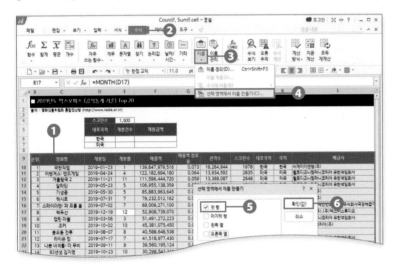

02. [이름 관리자]를 클릭하면 [B9:L9] 셀의 제목이 나타납니다. [스크린수]를 클릭하면 [I10:I29] 셀이 범위로 설정됩니다. 이름으로 정의된 자료는 다른 시트에서 클릭하여도 '함수_실전' 시트로 이동할 수 있습니다.

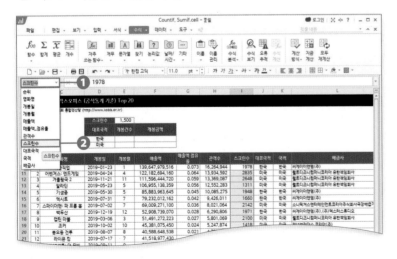

2 COUNTIFS, SUMIFS 함수

01. [E6] 셀을 선택하여 [E4] 셀의 스크린수와 [D5] 셀의 대표국적을 이용하여 조건에 맞는 셀의 개수를 구하는 함수식을 작성합니다. 2개 이상의 조건식에 해당하는 셀의 개수는 COUNTIFS(범위, 조건, 범위, 조건..)로 작성합니다.

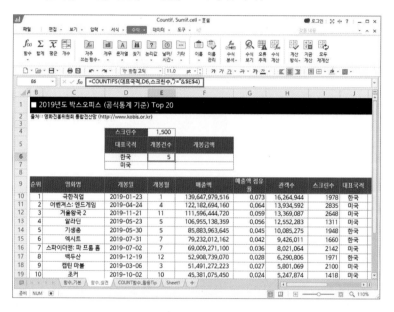

• [E6] 셀 : =COUNTIFS(대표 국적,D6,스크린수,">"&$E$4)

02. [F6] 셀을 선택하여 [E4] 셀의 스크린수와 [D5] 셀의 대표국적을 이용하여 조건에 맞는 셀의 개봉금액을 구하는 함수식을 작성합니다. 2개 이상의 조건식에 해당하는 셀의 합계는 SUMIFS(SUM 범위, 범위, 조건, 범위, 조건..)로 작성합니다. [E6:F6] 셀을 범위 지정하여 복사(Ctrl+C)한 후 [E7:F7] 셀에 붙여 넣어 수식을 완성합니다.

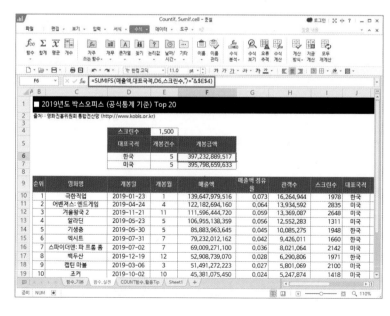

• [F6] 셀 : =SUMIFS(매출 액,대표국적,D6,스크린 수,">"&$E$4)

004 IF 함수로 조건에 따라 다른 결과 값 구하기

난이도 ◇◇◇◇◇

✦사용 가능 버전 : NEO 2018 2020
✦사용 기능 : IF 함수

IF 함수 ▶▶ IF 함수는 주어진 조건이 참(True)인지를, 거짓(False)인지를 판단하여 조건 판단 결과를 다른 값을 반환하는 함수입니다.

말랑말랑 기본기 다지기

예제 파일 : Chapter 03/IF 함수.cell, 시트명 [IF 함수_기본] | 완성 파일 : Chapter 03/IF 함수._완성.cell

1 IF 조건식

01. [C] 열의 '주소구분'이 서울이 아니면 교통비를 100,000원 지급하고 아니면 0으로 표시하는 수식을 작성하기 위해 [D3] 셀을 선택합니다. '=IF'를 입력한 후 [함수 마법사]를 클릭합니다.

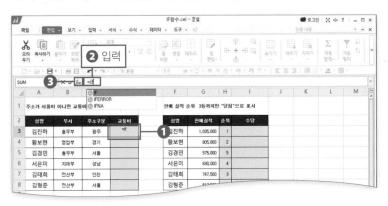

02. [함수 마법사] 대화상자가 나타나면 [logical_test]에 'C3〈 〉"서울"'을 입력하고, [Value_if_true]에는 '100000'을 입력, [Value_if_false]에 '0'을 입력하고 [확인] 단추를 클릭합니다.

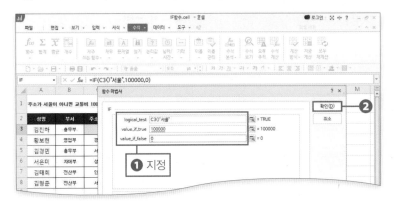

03. Enter↵를 눌러 수식을 완료하고 [D3] 셀의 수식을 복사하여 [D8] 셀까지 수식을 채웁니다. '주소구분' 셀이 '서울'이 아닌 지역만 교통비가 표시됩니다.

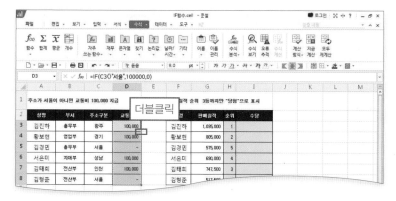

2 IF 조건식 빈 셀 처리

01. 판매실적이 순위가 1등부터 3등까지만 수당을 지급하기 위하여 "당첨"을 표시하고 나머지는 공백("")으로 표시하기 위한 수식을 작성하기 위해 [I3] 셀을 선택합니다. '=IF'를 입력하고 Shift + F3을 눌러 [함수 마법사] 대화상자를 불러옵니다.

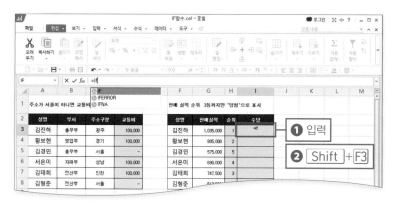

02. [logical_test]에 'H3<=3'을 입력하고 [Value_if_true]에는 ' "당첨" '을 입력, [Value_if_false]에 ' " " '을 입력한 후 [확인] 단추를 클릭합니다.

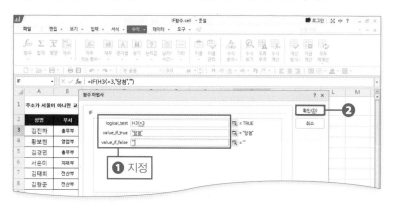

03. 수식 1등부터 3등까지만 당첨으로 아니면 공백("")으로 표시된 것을 확인합니다. [I3] 셀의 채우기 핸들을 더블클릭해 [I8] 셀까지 수식을 복사합니다.

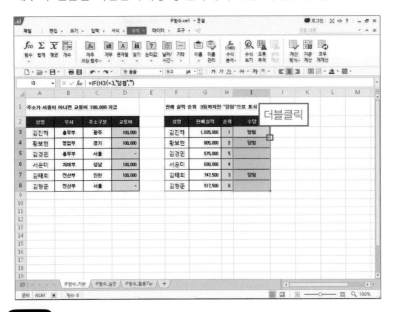

꼭 알고가기!!

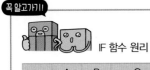 IF 함수 원리

	A	B	C	D		C	D
3	30	30	=A3=B3	=A3>B3		TRUE	FALSE
4	40	30	=A4=B4	=A4>B4		FALSE	TRUE
5	50	70	=A5=B5	=A5>B5		FALSE	FALSE

비교(>, >=, <, <=, <>) 연산자를 이용하여 셀 값에 대한 연산을 실행하면 참(TRUE), 거짓(FALSE) 결과가 계산됩니다. 이 계산 결과의 TRUE와 FALSE 값을 =IF(계산식, TRUE일 때, FALSE일 때,) 함수식으로 작성하여 참, 거짓의 결과를 사용자가 지정하는 함수가 IF 함수입니다.

1 두 개 이상의 조건 AND

01. [G] 열과 [H] 열의 값이 모두 마이너스 값인 경우 [I] 열 '비고1'에 '하강세'로 표시되게 하는 IF 함수를 작성합니다.

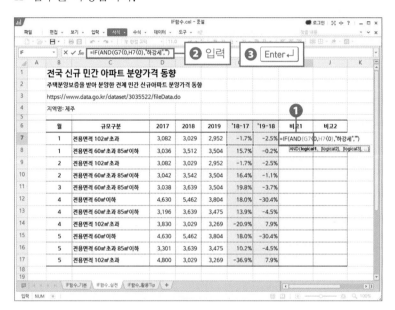

• [I7] 셀 수식 : =IF(AND(G7<0, H7<0),"하강세","")

꿀팁
두 개의 조건을 만족하는 조건식은 AND, 둘 중 한 개의 조건만 만족 여부 확인은 OR로 작성합니다.

02. [I7:I17] 셀을 범위 지정 후 F2를 누릅니다. 그리고, Ctrl+Enter↵를 눌러 '비고1'의 수식 작성을 완성합니다.

2 IF & COUNTIF 함수

01. [D:F] 열의 2017~2019년도 분양가격 중 2개 이상이 40000 이상될 때 '★'를 출력하는 수식을 작성하겠습니다. [J7:J17] 셀을 범위 지정하고 수식을 입력한 후 Ctrl+Enter↵를 눌러 수식을 완성합니다. 4000이상 있는 셀이 개수가 출력됩니다.

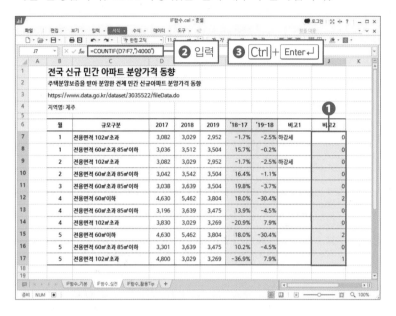

• [J7] 셀 :
=COUNTIF(D7:F7,">4000")

02. F2를 눌러 수식을 추가한 후 Ctrl+Enter↵를 눌러 수식을 완성합니다.

• [J7] 셀 :
=IF(COUNTIF(D7:F7,">4000"))>=2,"★","")

꿀팁

[J7] 셀은 AND 함수로도 작성 가능합니다.
=IF(AND(D7〉4000,E7〉4000,F7〉4000),"★","")

03. 2017~2019년도에 분양가가 4000 이상인 자료가 2개 이상 있는 [12] 행과 [15] 행에 '★'가 표시됩니다.

다중 IF

IF 함수는 여러 개를 중첩하여 작성할 수 있습니다.

예 [A3] 셀의 숫자가 90 이상이면 'A', 80 이상이면 'B', 70 이상이면 'C'를 출력하고 70 미만일 때는 'D'를 출력하는 수식은 아래와 같습니다.

=if(A3)=90,"A", if(A3)=80,"B", if(A3)=70,"C", 'D')))

CHAPTER 01 : 화면 구성 및 파일 관리 :

CHAPTER 02 : 문서 서식 이해하기 :

CHAPTER 03 : 수식 관리 :

CHAPTER 04 : 데이터 분석 및 관리 :

CHAPTER 05 : 데이터 시각화 :

CHAPTER 06 : 양식 도구와 매크로 :

005

난이도 ✧✧✧✧✧

찾기 참조 함수(VLOOKUP, HLOOKUP)로 관련 데이터 찾아 표시하기

✦ 사용 가능 버전 : NEO 2018 2020
✦ 사용 기능 : VLOOKUP, HLOOKUP

VLOOKUP,
HLOOKUP ▶▶

VLOOKUP, HLOOKUP 함수는 참조표에서 관련 데이터를 찾아 자동으로 표시해주는 함수입니다. VLOOKUP의 'V'는 'Vertical(세로)'을 HLOOKUP의 'H'는 'Horizontal(가로)'을 나타내며 Table_array가 세로, 가로로 작성되어 있는지에 따라 선택해서 사용합니다.

말랑말랑 기본기 다지기

예제 파일 : Chapter 03/Vlookup 함수.cell, 시트명 [함수_기본] | 완성 파일 : Chapter 03/Vlooup 함수_완성.cell

1 VLOOKUP, false 옵션

01. '함수_기본' 시트를 클릭합니다. [E11] 셀을 선택하고 '=VLOOKUP(E8,'를 입력하고 [A4:C12] 셀을 범위 지정합니다. 찾는 값이 [A,B,C] 중 2번째 [B] 열에 있음으로 숫자 ',2'를 입력합니다. 마지막으로 찾는 값이 정확하게 일치해야 하므로 ',false)'를 입력하고 '=VLOOK-UP(E8,A4:C12,2,false)'와 같이 수식이 입력되면 Enter↵를 눌러 입력을 종료합니다.

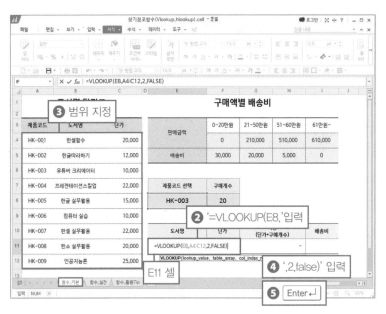

 마지막 false 대신 숫자 0을 사용할 수도 있습니다.

02. 제품 코드에 따른 도서명을 자동으로 표시해 줍니다. 단가를 입력하기 위해 [F11] 셀을 선택하고 '=VLOOKUP(E8,'을 입력한 후 [A4:C12] 셀을 범위 지정합니다. 찾는 값이 [A,B,C] 중 3번째 [C] 열에 있음으로 숫자 ',3'을 입력합니다. 마지막으로 찾는 값이 정확하게 일치해야 하므로 ',0)'을 입력하고 '=VLOOKUP(E8,A4:C12,3,0)'과 같이 수식이 입력되면 Enter↵ 를 눌러 입력을 종료합니다.

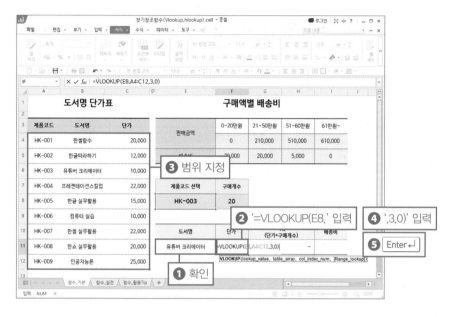

03. 제품 코드에 따른 단가를 자동으로 표시해 줍니다. [G11] 셀에 '단가*구매개수'의 금액이 계산되어 표시됩니다. 제품코드를 변경하여 도서명과 단가가 잘 변경되는지를 확인합니다. [E8] 셀의 목록 리스트에서 'HK-009'를 선택합니다.

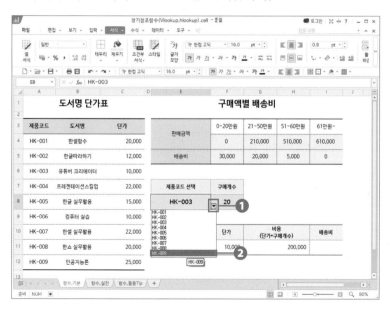

꿀팁

[E8] 셀을 선택한 후 [데이터] 탭-[유효성 검사]를 클릭하면 목록 리스트의 내용을 변경할 수 있습니다.

CHAPTER 01 : 화면 구성 및 파일 관리 :
CHAPTER 02 : 문서 서식 이해하기 :
CHAPTER 03 : 수식 관리 :
CHAPTER 04 : 데이터 분석 및 관리 :
CHAPTER 05 : 데이터 시각화 :
CHAPTER 06 : 양식 도구와 매크로 :

04. [E11] 셀의 도서명과 [F11] 셀의 단가가 'HK−009' 제품코드에 해당하는 [B12] 셀과 [C12] 셀의 내용으로 변경되었습니다.

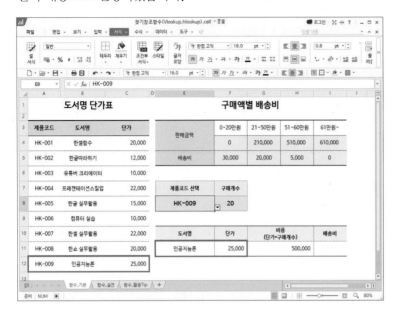

2 HLOOKUP, true 옵션

01. 배송비를 입력하기 위해 [I11] 셀을 선택합니다. 배송비 자료는 [F4→G4→H4→I4] 열로 자료를 찾고 값의 조건이 맞으면 5행으로 행 단위로 이동하여서 자료를 참조하여야 함으로 HLOOKUP 함수를 이용해야 합니다. 마지막 False 옵션을 사용하면 '0, 210000, 510000, 610000'과 똑같은 금액만 자료를 찾을 수 있습니다. True 옵션은 범위에서 작업 가능합니다. 단, 반드시 배송비 테이블은 작은 값에서 큰 값순으로 배송비 테이블을 구성해야 합니다. '=HLOOKUP(G11,F4:I5,2,TRUE)'와 같이 수식을 작성합니다.

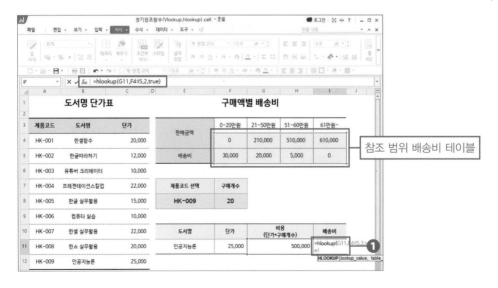

참조 범위 배송비 테이블

O2. [H11] 셀에 계산된 비용 500,000원에 해당하는 [G5] 셀의 배송비 20,000원이 표시됩니다. [E8] 셀의 제품코드를 변경하면 [E11], [F11], [H11], [I11] 셀의 내용이 자동 변경됩니다.

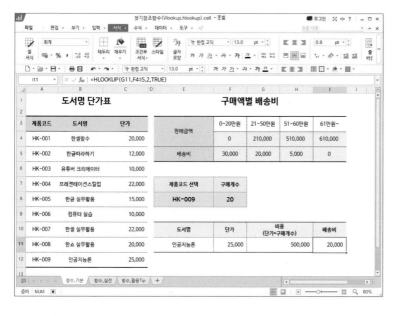

CHAPTER 01 : 화면 구성 및 배율 관리 :
CHAPTER 02 : 문서 서식 이해하기 :
CHAPTER 03 : 수식 관리
CHAPTER 04 : 데이터 분석 및 관리 :
CHAPTER 05 : 데이터 시각화 :
CHAPTER 06 : 양식 도구와 매크로 :

1 중복값 VLOOKUP 함수

01. VLOOKUP 함수에서는 중복된 자료 값이 있을 때 처음 검색된 자료를 찾아옵니다. 중복된 자료는 단일 값으로 만들어서 검색해야 합니다. [B7:B10] 셀에는 'C7&D7~C10:D10' 수식으로 셀이 연결되어 있습니다. [B13:B23] 셀에는 '=C13&D13~=C23&D23' 수식으로 셀이 연결되어 있습니다.

02. [E7] 셀을 선택하고 '=VLOOKUP($B7,$B$13:$G$23,4,0)' 수식을 완성합니다.

03. [E7:G10] 셀을 범위 지정하고 F2를 누른 후 Ctrl+Enter↵를 눌러 수식을 복사 붙이기 합니다.

2 NA 제거 IFERROR 함수

01. 찾는 값이 없는 자료는 '#N/A'로 표시됩니다. #N/A 자료를 화면에서 표시하지 않기 위하여 IFERROR 함수를 사용합니다. [E7] 셀의 수식을 '=IFERROR(VLOOK-UP($B7,$B$13:$G$23,4,0),"")'로 변경합니다.

• IFERROR(함수식, 에러일 때 실행할 내용)

CHAPTER 01 : 화면 구성 및 파일 관리 :

CHAPTER 02 : 문서 서식 이해하기 :

CHAPTER 03 : 수식 관리 :

CHAPTER 04 : 데이터 분석 및 관리 :

CHAPTER 05 : 데이터 시각화 :

CHAPTER 06 : 양식 도구와 매크로 :

02. [E7:G10] 셀을 범위 지정하고 F2를 누른 후 Ctrl + Enter↵ 를 눌러 수식을 복사 붙이기 합니다.

03. [F7:F10] 셀을 범위 지정하고 F2를 눌러 숫자 값 '4'를 '5'로 변경합니다. 그리고 Ctrl + Enter↵ 를 눌러 수식을 수정합니다.

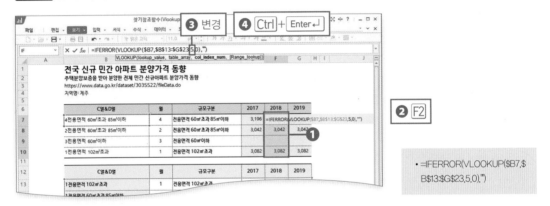

• =IFERROR(VLOOKUP($B7,$B$13:$G$23,5,0),"")

04. [G7:G10] 셀을 범위 지정하고 F2를 눌러 숫자 값 '4'를 '6'으로 변경합니다. Ctrl + Enter↵ 를 눌러 수식을 수정하여 VLOOKUP 함수를 완료합니다.

• =IFERROR(VLOOKUP($B7,$B$13:$G$23,6,0),"")

CHAPTER 01 : 화면 구성 및 파일 관리 :

CHAPTER 02 : 문자 서식 이해하기 :

CHAPTER 03 : 수식 관리 :

CHAPTER 04 : 데이터 분석 및 관리 :

CHAPTER 05 : 데이터 시각화 :

CHAPTER 06 : 양식 도구와 매크로 :

CHAPTER 3

복합 응용력 UP!

동영상 해설

문제1 : 기본 함수와 통계 함수를 작성하여 '고객현황' 표를 완성하세요.

예제 파일 : 연습_함수1.cell | 완성 파일 : 연습_함수1_완성.cell

- [G3] 셀 : COUNT 또는 COUNTA 함수 이용
- [D14:E14], [D15:E15] 셀 : SUM 함수와 AVERAGE 함수를 이용한 합계, 평균
- [F6:F13] 셀 : [E6] 셀 * [G3] 셀 이때, [G3] 셀은 절대 참조로 지정하여 '=E6*$G$3'
- [J6:J7] 셀 : COUNTIF 함수를 이용하여 [G6:G13] 셀의 등급별 인원수 계산
- [K6:K7] 셀 : SUMIF 함수를 이용하여 [G6:G13] 셀의 등급별, [E6:E13] 셀의 합

▲ Before

▲ After

문제2 : 찾기 참조 함수를 이용하여 '승진심사현황' 표를 완성하세요.

예제 파일 : 연습_함수2.cell | 완성 파일 : 연습_함수2_완성.cell

- [C4:C13] 셀 : [I4:J6] 셀을 이용하여 VLOOKUP 함수 작성
- [F4:F13] 셀 : [I9:J12] 셀을 이용하여 VLOOKUP 함수 작성
- [G4:G13] 셀 : [M3:O4] 셀을 이용하여 HLOOKUP 함수 작성

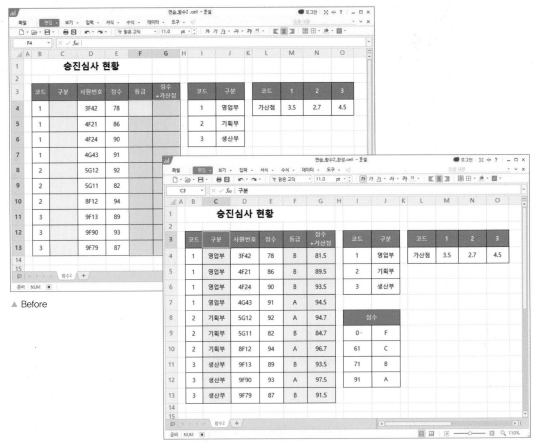

▲ Before

▲ After

이것이 궁금하다! Q&A

Q&A 01 | 문자 처리 함수 : [수식] 탭-[문자열]

- 문자열의 왼쪽에서 지정한 개수만큼 문자를 잘라내는 함수는 LEFT 함수이며 =LEFT("KO-REA",3)에서 결괏값은 'KOR'입니다.
- 문자열의 오른쪽에서 지정한 개수만큼 문자를 잘라내는 함수는 RIGHT 함수이며 =RIGHT("KOREA",3)에서 결괏값은 'REA'입니다.
- 문자열의 중간 시작 위치에서 지정한 개수만큼 문자를 잘라내는 함수는 MID 함수이며 =MID("KOREA",2,3)에서 결괏값은 2번째 위치 'O'에서 3글자 추출하여 'ORE'입니다.

Q&A 02 | 날짜 처리 함수 : [수식] 탭-[날짜/시간]

- '=DATE(연,월,일)'로 날짜 자료를 작성할 수 있으며 [A3] 셀에 '2021-3-5'의 날짜 자료가 입력되어 있을 때 '=YEAR(A3)'의 결괏값은 '2021', '=MONTH(A3)'의 결괏값은 '3', '=DAY(A3)'의 결괏값은 '5'입니다.
- =TIME(시,분,초)로 시간 자료를 작성할 수 있으며 [A4] 셀에 '15:20:30'의 시간 자료가 입력되어 있을 때 '=HOUR(A4)'의 결괏값은 '15', '=MINUTE(A4)'의 결괏값은 '20', '=SEC-OND(A4)'의 결괏값은 '30'입니다.
- 날짜 자료는 +, -의 연산 가능하며 날짜값이 있는 셀은 '=A3-B3'으로 계산 시 일수가 계산되며 만약 개월 수, 365일의 만으로된 연수를 계산하려면 '=DATEDIF(시작 날짜, 종료 날짜, 옵션)'을 실행합니다.
- 예 [A3] 셀 : 2019-3-5, [A4] 셀 : 2020-8-7, 함수 =DATEDIF(A3,A4,"M")&, 결과는 '17'로 개월 수가 계산됩니다.

Q&A 03 | 문자로 된 숫자 자료를 숫자로 변환하는 식 : VALUE 함수

- 문자로 된 숫자 자료는 IF 또는 VLOOKUP 함수 작업 시 '*1' 또는 VALUE 함수를 사용하여 숫자값으로 변환해야 합니다.
- '=MID("861213-2******",8,1)'의 결괏값은 문자 '1'입니다.
- '=MID("861213-2******",8,1)*1' 또는 '=VALUE(MID("861213-2******",8,1))'의 결괏값은 숫자 '1'입니다.

CHAPTER 4

데이터 분석 및 관리

중요도 ◇◇◇◇◇

■ 사용하는 한셀 기능 및 학습 후 효과

기능	효과	미리보기
데이터 전처리 (셀 연결, 값 붙여 넣기)	두 개 이상 셀을 & 연산자로 연결하여 한 개의 셀로 작성하며 수식으로 작성된 셀을 결괏값으로 변경하여 수식 원본 셀이 삭제됐을 때도 값이 유지될 수 있도록 셀의 내용을 설정할 수 있습니다.	원본 자료 / &연산자 작업
정렬	여러 개의 데이터를 정해진 순서에 따라 작은 값에서 큰 값으로(오름차순), 또는, 큰 값에서 작은 값으로(내림차순) 데이터의 순서를 변경할 수 있습니다.	숫자자료 정렬 / 문자자료 정렬
부분합	데이터 목록별 소계의 부분별 계산(합, 평균, 개수 등)과 총합을 자동으로 구할 수 있습니다.	원본 자료 / 부분합(과정항목으로) / 부분합(버전항목으로)
필터	조건 목록에서 원하는 조건을 선택하면 해당하는 데이터만 표시할 수 있습니다.	원본 자료 / 버전중 2020 데이터만 필터 / Pages 200이상 데이터만 필터
피벗 테이블	많은 양의 데이터에서 필요한 자료만을 뽑아 데이터를 요약하여 표 형태의 보고서를 작성할 수 있습니다.	원본 데이터 / 피벗테이블 실행후

데이터 전처리 미리보기

원본 자료

버전	과정
2018	한셀
2020	한셀

&연산자 작업

버전&과정	과정&버전	원본삭제시
2018한셀	한셀2018	#REF!
=L37&M37	=M37&L37	#REF!

정렬 미리보기

숫자자료 정렬

원본	오름차순 정렬	내림차순 정렬
4	1	5
1	2	4
5	3	3
3	4	2
2	5	1

문자자료 정렬

원본	오름차순 정렬	내림차순 정렬
라	가	하
다	다	파
가	라	라
파	파	다
하	하	가

부분합 미리보기

원본 자료

버전	과정	Pages
2018	한셀	200
2020	한셀	150
NEO	한쇼	200
2018	한쇼	300
2020	한쇼	100

부분합(과정항목으로)

버전	과정	Pages
2018	한셀	200
2020	한셀	150
	한셀 합계	350
NEO	한쇼	200
2018	한쇼	300
2020	한쇼	100
	한쇼 합계	600

부분합(버전항목으로)

버전	과정	Pages
2018	한셀	200
2018	한쇼	300
2018 합계		500
2020	한셀	150
2020	한쇼	100
2020 합계		250
NEO	한쇼	200
NEO 합계		200

필터 미리보기

원본 자료

버전	과정	Pages
2018	한셀	200
2020	한셀	150
NEO	한쇼	200
2018	한쇼	300
2020	한쇼	100

버전중 2020 데이터만 필터

버전	과정	Pages
2020	한셀	150
2020	한쇼	100

Pages 200이상 데이터만 필터

버전	과정	Pages
2018	한셀	200
NEO	한쇼	200
2018	한쇼	300

001 데이터 전처리

난이도 ◆◆◆◆◆

✦ 사용 가능 버전 : NEO 2018 2020
✦ 사용 기능 : 자료 나누기 & 합치기

데이터 전처리 ▶▶ 셀과 셀의 내용을 합치거나 셀의 내용을 특정 항목 단위로 나눌 수 있습니다. 한셀에서는 [데이터] 탭-[텍스트 합치기]를 제공합니다.

말랑말랑 기본기 다지기
예제 파일 : Chapter 04/데이터전처리.cell, 시트명 [데이터전처리_기본] | 완성 파일 : Chapter 04/데이터전처리_완성.cell

1 텍스트 나누기 및 합치기

01. 한글과 영문이 '='로 연결되어 동시에 표기된 국립공원 공원사무소의 명칭을 한글과 영문 명칭으로 셀을 분리하려고 합니다. [B4:B9] 셀을 범위 지정하고 [데이터] 탭-[텍스트 나누기]를 클릭합니다. [텍스트나누기] 대화상자의 1단계에서 [구분자로 분리됨]을 체크하고 [다음] 단추를 클릭합니다.

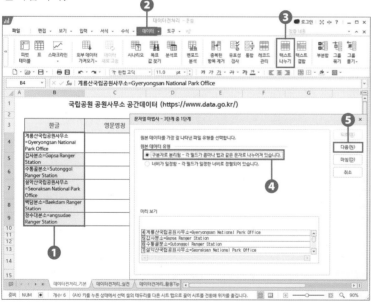

02. [문자열 마법사─3단계 중 2단계] 대화상자에서 [구분자]─[탭]의 체크를 해제하고 [기타]에 '='를 입력한 후 [마침] 단추를 클릭합니다.

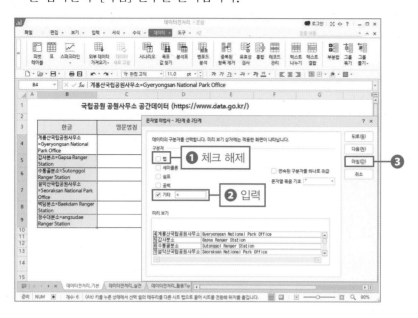

03. [B], [C] 열에 한글과 영문 명칭이 분리되어 표시됩니다. 여러 개로 나뉘어져 있는 셀은 쉽게 한 개의 셀로 합칠 수 있습니다. [D4:F9] 셀을 범위 지정하고 [데이터] 탭─[텍스트 결합]을 클릭합니다.

04. [텍스트 결합] 대화상자에서 [방향]–[왼쪽으로 결합], [구분자]–[공백]을 체크하고 [설정] 단추를 클릭합니다.

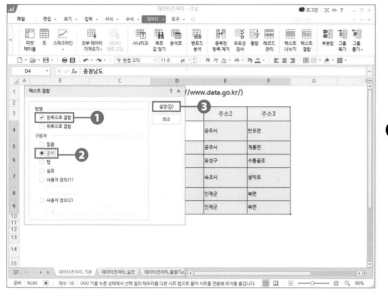

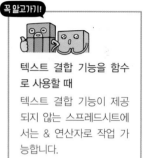

꼭 알고가기!

텍스트 결합 기능을 함수로 사용할 때
텍스트 결합 기능이 제공되지 않는 스프레드시트에서는 & 연산자로 작업 가능합니다.

2 골라 붙이기 행열 변경하기

01. 표의 가로 자료를 세로로 변경할 때는 셀의 내용을 복사한 뒤 골라 붙이기 옵션을 이용합니다. [B3:D9] 셀을 범위 지정하고 Ctrl + C 를 눌러 복사합니다. [B13] 셀을 마우스 오른쪽 버튼으로 클릭하고 [골라 붙이기]를 선택합니다.

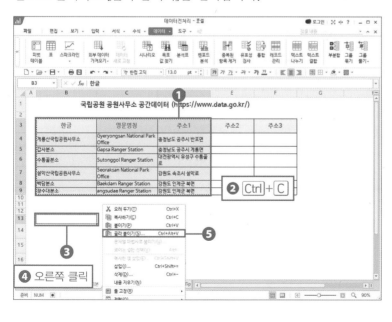

CHAPTER 01 : 화면 구성 및 파일 관리 :
CHAPTER 02 : 문서 서식 이해하기 :
CHAPTER 03 : 수식 관리 :
CHAPTER 04 : 데이터 분석 및 관리 :
CHAPTER 05 : 데이터 시각화 :
CHAPTER 06 : 양식 도구와 매크로 :

02. [골라 붙이기] 대화상자의 [선택 사항]-[행/열 바꿈]을 체크하고 [확인] 단추를 클릭합니다.

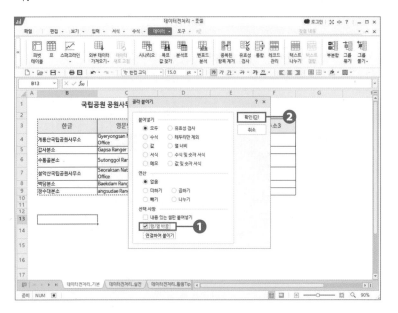

03. 행과 열의 내용이 변경되어 붙여 넣게 됩니다.

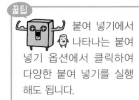 붙여 넣기에서 나타나는 붙여 넣기 옵션에서 클릭하여 다양한 붙여 넣기를 실행해도 됩니다.

골라 붙이기

골라 붙이기는 블록으로 지정하여 복사한 셀의 내용이 수식, 서식, 값 등으로 다양하게 붙여 넣을 수 있는 기능입니다.

옵션	설명
수식	복사한 내용 중 수식만 골라 붙입니다. 내용 값이나 서식 등은 붙여 넣지 않습니다.
값	복사한 내용 중 값만 골라 붙입니다. 셀 서식이나 수식 등은 붙여 넣지 않습니다.
서식	복사한 내용 중 서식만 골라 붙입니다. 내용 값이나 수식 등은 붙여 넣지 않습니다.
메모	복사한 내용 중 메모와 메모에 적용된 서식만 골라 붙입니다.
유효성 검사	복사한 셀에 적용된 유효성 검사 내용을 골라 붙입니다.
테두리만 제외	복사한 내용 중 값이나 서식만 골라 붙이고, 테두리 서식은 붙여 넣지 않습니다.

예제 파일 : Chapter 04/데이터전처리.cell, 시트명 [데이터전처리_실전] | 완성 파일 : Chapter 04/데이터전처리_완성.cell

1 텍스트 결합을 이용한 제목 행 작성하기

01. 정렬, 부분합, 필터, 피벗 테이블 등 [데이터] 탭의 자료 관리에서 제목 행은 1개의 행으로 구성해야 합니다. [A4] 셀을 선택하고 Ctrl + Shift + → 를 눌러 [A4:M4] 셀을 범위 지정합니다. Shift + ↓ 로 셀 범위를 [A4:M5] 셀로 확장합니다. [데이터] 탭-[텍스트 결합]을 클릭하고 [방향]-[위쪽으로 결합], [구분자]-[사용자 정의(1)]에서 '('를 입력한 후 [설정] 단추를 클릭합니다.

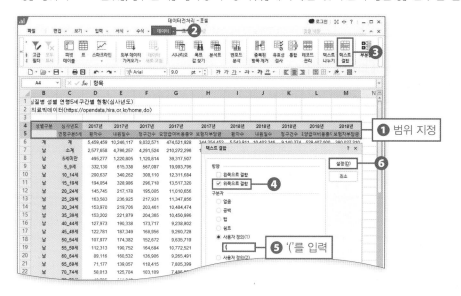

02. '2017(환자수'로 결합된 자료를 '2017(환자수)'로 만들기 위하여 한 번 더 텍스트 결합을 실행해야 합니다. [A4:M5] 셀이 범위 지정된 상태에서 [데이터] 탭-[텍스트 결합]-[방향]은 [위쪽으로 결합], [구분자]-[사용자 정의(1)]에서 ')'를 입력한 후 [설정] 단추를 클릭합니다.

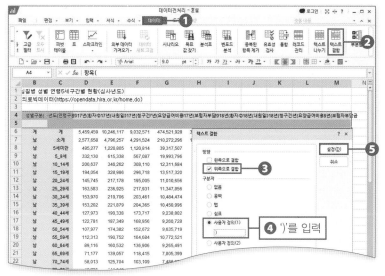

03. [서식] 탭-[줄 바꿈]을 클릭하고 [5] 행을 선택한 후 Ctrl + − 를 눌러 행을 삭제합니다.

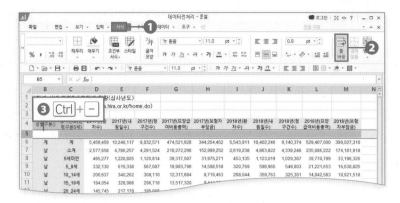

2 찾아 바꾸기를 이용한 데이터 통일

01. [C] 열의 연령대에서 '5_9세'의 자료값이 '30_35세'와 달라 '05_09세'로 셀의 모든 내용을 찾아서 바꾸려고 합니다. [찾아 바꾸기] 단축키 Ctrl + H 를 누르고 내용을 지정한 후 [모두 바꾸기] 단추를 클릭합니다. 다시 [찾을 내용]은 '5세미만', [바꿀 내용]은 '05세미만'으로 변경하여 [모두 바꾸기]-[닫기] 단추를 클릭하여 작업을 완료합니다.

- 찾을 내용 : 5_9세
- 바꿀 내용 : 05_09세

꼭 알고가기!!

데이터 통일 중요성

01, 02, 03, 10, 11, 12로 자릿수가 통일되어야 정렬 등 데이터 작업에 편리합니다.

002 정렬과 부분합

난이도 ◆◆◆◆◆

◆ 사용 가능 버전 : NEO 2018 2020
◆ 사용 기능 : 정렬, 부분합

정렬 & 부분합 ▶▶ 입력한 데이터에서 특정 항목을 기준으로 오름차순 또는, 내림차순으로 재배치해 주는 기능입니다.
많은 양의 데이터 목록을 그룹별로 분류하고, 그룹별로 계산을 수행하는 데이터 분석 도구입니다.

말랑말랑 기본기 다지기
예제 파일 : Chapter 04/정렬및부분합.cell, 시트명 [정렬부분합_기본] | 완성 파일 : Chapter 04/정렬및부분합_완성.cell

1 오름차순/내림차순 정렬하기

01. 계약 방법을 기준으로 오름차순(가나다순) 정렬해 보겠습니다. '정렬부분합_기본' 시트에서 금액 데이터 [F1:F20] 범위의 셀 하나를 선택합니다. [데이터] 탭–[내림차순]을 클릭합니다.

꿀팁

클릭하는 행과 열 표시 여부는 [보기] 탭–[선택된 셀 행]과 [선택된 셀 열] 선택 여부에 따라 달라집니다.

꼭 알고가기!

정렬과 부분합
부분합 기능은 특정 항목을 기준으로 원하는 값을 계산하는 기능입니다. 부분합 기능을 사용하려면 반드시 그룹화할 대상을 기준으로 정렬을 먼저 진행해야 합니다.

CHAPTER 01 : 화면 구성 및 파일 관리 :
CHAPTER 02 : 문서 서식 이해하기 :
CHAPTER 03 : 수식 관리 :
CHAPTER 04 : 데이터 분석 및 관리 :
CHAPTER 05 : 데이터 시각화 :
CHAPTER 06 : 양식 도구와 매크로 :

02. [F] 열의 '금액' 숫자값이 큰 순에서 작은 순으로 재배치됩니다. '계약일자' 데이터의 [B1:B20] 셀 범위 중 하나의 셀을 선택하고 [데이터] 탭-[오름차순]을 클릭합니다.

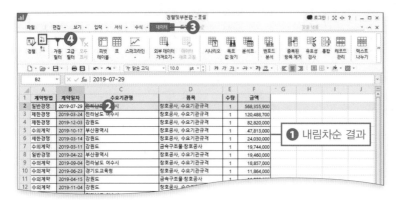

03. 2019년 3월~2019년 12월로 날짜값이 재배치됩니다. 계약 방법의 '수의계약', '일반경쟁', '제한경쟁'을 같은 자료끼리 재배치하는 작업도 정렬을 이용합니다. '계약방법' 데이터의 [A1:A20] 셀 범위 중 하나의 셀을 선택하고 [데이터] 탭-[오름차순]을 클릭합니다.

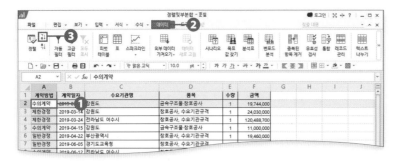

2 부분합을 이용한 계약 방법별 소계

01. 계약 방법이 '수의계약 → 일반경쟁 → 제한경쟁' 순으로 재배치되었습니다. 수의와 일반경쟁 사이에, 일반경쟁과 제한경쟁 사이에 중간 합계를 자동으로 작성할 수 있습니다. [A1:F20] 셀 범위에서 하나의 셀을 선택하고 [데이터] 탭-[부분합]을 클릭합니다.

02. [부분합] 대화상자에서 [그룹화할 항목]으로 정렬한 '계약방법'을 선택합니다. [사용할 함수]로 '합계'를 선택하고 [부분합 계산 항목]으로 '수량'과 '금액'을 지정한 후 [실행] 단추를 클릭합니다. '계약방법'을 중심으로 그룹별 합계가 출력됩니다. [E13] 셀을 선택해보면 '=SUBTO-TAL(9,E2:E12)'로 수식이 작성되어 있습니다.

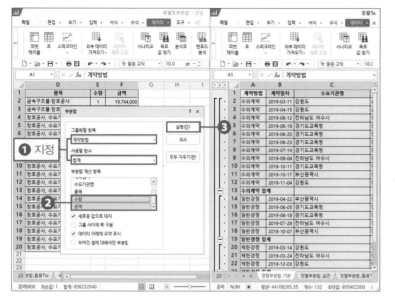

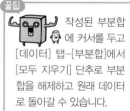

꿀팁 작성된 부분합에 커서를 두고 [데이터] 탭-[부분합]에서 [모두 지우기] 단추로 부분합을 해제하고 원래 데이터로 돌아갈 수 있습니다.

3 그룹별 표시

01. 부분합 그룹 항목을 표시하는 ①을 클릭하여 총합계, ②를 클릭하여 부분합계, ③을 클릭하여 모든 자료를 표시해 봅니다.

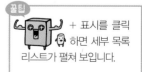

꿀팁 + 표시를 클릭하면 세부 목록 리스트가 펼쳐 보입니다.

CHAPTER 01 : 화면 구성 및 파일 관리 :
CHAPTER 02 : 문서 서식 이해하기 :
CHAPTER 03 : 수식 관리 :
CHAPTER 04 : 데이터 분석 및 관리 :
CHAPTER 05 : 데이터 시각화 :
CHAPTER 06 : 양식 도구와 매크로 :

1 정렬 기준 두 개 이상 설정하기

01. '정렬부분합_실전' 시트에서 입력된 데이터를 하나 선택하고 [데이터] 탭–[정렬]을 클릭합니다.

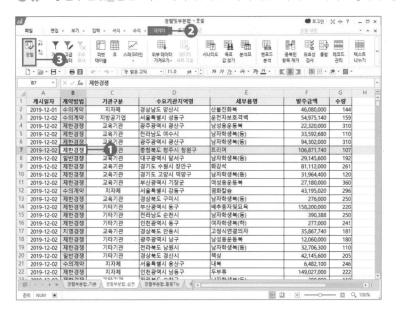

02. [정렬] 대화상자에서 [정렬 기준]–[기준1]에서 '계약방법'을 선택하고 새로운 기준을 추가하기 위해 [기준 추가]를 클릭합니다. 기준이 추가되면 [기준2]에서 '기관구분'을 선택하고 정렬기준을 '내림차순'으로 변경한 후 [실행] 단추를 클릭합니다.

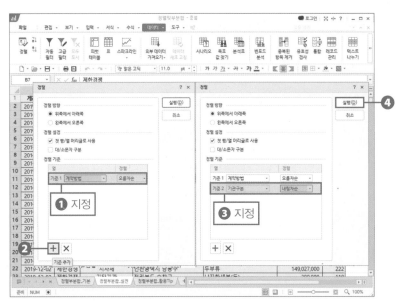

03. '계약방법'을 기준으로 정렬한 뒤 같은 계약구분에서 '기관구분'으로 내림차순 정렬됩니다.

사용자 정의 정렬

❶ [기준 1]의 정렬 방법 '사용자 정의 목록'을 지정하고, [사용자 설정] 대화상자에서 '일반계약, 제한경쟁, 수의계약'순으로 입력 후 [+]와 [설정] 단추 클릭

❷ [정렬] 대화상자에서 [실행] 단추 클릭

❸ 일반계약 → 제한경쟁 → 수의계약 순으로 자료가 재배치됨

CHAPTER 01 : 화면 구성 및 파일 관리 :
CHAPTER 02 : 문서 서식 이해하기 :
CHAPTER 03 : 수식 관리 :
CHAPTER 04 : 데이터 분석 및 관리 :
CHAPTER 05 : 데이터 시각화 :
CHAPTER 06 : 양식 도구의 활용 :

2 다중 부분합

01. [데이터] 탭-[부분합]을 클릭하고 [부분합] 대화상자에서 [그룹화할 항목]으로 정렬 기준 항목인 '계약방법'을 선택합니다. [부분합 계산 항목]에서 '발주금액'과 '수량'을 선택하고 [실행] 단추를 클릭합니다.

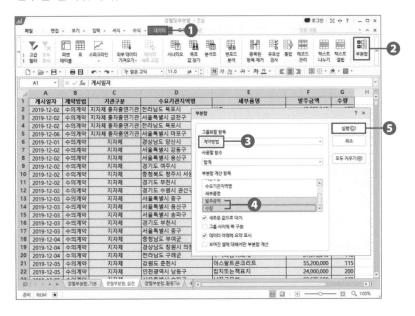

02. [B] 열의 계약방법을 기준으로 부분합이 계산됩니다. 다중 부분합을 실행하기 위해 [데이터] 탭-[부분합]을 클릭하고 [부분합] 대화상자의 [그룹화할 항목]에서 '기관구분'을 선택하고 [새로운 값으로 대치]의 체크를 해제한 후 [실행] 단추를 클릭합니다.

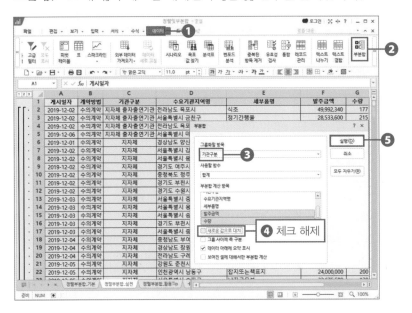

03. 2번째로 작업한 [C] 열의 기관구분을 기준으로 중간 합계가 자동 계산되어 표시됩니다.

04. 그룹 항목의 ③을 클릭하면 '계약방법'별 '기관별' 자료 집계가 표시됩니다.

③ 부분합 결과 복사하기

01. 출력 데이터 중 하나를 선택하고 Ctrl + A 를 누릅니다. 마우스 오른쪽 버튼을 클릭하고 [보이는 셀만 선택]을 선택합니다.

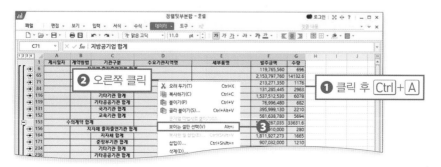

CHAPTER 01 : 화면 구성 및 파일 관리 :

CHAPTER 02 : 문서 서식 이해하기 :

CHAPTER 03 : 수식 관리 :

CHAPTER 04 : 데이터 분석 및 관리 :

CHAPTER 05 : 데이터 시각화 :

CHAPTER 06 : 양식 도구와 매크로 :

02. Ctrl+C를 눌러 복사하면 각 행별로 블록 범위가 비연속으로 설정됩니다.

03. Shift+Alt+F1을 눌러 새 시트를 삽입하고 [B2] 셀에서 Ctrl+V를 눌러 붙여 넣으면 계산식이 있던 셀에 '#REF' 에러가 표시됩니다. 붙여 넣기 옵션에서 [값 및 숫자 서식]을 선택하면 복사 결과가 정상적으로 붙여 넣기가 됩니다.

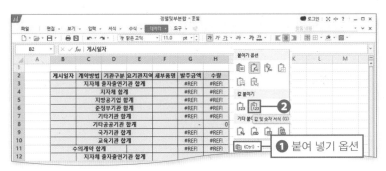

04. [G] 열의 '#' 표시는 열 너비가 좁아서 숫자 값이 다 표시되지 않는다는 메시지입니다. 원본 자료의 열 너비도 복사할 수 있습니다. 붙여 넣기 옵션에서 [열 너비]를 클릭하면 원본과 같은 열 너비가 적용되었습니다.

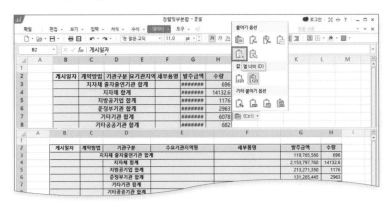

003 조건부 서식

난이도 ◇◇◇◇◇

✦ 사용 가능 버전 : NEO 2018 2020
✦ 사용 기능 : 조건부 서식

조건부 서식 ▶▶   특정 조건을 만족하는 데이터에 대하여 셀 또는, 해당 셀을 포함한 행 전체에 사용자가 원하는 서식을 설정
할 수 있습니다. 한셀에서는 [서식] 탭-[조건부 서식]을 제공합니다.

말랑말랑 기본기 다지기

예제 파일 : Chapter 04/조건부 서식.cell, 시트명 [조건부 서식1_기본, 조건부 서식2_기본]
완성 파일 : Chapter 04/조건부 서식_완성.cell

1 조건에 해당하는 셀 자동 서식

01. '조건부 서식.cell' 파일을 실행하고 '조건부 서식1_기본' 시트를 클릭합니다. [G5:G17] 셀
을 범위 지정하고 [서식] 탭-[조건부 서식]-[셀 강조 규칙]-[보다 큼]을 클릭합니다. [보다 큼]
대화상자에서 [다음 값보다 큰 셀의 서식 지정]에 '499'를 입력합니다. [적용할 서식]은 '연한 빨
강 채우기'를 지정한 후 [확인] 단추를 클릭합니다.

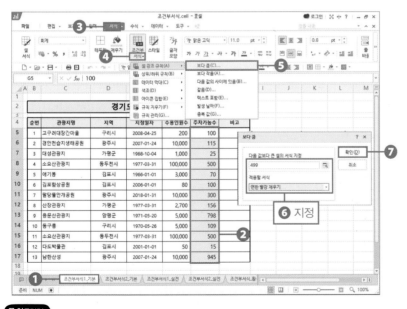

꼭 알고가기!

조건부 서식 삭제할 때
조건부 서식 삭제는 특정 범위 또는, 시트 전체를 삭제할 수 있습니다. 전체 조건부 서식을 삭제할 경
우 [서식] 탭-[조건부 서식]-[규칙 지우기]-[시트 전체에서 규칙 지우기]를 클릭합니다.

CHAPTER 01 : 화면 구성 및 파일 관리 :
CHAPTER 02 : 문서 서식 이해하기 :
CHAPTER 03 : 수식 관리 :
CHAPTER 04 : 데이터 분석 및 관리 :
CHAPTER 05 : 데이터 시각화 :
CHAPTER 06 : 양식 도구와 매크로 :

02. 주차가능수가 500 이상인 셀에 '연한 빨강'이 적용 되었습니다. 관광지명 중에서 중복된 관광지명에 자동 서식 설정을 할 수 있습니다. [C5:C17] 셀을 범위 지정 후 [서식] 탭-[조건부 서식]-[셀 강조 규칙]-[중복 값]을 클릭합니다.

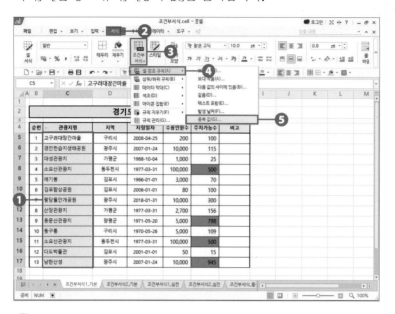

꿀팁

[G8] 셀의 값을 '500'에서 '400'으로 입력하면 빨강 채우기 서식이 제거됩니다.
[G9] 셀의 값을 '70'에서 '510'으로 입력하면 빨강 채우기 서식이 자동 적용됩니다.

03. [중복 값] 대화상자에서 [다음 값을 포함하는 셀의 서식 지정]을 '중복'으로 지정합니다. [적용할 서식]은 '진한 녹색 텍스트가 있는 녹색 채우기'를 지정하고 [확인] 단추를 클릭합니다.

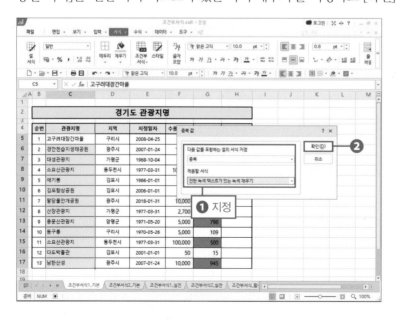

04. 관광지명이 같은 [C8], [C15] 셀에 자동으로 서식이 설정됩니다. 불필요한 조건부 서식은 반드시 삭제 후 다시 작성해야 합니다. [G5:G17] 셀을 범위 지정하고 [서식] 탭-[조건부 서식]-[규칙 지우기]-[선택한 셀의 규칙 지우기]를 클릭합니다.

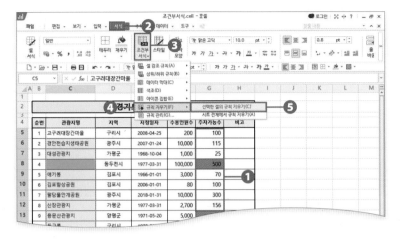

2 상위 10% 자료 자동 서식

01. [G5:G17] 셀은 조건부 서식이 삭제되어 표시됩니다. [F5:F17] 셀을 범위 지정하고 [서식] 탭-[조건부 서식]-[상위/하위 규칙]-[상위 10%]를 클릭합니다.

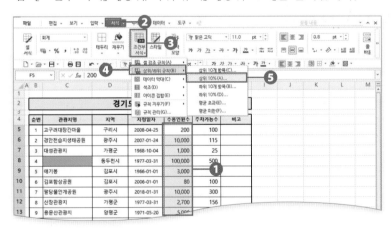

02. [상위 10%] 대화상자에서 [적용할 서식]을 '빨강 텍스트'로 지정하고 [확인] 단추를 클릭합니다. 선택 범위에서 상위 10%에 해당하는 셀에 서식이 설정됩니다.

꿀팁

숫자는 사용자가 직접 변경 가능합니다.

CHAPTER 01 : 화면 구성 및 파일 관리 :

CHAPTER 02 : 문서 서식 이해하기 :

CHAPTER 03 : 수식 관리 :

CHAPTER 04 : 데이터 분석 및 관리 :

CHAPTER 05 : 데이터 시각화 :

CHAPTER 06 : 양식 도구와 매크로 :

1 OR 함수로 다중 조건 설정하기

01. '조건부 서식1_실전' 시트를 클릭합니다. '종로구'와 '중구'인 데이터의 시장명에 조건부 서식을 설정하기 위하여 [C5:C352] 셀을 범위 지정하고 [서식] 탭-[조건부 서식]-[규칙 관리]를 클릭합니다.

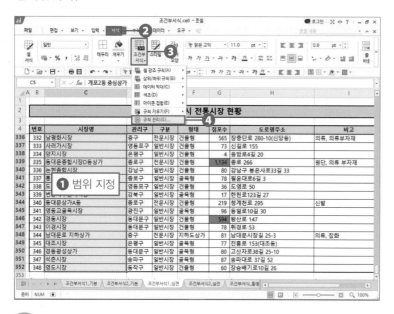

 [C5] 셀을 선택하고 Shift + ↓를 누르면 [C5:C352] 셀의 범위 지정을 쉽게 할 수 있습니다.

02. [조건부 서식 관리] 대화상자에서 [새 규칙]을 클릭합니다. 조건이 추가되면 [조건]에 '수식'을 지정하고 수식 입력란에 '=OR($D5="종로구", $D5="중구")'와 같이 수식을 입력한 후 [서식]을 클릭합니다.

03. [셀 서식] 대화상자의 [무늬] 탭에서 [바탕 색]–[남색(RGB: 58, 60, 132) 60% 밝게]로 지정하고 [설정] 단추를 클릭합니다.

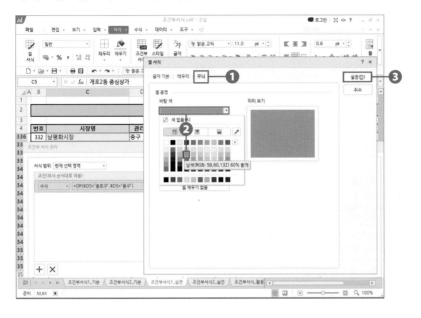

04. [조건부 서식 관리] 대화상자로 돌아오면 [확인] 단추를 클릭합니다. [D] 열의 관리구가 '종로구'와 '중구'에 위치한 [C] 열의 시장명에 남색 셀 음영 서식이 설정됩니다.

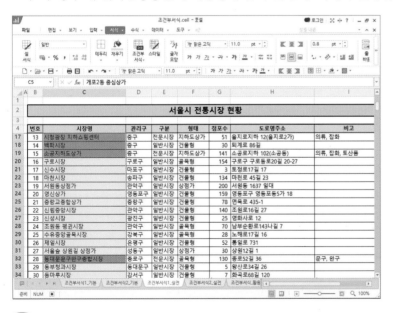

꿀팁 셀들 중 하나를 선택하고 [서식] 탭–[조건부 서식]–[규칙 지우기]–[시트 전체에서 규칙 지우기]를 클릭합니다. 설정된 모든 조건부 서식이 삭제됩니다.

CHAPTER 01 : 화면 구성 및 파일 관리 :
CHAPTER 02 : 문서 서식 이해하기 :
CHAPTER 03 : 수식 관리 :
CHAPTER 04 : 데이터 분석 및 관리 :
CHAPTER 05 : 데이터 시각화 :
CHAPTER 06 : 양식 도구와 매크로 :

2 기준점으로 데이터 막대 그리기

01. '조건부서식2_실전' 시트를 클릭합니다. [F6:F19] 셀을 범위 지정하고 [서식] 탭-[조건부서식]-[데이터 막대]-[그라데이션 채우기 1]을 클릭합니다.

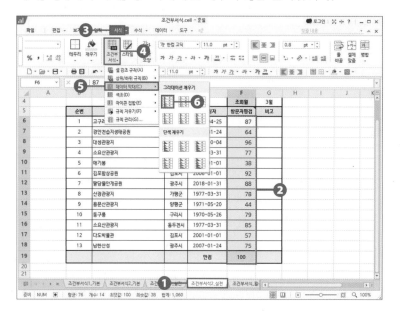

02. 방문자 평점이 [F6:F19] 셀의 값 중 최댓값인 [F19] 셀의 '100'을 기준으로 막대그래프의 너비가 적용됩니다.

> **꿀팁**
> [F19] 셀의 점수를 '500'으로 변경하면 [F6:F18] 셀의 막대의 너비가 자동 변경됩니다.
> [F19] 행을 숨겨서(행 숨기기) 기준 점수를 표시하지 않을 수도 있습니다.

004 필터 활용하기

난이도 ◆◆◆◆◆

✦ 사용 가능 버전 : NEO 2018 2020
✦ 사용 기능 : 자동 필터/고급 필터

필터 ▶▶   필터란 원하지 않은 자료는 거르고 원하는 자료만 보여주는 기능입니다. 한셀에서는 자동 필터와 다양한
조건을 설정할 수 있는 고급 필터가 있습니다.

말랑말랑 기본기 다지기
예제 파일 : Chapter 04/필터.cell, 시트명 [필터_기본] | 완성 파일 : Chapter 04/필터_완성.cell

1 자동 필터

01. '필터_기본' 시트를 클릭합니다. [B4:H18] 셀 범위에서 하나의 셀을 선택하고 [데이터]
탭-[자동 필터]를 클릭합니다.

02. [D4] 셀 '지역' 필드의 목록 버튼을 클릭하고 [모두]를 클릭하여 모든 항목에 체크를 해제합니다. '지역' 필드의 목록 리스트 중 [가평군], [광주지], [파주시]를 체크하고 [설정] 단추를 클릭합니다.

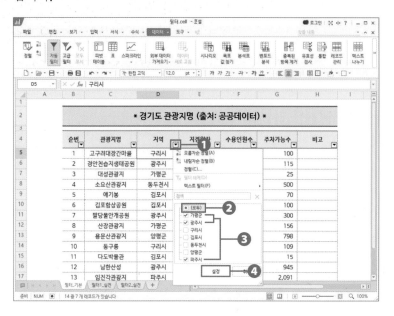

03. '지역' 필드의 목록 표시가 빨간색으로 변경되었습니다. 필터된 [6, 7, 11, 12, 16, 17, 18] 행 번호가 필터되었음을 알리는 파란색으로 표시되었습니다.

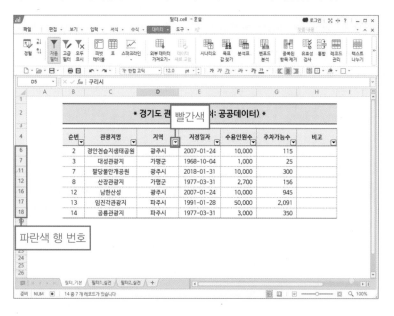

04. [C4] 셀 '관광지명' 필드의 목록 버튼을 클릭하고 [필터] 입력 창에 '관광'을 입력하면 글자가 포함된 자료가 표시됩니다. [설정] 단추를 클릭합니다.

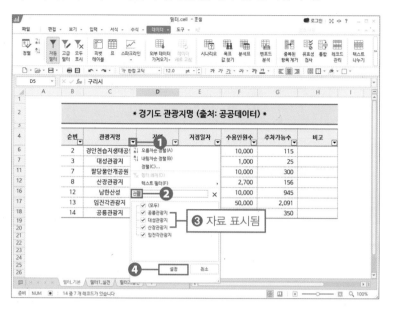

05. '지역'과 '관광지명'으로 자동 필터된 [7, 12, 17, 18] 행은 복사, 삭제, 이동, 셀 서식 등 화면에 보이는 자료만 처리되는 특징이 있습니다. [B7:H18] 셀을 범위 지정하고 [채우기](주황(RGB:255,132,58) 80%밝게)를 실행한 뒤 [데이터] 탭-[모두 표시]를 클릭하여 자동 필터 조건을 모두 제거합니다. 필터 결과에서 채우기 색을 실행했던 [7, 12, 17, 18] 행의 색상이 변경되어 표시됩니다.

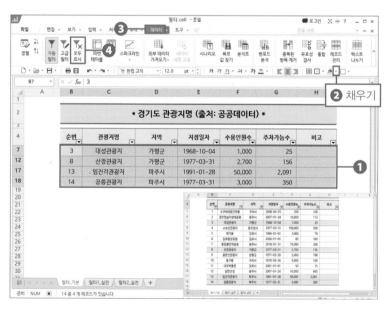

CHAPTER 01 : 화면 구성 및 파일 관리 :
CHAPTER 02 : 문서 서식 이해하기 :
CHAPTER 03 : 수식 관리 :
CHAPTER 04 : 데이터 분석 및 관리
CHAPTER 05 : 데이터 시각화 :
CHAPTER 06 : 양식 도구와 매크로 :

2 숫자 필터

01. [F4] 셀 '수용인원수' 필드의 목록 버튼을 클릭하고 [숫자 필터]–[크거나 같음]을 클릭합니다.

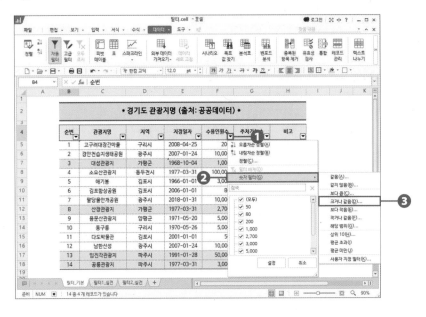

02. [사용자 정의 자동 필터] 대화상자에서 [수용인원수]에 '5000'을 입력하고 [확인] 단추를 클릭합니다. 수용인원이 5000명 이상인 데이터만 검색됩니다.

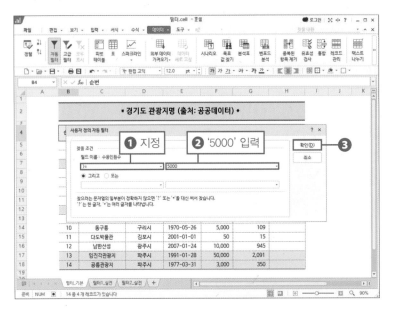

3 날짜 필터

01. [E4] 셀 '지정일자' 필드의 목록 버튼을 클릭하고 [날짜 필터]-[해당 범위]를 선택합니다.

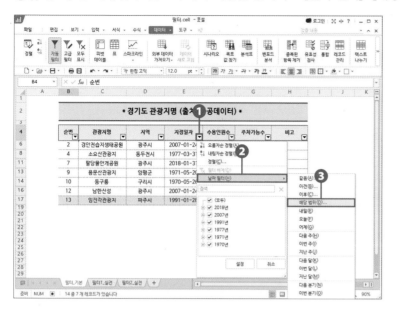

02. [사용자 정의 자동 필터] 대화상자에서 [지정일자]에 '>=', '1970-1-1', [그리고] 체크, '<=', '1999-12-31'을 각각 입력하고 [확인] 단추를 클릭합니다. 1970년에서 1999년 사이에 지정된 관광지만 필터됩니다.

4 필터 해제

01. 하나의 조건만 해제하기 위해 [E4] 셀 '지정일자' 필드의 목록 버튼을 클릭하고 [필터 해제]를 클릭합니다. 해당 조건이 해제되고 '수용인원수'만 필터되어 표시됩니다.

02. 자동 필터를 모두 제거하여 해제하려면 [데이터] 탭–[자동 필터]를 다시 한 번 클릭합니다. 설정된 자동 필터 기능이 해제됩니다.

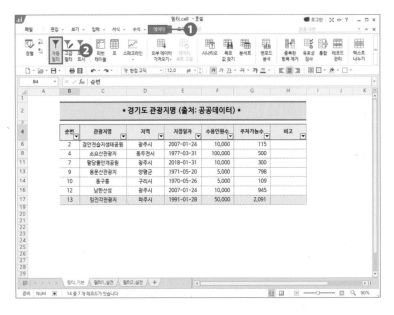

실전에 사용하는 필터의 모든 것

예제 파일 : Chapter 04/필터.cell, 시트명 [필터1_실전, 필터2_실전] | 완성 파일 : Chapter 04/필터_완성.cell

1 빈 셀 채우기

01. '필터1_실전' 시트를 클릭합니다. 데이터 필터, 정렬, 부분합 등에서 비어 있는 셀은 데이터 처리가 불가능합니다. 비어 있는 셀은 빠르게 채울 수 있습니다. [D10:F66] 셀을 범위 지정합니다. **F5**를 눌러 [이동] 대화상자를 불러옵니다. [이동 옵션] 단추를 클릭하고 [이동 옵션] 대화상자가 나타나면 [빈 셀]을 체크한 후 [확인] 단추를 클릭합니다.

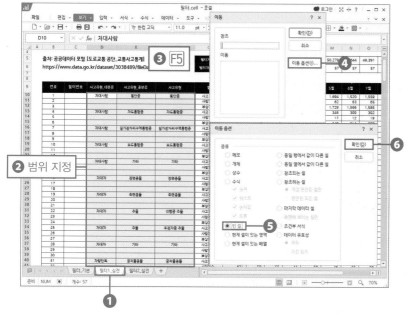

02. [D10:F66] 셀 중 빈 셀만 범위 지정되며 [D11] 셀에 커서가 위치합니다. 클릭하지 않고 '='을 입력하고 커서 바로 윗 셀인 [D10] 셀을 선택하여 '=D10'으로 수식을 작성합니다. **Ctrl** + **Enter ↵**를 눌러 범위 지정된 빈 셀에 같은 수식을 한 번에 입력합니다.

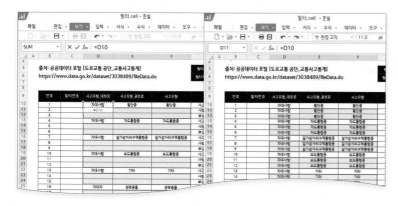

03. [D:F] 셀에 입력된 수식을 값으로 변환하여 빈 셀 입력을 마무리해야 합니다. [D:F] 셀을 범위 지정하고 Ctrl+C를 눌러 복사한 후 Ctrl+Alt+V로 골라 붙이기를 실행합니다. [붙여넣기]의 [값]을 체크하고 [실행] 단추를 클릭합니다.

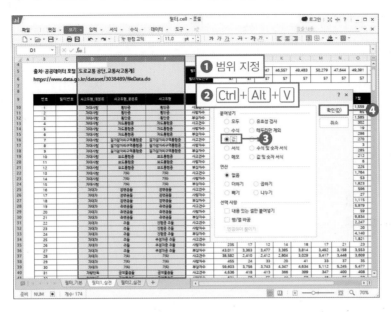

2 자동 필터로 소계와 총계 빠르게 계산하기

01. '필터2_실전' 시트를 클릭합니다. 이 자료는 소계의 개수가 모두 같지 않아 수식 작성을 복사 붙일 수 없습니다. 소계 값이 많을수록 이번과 같은 작업으로 소계와 총계를 작성하면 작업 속도를 빠르게 진행할 수 있습니다. [B4:P22] 범위에서 하나의 셀을 선택하고 [데이터] 탭-[자동 필터]를 클릭합니다.

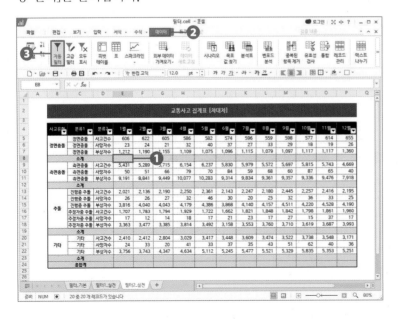

02. [B4] 셀 '사고유형' 필드의 목록 버튼을 클릭하여 [소계]와 [총합계]만 체크하고 [설정] 단추를 클릭합니다.

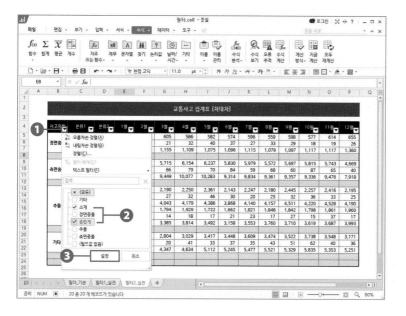

03. [E8:P23] 셀을 범위 지정하고 Alt + ; 을 눌러 보이는 셀만 범위 설정합니다. [수식] 탭-합계]를 클릭합니다. [E8:P23] 셀에 SUBTOTAL(9,범위)가 작성되어 표시된 자료가 없기 때문에 모두 0으로 표시됩니다.

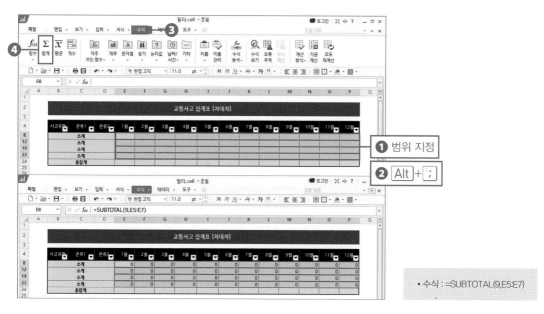

• 수식 : =SUBTOTAL(9,E5:E7)

04. 총합계의 [E24:P24] 셀을 범위 지정하고 [수식] 탭-[합계]를 클릭합니다.

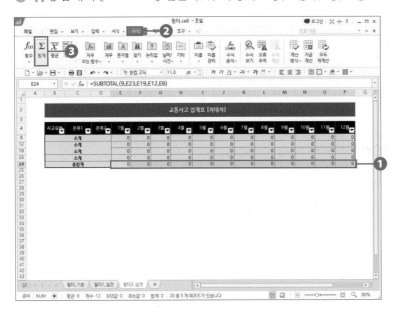

05. 입력된 SUBTOTAL 함수를 SUM 함수로 변경해 보겠습니다. [E8:P24] 셀을 범위 지정하고 Ctrl+H 를 누른 후 [찾아 바꾸기] 대화상자를 다음과 같이 지정하고 [모두 바꾸기] 단추를 클릭합니다.

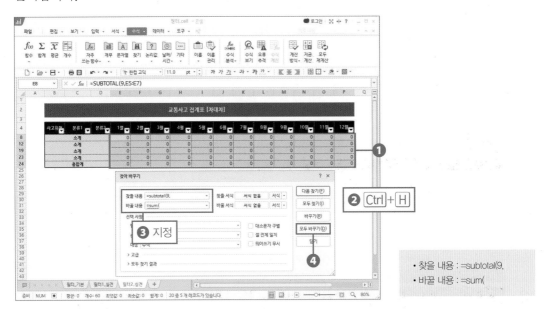

- 찾을 내용 : =subtotal(9,
- 바꿀 내용 : =sum(

06. 바꾸기가 60회 실행됩니다. [찾아 바꾸기] 대화상자의 [닫기] 단추를 클릭하여 작업을 종료합니다.

07. 자동 필터는 화면에 보이는 자료만 서식 설정이 가능합니다. [B8:F24] 셀을 범위 지정하고 [채우기](노랑(RGB:255,215,0) 60%밝게)를 지정합니다.

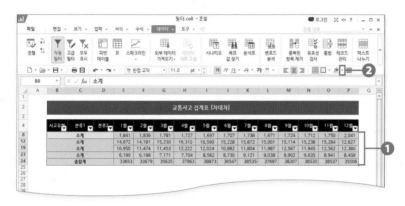

08. [데이터] 탭-[자동 필터]를 클릭하여 해제하면 소계와 총합계의 자료가 모두 계산되었습니다.

005 피벗 테이블 활용하기

난이도 ◆◆◆◆◆

✦ 사용 가능 버전 : NEO 2018 2020
✦ 사용 기능 : 피벗 테이블

피벗 테이블 ▶▶   피벗 테이블은 데이터를 계산, 요약 및 분석하는 강력한 도구로써 데이터의 비교, 패턴 및 추세를 보는 데 사용할 수 있습니다.

말랑말랑 기본기 다지기

예제 파일 : Chapter 04/피벗 테이블.cell, 시트명 [피벗 테이블_기본] | 완성 파일 : Chapter 04/피벗 테이블_완성.cell

1 피벗 테이블 작성하기

01. '피벗 테이블_기본' 시트를 클릭하고 [B4:F1544]의 범위에서 하나의 셀을 선택합니다. [데이터] 탭-[피벗 테이블]을 클릭합니다.

> **꼭 알고가기!**
>
> **피벗 테이블 사용 데이터**
> 피벗 테이블을 이용해 데이터를 분석하기 위해서는 반드시 데이터의 구조가 데이터베이스 형식을 갖추고 있어야 합니다. 즉, 데이터가 나열되어 있는 첫 번째 행에 반드시 제목(필드)명이 있고 병합되어 있어서는 안 되며, 중복, 빈 셀 제목이 있어도 피벗 테이블이 실행되지 않습니다.

02. [피벗 테이블] 대화상자에서 [데이터 위치 및 범위 선택]의 범위가 자동으로 선택됩니다. [피벗 테이블 넣을 위치 선택]에서 [새 워크시트]를 체크하고 [이름]에 '대여소분석'을 입력한 후 [실행] 단추를 클릭합니다.

03. 실행한 시트 바로 앞에 '대여소분석' 시트가 자동으로 만들어집니다. 피벗으로 작성된 '대여소분석' 시트에 커서가 위치하며 [피벗 테이블] 탭이 자동으로 활성화됩니다. 시트에는 파란색 피벗 테이블 작성 위치와 화면 우측에는 [피벗 테이블 필드 목록] 작업 창이 나타납니다. 피벗 목록 외의 [D19] 셀을 선택합니다.

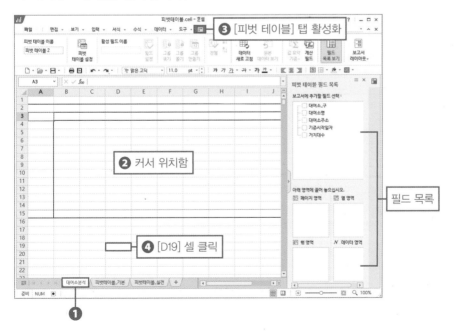

CHAPTER 01 : 화면 구성 및 파일 관리 :
CHAPTER 02 : 문서 서식 이해하기 :
CHAPTER 03 : 수식 관리 :
CHAPTER 04 : 데이터 분석 및 관리 :
CHAPTER 05 : 데이터 시각화 :
CHAPTER 06 : 양식 도구의 매크로 :

04. 메뉴에서 [피벗 테이블] 탭이 자동으로 사라집니다. [A4] 셀을 선택하여 다시 [피벗 테이블] 탭을 활성화합니다.

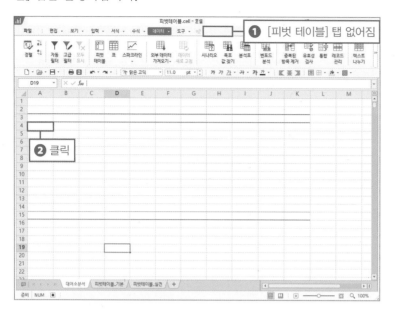

2 피벗 목록 구성 및 제거하기

01. [피벗 테이블 필드 목록] 작업 창의 [보고서에 추가할 필드 선택]에서 '대여소_구' 필드를 클릭하면 자동으로 [행 영역]에 중복 없이 단일 값으로 표시됩니다.

02. [행 영역]의 '대여소_구'를 [열 영역]으로 드래그하여 테이블 구성 방법을 변경합니다. 피벗 테이블은 행과 열 영역에 드래그한 자료는 중복 제거하여 테이블의 행과 열 제목으로 표시하며 [페이지 영역]으로 드래그한 자료는 필터 가능한 목록 자료로 사용할 수 있습니다.

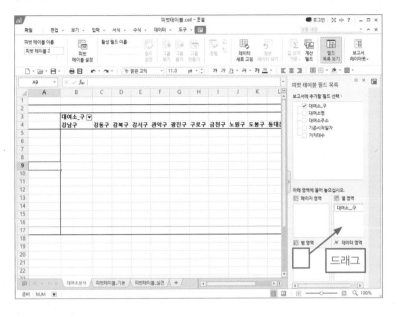

03. [열 영역]의 '대여소_구'를 [데이터 영역]으로 드래그하면 총 1540개의 자료가 있음을 개수 함수로 계산하여 표시합니다. 피벗 테이블 데이터 영역에는 문자 자료일 때는 개수가 계산되며, 숫자 자료일 때는 합계 또는, 개수가 자동 계산되어 표시됩니다.

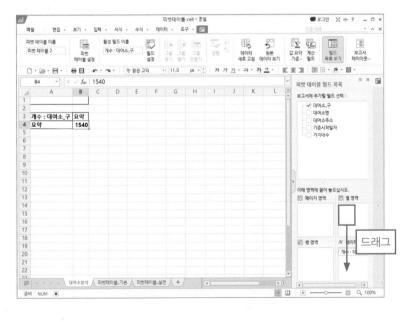

CHAPTER 01 : 화면 구성 및 파일 관리 :

CHAPTER 02 : 문서 서식 이해하기 :

CHAPTER 03 : 수식 관리 :

CHAPTER 04 : 데이터 분석 및 관리 :

CHAPTER 05 : 데이터 시각화 :

CHAPTER 06 : 양식 도구와 매크로 :

04. [데이터 영역]의 '대여소_구' 자료는 3가지 방법 중 선택하여 제거합니다.

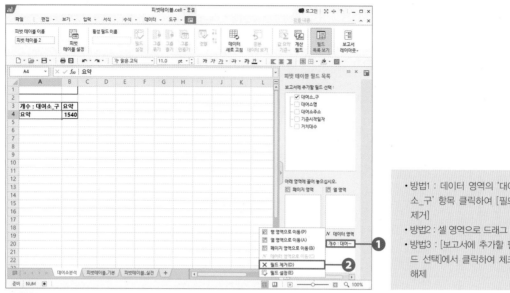

- 방법1 : 데이터 영역의 '대여소_구' 항목 클릭하여 [필드 제거]
- 방법2 : 셀 영역으로 드래그
- 방법3 : [보고서에 추가할 필드 선택]에서 클릭하여 체크 해제

꼭 알고가기!

피벗 테이블의 행 영역, 열 영역

피벗 테이블은 자료를 표로 집계 내는 자료입니다. 이때 집계의 기준이 되는 항목은 데이터를 다루는 직군과, 상황에 따라 모두 다름으로 행 영역과, 열 영역의 자료는 정해져 있지 않습니다. 피벗 테이블을 활용하기 위해서는 데이터를 다양하게 표현하는 집계 분석표를 많이 보면 좋습니다.

③ 피벗 필터

01. '대여소_구' 필드를 [행 영역]으로, '거치대수' 필드를 [데이터 영역]으로 드래그하면 구별 거치대의 합계가 계산되어 표시됩니다.

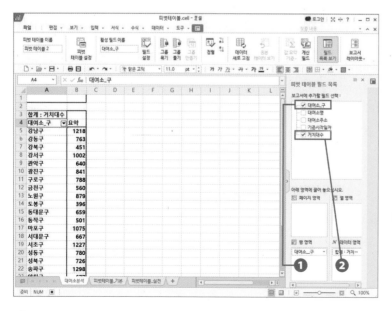

 거치대수는 숫자 자료임으로 클릭하면 자동으로 [데이터 영역]에 추가됩니다.

02. 유동인구가 많은 비슷한 구역 내의 데이터만 비교 분석해보겠습니다. 피벗 테이블 결과의 '대여소_구' 필드의 목록 버튼을 클릭하고 [모두 표시]를 클릭하여 모두 체크 해제한 후 [용산구], [종로구], [중구]만 클릭하여 체크한 후 [설정] 단추를 클릭합니다.

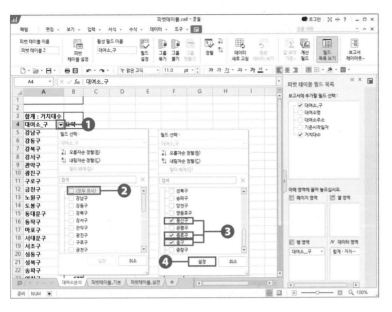

03. 3개 구에 있는 공공임대 자전거의 개수만 표시됩니다. 유동인구가 많으며 관광명소가 많은 종로구가 가장 많은 거치대가 있음을 알 수 있습니다. 필터된 자료는 자동 필터와 같이 목록 버튼에 빨간색으로 삼각형이 표시됩니다. 필터 자료는 해제하여 다시 전체 목록으로 표시 가능합니다. 피벗 테이블 결과의 '대여소_구' 필드 목록 버튼을 클릭하고 [필터 해제]를 클릭합니다.

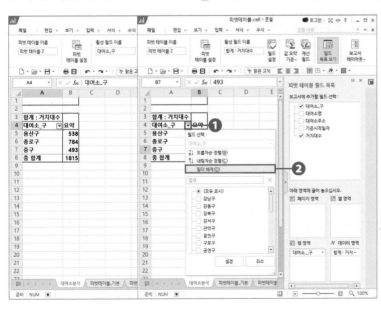

CHAPTER 01 : 화면 구성 및 파일 관리 :

CHAPTER 02 : 문서 서식 이해하기 :

CHAPTER 03 : 수식 관리 :

CHAPTER 04 : 데이터 분석 및 관리 :

CHAPTER 05 : 데이터 시각화 :

CHAPTER 06 : 양식 도구와 매크로 :

4 계산 함수 변경하기

01. 다음과 같이 피벗 테이블 영역을 구성합니다. 데이터 영역에 추가된 '대여소_구'는 문자 자료로 개수가 표시되며, '거치대수'는 숫자 자료로써 모두 SUM 함수가 적용되는 합계로 표시되지만 상황에 따라 개수 함수가 적용될 수도 있습니다.

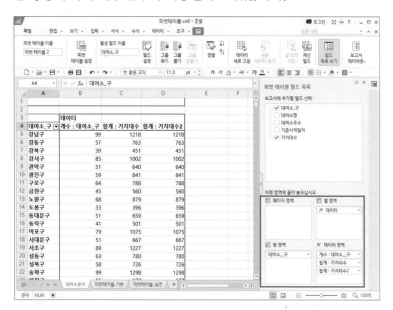

• 행 영역 : 대여소_구
• 데이터 영역 : 대여소_구, 거치대수, 거치대수

02. 피벗에 구성된 항목의 함수는 사용자가 변경 가능합니다. '합계 : 거치대수2' 필드에서 다음의 3가지 방법 중 선택하여 [필드 설정]을 클릭합니다.

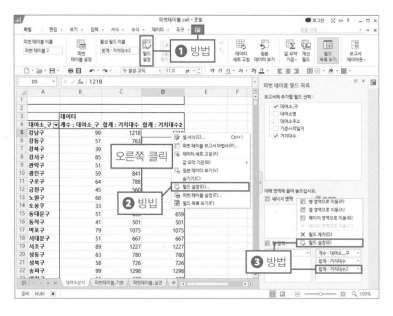

• 방법1 : [D4:D30] 셀 중 한 개의 셀을 선택하고 [피벗 테이블] 탭-[필드 설정]
• 방법2 : [D4:D30] 셀 중 한 개의 셀을 선택하고 마우스 오른쪽 버튼 클릭 후 [필드 설정] 선택
• 방법3 : [데이터 영역]-[거치대수 2] 클릭-[필드 설정]

03. 각 구별 자료는 주소별로 다시 세분화된 자료를 집계한 자료입니다. 각 구별 가장 많은 거치대수를 보유하고 있는 자료를 확인하기 위하여 최댓값 함수를 표시하고자 합니다. [피벗 테이블 필드] 대화상자의 [사용할 함수]에서 '최댓값'을 선택하고 [확인] 단추를 클릭합니다.

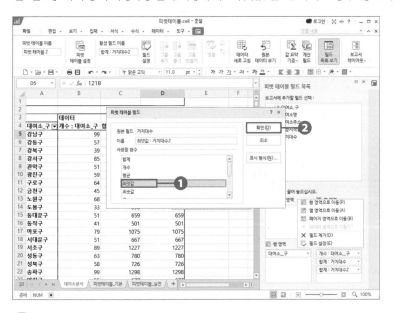

꿀팁
계산식만 변경할 때는 [피벗 테이블] 탭–[값 요약 기준]에서 함수식만 선택할 수 있습니다.

04. [14] 행과 [22] 행을 비교해보면 [C] 열의 합계값은 '396, 1298'로 많은 차이가 있지만 [D] 열의 최대 거치대수의 차이는 20, 30개로 많은 차이가 없음을 확인할 수 있습니다. 즉 거치대가 골고루 분포되어 있음을 확인할 수 있습니다.

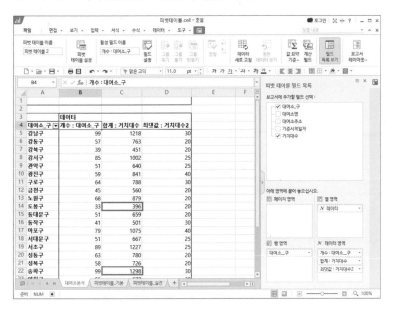

CHAPTER 01 : 화면 구성 및 파일 관리 :

CHAPTER 02 : 문서 서식 이해하기 :

CHAPTER 03 : 수식 관리 :

CHAPTER 04 : 데이터 분석 및 관리 :

CHAPTER 05 : 데이터 시각화 :

CHAPTER 06 : 양식 도구의 매크로 :

5 필드 제목 변경 및 계산식 위치 변경하기

01. [B4] 셀을 선택하고 '구별대여소 수'를 입력하여 필드 제목을 변경합니다. [C4] 셀에 '거치대합', [D4] 셀에 '거치대최대수'로 필드 제목을 변경합니다.

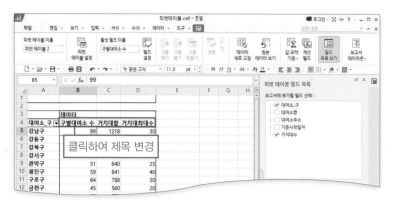

02. [열 영역]의 'N 데이터'를 드래그하여 [행 영역]으로 이동하면 각 구별 '대여소 수', '합', '최대값'의 표시 위치가 변경됩니다.

03. 피벗 테이블 결과표의 형식은 변경할 수 있습니다. [피벗 테이블] 탭–[보고서 레이아웃]–[압축 형식으로 표시]를 클릭합니다. 압축 형식으로 변경되어 표시됩니다.

6 피벗 테이블 필터링

01. 피벗 테이블은 데이터 집계 분석 기능 외에도 데이터 필터링 기능을 제공합니다. 강남구의 거치대 99개의 리스트를 필터하기 위해 [B5:B8] 셀 중 한 개를 더블클릭합니다.

02. '대여소분석' 시트의 옆에 '강남구' 데이터만 필터링한 새로운 시트가 작성됩니다. 시트명의 숫자는 직업 상황에 따라 다르게 표시됩니다.

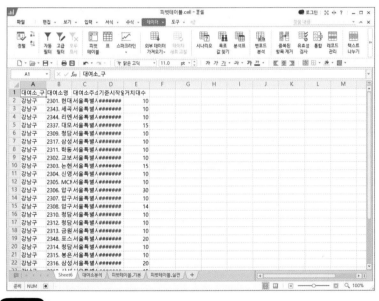

피벗 원본 자료 변경 시 새로 고침
피벗 테이블의 원본 자료를 변경한다고 자동으로 피벗에 반영되지 않습니다. 반드시 [피벗 테이블] 탭–[데이터 새로 고침]을 클릭해야 합니다.

실전에 사용하는 피벗 테이블의 모든 것
예제 파일 : Chapter 04/피벗 테이블.cell 시트명 [피벗 테이블_실전] | Chapter 04/피벗 테이블_완성.cell

1 날짜 자료 연, 월별 그룹

01. '피벗 테이블_실전' 시트의 [B5:J1158] 셀 중에 하나를 선택하고 [데이터] 탭-[피벗 테이블]을 클릭합니다. [피벗 테이블] 대화상자의 [새 워크시트]에 시트 이름을 '수출입무역통계_피벗'으로 입력하고 [실행] 단추를 클릭합니다.

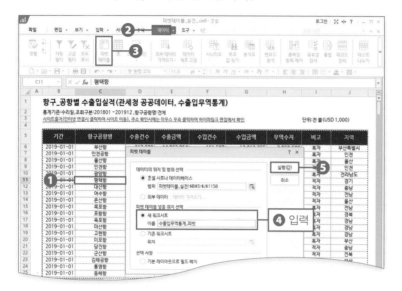

02. '기간' 필드를 클릭하여 [행 영역]에 추가합니다. [A] 열의 '기간' 필드에서 마우스 오른쪽 버튼을 클릭하고 [그룹 묶기]를 선택합니다. 날짜 자료는 자동으로 연, 월, 일 등의 단위가 표시됩니다. 이중 '월'과 '연'을 선택하고 [확인] 단추를 클릭합니다.

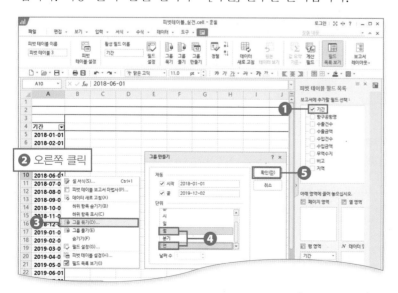

03. 2018년과 2019년의 1월~12월까지 필드의 그룹이 설정되었습니다.

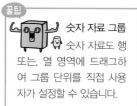

꿀팁

숫자 자료 그룹
숫자 자료도 행 또는, 열 영역에 드래그하여 그룹 단위를 직접 사용자가 설정할 수 있습니다.

04. 다음의 항목을 추가하여 피벗 테이블을 구성한 후 [B1] 셀의 지역을 '강원'으로 필터합니다.

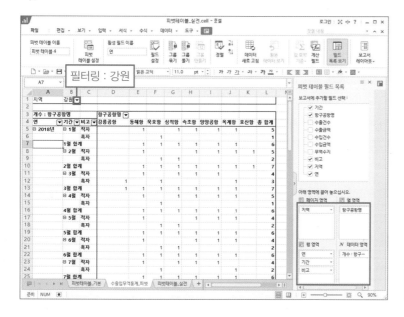

• 행 영역 : 비고
• 열 영역 : 항구공항명
• 데이터 영역 : 항구공항명
• 페이지 영역 : 지역

CHAPTER 01 : 화면 구성 및 파일 관리 :

CHAPTER 02 : 문서 서식 이해하기 :

CHAPTER 03 : 수식 관리 :

CHAPTER 04 : 데이터 분석 및 관리 :

CHAPTER 05 : 데이터 시각화 :

CHAPTER 06 : 양식 도구와 매크로 :

05. [A:B] 열의 '연', '월'로 구성된 날짜 그룹은 다시 그룹 설정하여 '연'으로만 표시 가능합니다. [B] 열의 날짜 그룹된 자료에서 마우스 오른쪽 버튼을 클릭하고 [그룹 묶기]를 선택합니다. '월'을 클릭하여 선택 해제한 후 [확인] 단추를 클릭합니다.

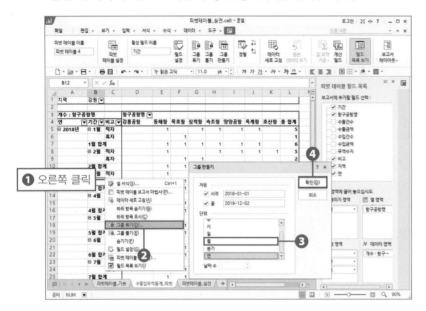

06. [B1] 셀의 지역명을 '강원'에서 '경기'로 변경하면 피벗 테이블의 내용도 변경됩니다.

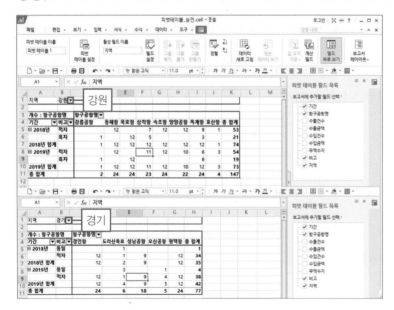

2 피벗 테이블에 계산식 추가하기

01. [피벗 테이블] 탭-[계산 필드]를 클릭합니다. [계산 필드 추가] 대화상자의 [이름]에 '포인트'를 입력하고 [필드]의 '수출금액'을 더블클릭합니다. [수식]은 '=수출금액*0.1'로 수식을 완성한 후 [확인] 단추를 클릭합니다.

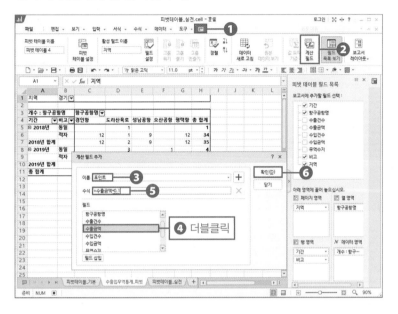

02. [데이터 영역]에 '항구공항'의 개수와 [계산 필드]에서 작성한 '포인트'의 합계가 계산되어 표시됩니다. [열 영역]의 'N 데이터'를 [행 영역]으로 드래그합니다.

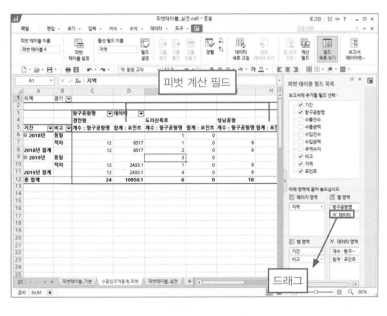

03. 피벗 테이블의 행과 열 영역을 변경하여 피벗을 완성합니다.

- 행 영역 : 항구공항명, 'N 데이터'
- 열 영역 : 기간
- 데이터 영역 : 항구항공명, 포인트
- 페이지 영역 : 지역

3 피벗 테이블 복사하기

01. [A:E] 열을 범위 지정하고 Ctrl + C 로 복사한 후 [G] 열에서 Ctrl + V 를 눌러 붙여 넣습니다.

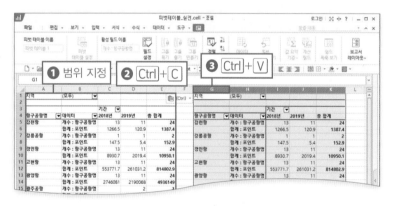

02. [H1] 셀의 지역을 '강원'으로 변경하면 [A:E] 열은 모든 지역의 통계 자료가 [G:K] 열은 강원 지역의 통계 자료가 표시됩니다.

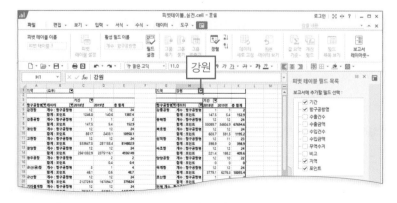

03. [G:K] 열을 복사하여 [M1] 셀에 붙여 넣은 후 [N1] 셀의 지역 필터를 '경기'로 변경합니다. [G1:Q24] 셀의 강원, 경기 자료를 복사하여 [G27] 셀에 붙여 넣은 후 [H27] 셀을 '경북', [N27] 셀을 '경남'으로 필터합니다. 필터와 피벗 제목은 셀 채우기를 실행하고 [보기] 탭-[눈금선]에 체크를 해제하여 피벗 통계 자료를 완성합니다.

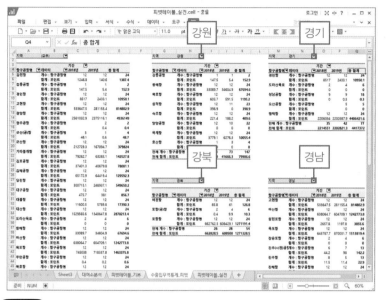

꿀팁
셀 채우기는 한 개 지역만 색상 작성 후 F4 로 반복 실행하면 빠르게 작성할 수 있습니다.

꼭 알고가기!

피벗 테이블 시각화
피벗으로 집계된 셀은 [데이터] 탭-[스파크라인]으로 셀 단위 차트를 그려 자료의 가독성을 높일 수 있습니다.

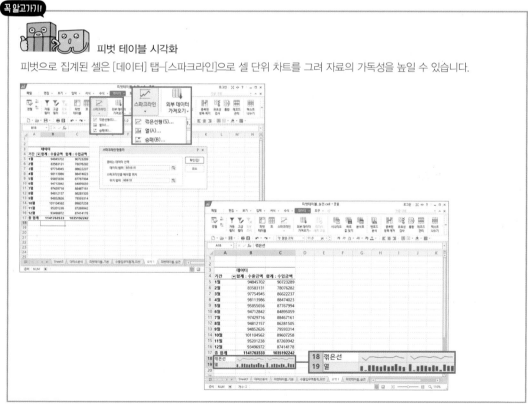

복합 응용력 UP!

동영상 해설
문제1 : 조건부 서식과 자동 필터를 이용하여 '승진심사 현황표'를 완성하고 '요약1' 시트를 작성하세요.
예제 파일 : 연습_필터조건부서식.cell | 완성 파일 : 연습_필터조건부서식_완성.cell, 연습_피벗테이블_완성.cell

■ 조건부 서식 및 자동 필터 적용

• [F4:F13] 셀의 점수 중 90 초과 셀에 [서식] 탭-[조건부 서식]-[셀 강조 규칙]-[보다 큼]을 클릭하여 '90', '연한 빨강 채우기'를 적용하세요.

• [B3:G13] 셀을 범위 지정하여 [데이터] 탭-[자동 필터]를 실행하세요.

• [C3] 셀의 필터 버튼을 클릭하여 검색 창에 '영업'을 입력하고, [D3] 셀의 필터 버튼을 클릭하여 [날짜 필터]-[이후]를 클릭하고 '1999-12-31'을 입력한 후 2000년 이후 영업직 사원의 승진심사 현황표를 필터하세요.

■ 피벗 테이블 작성

• '승신심사표' 시트의 [B3:G13] 셀을 범위 지정 후 [데이터] 탭-[피벗 테이블]을 실행하세요.

• 피벗 테이블 구성표의 행에는 '입사일', 열 영역에는 '구분', 데이터 영역에는 '사원수'와 '점수'를 드래그하여 피벗 테이블을 완성하세요.

• 행 영역의 '입사일'에서 마우스 오른쪽 버튼 클릭 후 [그룹]-[연]으로 설정하고, 데이터 영역의 '점수'는 [필드 설정]-[평균]으로 변경한 후 열 영역의 '합계'를 행으로 드래그하세요.

▲ Before

▲ 조건부 서식 자동 필터

▲ '요약1' 시트

이것이 궁금하다! Q&A

Q&A 01 | 자동 필터 자료 필터링 시 번호 다시 매기기 – SUBTOTAL(3,범위)

• 번호 1, 2, 3이 작성된 자료는 필터링 시 번호가 1, 2, 3으로 나오지 않고 필터링된 번호가 표시됩니다.

• 필터링된 자료만 다시 1, 2, 3으로 번호를 매기고자 할 때는 SUBTOTAL(3,범위)식을 사용합니다.

예 [A3:K20] 셀까지 데이터 범위이고 [A3:K20] 셀에 필터 시 번호가 자동으로 1, 2, 3으로 되게 하고자 할 때 [A3] 셀에 수식 '=SUBTOTAL(3,$B3:B3)'을 작성합니다.

Q&A 02 | 피벗 테이블 자료 한글로 변환 – 피벗 테이블 복사

• 피벗 테이블 복사 후 한글에 붙여 넣으면 자동으로 표로 붙여 넣기 됩니다.

• 한글에서 Ctrl + Alt + V 또는, [편집] 탭-[붙이기]-[골라 붙이기]-[그림]을 클릭하여 편집 불가능한 그림 파일로 붙여 넣기가 가능합니다.

Q&A 03 | 피벗 테이블 일반 표로 변환 – 피벗 테이블 표 제거

• 피벗 테이블의 결과 자료를 피벗 테이블 요소 없이 일반 표로 복사할 때는 피벗 테이블을 클릭하고 Ctrl + A를 눌러 가장 맨 위의 줄을 확인합니다.

• 범위 지정 시 가장 맨 위의 한 줄을 제외하고 범위 지정한 후 복사하여 빈 셀에 붙여 넣으면 일반 표로 변환됩니다.

Q&A 04 | 유용한 [데이터] 탭 그 외 기능 – 목표 값 찾기, 유효성 검사

• 셀에 입력하는 자료를 제한할 때 사용하는 [데이터] 탭-[유효성 검사]-[목록]을 이용하면 클릭했을 때 목록으로 보이는 자료만 입력할 수 있게 제한할 수 있습니다.

• 목표값 찾기는 특정 셀의 데이터를 변경하여 계산식의 결과가 원하는 값이 나오도록 변경하는 기능입니다. F1을 누르고 도움말에서 '목표값 찾기'로 검색하여 학습합니다.

CHAPTER 01 : 화면 구성 및 파일 관리 :

CHAPTER 02 : 문서 서식 이해하기 :

CHAPTER 03 : 수식 편리 :

CHAPTER 04 : 데이터 분석 및 관리 :

CHAPTER 05 : 데이터 시각화 :

CHAPTER 06 : 양식 도구와 매크로 :

CHAPTER 5

데이터 시각화

중요도 ◇◇◇◇

■ 사용하는 한셀 기능 및 학습 후 효과

기능	효과	미리 보기
차트 작성	한셀 차트는 텍스트나 표에 비해 데이터를 비교하고 추세나 유형을 한눈에 볼 수 있어 유용한 기능입니다. 한셀 2020에서는 추천 차트를 이용하여 차트를 쉽게 작성할 수 있으며 차트 레이아웃과 스타일을 클릭하여 손쉽게 차트 디자인을 완성할 수 있습니다.	
차트 편집	차트의 각 구성 요소를 추가하거나 서식을 변경할 수 있습니다.	
실무 차트	계열의 값 차이가 많이 나는 항목을 둘 다 표시해야 할 때, 값의 비율을 표시할 때, 계열 값을 그림으로 표시할 때, 값의 분포도를 확인할 때 사용하는 실무 차트를 작성할 수 있습니다.	

001 차트 작성

난이도 ◇◇◇◇◇

+ 사용 가능 버전 : NEO 2018 2020
+ 사용 기능 : 차트, 차트 디자인

차트 작성 ▶▶ 한셀 차트는 텍스트나 표에 비해 데이터를 비교하고 추세나 유형을 한눈에 볼 수 있도록 시각적으로 표시하는 유용한 기능입니다. 한셀 2020에서는 선택한 차트가 데이터에 적합한지 고민할 필요 없이 추천 차트 기능으로 데이터에 적합한 차트를 빠르게 삽입할 수 있습니다.

말랑말랑 기본기 다지기

예제 파일 : Chapter 05/차트작성.cell, 시트명 [차트작성_기본] | 완성 파일 : Chapter 05/차트작성_완성.cell

1 추천 차트로 데이터에 적합한 차트 사용하기

01. 지점별 2018년 실적과 2019년 매출실적 데이터를 비교하는 차트로 만들어 보겠습니다. 한셀의 추천 차트를 이용하면 선택한 데이터 특징에 맞는 차트를 추천합니다. '차트작성_기본' 시트에서 차트를 작성할 원본 데이터로 [D3:E9] 셀을 범위 지정합니다. [입력] 탭-[추천 차트]-[묶은 세로 막대형]을 클릭하여 차트를 삽입합니다.

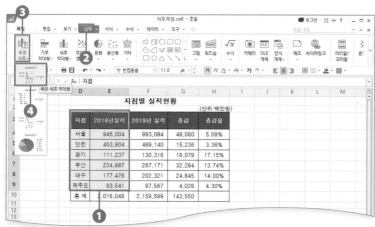

꼭 알고가기!

차트의 X, Y축 제목

범위의 가장 왼쪽이 X축으로 설정되는데 연도와 같이 숫자로만 구성된 자료가 가장 왼쪽에 있을 때는 연도가 X축 제목이 아닌 차트 데이터로 입력됩니다. 연도는 2017년, 2018년, 2019년처럼 문자로 입력해야 합니다.

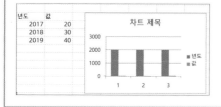

02. 데이터에 적합한 추천 차트가 삽입됩니다. 범위의 가장 왼쪽인 '지점'이 X축으로 '2018년 실적 자료'가 Y축으로 작성됩니다. 차트는 드래그하여 위치를 이동하고 조절점을 이용하여 크기를 조정합니다.

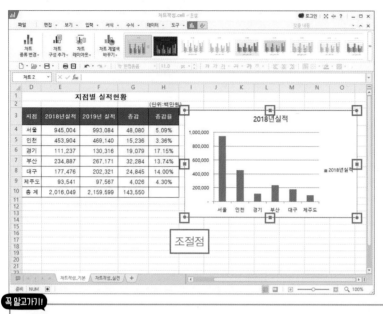

꿀팁

작성한 차트는 선택 후 Delete 를 눌러 삭제할 수 있습니다.

꼭 알고가기!!

 차트의 구성 요소

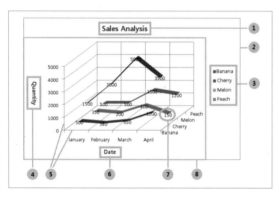

	이름	설명
①	차트 제목	차트 제목을 표시합니다. 글꼴, 글자 크기 및 색 등 글자 속성을 바꿀 수 있습니다.
②	차트 배경	차트의 배경 색이나 배경 선, 차트 구성 등 차트 배경의 일반 모양을 바꿉니다.
③	범례	범례 표시 여부 및 표시 위치를 설정합니다. 글꼴, 글자 크기 및 색 등 글자 속성을 바꿀 수 있습니다.
④	주 세로 축 제목	주 세로 축 제목을 표시합니다. 글꼴, 글자 크기 및 색 등 글자 속성을 바꿀 수 있습니다.
⑤	축	세로 축과 가로 축 사용 여부를 설정합니다.
⑥	주 가로 축 제목	주 가로 축 제목을 표시합니다. 글꼴, 글자 크기 및 색 등 글자 속성을 바꿀 수 있습니다.
⑦	데이터 레이블	데이터 레이블 표시 여부를 설정합니다.
⑧	차트 속성	차트의 모양, 위치, 배경 등 차트 영역의 모양을 바꿉니다.

2 차트 종류 변경하기

01. 차트를 클릭한 후 [차트 디자인] 탭–[차트 종류 변경]–[가로 막대형]–[묶은 가로 막대형]을 클릭합니다.

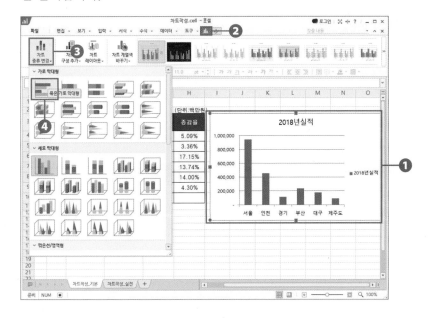

02. 차트의 종류가 '묶은 세로 막대형'에서 '묶은 가로 막대형'으로 변경되었습니다.

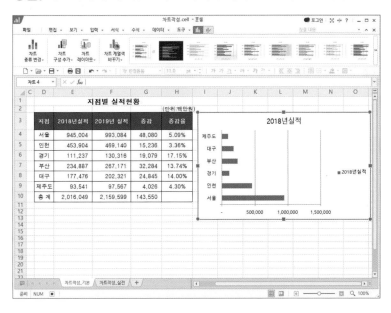

CHAPTER 01 : 화면 구성 및 파일 관리 :

CHAPTER 02 : 문서 서식 이해하기 :

CHAPTER 03 : 수식 관리 :

CHAPTER 04 : 데이터 분석 및 관리 :

CHAPTER 05 : 데이터 시각화 :

CHAPTER 06 : 양식 도구와 매크로 :

3 차트 레이아웃 및 스타일 변경하기

01. [차트 디자인] 탭을 이용하면 미리 구성된 차트 서식을 빠르게 적용할 수 있습니다. 차트를 클릭하고 [차트 디자인] 탭-[차트 레이아웃]-[레이아웃3]을 클릭합니다.

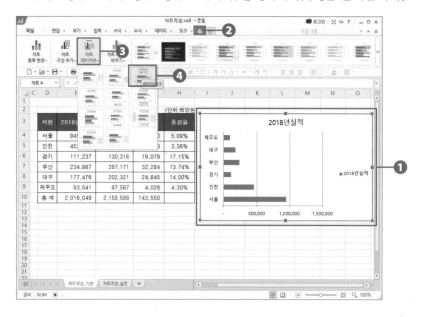

02. 각 막대 영역에 값을 표시하는 레이블이 추가되었고, 범례가 차트 위쪽으로 이동되는 서식이 자동으로 구성되었습니다.

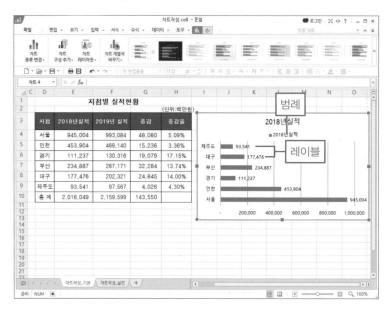

03. [차트 계열색 바꾸기]를 이용하여 미리 구성된 차트 색 배합을 빠르게 적용할 수 있습니다. 차트를 클릭하고 [차트 디자인] 탭–[차트 계열색 바꾸기]–[색상 조합]–[색3]을 클릭합니다

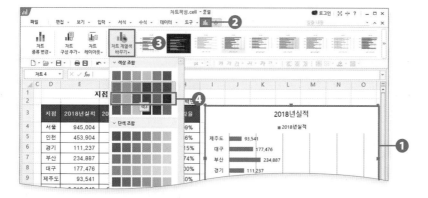

04. 막대의 색상이 변경되었습니다. 차트 스타일도 변경 가능합니다. 차트를 클릭하고 [차트 디자인] 탭–[차트 그룹]–[스타일 3]을 클릭합니다.

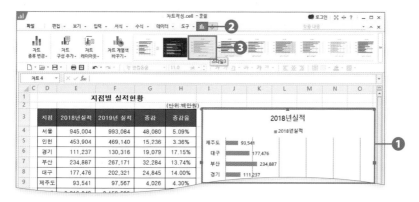

05. 차트 막대에 무늬가 자동 적용되었고, 범례 위치 및 눈금선의 서식 또한 자동으로 조정된 스타일이 적용되었습니다.

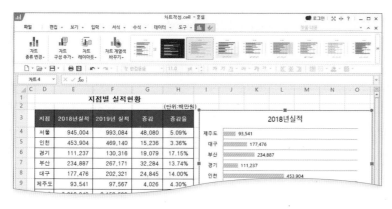

4 차트 행/열 바꾸기

01. 차트는 기본 열 기준으로 작성됩니다. 원본 데이터를 행 기준으로 변경할 수 있습니다. 차트를 클릭하고 [차트 디자인] 탭-[행/열 전환]을 클릭합니다.

02. 가로 축의 데이터가 지역에서 연도별 실적으로 변경된 것을 확인할 수 있습니다.

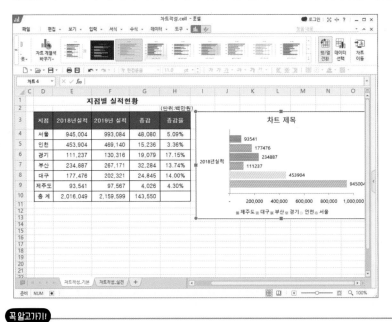

꼭 알고가기!

데이터 원본 변경
[차트 디자인] 탭-[데이터 선택]에서 원본 범위를 변경합니다.

실전에 사용하는 차트 작성의 모든 것

예제 파일 : Chapter 05/차트작성.cell, 시트명 [차트작성_실전] | 완성 파일 : Chapter 05/차트작성_완성.cell

1 비연속 차트 범위 설정하기

01. '차트작성_실전' 시트의 교통사고 집계표 정면 충돌에 대한 차트를 작성하기 위하여 영역 범위를 비연속으로 선택해야 합니다. [B4:O4] 셀을 범위 지정하고 Ctrl 을 누른 상태로 [B8:O10] 셀을 범위 지정합니다.

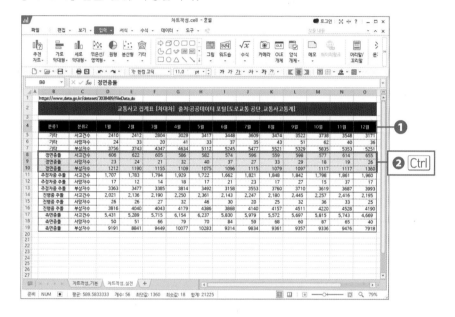

02. '1월~12'월의 사고 변화량을 한 눈에 보려면 꺾은선 차트로 작성합니다. [입력] 탭-[꺾은선/영역행]-[표식이 있는 꺾은선형]을 클릭합니다.

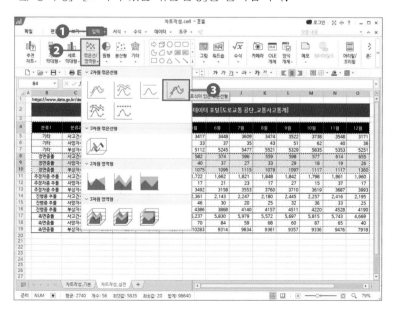

03. 1월~12월까지의 사고 변화량이 꺾은선으로 표시되었습니다. 회색 선의 '정면충돌부상자수' 변화량이 11~12월에 급격하게 높아짐을 한눈에 파악할 수 있습니다. 차트 클릭 후 [차트 디자인] 탭-[차트 레이아웃]-[레이아웃5], [스타일9]를 클릭합니다.

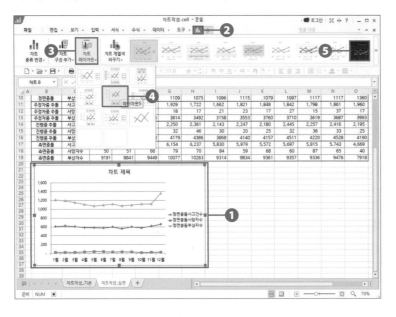

2 차트 복사하여 사용하기

01. 작성된 차트는 크기 조정한 뒤 Ctrl+C와 Ctrl+V로 복사한 후 붙여 넣어 두 개의 차트를 나란히 표시합니다.

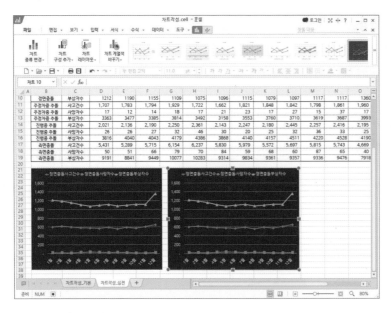

꿀팁

Ctrl+Shift를 누르고 우측으로 드래그하면 수평으로 차트를 복사할 수 있습니다.

02. 복사한 차트 클릭 후 [차트 디자인] 탭-[데이터 선택]을 클릭하여 [데이터 선택] 대화상자를 불러옵니다. [데이터 범위]에서 [B4:O4] 셀을 드래그하고, Ctrl 을 누른 상태로 [B11:O13] 셀을 드래그하여 '주정차중 추돌' 데이터로 변경합니다.

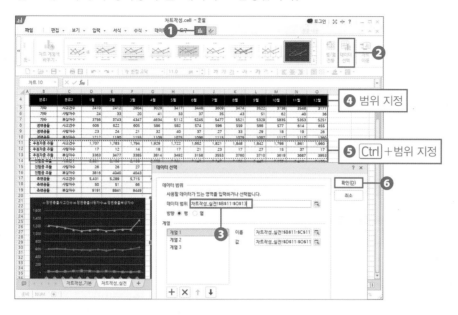

03. 차트의 서식과 크기는 유지된 채 차트의 원본 데이터만 변경되었습니다.

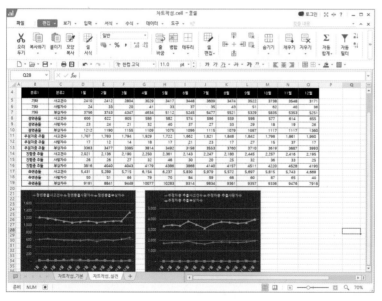

꿀팁

두 개 차트의 크기를 변경할 때 Ctrl 또는, Shift 로 두 개의 차트를 선택하고 마우스 오른쪽 버튼을 클릭한 후 [그룹]-[개체 묶기]를 선택한 후 크기를 조정합니다.

CHAPTER 01 : 화면 구성 및 파일 관리 ::

CHAPTER 02 : 문서 서식 이해하기 ::

CHAPTER 03 : 수식 관리 ::

CHAPTER 04 : 데이터 분석 및 관리 ::

CHAPTER 05 : 데이터 시각화 ::

CHAPTER 06 : 양식 도구와 매크로 ::

002 차트 편집

✦ 사용 가능 버전 : NEO 2018 2020
✦ 사용 기능 : 차트 구성 추가

차트 구성 ▶▶ 차트의 제목, 레이블, 범례, 축 제목 등 차트의 각 구성 요소를 추가하거나, 서식을 변경할 수 있습니다.

말랑말랑 기본기 다지기
예제 파일 : Chapter 05/차트편집.cell, 시트명 [차트편집_기본] | 완성 파일 : Chapter 05/차트편집_완성.cell

1 눈금선 간격 조정하기

01. 차트의 세로 축 눈금 단위를 변경할 수 있습니다. 차트 세로 축의 눈금에서 마우스 오른쪽 버튼을 클릭한 후 [축 속성]을 선택합니다. [개체 속성] 작업 창에서 [최솟값]을 체크하고 '0'을 입력합니다. [최댓값]에는 '15000'을 입력하고 [단위]−[주]는 '3000'을 입력합니다. 차트 속성값의 눈금선의 단위가 '0, 3000, 6000, 9000, 12000, 15000'으로 변경되었습니다.

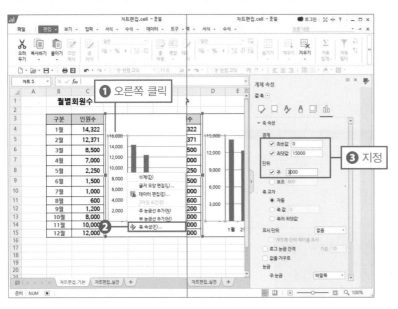

150 한컴오피스 2020 한셀편

2 데이터 레이블 표시

01. 데이터 계열 값을 명확히 보여줄 수도 있도록 데이터 값을 차트에 표시하겠습니다. 차트 클릭 후 [차트 디자인] 탭-[차트 구성 추가]-[데이터 레이블]-[표시]를 클릭합니다.

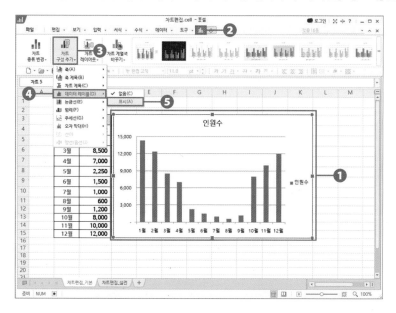

꿀팁
레이블은 막대를 클릭하고 마우스 오른쪽 버튼을 클릭한 후 [데이터 레이블 추가]를 선택해도 됩니다.

02. 데이터 계열 위에 데이터 값이 표시됩니다. 차트 레이블은 클릭하고 [차트 서식] 탭-[글자 채우기]에서 색상(빨강)을 변경합니다.

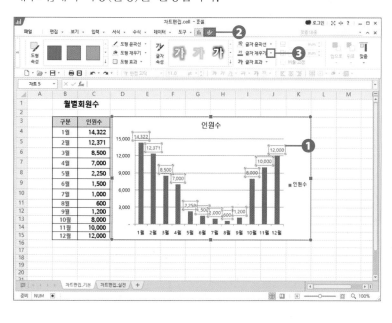

꿀팁
제목 레이블의 크기는 레이블 위에서 마우스 오른쪽 버튼을 클릭한 후 [글자 모양 편집]을 선택하여 편집합니다.

CHAPTER 01 : 화면 구성 및 파일 관리 :
CHAPTER 02 : 문서 서식 이해하기 :
CHAPTER 03 : 수식 관리 :
CHAPTER 04 : 데이터 분석 및 관리 :
CHAPTER 05 : 데이터 시각화 :
CHAPTER 06 : 양식 도구와 매크로 :

3 범례 편집하기

01. 데이터 계열 오른쪽으로 나타난 범례를 위쪽으로 변경해보겠습니다. 차트를 클릭하고 [차트 디자인] 탭-[차트 구성 추가]-[범례]-[위쪽]을 클릭합니다.

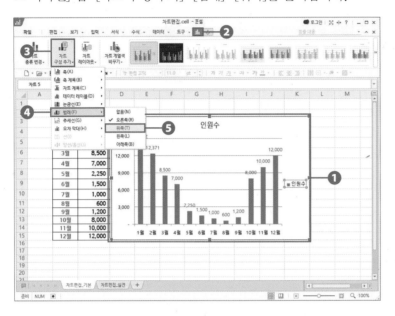

02. 위쪽에 추가된 범례는 클릭하여 범례 채우기 색과 글자 색을 변경할 수 있습니다. 범례를 클릭하고 [차트 서식] 탭-[도형 채우기](검정)와 [글자 채우기](하양)에서 색상을 변경합니다.

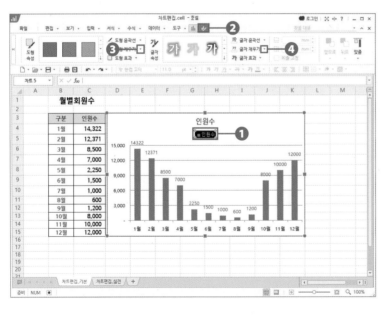

꿀팁

범례는 마우스로 드래그하여 위치 조정이 가능하며 Delete로 삭제할 수도 있습니다.

4 눈금선 및 차트 제목 편집하기

01. 데이터 계열이 하나일 경우는 눈금선을 없애고 데이터 레이블을 표시함으로써 차트의 내용을 보다 효과적으로 전달할 수 있습니다. 차트를 클릭하고 [차트 디자인] 탭-[차트 구성 추가]-[눈금선]-[기본 주 가로]의 체크를 해제합니다.

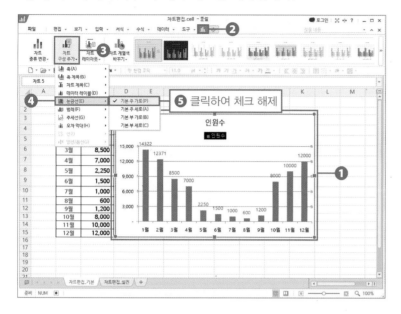

02. 가로 주 눈금선이 제거되었습니다. 차트의 제목도 변경할 수 있습니다. 차트 제목 위에서 마우스 오른쪽 버튼을 클릭하고 [제목 편집]을 선택합니다. [차트 글자 모양] 대화상자의 속성을 다음과 같이 변경한 후 [설정] 단추를 클릭합니다.

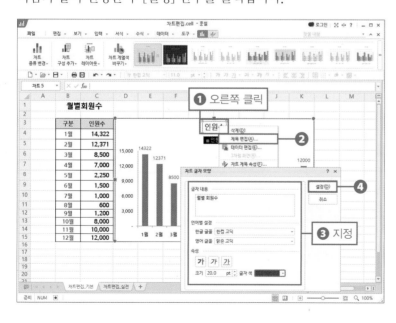

- 글자 내용 : 월별 회원수
- 한글 글꼴 : 한컴 고딕
- 크기 : 20, 글자 색 : 빨강

CHAPTER 01 : 화면 구성 및 파일 편집 :
CHAPTER 02 : 문서 서식 이해하기 :
CHAPTER 03 : 수식 관리 :
CHAPTER 04 : 데이터 분석 및 관리 :
CHAPTER 05 : 데이터 시각화 :
CHAPTER 06 : 양식 도구와 매크로 :

03. 차트 제목이 변경되었습니다.

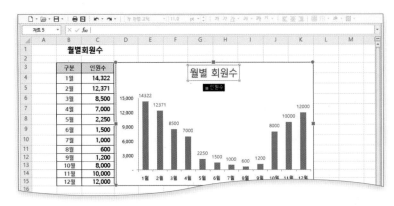

꿀팁

차트의 제목을 세로로 표시하려면 차트 제목을 마우스 오른쪽 버튼으로 클릭하고 [차트 제목 속성]-[크기 및 속성]-[글상자]에서 '세로'를 선택합니다.

5 데이터 요소마다 다른 색 사용하기

01. 비교할 데이터 계열이 하나일 경우 각 요소마다 다른 색상을 사용할 수 있습니다. 차트를 클릭하고 데이터 계열을 클릭합니다. [차트 서식] 탭-[선택 영역 서식]을 클릭합니다.

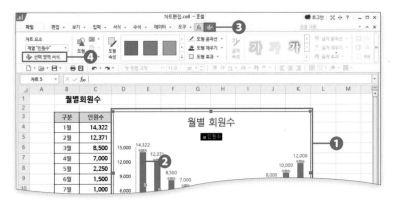

02. [개체 속성] 작업 창이 나타나면 [그리기 속성]을 클릭합니다. [채우기]-[요소마다 다른 색 사용] 클릭하면 막대 차트의 각 요소인 월별로 막대의 색상이 다르게 표현됩니다.

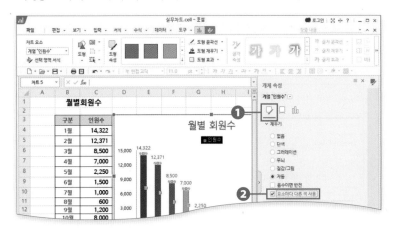

실전에 사용하는 차트 편집의 모든 것

예제 파일 : Chapter 05/차트편집.cell, 시트명 [차트편집_실전] | 완성 파일 : Chapter 05/차트편집_완성.cell

1 차트를 위한 데이터 집계 및 요소 삭제

01. '차트편집_실전' 시트에는 연령대별로 '남', '여'의 장염 발생 비율을 시각화하기 위하여 피벗 테이블로 데이터의 구성을 변경하였습니다.

02. 피벗 테이블 속성을 없애기 위하여 [H8:K26] 셀을 범위 지정하고 Ctrl+C를 눌러 복사합니다. [M8] 셀을 선택하고 Ctrl+V를 눌러 붙여 넣습니다. [H:K] 열을 범위 지정하고 마우스 오른쪽 버튼을 클릭한 후 [삭제]를 선택합니다.

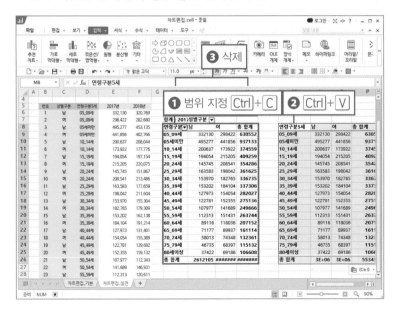

03. [I8:L26] 셀을 범위 지정하고 [입력] 탭-[세로 막대형]-[100% 기준 누적 세로 막대형]을 클릭합니다.

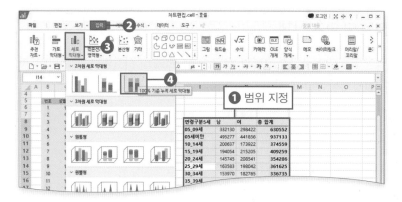

04. 회색 영역의 '총합계'는 차트 영역에서 곧바로 삭제 가능합니다. '총합계'의 회색 막대를 클릭하고 [Delete]를 눌러 총합계 계열을 삭제합니다.

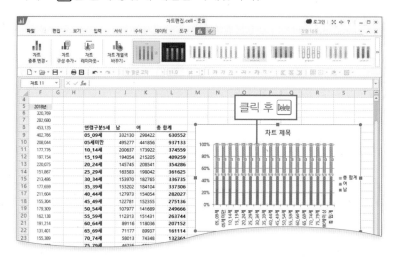

05. 각 연령대별로 '남', '여'의 환자수를 직관적으로 비교할 수 있습니다. 차트 제목을 클릭하고 [Delete]를 눌러 제목을 삭제합니다.

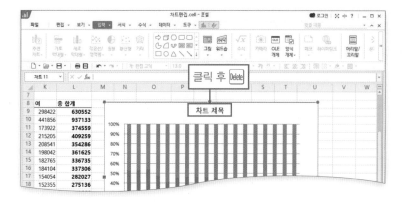

2 차트 제목 연결하기

01. [B2] 셀의 제목을 변경하면 차트 제목이 자동으로 변경되는 효과를 작성할 수 있습니다. [입력] 탭-[직사각형]을 클릭하고 차트 영역 위로 직사각형을 작성합니다. 수식 입력줄에 '=B2'를 입력합니다.

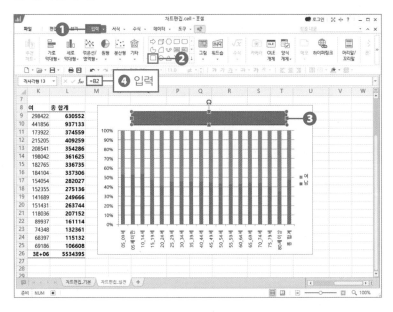

02. [B2] 셀의 내용인 '2017~2018 장염환자수'가 직사각형 위에 표시됩니다. 서식 도구 상자에서 [글자 크기]를 변경하고, [도형 서식] 탭-[도형 윤곽선]과 [도형 채우기]를 클릭하여 [없음]을 선택합니다.

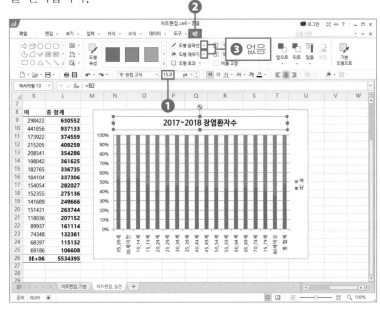

03. 도형으로 작성된 제목이 차트 이동과 삭제 시 같이 작업되게 하기 위하여 차트와 제목을 Ctrl 또는, Shift 를 누른 상태로 선택하고 마우스 오른쪽 버튼을 클릭한 후 [개체 묶기]를 선택합니다.

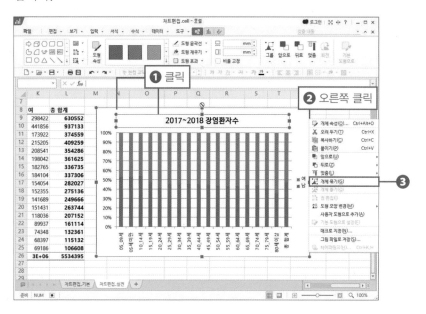

04. [B2] 셀의 내용을 '보건의료 2017~2018 장염환자'로 변경하면 자동으로 차트의 제목도 변경됩니다.

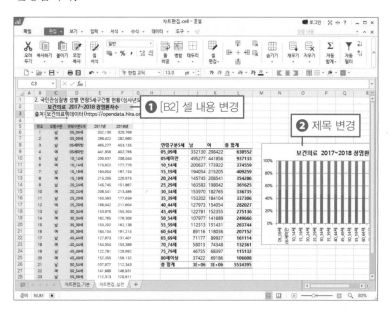

003 실무 차트

난이도 ✦✦✦✦✦

✦사용 가능 버전 : NEO 2018 2020
✦사용 기능 : 데이터 계열 속성

데이터 계열 속성 ▶▶ 　이중 축 혼합형 차트는 두 계열의 값이 차이가 크게 나는 항목을 둘 다 표시해야 할 때는 두 개의 차트를 기본축과, 보조축을 이용하여 이중 축 혼합 차트를 사용하며 여러 개의 차트를 한곳에 모아놓은 대시보드를 작성하여 자료의 의미를 파악하는 데 도움이 됩니다.

 말랑말랑 기본기 다지기
예제 파일 : Chapter 05/실무차트.cell, 시트명 [실무차트_기본] ㅣ 완성 파일 : Chapter 05/실무차트_완성.cell

1 혼합 차트 작성하기

01. 월별 매출현황 데이터는 매출건수와 매출비율의 값의 격차가 많아 막대 차트로 작성 시 가독성이 떨어집니다. [B4:D16] 셀을 범위 지정하고 [입력] 탭-[꺾은선/영역형]-[표식이 있는 꺾은선형]을 클릭합니다.

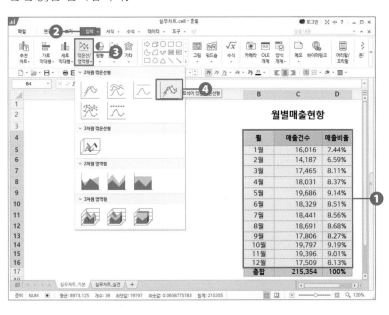

02. 매출건수와 매출비율의 값이 격차가 커서 차트에서 '매출 비율'값과 '월'별 격차가 잘 구별되지 않습니다. 매출건수의 데이터 범위는 '14,187~19,797'이며 매출비율의 데이터 범위는 '0.065~0.0914'입니다.

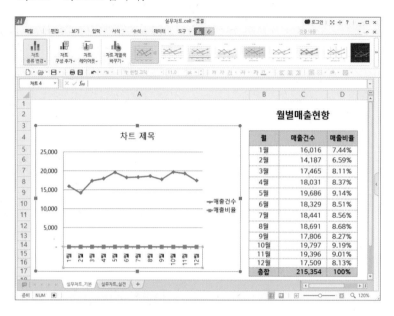

03. 계열을 쉽게 선택하려면 [차트 서식] 탭-[차트 요소]-[계열 '매출비율']을 클릭합니다.

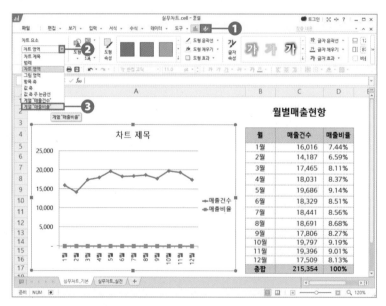

04. [선택 영역 서식]을 클릭하면 [개체 속성] 작업 창이 화면 우측에 표시됩니다. [개체 속성] 작업 창의 [계열 속성]−[보조 축]을 클릭합니다. 차트의 왼쪽은 기본 축으로 '매출건수'가, 차트의 오른쪽은 보조 축으로 '매출비율'이 표시됩니다.

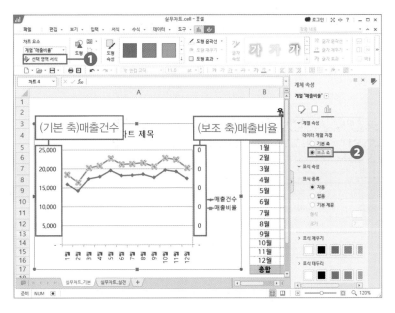

05. '매출비율' 계열의 꺾은선 차트가 선택된 상태에서 [차트 디자인] 탭−[차트 종류 변경]−[묶은 세로 막대형]을 클릭합니다.

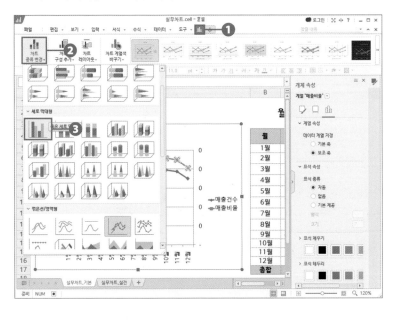

06. 매출비율이 막대 차트로 변경되었습니다. 막대 차트가 보이지 않을 때는 보조 축으로 선택되었는지 다시 확인합니다.

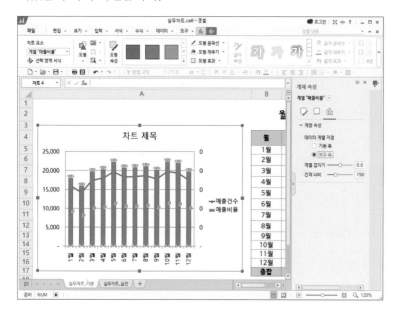

2 보조 축 서식 변경하기

01. 막대 차트 값의 범위를 변경하겠습니다. 보조 축을 클릭하면 [개체 속성] 작업 창에 보조 축 편집 항목이 표시됩니다. [축 속성]-[최댓값]을 체크하고 '0.15'를 입력하여 최댓값을 높여서 막대와 꺾은선을 분리하여 표시합니다.

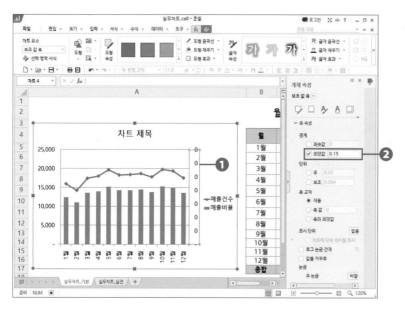

02. 매출비율을 백분율로 표시하려면 [개체 속성] 작업 창의 [표시 형식]을 클릭하여 펼친 후 [범주]를 '백분율'로 지정합니다.

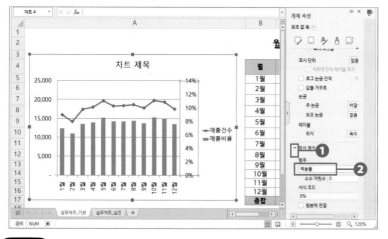

꺾은선 표식 설정하기

꺾은선 차트의 표식을 클릭하고 [차트 서식] 탭-[선택 영역 서식]을 클릭합니다. [개체 속성] 작업 창에서 [표식 속성]-[기본 제공]을 클릭하고 [형식]을 '●' [크기]를 '10'으로 지정합니다. [표식 채우기]는 '회색'으로 선택합니다.

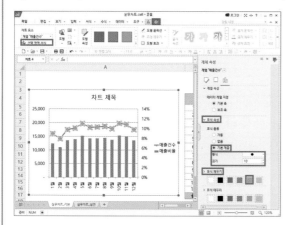

[표식 테두리]를 클릭하여 세부 옵션에서 [색]은 '빨강'으로, [선 굵기]는 '2.0'으로 지정합니다.

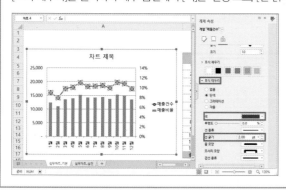

CHAPTER 01 : 화면 구성 및 파일 관리 :
CHAPTER 02 : 문서 서식 이해하기 :
CHAPTER 03 : 수식 관리 :
CHAPTER 04 : 데이터 분석 및 관리 :
CHAPTER 05 : 데이터 시각화 :
CHAPTER 06 : 양식 도구와 매크로 :

실전에 사용하는 실무 차트의 모든 것

예제 파일 : Chapter 05/실무차트.cell, 시트명 [실무차트_실전] | 완성 파일 : Chapter 05/실무차트_완성.cell

1 막대 차트 변형, 간격 및 그림 채우기

01. '누적 세로 막대형'으로 작성된 막대 차트에서 마우스 오른쪽 버튼을 클릭하고 [데이터 계열 속성]을 선택합니다. [개체 속성] 작업 창이 나타나면 [계열 겹치기]를 '70'으로 지정합니다. 청과류와 축산물 계열의 요소 값 막대가 70%만 겹쳐서 표시됩니다. [간격 너비]를 '50'으로 지정하면 청과류와 축산물의 사이 간격이 100%에서 50%로 변경되면서 간격 너비가 좁게 변경됩니다.

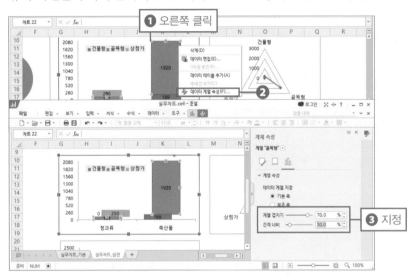

02. 축산물 막대 차트를 클릭하고 조금 있다 다시 클릭하면 축산물 차트만 선택됩니다. [개체 속성] 작업 창의 [채우기]-[질감/그림]-[그림]을 클릭하고 '축산.png' 파일을 더블클릭하면 막대 차트의 모양이 '축산.png' 파일로 채워집니다.

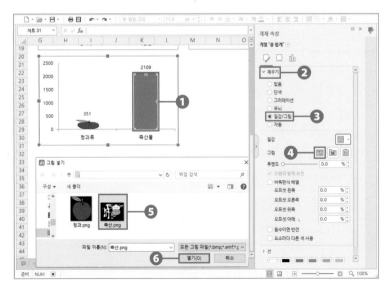

그림으로 표현되는 막대 차트는 간격 너비를 100%보다 작게 하면 좋습니다.

2 방사형과 분산 차트로 자료 분포도 확인하기

01. 한셀에서는 자료의 분포도가 각 요소별로 골고루 분포되어 있는지를 한눈에 확인할 수 있는 방사형 차트를 제공합니다. [B4:F4] 셀을 범위 지정하고 [Ctrl]을 누른 상태로 [B6:F6] 셀을 드래그하여 비연속으로 범위 지정을 합니다. 그리고, [입력] 탭-[기타]-[표식이 있는 방사형]을 클릭합니다.

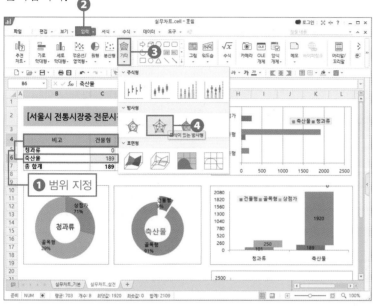

02. 작성된 방사형 차트는 드래그하여 이동합니다. '청과류' 계열이 '축산물' 계열보다 파란색 표시선이 삼각형 그림과 좀 더 유사합니다. 방사형은 요소의 수에 따라 그 모양이 최대한 가깝게 나오면 각 요소별로 분포가 잘 되었음을 의미합니다.

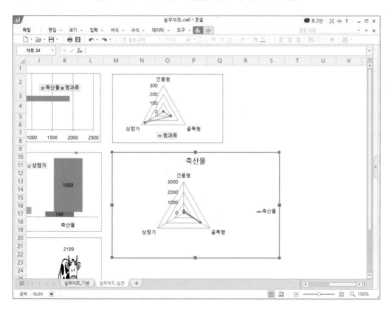

CHAPTER 01 : 화면 구성 및 파일 관리 : :
CHAPTER 02 : 문서 서식 이해하기 : :
CHAPTER 03 : 수식 관리 : :
CHAPTER 04 : 데이터 분석 및 관리 : :
CHAPTER 05 : 데이터 시각화
CHAPTER 06 : 양식 도구와 매크로 : :

복합 응용력 UP!

동영상 해설

문제1 : 차트 레이아웃과 스타일을 이용하여 '매출현황표'를 시각화하세요.
예제 파일 : 연습_꺾은선차트.cell | 완성 파일 : 연습_꺾은선차트_완성.cell

- [B3:G5] 셀을 범위 지정하고 [입력] 탭-[꺾은선/영역형]-[표식이 있는 꺾은선형]을 클릭하세요.
- 작성된 차트를 클릭하고 [차트 디자인] 탭-[차트 레이아웃]-[레이아웃 5]를 클릭하여 차트 구성 요소 세트를 선택하세요.
- [차트 디자인] 탭-[차트 스타일 5]를 클릭하여 차트를 완성하세요.

▲ Before

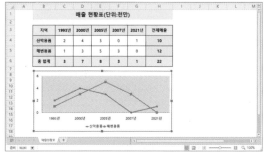
▲ After

동영상 해설

문제2 : '매출현황표'의 자료로 막대와 꺾은선 차트를 동시에 표현하세요.
예제 파일 : 연습_혼합차트.cell | 완성 파일 : 연습_혼합차트_완성.cell

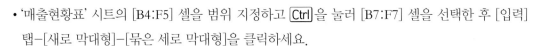

- '매출현황표' 시트의 [B4:F5] 셀을 범위 지정하고 Ctrl 을 눌러 [B7:F7] 셀을 선택한 후 [입력] 탭-[새로 막대형]-[묶은 세로 막대형]을 클릭하세요.
- 매출액 계열을 선택하고 [차트 디자인] 탭-[차트 종류 변경]-[꺾은선/영역형]-[표식이 있는 꺾은 선형]을 클릭하고 변경된 꺾은선 차트를 더블클릭하여 [보조 축]으로 변경하세요.
- 막대 차트를 더블클릭하여 [채우기]-[그림]에서 '사람.png' 파일을 선택하세요.

▲ Before

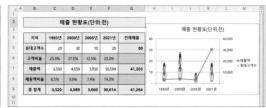
▲ After

CHAPTER 01 : 화면 구성 및 파일 관리 :

CHAPTER 02 : 문서 서식 이해하기 :

CHAPTER 03 : 수식 편집 :

CHAPTER 04 : 데이터 분석 및 관리 :

CHAPTER 05 : 데이터 시각화 :

CHAPTER 06 : 양식 도구와 매크로 :

Q&A 5

이것이 궁금하다! Q&A

Q&A 01 | 한셀에서 원형 도형 작성법 – [입력] 탭–[원형]

• 원형 도형은 한 개의 계열값에서 각 값들의 분포를 백분율로 표시 가능한 차트입니다.

• 범위 지정 시 반드시 제목과 내용을 한 행 또는, 한 열만 범위 지정하며 이때 내용(자료)이 제목과 비연속적일 때는 Ctrl을 눌러 제목과 내용을 범위 지정합니다.

• 작성한 원형 도형은 [차트 디자인] 탭–[차트 구성 추가]–[데이터 레이블]–[표시]를 클릭하여 레이블을 추가하고, 레이블을 더블클릭하고 [데이터 레이블 속성]의 [백분율]을 클릭하여 분포 비율을 원형 차트에 표시할 수 있습니다.

Q&A 02 | 차트 자료 한글로 변환 – 차트 복사

• 한셀에서 작성한 차트는 복사하여 한글에 붙여 넣으면 차트 속성을 유지합니다.

• 한글의 [차트 디자인] 탭에서 레이아웃, 스타일 등 한셀에서의 차트 디자인 설정과 같게 작업이 가능합니다.

• 한글에서는 데이터 변경 시 한셀에서 데이터 범위를 변경하는 것과 달리 값을 직접 데이터 표에 입력해야 합니다.

Q&A 03 | 값의 분포도(산점도) 시각화 – 분산 차트

• 최저에서 최고까지 값의 분포도를 한눈에 확인하는 가장 빠른 방법은 [입력] 탭–[분산형]–[표식만 있는 분산형]을 클릭하여 시각화합니다.

• 분산형 차트 작성 후 마우스 오른쪽 버튼을 클릭하고 [추세선 추가]를 선택하여 미래 데이터를 예측하는 회귀분석선을 차트에 추가할 수 있습니다.

• 추가된 추세선은 화면 우측 작업 창의 [추세선 속성]에서 선형, 지수 등을 선택하여 선형회귀식을 차트에 표현할 수 있습니다.

CHAPTER 6
양식 도구와 매크로

중요도 ◇◇◇◇◇

■ 사용하는 한셀 기능 및 학습 후 효과

기능	효과	미리 보기
양식 개체 삽입하기	한셀에서 제공하는 라디오 단추, 선택 상자, 콤보 상자의 양식 개체를 이용하면 셀에서 폼 작업이 가능하며 사용자는 클릭하여 사용하므로 편의성이 증대됩니다.	
매크로 실행하고 편집하기	일련의 작업 순서가 정해져 있는 한셀 작업 시 매크로를 기록한 후에 필요할 때마다 버튼을 누르거나 단축키를 눌러 자동으로 실행할 수 있습니다.	

001 양식 개체 입력하기

난이도 ◆◆◆◆◆

✦ 사용 가능 버전 : NEO 2018 2020
✦ 사용 기능 : 양식 개체

양식 개체 ▶▶ 한셀에서 제공하는 라디오 단추, 선택 상자, 콤보 상자의 양식 개체를 이용하면 셀에서 폼 작업이 가능하며 사용자는 클릭하여 사용하므로 편의성이 증대됩니다.

말랑말랑 기본기 다지기

예제 파일 : Chapter 06/양식 도구.cell, 시트명 [양식 도구_기본] │ 완성 파일 : Chapter 06/양식 도구_완성.cell

1️⃣ 양식 개체 입력하기

01. 라디오 단추 상자를 작성한 후 조건부 서식을 사용하여 성별을 선택하면 해당 '성별'의 행에 노란색을 채우는 양식 객체를 작성해 보겠습니다. '양식 도구.cell' 파일의 '양식 도구_기본' 시트를 클릭하고 [입력] 탭-[양식 개체]-[라디오 단추]를 클릭합니다.

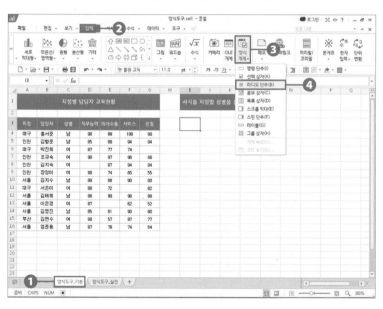

Chapter 06 양식 도구와 매크로 **169**

02. 화면에 [+] 표시가 나타나면 클릭 또는, 드래그하여 [I3] 셀 위치에 라디오 단추를 삽입합니다.

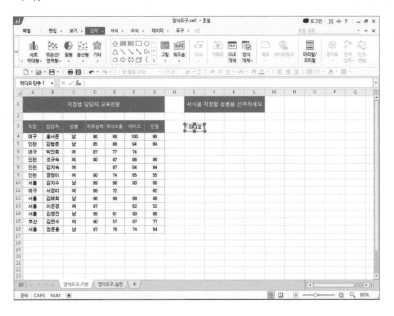

2 양식 개체 속성 변하기

01. 라디오 개체에서 마우스 오른쪽 버튼을 클릭하고 [양식 개체 속성]을 선택합니다. [양식 개체 속성] 대화상자의 [선택한 상태]를 체크하고 [문자열]을 '남자'로 지정하고 [연결 셀]에서 'L3'을 입력 또는 [L3] 셀을 선택한 후 [확인] 단추를 클릭합니다.

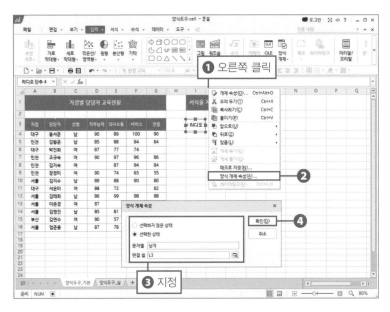

02. 라디오 단추의 문자열이 '남자'로 변경되고 [L3] 셀에 숫자 '1'이 표시됩니다. 위치와 상관없이 처음 만든 라디오 단추는 1, 두 번째는 2...로 [연결 셀]의 'L3'에 숫자가 표시됩니다.

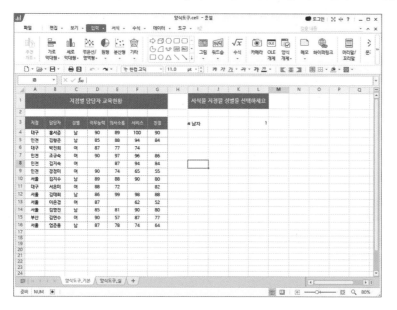

03. Ctrl + Shift 를 누른 상태로 라디오 단추를 오른쪽으로 드래그하여 복사합니다. 라디오 개체에서 마우스 오른쪽 버튼을 클릭하고 [양식 개체 속성]을 선택합니다. [양식 개체 속성] 대화상자의 [문자열]을 '여자'로 변경하고 [확인] 단추를 클릭합니다.

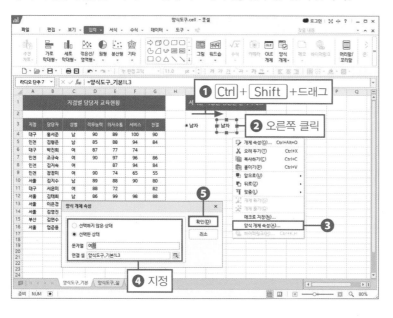

04. 라디오 단추의 문자열이 '여자'로 변경되고 [L3] 셀의 숫자 값이 '2'로 표시됩니다.

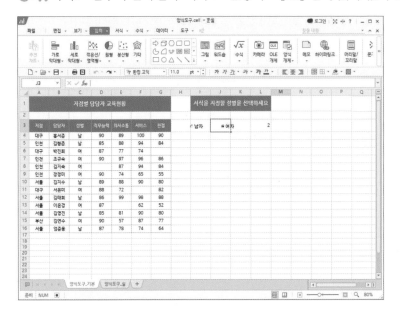

3 양식 개체 함수 연결하기

01. [M3] 셀을 선택하고 [L3] 셀 값이 '1'일 때 '남', [L3] 셀 값이 '2'일 때 '여'로 출력하는 함수식 '=IF(L3=1,"남","여")'를 입력한 후 Enter↵를 누릅니다..

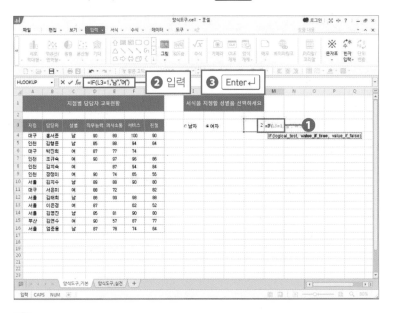

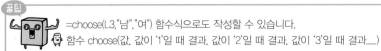

> **꿀팁**
> =choose(L3,"남","여") 함수식으로도 작성할 수 있습니다.
> 함수 choose(값, 값이 '1'일 때 결과, 값이 '2'일 때 결과, 값이 '3'일 때 결과.....)

4 두 개 이상 옵션 단추 그룹으로 지정하기

01. '남자', '여자' 라디오 단추를 1개의 그룹으로 묶어 다른 라디오 단추와 충돌되지 않게 해야 합니다. [입력] 탭-[양식 개체]-[그룹 상자]를 클릭합니다.

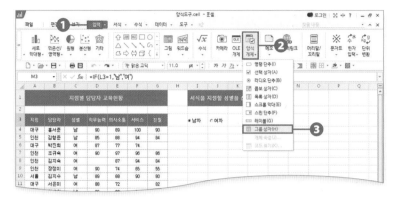

02. 클릭 또는, 드래그로 '남자', '여자' 라디오 단추가 들어가도록 삽입합니다.

03. 그룹의 제목을 변경하기 위하여 그룹 상자에서 마우스 오른쪽 버튼을 클릭하고 [양식 개체 속성]을 선택합니다. [양식 개체 속성] 대화상자가 나타나면 [문자열]에 '성별'을 입력하고 [확인] 단추를 클릭합니다.

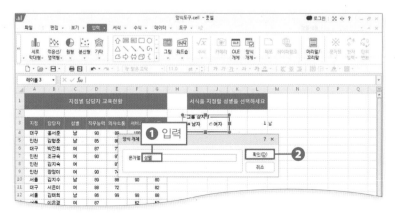

CHAPTER 01 : 화면 구성 및 파일 관리 :
CHAPTER 02 : 문서 서식 이해하기 :
CHAPTER 03 : 수식 관리 :
CHAPTER 04 : 데이터 분석 및 관리 :
CHAPTER 05 : 데이터 시각화 :
CHAPTER 06 : 양식 도구와 매크로 :

04. [A4:G16] 셀에 조건부 서식 '=$C4=$M$3'일때 노란색 채우기 서식이 작성되어 있습니다. 라디오 단추를 클릭하면 해당 성별의 데이터에 노랑 채우기 조건부 서식이 적용되는 것을 확인할 수 있습니다.

꼭 알고가기!

양식 개체 종류

양식 개체 이름	모양	설명
명령 단추	실행	매크로 실행하는 단추(버튼)를 작성합니다.
콤보 상자	서울 인천 대전 부산	목록 단추를 클릭하여 항목을 선택할 때 사용합니다.
선택 상자	고객만족도 ☐만족 ☐불만족	체크 박스 모양의 컨트롤 옵션을 선택할 때 사용하며, 여러 개의 선택 상자를 함께 사용할 수 있습니다.
스핀 단추	▲▼	값을 늘리거나 줄일 때 사용합니다.
목록 상자	서울 인천 대전 부산	콤보 상자와 유사하게 항목을 선택할 때 사용하지만 목록 단추가 표시되지 않고 목록 항목을 바로 보여줍니다.
라디오 단추	성별 ○남자 ○여자	옵션을 선택할 때 사용합니다. 그룹 안에 단 하나의 옵션만 선택할 수 있습니다.
레이블	설명	설명이나 용도를 나타내는 텍스트를 입력할 때 사용합니다.
스크롤 막대	◀▮▮▶	스크롤 막대를 작성할 때 사용합니다.
그룹 상자	그룹	서로 관련 있는 양식 개체들을 시각적으로 그룹화할 때 사용합니다.

실전에 사용하는 양식 개체의 모든 것

예제 파일 : Chapter 06/양식 도구.cell, 시트명 [양식 도구_실전] | 완성 파일 : Chapter 06/양식 도구_완성.cell

1 콤보 목록 상자 활용하기

01. 예제 파일의 '양식 도구_실전' 시트에서 콤보 상자를 사용하여 선택된 지역 데이터를 찾아 표시하는 양식을 작성해 보겠습니다. [입력] 탭-[양식 개체]-[콤보 상자]를 클릭합니다.

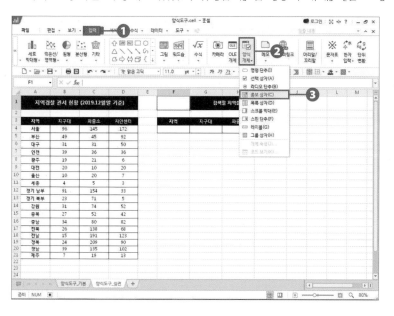

02. [F1] 셀에서 드래그하여 콤보 상자를 삽입합니다.

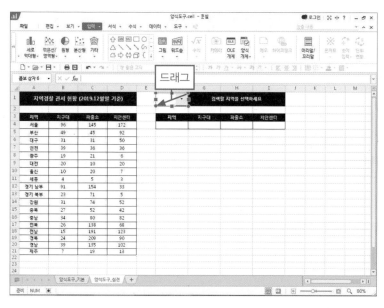

CHAPTER 01 : 화면 구성 및 파일 관리 :

CHAPTER 02 : 문서 서식 이해하기 :

CHAPTER 03 : 수식 관리 :

CHAPTER 04 : 데이터 분석 및 관리 :

CHAPTER 05 : 데이터 시각화 :

CHAPTER 06 : 양식 도구와 매크로 :

03. 콤보 상자를 마우스 오른쪽 버튼으로 클릭하고 [양식 개체 속성]을 선택합니다. [양식 개체 속성] 대화상자에서 [입력 범위]를 클릭한 후 '양식 도구_실전' 시트의 [A4:A21] 셀을 범위 지정하고, [연결 셀] 클릭한 후 [J1] 셀을 선택합니다. [목록 표시 줄 수]는 '5'로 지정한 후 [확인] 단추를 클릭합니다.

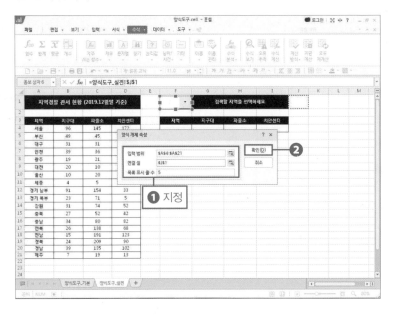

2 INDEX 함수 연결하기

01. 콤보 상자의 펼침 단추(▼)를 클릭하여 첫 번째 항목인 '서울'을 선택하면 [J1] 셀에 숫자 '1'이 표시됩니다. '양식 도구_실전' 시트의 [A3:D21] 셀을 범위 지정하고 [수식] 탭-[이름]의 펼침 단추(▼)을 클릭하여 [선택 영역에서 이름 만들기]를 클릭합니다.

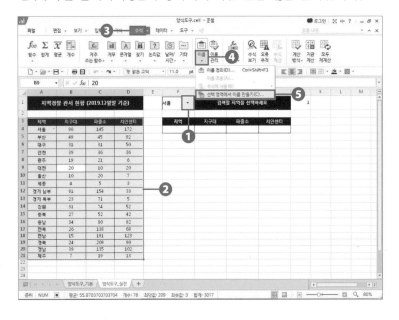

02. [선택 영역에서 이름 만들기] 대화상자에서 [첫 행]만 체크하고 [확인] 단추를 클릭합니다.

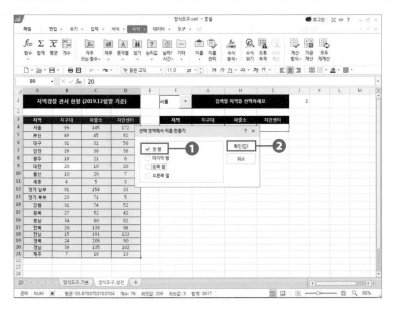

03. [F4] 셀을 선택하고 '=INDEX(INDIRECT(F3),$J$1)'를 입력한 후 Enter↵를 누릅니다.

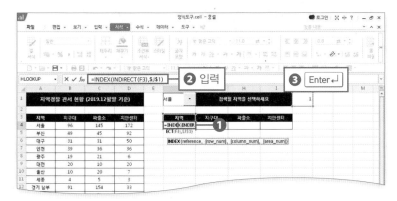

- INDIRECT(F3) : [F3] 셀의 값이 이름 번지임을 의미합니다.
- INDEX(범위, 행, 열) : 범위 내에서 행과 열의 교차점의 값을 가져옵니다.

04. [F4] 셀에서 채우기 핸들로 [I4] 셀까지 드래그하여 수식을 복사합니다. [F1] 셀의 목록을 변경하면 [F4:I4] 셀의 값이 변경됩니다.

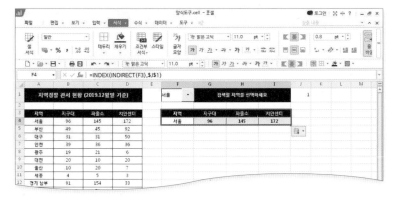

CHAPTER 01 : 화면 구성 및 파일 관리 :
CHAPTER 02 : 문서 서식 이해하기 :
CHAPTER 03 : 수식 관리 :
CHAPTER 04 : 데이터 분석 및 관리 :
CHAPTER 05 : 데이터 시각화 :
CHAPTER 06 양식 도구와 매크로 :

002 매크로 실행하고 편집하기

난이도 ◇◇◇◇◇

✦ 사용 가능 버전 : NEO 2018 2020
✦ 사용 기능 : 매크로

매크로 ▶▶ 일련의 작업 순서가 정해져 있는 한셀 작업 시 매크로를 기록한 후에 필요할 때마다 버튼을 누르거나 단축키를 눌러 자동으로 실행할 수 있습니다.

말랑말랑 기본기 다지기

예제 파일 : Chapter 06/매크로.cell, 시트명 [매크로_기본] | 완성 파일 : Chapter 06/매크로_완성.cell

1 매크로 기록 및 실행하기

01. [도구] 탭-[매크로 기록]을 클릭합니다. [매크로 기록] 대화상자의 [매크로 이름]에 '배경_파랑'을 입력하고 [확인] 단추를 클릭합니다.

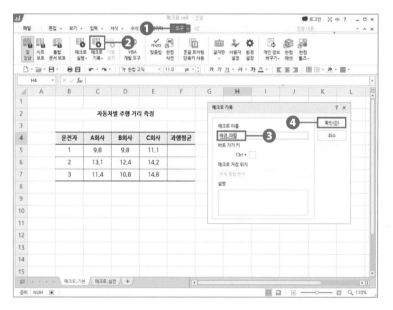

꿀팁

• 매크로 이름 작성 규칙 : 첫 글자는 숫자로 시작할 수 없으며, 영문, 숫자, 언더바(_)로만 구성 가능합니다. 빈칸은 작성할 수 없습니다.

02. [B4:F4] 셀을 범위 지정하고 서식 도구 상자의 [채우기]에서 하늘색 계열을 선택합니다.

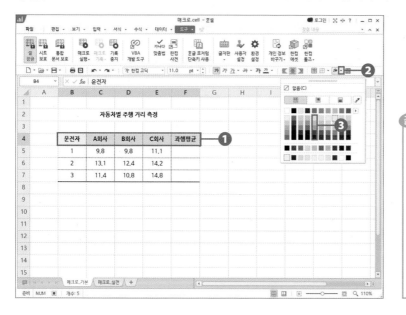

> **꿀팁** 매크로 작성 시 모든 작업은 기록됩니다. 스크롤바, 창 크기 조정도 기록에 포함되어 매크로 실행 시 문제가 될 수 있습니다. 주의하여 매크로를 기록하며 매크로 작성 오류 시에는 [도구] 탭-[매크로 기록 중지]를 클릭합니다.

03. [B4:F4] 셀의 제목 범위가 파란색으로 변경되었습니다. [도구] 탭-[기록 중지]를 클릭하여 매크로 기록을 종료합니다.

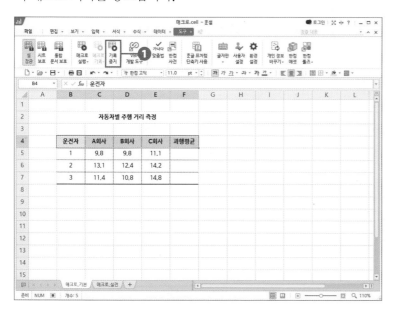

> **꿀팁** 매크로가 잘못 작성되어 다시 재작성할 때는 [도구] 탭-[매크로 기록]에서 '파랑_배경'으로 같은 이름으로 매크로를 기록하면 이전의 매크로를 삭제하고 새로운 매크로로 덮어쓰기가 됩니다.

CHAPTER 01 : 화면 구성 및 파일 관리 : :
CHAPTER 02 : 문서 서식 이해하기 : :
CHAPTER 03 : 수식 관리 : :
CHAPTER 04 : 데이터 분석 및 관리 : :
CHAPTER 05 : 데이터 시각화 : :
CHAPTER 06 : 양식 도구와 매크로

04. 매크로는 작업 파일에 별도로 추가되는 프로그램 코드입니다. [도구] 탭-[매크로 실행]의 펼침 단추(▼)를 클릭하여 [매크로 보안 설정]-[보통]을 체크한 후 [설정] 단추를 클릭합니다.

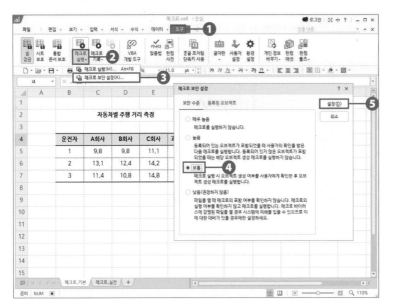

- 높음 : 매크로를 포함하지 않고 한셀을 실행합니다.
- 보통 : 매크로 포함 여부를 물어보고 한셀을 실행합니다.
- 낮음 : 매크로 포함 여부를 묻지 않고 무조건 포함하여 한셀을 실행합니다. (매크로에 컴퓨터에 치명적인 프로그램이 작성되어 있을 수도 있으니 신뢰성 있는 자료만 낮음을 설정합니다.)

05. [도구] 탭-[매크로 실행]을 클릭합니다. [매크로] 대화상자가 나타나면 이미 작성되어 있었던 '노랑-배경'과 방금 전 작성한 '배경_파랑' 두 개의 매크로 리스트가 표시됩니다. '노랑_배경'을 선택하고 [확인] 단추를 클릭합니다.

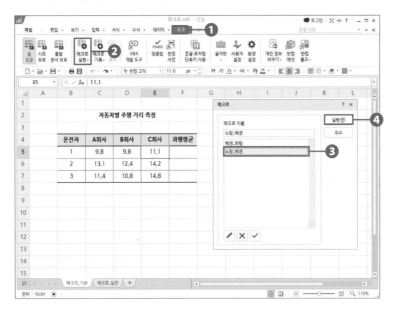

2 매크로 실행 버튼 연결하기

01. 매크로는 버튼과 연결하여 실행하면 편리합니다. [입력] 탭-[양식 개체]-[명령 단추]를 클릭합니다. 드래그하여 [H4:I5] 셀에 명령 단추를 작성하면 자동으로 [매크로 지정] 메뉴가 표시됩니다. [매크로 지정] 대화상자에서 '배경_파랑'을 선택하고 [확인] 단추를 클릭합니다.

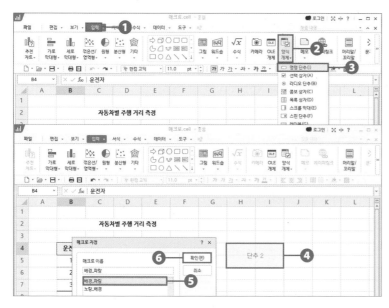

02. 작성된 명령 단추에서 마우스 오른쪽 버튼을 클릭하고 [양식 개체 속성]을 선택합니다. [양식 개체 속성] 대화상자의 [문자열]에 '파랑배경'으로 명령 단추 표시 문자열을 입력하고 [확인] 단추를 클릭합니다.

CHAPTER 01 : 화면 구성 및 파일 관리 :

CHAPTER 02 : 문서 서식 이해하기 :

CHAPTER 03 : 수식 편집 :

CHAPTER 04 : 데이터 분석 및 편집 :

CHAPTER 05 : 데이터 시각화 :

CHAPTER 06 : 양식 도구와 매크로

03. '파랑배경' 명령 단추를 클릭하고 Ctrl + Shift 를 누른 상태로 아래쪽으로 드래그하여 명령 단추를 복사합니다. 마우스 오른쪽 버튼을 클릭하고 [양식 개체 속성]을 선택하고 '노랑배경'으로 문자열을 입력한 후 [확인] 단추를 클릭합니다.

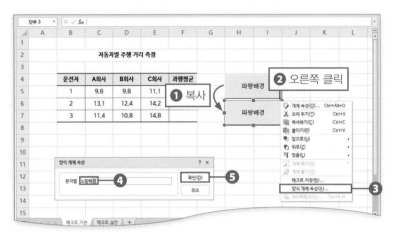

04. '노랑배경'으로 표시 문자열이 변경된 명령 단추를 마우스 오른쪽 버튼으로 클릭하고 [매크로 지정]에서 '노랑_배경'을 선택한 후 [확인] 단추를 클릭합니다.

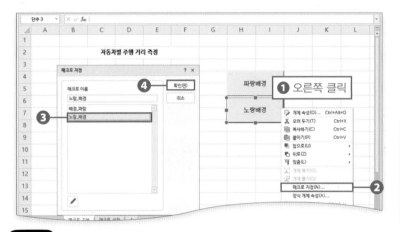

- '파랑배경' 명령 단추를 클릭하면 [B4:F4] 셀의 배경색이 파랑 계열로 변경됩니다.
- '노랑배경' 명령 단추를 클릭하여 [B4:F4] 셀의 배경색이 노랑 계열로 변경됩니다.

꼭 알고가기!

엑셀 매크로 파일의 호환
엑셀은 매크로 포함 파일을 xlsm 확장자로 저장합니다.
엑셀에서 사용하려면 반드시 [파일] 탭–[다른 이름으로 저장]을 클릭하고 xlsm 파일로 저장합니다.

실전에 사용하는 VBA 코드 편집하기

예제 파일 : Chapter 06/매크로.cell, 시트명 [매크로실전] | 완성 파일 : Chapter 06/매크로_완성.cell

1 [VBA 개발 도구] 창 실행하기

01. VBA 개발 도구는 VBA 코드를 작성하고 편집할 수 있으며 작성 중인 코드를 바로 실행해 확인할 수 있습니다. 또한 프로시저나 모듈을 간단한 절차로 추가할 수 있고 각 속성을 손쉽게 변경할 수 있습니다. '매크로 실전' 시트에서 [도구] 탭-[VBA 개발 도구]를 클릭합니다. [VBA 개발 도구-매크로.cell] 창이 실행되면 [한셀 개체] 폴더의 'Sheet1 (매크로 기본)'을 더블클릭합니다.

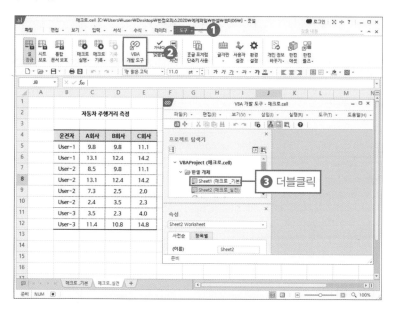

02. [Sheet1] 탭이 활성화되면 'sub test'를 입력하고 [Enter↵]를 누릅니다. 자동으로 'Sub test( )'로 변경이 되면서 2, 3, 4번 행이 생성됩니다.

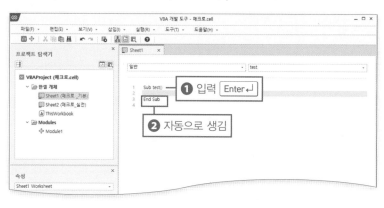

03. [VBA 개발 도구] 창의 화면 구성은 다음과 같습니다. 각 창의 표시 여부는 [보기] 탭을 클릭하여 사용자가 선택할 수 있습니다.

❶ 제목 : 프로그램의 제목과 [최소화], [최대화], [닫기] 단추가 나타납니다.
❷ 메뉴 : 프로그램에서 사용하는 메뉴를 비슷한 기능별로 묶어 놓은 곳입니다.
❸ 도구 상자 : 메뉴에서 자주 사용하는 기능을 아이콘으로 묶어 놓은 곳입니다.
❹ 프로젝트 탐색기 : 현재 실행되고 있는 한셀 문서와 해당 문서를 구성하는 시트와 모듈을 리스트나 폴더 형식으로 보여줍니다.
❺ 속성 : 각 속성 상태를 확인하거나 변경합니다. 속성 정보는 오름차순 또는 항목 기준으로 확인할 수 있습니다.
❻ 상황선 : 현재 작업 상태 및 마우스가 있는 곳에 대한 정보 등을 보여줍니다.
❼ 작업 영역 : 각 시트나 모듈의 코드를 확인하여 매크로를 설정하거나 편집합니다.

2 시트 작업 VBA 코드 입력하기

01. 시트 탭에서는 '시트 클릭 시, 시트의 내용 변경 시' 등과 같은 시트 작업과 관련된 VBA 코드를 작성할 수 있습니다. '일반'을 클릭하여 'Worksheet'를 선택하면 자동으로 5번~7번까지 코드가 생성됩니다. 'SelectionChange'를 클릭한 후 가장 상단의 'Activate'를 클릭합니다.

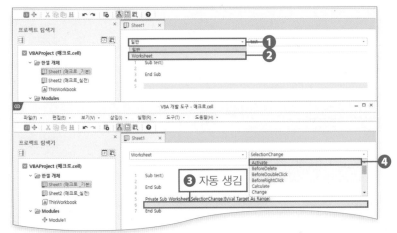

02. 9~10번 행에 시트를 클릭하여 실행할 때 작동되는 VBA 코드를 입력할 수 있는 코드가 자동으로 생성되었습니다. 10번 행에 시트를 클릭하면 자동으로 생성되는 msgbox 관련 명령어를 입력합니다. Enter↵ 및 들여쓰기의 횟수는 코드에 영향을 주지 않으며 영어 소문자 입력 후 Enter↵ 작업 시 자동으로 대문자로 변경됩니다.

> msgbox activesheet.name & chr(10) & "시트를 클릭하였습니다"

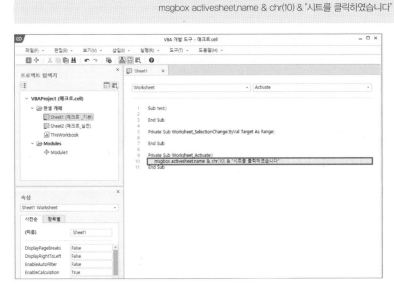

꿀팁 chr(10)은 Enter↵를 입력하며 &는 두 개 이상의 명령어를 연결합니다.

3 시트 작업 VBA 코드 실행하기

01. [VBA 개발 도구] 창에서 엑셀 시트 아이콘을 클릭하면 [VBA 개발 도구] 창을 종료하지 않고 엑셀을 실행할 수 있습니다. '매크로_기본' 시트를 클릭하면 [VBA 개발 도구] 창에서 작성된 'Sheet1 (매크로 기본)'의 'Activate'가 실행되면서 시트 이름이 표시됩니다.

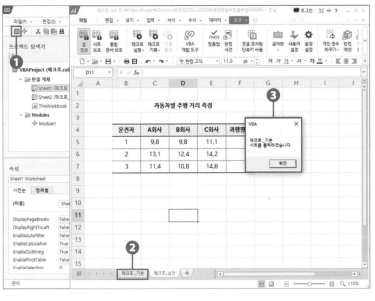

CHAPTER 01 : 화면 구성 및 파일 관리
CHAPTER 02 : 문서 서식 이해하기
CHAPTER 03 : 수식 편집
CHAPTER 04 : 데이터 문서 및 관리
CHAPTER 05 : 데이터 시각화
CHAPTER 06 양식 도구와 매크로

이벤트 프로시저의 종류

워크시트나 파일에 작업 시 연결되는 VBA 코드를 '이벤트 프로시저'라고 합니다.

이벤트명	수행 내용
Activate	워크시트가 화면에 표시될 때 발생
BeforeDoubleClick	마우스로 셀을 더블클릭할 때 발생
BeforeRightClick	마우스로 셀에서 오른쪽 버튼을 클릭할 때 발생
Calculate	셀의 수식이 재계산될 때 발생
Change	셀 값을 변경할 때 발생
SelectionChange	셀에서 다른 위치로 이동할 때 발생

4 VBA 코드 편집하기(2020 버전에서 사용 가능)

01. '매크로 실전' 시트에서 [도구] 탭-[VBA 개발 도구]를 클릭합니다. [VBA 개발 도구] 창에서 [Module1]을 더블클릭하여 작성된 코드를 확인합니다.

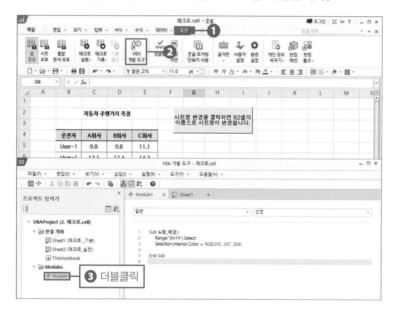

꿀팁 VBA 개발 도구 는 Alt + F11 단축키로도 실행 가능합니다.

꿀팁 VBA(Visual Basic for Application) 코드를 작성하고 편집할 수 있으며 작성 중인 코드를 바로 실행해 확인할 수 있습니다. 또한, 프로시저나 모듈을 간단한 절차로 추가할 수 있고 각 속성을 손쉽게 변경할 수 있습니다.

02. 새로운 코드를 작성할 모듈은 [삽입] 탭-[프로시저]를 클릭하고 [프로시저 추가] 대화상자가 나타나면 [이름]에 '시트명변경'을 입력하고, [형식]의 [Sub]에 체크를 확인한 뒤 [확인] 단추를 클릭합니다.

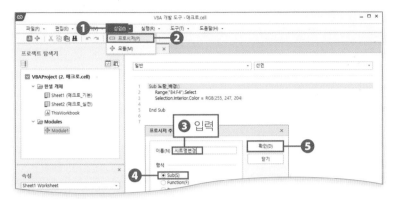

03. Public Sub 시트명변경() ~ End Sub 사이에 코드를 추가합니다. 프로그램 실행에 영향을 미치지 않는 코드를 '주석'이라 합니다. VBA에서는 '를 입력하여 주석을 입력합니다. [창 닫기]를 클릭하여 VBA 개발 도구를 종료합니다.

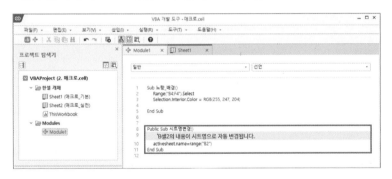

04. 명령 단추를 마우스 오른쪽 버튼으로 클릭하고 [매크로 지정]을 선택합니다. '시트명변경'을 선택한 후 [확인] 단추를 클릭합니다.

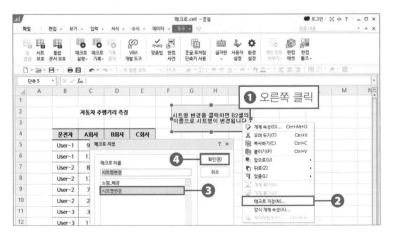

CHAPTER 01 : 화면 구성 및 파일 관리 :
CHAPTER 02 : 문서 서식 이해하기 :
CHAPTER 03 : 수식 관리 :
CHAPTER 04 : 데이터 분석 및 관리 :
CHAPTER 05 : 데이터 시각화 :
CHAPTER 06 양식 도구와 매크로

05. 명령 단추를 클릭합니다. 하단의 시트 이름은 아직 변경되지 않았습니다.

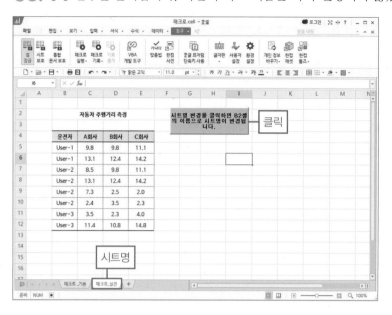

06. 첫 번째 시트를 클릭하여 이동하면 두 번째 시트의 이름이 '매크로_실전' 시트의 [B2] 셀에 입력된 '자동차 주행거리 측정'으로 변경되었습니다.

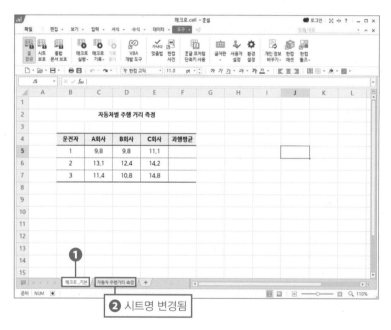

5 VBA 코드 작성하기

01. 사용자가 매크로 버튼을 작성하여 클릭했을 때만 실행되는 VBA 코드는 모듈에 작성해야 합니다. Alt+F11을 눌러 [VBA 개발 도구] 창을 불러온 뒤 [삽입] 탭-[모듈]을 클릭합니다. 처음 시작할 때는 모듈이 생성되어 있지 않으며 미리 작성된 모듈은 [Modules] 폴더에 표시됩니다. [Modules] 폴더에 [Modul2]가 추가되고 작업 영역에 [Module2] 탭이 생성됩니다.

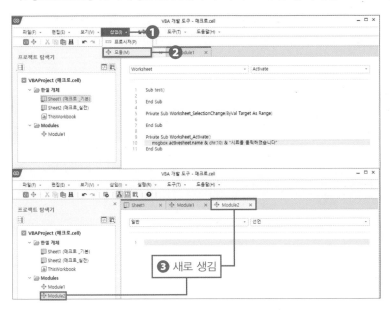

02. 모듈 창에 msgbox와 관련된 다음의 내용을 입력합니다.

```
Sub test1()
   MsgBox "안녕하세요"
End Sub

Sub test2()
   tmp=msgbox("B4 셀의 내용을 표시할까요",vbyesno)

   if tmp=vbyes then
     MsgBox range("b4")
   Else
     MsgBox "no를 입력하였습니다"
   End If
End Sub
```

CHAPTER 01 : 화면 구성 및 파일 관리 ::
CHAPTER 02 : 문서 서식 이해하기 ::
CHAPTER 03 : 수식 관리 ::
CHAPTER 04 : 데이터 분석 및 관리 ::
CHAPTER 05 : 데이터 시각화 ::
CHAPTER 06 : 양식 도구와 매크로 ::

6 모듈 작업 VBA 코드 실행하기

01. 도구 상자에서 [실행]을 클릭하거나 단축키 F5 를 누르면 실행 가능한 코드 리스트가 나타납니다. '매크로.cell.Module2.test1'을 선택하고 [실행] 단추를 클릭하면 msgbox가 실행되면서 '안녕하세요'가 표시됩니다.

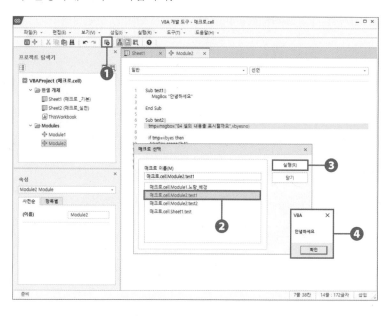

02. F5 를 누른 후 '매크로.cell.Module2.test2'를 선택하고 [실행] 단추를 클릭합니다. msgbox에서 [예], [아니오] 단추가 추가되어 표시됩니다. [예] 단추를 클릭하면 시트에 있는 [B4] 셀의 내용이 표시되며, [아니오] 단추를 클릭하면 'no를 입력하였습니다.' 메시지가 표시됩니다.

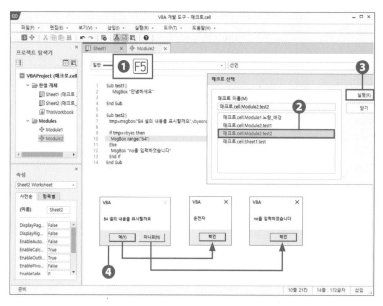

꿀팁 작성된 msgbox는 시트에서 양식 개체를 작성하고 연결하여 사용할 수 있습니다.

CHAPTER 6

복합 응용력 UP!

문제1 : '매출현황표'의 자료의 인쇄 영역을 변경하는 매크로를 작성하세요.
예제 파일 : 연습_매크로.cell | 완성 파일 : 연습_매크로_완성.cell

- [도구] 탭-[매크로 기록]을 클릭하여 매크로 이름은 '표만인쇄'로 지정하세요.
- [B2:G9] 셀을 범위 지정하고 [파일] 탭-[인쇄 영역]-[인쇄 영역 설정]을 클릭하세요.
- F7 을 눌러 쪽 설정에서 [용지 방향]은 '세로', [배율]은 '100%'로 지정하세요.
- [도구] 탭-[기록 중지]로 매크로 기록을 끝낸 후 '표만 인쇄' 명령 단추에서 마우스 오른쪽 버튼을 클릭하고 매크로 지정]에서 '표만 인쇄' 매크로와 연결하세요.

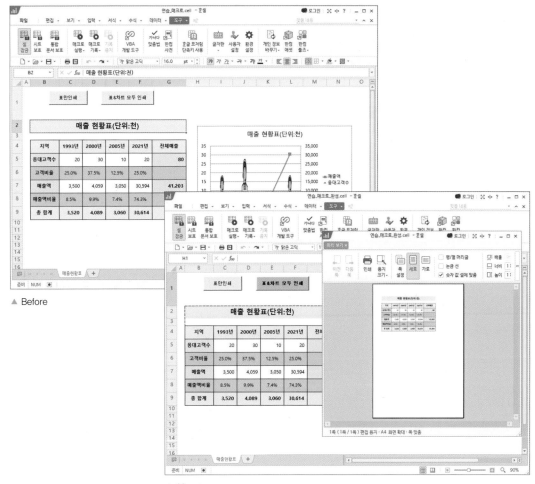

▲ Before

▲ After

이것이 궁금하다! Q&A

Q&A 6

Q A 01 | 양식 개체의 선택 – 편집, 개체 선택

- 양식 개체는 셀에 추가되는 도형 개체와 같은 성격을 가지므로 셀을 드래그했을 때 범위 지정에 포함되지 않습니다.
- [편집] 탭–[개체 선택] 또는, [걸쳐진 개체 선택]을 클릭하여 드래그하면 양식 개체도 범위에 포함됩니다.
- 개체의 일부분만 선택되어도 범위에 설정되게 할 때는 [걸쳐진 개체 선택]을 클릭합니다.

Q A 02 | 기록된 매크로 단축키 지정 – 매크로 기록, 단축키

- 매크로를 기록하고 사용자가 설정한 단축키로 매크로를 실행할 수 있습니다.
- 매크로 기록 시 대화상자에 표시되는 단축키에 사용자 단축키를 설정하며 매크로 기록이 종료된 후에는 [매크로 실행] 대화상자에서 매크로를 선택하고 하단의 옵션을 클릭하여 단축키를 설정하거나 변경할 수 있습니다.

Q A 03 | VBA 창에서 매크로 실행 – 실행, F5

- VBA 창에서 실행할 매크로 모듈에 커서를 클릭하고 F5 를 눌러 매크로를 VBA 창에서 실행할 수 있습니다.
- VBA 창에서 F1 도움말 키를 눌러 한셀 VBA와 관련된 도움말을 확인하여 한셀 2020에서 작업할 수 있습니다.

스마트한 업무에 필요한 기능이 한 권에 다 있는

한컴오피스 2020
한쇼

유튜브 ▶
동영상 강좌

한글과컴퓨터 공식 인증 도서 한컴오피스 2020

더욱 강력해진 한쇼 핵심 기능 소개
필요한 기능만 골라서 빠르게 학습할 수 있는 구성
말랑말랑 기본기 다지기와 각 Chapter의 문제 해결에 필요한 유튜브 동영상 강좌 제공

(주)한글과컴퓨터, 허미현, 부성순 공저

베스트 강사진이
알려주는
핵심 기능

HANCOM
한글과컴퓨터

YoungJin.com
영진닷컴 Y.

스마트한 업무에 필요한 기능이 한 권에 다 있는

한컴오피스 2020

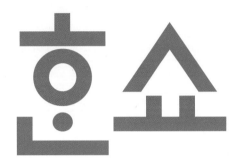

(주)한글과컴퓨터, 허미현, 부성순 공저

HANCOM
한글과컴퓨터

YoungJin.com Y.
영진닷컴

한쇼편

스마트한 업무를 위한
한컴오피스 2020

한쇼

CHAPTER 1

한쇼 2020 화면 구성 및 파일 관리

중요도 ◇◇◇◇◇

■ 사용하는 한쇼 기능 및 학습 후 효과

기능	효과	미리 보기
한쇼 2020의 주요 기능 및 화면 구성	한쇼 2020의 주요 기능과 화면 구성에 대해 알 수 있습니다.	
한쇼 슬라이드 다양한 작업 화면	한쇼의 작업 단위인 슬라이드를 표시하는 방법과 프레젠테이션을 위한 슬라이드 쇼 화면에 대해 미리 이해할 수 있습니다.	
개체별 탭	한쇼에서 제공하는 도형, 그림, 표, 차트 탭 등 별도 개체 작업 시 자동으로 생성되는 개체 탭에 대해 이해할 수 있습니다.	
파일 저장 & 단축키	한쇼에서 show, pptx, 그림 파일, PDF, 동영상 등 다양한 저장 방법과 작업 속도를 높이는 단축키에 대해 알 수 있습니다.	

001 한쇼 2020 스마트한 최신 기능

난이도 ◆◆◆◆◆

✦ 사용 가능 버전 : 2020

한쇼 2020 신 기능 ▶ ▶ 프레젠테이션 전문 프로그램인 한쇼 2020에서 지원하는 주요 기능에 대해 알아봅니다.

1 한쇼 프레젠터

한쇼 프레젠터와 한컴오피스 한쇼를 블루투스로 연결하여 모바일 기기에서 원격으로 슬라이드 쇼를 실행할 수 있습니다. 원격 슬라이드 쇼는 슬라이드 이동, 슬라이드 포인터 모양 선택, 슬라이드 포인터를 이용한 드로잉이 가능합니다.

2 더 다양한 포인터 이미지

슬라이드 쇼 도중 더욱 다양한 포인터 모양을 사용할 수 있습니다. 한글과컴퓨터의 말랑말랑 플랫폼을 통해 사용자에게 익숙한 '육비', '지지', '아모개' 등 귀여운 캐릭터를 발표할 콘텐츠에 맞춰 활용할 수 있습니다.

3 음성과 모바일로 원격 실행 가능한 스마트한 프레젠테이션

모바일 기기에서 원격으로 슬라이드 쇼를 진행할 수 있는 한쇼 프레젠터, 음성으로 명령 가능한 음성 명령, 모바일 기기의 자료를 원격으로 전송 가능한 스마트 명령을 제공합니다.

4 동영상으로 내보내기

한쇼에서 설정한 장면 전환이나 슬라이드 쇼에서 사용한 포인터를 동영상 자료로 저장할 수 있습니다.

5 무료 디자인 세트

40개의 테마 파일과 각 파일당 15개의 디자인 마당을 제공하여 다중 테마를 사용 시 600개의 무료 슬라이드 디자인을 사용할 수 있습니다.

6 온라인으로 업데이트되는 무료 자료

한컴 애셋을 통해 슬라이드에 사용하기에 적합한 글꼴과 이미지 파일, 다이어그램, 슬라이드 템플릿을 다운로드받아 사용할 수 있습니다.

7 자유형으로 자르기

한쇼에서는 이미지를 사각형이 아닌 사용자가 원하는 모양으로 잘라서 사용할 수 있습니다.

8 사용자 도형으로 추가

작성한 도형을 다른 한쇼에서도 사용할 수 있도록 저장하여 사용할 수 있습니다.

9 자간, 줄 간격 등 문서 편집과 동일한 글자 서식 편집 제공

한쇼에서는 한글과 같이 글자 간격, 줄 간격 등 텍스트 편집에 편리한 문서 편집 기능을 사용할 수 있습니다.

002 한쇼 2020 화면 구성 살펴보기

난이도 ◆◆◆◆◆

✦ 사용 가능 버전 : NEO 2018 2020
✦ 예제 파일 : 한쇼 화면 구성 및 파일관리.pptx

화면 구성 ▶▶   pptx 파일을 한쇼에서 실행하고 화면의 크기를 조절하며, 슬라이드를 기본, 여러 슬라이드, 슬라이드 쇼로
실행하는 방법에 대해 알아보겠습니다.

1 PPTX 파일을 한쇼 2020에 연결하기

한쇼 2020은 PPTX, SHOW 파일을 모두 연결하여 실행할 수 있습니다. '한쇼 화면 구성 및 파일 관리.pptx' 파일을 마우스 오른쪽 버튼으로 클릭하고 [연결 프로그램]-[Show 2020]을 선택합니다.

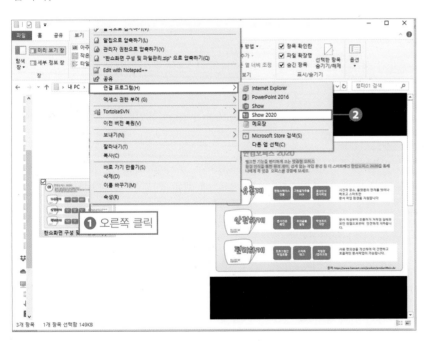

CHAPTER 01 : 화면 구성 및 파일 관리 :

CHAPTER 02 : 슬라이드 쇼 :

CHAPTER 03 : 앱탭 마당 및 그룹 편집 :

CHAPTER 04 : 문서 작성(텍스트 & 도형) :

CHAPTER 05 : 슬라이드 마스터 :

CHAPTER 06 : 애니메이션 및 멀티미디어 :

2 전체 화면 구성

❶ **제목 표시줄** : 제목과 [전체 화면], [크게 보기], [도움말], [최소화], [최대화(이전 크기로)], [끝] 단추가 나타납니다.

❷ **메뉴** : 프로그램에서 사용하는 메뉴를 비슷한 기능별로 묶어 놓은 곳입니다. 오른쪽 영역에는 [찾을 내용] 입력란, [기본 도구 상자 접기/펴기] 및 [문서 닫기] 단추가 있습니다.

❸ **기본 도구 상자** : 각 메뉴에서 자주 사용하는 기능을 그룹별로 묶어서 메뉴 탭 형식으로 제공합니다. 기본적으로는 메뉴별 도구 상자가 나타나며, 상황에 따라 개체별, 상태별 도구 상자가 동적으로 나타납니다.

❹ **서식 도구 상자** : 문서 편집 시 자주 사용하는 기능을 아이콘으로 묶어 놓은 곳입니다.

❺ **슬라이드 보기 창** : 문서 내 모든 슬라이드가 목록으로 표시됩니다.

❻ **세로 눈금자** : 개체의 세로 위치나 높이를 파악하기 위해 사용합니다.

❼ **가로 눈금자** : 개체의 가로 위치나 너비를 파악하기 위해 사용합니다.

❽ **상황선** : 현재 슬라이드 번호/전체 슬라이드 개수, 보기 상태 등 기본 정보를 보여줍니다.

❾ **슬라이드 노트** : 슬라이드에 대한 보충 설명을 입력합니다. 입력한 내용은 슬라이드 쇼를 진행할 때는 나타나지 않습니다.

❿ **편집 창** : 프레젠테이션 문서를 편집하는 영역입니다.

⓫ **작업 창** : 작업 창을 활용하면 문서 편집 시간을 줄이고 작업 속도를 높이는 등 효율적인 문서 작업을 수행할 수 있습니다.

⓬ **보기 종류 및 배율** : 화면 보기 종류와 배율을 설정할 수 있는 단추입니다.

3 화면 크기 조정

[확대] 또는, [축소]를 클릭하여 화면의 크기를 조정할 수 있습니다. 또는, [보기] 탭-[확대/축소]를 클릭하여 화면의 크기를 조정합니다.

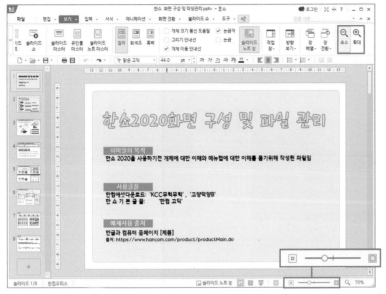

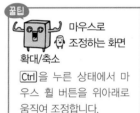

꿀팁
마우스로 조정하는 화면 확대/축소
Ctrl 을 누른 상태에서 마우스 휠 버튼을 위아래로 움직여 조정합니다.

4 여러 슬라이드 보기

화면 하단의 [여러 슬라이드]를 클릭하면 현재 프레젠테이션 문서에 포함된 모든 슬라이드가 한 화면에 나타나 슬라이드 구성을 편리하게 변경할 수 있습니다.

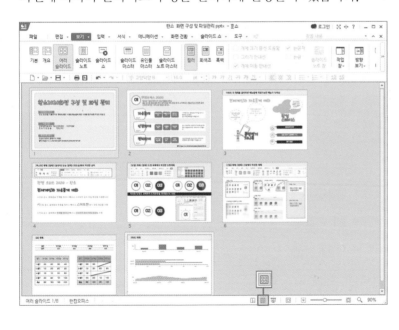

꿀팁
여러 슬라이드 보기에서도 Ctrl 을 누른 상태로 마우스 휠 버튼을 위아래로 움직여 화면의 크기를 조절할 수 있고, 슬라이드를 드래그하여 위치를 변경할 수도 있습니다.

CHAPTER 01 : 화면 구성 및 파일 관리 :

CHAPTER 02 : 슬라이드 쇼 :

CHAPTER 03 : 앱의 마당 및 그림 편집 :

CHAPTER 04 : 문자 작성(텍스트 & 도형) :

CHAPTER 05 : 슬라이드 마스터 :

CHAPTER 06 : 애니메이션 및 멀티미디어 :

5 슬라이드 쇼 보기

슬라이드를 선택하고 화면 하단의 [슬라이드 쇼]를 클릭하면 프레젠테이션이 실행됩니다. 슬라이드 쇼 화면에서 마우스 오른쪽 버튼을 클릭하고 [스포트라이트 포인터]를 선택하면 마우스를 드래그하여 이동한 화면이 강조되는 기능을 구현할 수 있습니다. Esc를 눌러 슬라이드 쇼를 종료합니다.

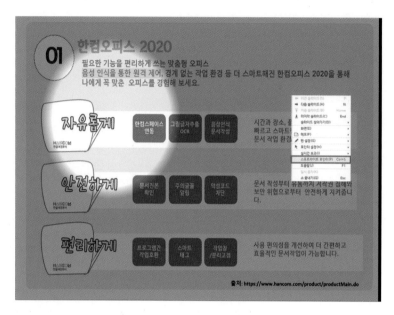

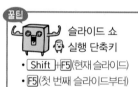

꿀팁
슬라이드 쇼
실행 단축키
• Shift + F5 (현재 슬라이드)
• F5 (첫 번째 슬라이드부터)

6 슬라이드 작업 창 크기 변경하기

[보기] 탭-[기본]을 클릭하고 [슬라이드 보기] 창과 [슬라이드 노트] 창의 크기를 조정할 수 있습니다. [슬라이드 노트] 창에는 필요한 내용을 입력할 수도 있습니다.

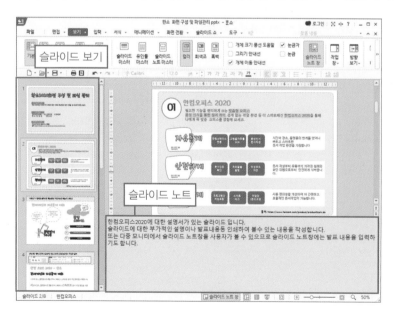

꿀팁
슬라이드 노트
내용 보기
[보기] 탭-[슬라이드 노트]
클릭

7 작업 창 보기

한컴오피스에서는 자주 사용하는 기능에 더 빠르게 접근할 수 있도록 작업 창을 제공합니다. [보기] 탭-[작업 창]에서 [번역]을 클릭하고 글자 영역을 드래그하면 [한컴 번역기]를 실행할 수 있습니다.

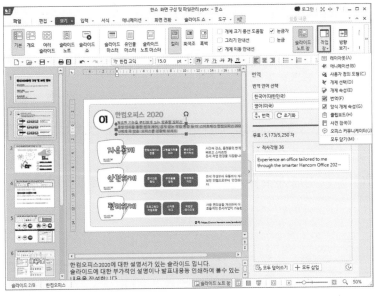

꼭 알고가기!!

작업 창의 모든 것

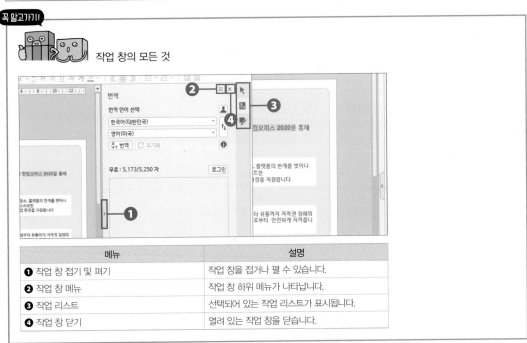

메뉴	설명
❶ 작업 창 접기 및 펴기	작업 창을 접거나 펼 수 있습니다.
❷ 작업 창 메뉴	작업 창 하위 메뉴가 나타납니다.
❸ 작업 리스트	선택되어 있는 작업 리스트가 표시됩니다.
❹ 작업 창 닫기	열려 있는 작업 창을 닫습니다.

003 한쇼 2020 메뉴 & 작업 개체 살펴보기

난이도 ◆◆◆◆◆

◆사용 가능 버전 : NEO 2018 2020
◆예제 파일 : 한쇼 화면 구성 및 파일관리.pptx

탭, 서식 도구 상자 ▶▶   그림, 도형, 표, 차트 등 슬라이드에 추가한 개체에 대한 작업 탭의 종류와 서식 도구 상자의 위치, 창 분리 방법에 대해 알아보겠습니다.

1 메뉴 구성

한쇼 2020은 서로 관련 있는 기능을 분류하여 [파일], [편집], [보기], [입력], [서식], [애니메이션], [화면 전환], [슬라이드 쇼], [도구] 탭을 제공합니다. 또한, 문서 창 안에서 어떤 상황이든지 마우스 오른쪽 버튼을 클릭하면 그 상태에서 실행할 수 있는 기능을 단축키와 함께 보여주는 빠른 메뉴를 제공합니다.

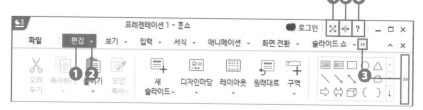

❶ **메뉴** : 선택한 메뉴의 도구 상자가 탭 형태로 펼쳐집니다. 탭 형태로 펼쳐지는 도구 상자를 열림 상자라고 부릅니다.

❷ **펼침 단추** : 선택한 메뉴의 하위 메뉴가 펼쳐집니다.

❸ **옆으로 이동** : 창이 축소되어 메뉴가 일부만 표시되는 경우 [옆으로 이동] 단추를 클릭하면 감춰진 메뉴가 나타납니다.

❹ **전체 화면** : 메뉴, 기본 도구 상자 및 서식 도구 상자를 접고 전체 화면으로 표시합니다.

❺ **크게 보기** : 메뉴 및 도구 상자 영역을 더 크게 표시합니다.

❻ **도움말** : 도움말 메뉴가 나타납니다.

꼭 알고가기!

기본 도구 상자 접기/ 펴기
도구 상자를 숨기고 메뉴만 보고자 할 때는 [기본 도구 상자 접기/펴기]를 클릭합니다.

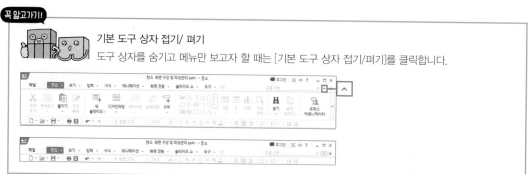

CHAPTER 01 화면 구성 및 파일 관리 :

CHAPTER 02 : 슬라이드 쇼 :

CHAPTER 03 : 앨범 만들 및 그림 편집 :

CHAPTER 04 : 문서 작성(텍스트 & 도형) :

CHAPTER 05 : 슬라이드 마스터 :

CHAPTER 06 : 애니메이션 및 멀티미디어 :

2 서식 도구 상자

서식 도구 상자는 자주 사용하는 서식 관련 기능을, 여러 경로를 거치지 않고 한 번의 동작으로 바로 실행할 수 있도록 아이콘으로 만들어 모아 놓은 곳입니다. 서식 도구 상자는 화면에서 보이기/숨기기 상태를 정할 수 있으며, [도구] 탭-[사용자 설정]을 실행하여 필요한 아이콘을 추가할 수도 있습니다.

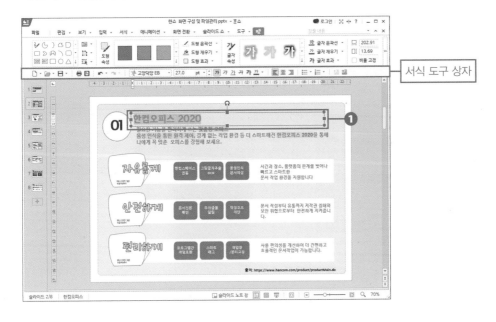

3 [도형] 탭

'01' 개체를 선택하면 화면 상단에 [도형]( ) 탭이 활성화됩니다. [도형] 탭에서는 스타일, 효과, 크기, 정렬, 회전/대칭, 설정과 같이 도형 속성 중에서 자주 사용하는 기능을 아이콘으로 제공합니다. [도형] 탭에서 세부 항목을 클릭하여 도형 서식을 변경할 수 있습니다.

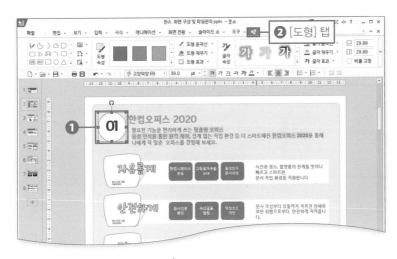

4 [그림] 탭

'한컴' 로고 개체를 선택하면 화면 상단에 [그림](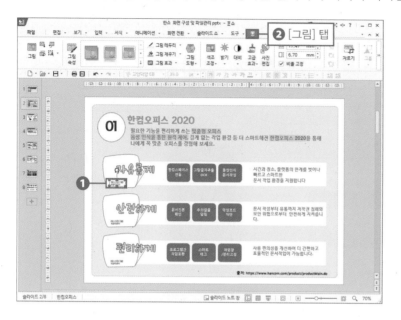) 탭이 활성화됩니다. [그림] 탭에서는 스타일, 효과, 속성, 크기, 정렬, 회전/대칭과 같이 이미지 속성 중에서 자주 사용하는 기능을 아이콘으로 제공합니다. [그림] 탭에서 세부 항목을 클릭하여 이미지 서식을 변경할 수 있습니다.

5 [차트] 탭

[입력] 탭-[차트]로 작성한 차트를 클릭하면 한쇼 2020에 [차트 디자인] 탭과 [차트 서식] 탭이 나타납니다.

- [차트 디자인] 탭 : 차트를 입력하고 편집하는 데 필요한 기능들을 아이콘 모양으로 만들어 모아 놓은 곳입니다. [차트 디자인] 탭을 이용하면 차트 종류, 축, 범례 등의 속성을 바꿀 수 있습니다.
- [차트 서식] 탭 : 차트 글자, 차트 색상 등 서식과 관련된 기능을 아이콘으로 제공합니다.

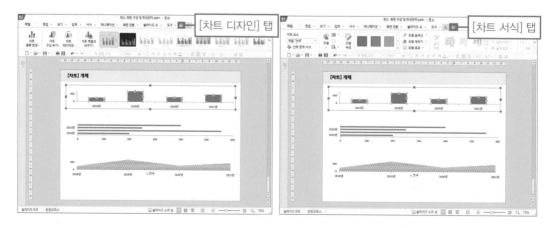

6 [표] 탭

[입력] 탭–[표]로 작성한 표를 클릭하면 한쇼 2020에 [표 디자인] 탭과 [표 레이아웃] 탭이 나타납니다.

- **[표 디자인] 탭** : 표를 입력하고 편집하는 데 필요한 기능을 아이콘 모양으로 모아 놓은 곳입니다. [표 디자인] 탭을 이용하면 표 모양 선택과 표 편집 기능을 손쉽게 사용할 수 있습니다.
- **[표 레이아웃] 탭** : 표를 입력하고 편집하는 데 필요한 기능을 아이콘 모양으로 모아 놓은 곳입니다. [표 레이아웃] 탭을 이용하면 표 모양 선택과 표 편집 기능을 손쉽게 사용할 수 있습니다.

7 창 분리

사용자의 편의에 따라 세부 메뉴 창(작업 창)을 자유자재로 분리했다가 다시 고정할 수 있습니다. 글자의 범위를 지정하고 서식 도구 상자에서 [글자 색]의 펼침 단추(▼)를 클릭한 후 [창 분리]를 클릭합니다. [글자 색] 창이 분리되어서 [글자 색]의 펼침 단추(▼) 클릭하지 않고도 글자 색을 지정할 수 있어 작업 속도를 높일 수 있습니다. [닫기]를 클릭하여 작업 창 분리를 종료합니다.

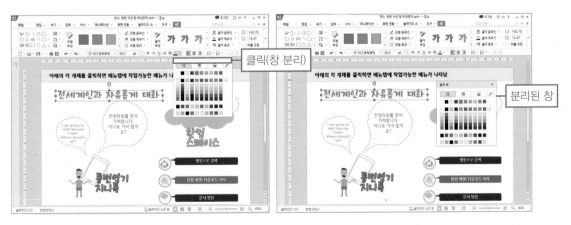

004 파일 관리

난이도 ◆◆◆◆◆

✦사용 가능 버전 : NEO 2018 2020   ✦사용 기능 : 파일 관리 및 암호 설정
✦예제 파일 : 한쇼 화면 구성 및 파일관리.pptx

파일 관리 ▶▶   한쇼에서 저장 가능한 프레젠테이션 파일, 동영상, PDF, 웹 페이지 파일 저장 방법과 활용법에 대해 알아봅니다.

---

1 프레젠테이션 파일로 저장하기

01. [파일] 탭–[저장하기]를 클릭합니다.

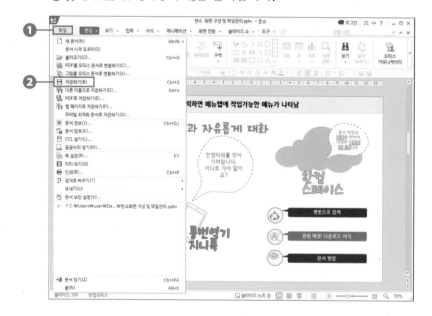

02. [다른 이름으로 저장하기] 대화상자의 [파일 형식]을 '한쇼 문서(*.show)'로 지정하면 한쇼 전용 파일로 저장할 수 있습니다.

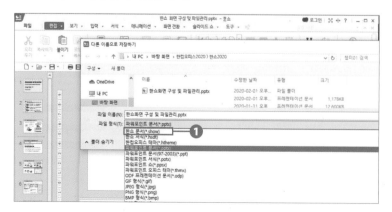

꼭 알고가기!

저장하기 파일 종류 이해하기

파일 종류	확장자	설명
한쇼 문서	*.show	한쇼 문서 형식으로 저장합니다.
한쇼 서식	*.hsdt	한쇼 디자인 서식 파일 형식으로 저장합니다.
한컴 오피스 테마	*.htheme	한쇼 테마 파일 형식으로 저장합니다.
파워포인트 문서	*.pptx	Microsoft PowerPoint 파일 형식으로 저장합니다.
파워포인트 문서(97~2003)	*.ppt	Microsoft PowerPoint 97-2003 파일 형식으로 저장합니다.
파워포인트 서식	*.potx	Microsoft PowerPoint 서식 파일 형식으로 저장합니다.
파워포인트 쇼	*.ppsx	Microsoft PowerPoint 쇼 파일 형식으로 저장합니다.
파워포인트 오피스 테마	*.thmx	Microsoft PowerPoint 오피스 테마 파일 형식으로 저장합니다.
ODF 프레젠테이션 문서	*.odp	ISO 표준인 ODF(Open Document Format) 프레젠테이션 문서 형식으로 저장합니다.
GIF 형식	*.gif	CompuServe에서 만든 통신을 위해서 주로 이용하는 GIF 그림 형식으로 저장합니다.
JPEG 형식	*.jpg	트루 컬러의 화질을 그대로 보존하면서도 파일의 크기를 획기적으로 줄이는 JPEG 그림 파일 형식으로 저장합니다.
PNG 형식	*.png	웹 디자인을 위하여 만들어진 PNG 그림 파일 형식으로 저장합니다.
BMP 형식	*.bmp	Windows 표준 비트맵 BMP 그림 파일 형식으로 저장합니다.
TIFF 형식	*.tif	태그가 붙은 화상 파일 형식인 TIFF 그림 파일 형식으로 저장합니다.
PDF, PDF/A 문서	*.pdf	PDF 문서 형식으로 저장합니다.

2 저장 옵션 설정/암호, 저장 설정하기

파일의 문서 암호를 모르면 누구도 파일 내용을 열어 볼 수 없습니다. 문서 암호를 정확하게 입력할 때만 파일을 열어 내용을 볼 수 있습니다. [파일] 탭-[다른 이름으로 저장]을 클릭하면 나타나는 [저장] 대화상자에서 [도구]-[문서 암호]를 클릭합니다. [열기/쓰기 암호 설정]에서 [열기 암호](암호를 모르면 읽을 수 없음)와 [쓰기 암호](파일 열기는 가능하나 암호를 모르면 수정 불가능)를 지정한 후 [확인] 단추를 클릭하여 암호를 설정할 수 있습니다. [저장 설정]은 파일 저장 범위 및 저장 대상과 같은 환경을 구성합니다. F1을 눌러 도움말을 실행하고 인덱스에 '저장 설정'으로 검색하여 사용 기능에 대해 확인합니다.

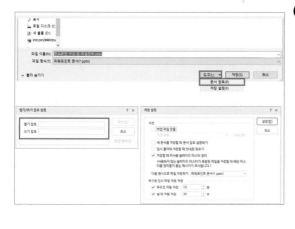

꼭 알고가기!

문서 암호의 모든 것

문서 암호 : 파일 형식이 한쇼 및 PPTX(OOXML)일 때 1~255자까지 지정할 수 있습니다. 단, 한글이나 영문 글자 수가 아닌 글자판을 누르는 횟수입니다. 암호를 잊어버리면 암호 변경, 해제는 물론 그 누구도 사용자가 지정한 암호를 해독할 수 없습니다. 암호를 지정할 때에는 암호를 잊지 않도록 각별히 주의하기 바랍니다.

꿀팁

 암호 메뉴는 [파일] 탭-[문서 암호]에서도 설정 가능합니다.

3 그림 파일로 저장하기

슬라이드에 삽입된 그래픽 개체(예: 도형, 그림, 표 등)를 그림 파일(*.bmp, *.gif, *.jpg, *.png, *.wmf, *.emf)로 저장합니다. [파일] 탭–[다른 이름으로 저장]을 클릭하고 [다른 이름으로 저장하기] 대화상자의 [파일 형식]을 'JPEG 형식(*.jpg)'로 지정한 후 [저장] 단추를 클릭합니다. [한쇼] 메시지 창에서 [모두 저장] 단추를 클릭합니다. 저장 경로에 폴더가 생성됩니다. 폴더를 열어보면 각 슬라이드가 이미지로 저장되었습니다.

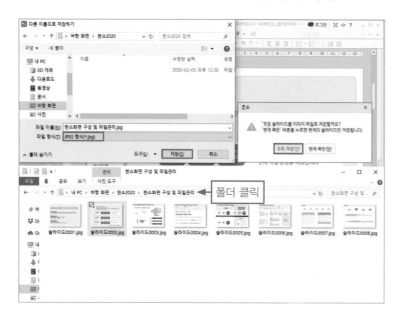

4 PDF 파일로 저장하기

현재 편집 화면에 있는 문서를 프린터로 인쇄하지 않고 PDF 파일로 저장합니다. PDF로 저장할 때 변환 범위, 그림 품질, 열기 암호 및 권한 여부를 설정할 수 있습니다. [파일] 탭–[PDF로 저장하기]를 클릭하고 [PDF로 저장하기] 대화상자에서 저장할 위치를 지정한 후 [저장] 단추를 클릭합니다. PDF 파일로 변환하는 동안 한쇼 왼쪽 하단의 상황선에는 PDF 저장 진행률이 나타납니다. 100%가 되면 저장이 완료됩니다.

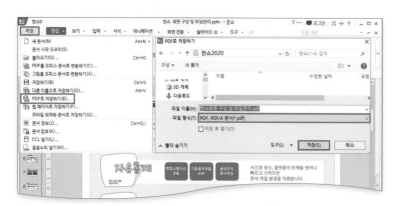

저장된 PDF 파일을 마우스 오른쪽 버튼으로 클릭하고 [PDF 2020]을 선택하여 한PDF에서 확인합니다.

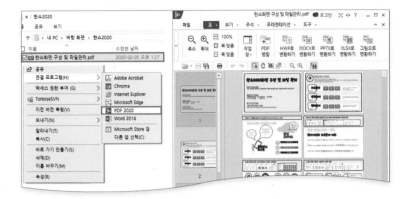

5 웹 페이지로 저장하기

현재 프레젠테이션 문서를 웹 페이지(*.htm, *.html) 문서로 저장하면 한쇼 없이도 실행이 가능합니다. [파일] 탭-[웹 페이지로 저장하기]를 클릭합니다. [웹 페이지로 저장하기] 대화상자가 나타나면 저장할 경로와 파일 이름을 지정하고 [저장] 단추를 클릭합니다. 웹 페이지로 저장하여 생성된 '한쇼 화면 구성 및 파일 관리.html' 파일을 더블클릭하면 인터넷 화면에서 파일이 열립니다. 왼쪽의 슬라이드 미리 보기에서 슬라이드 이동이 가능합니다.

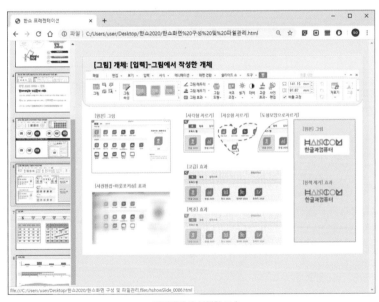

▲ 인터넷에서 실행한 모습

CHAPTER 01 : 화면 구성 및 파일 관리 :

CHAPTER 02 : 슬라이드 쇼 :

CHAPTER 03 : 텍스트 입력 및 그림 편집 :

CHAPTER 04 : 문서 작성(텍스트 & 도형) :

CHAPTER 05 : 슬라이드 마스터 :

CHAPTER 06 : 애니메이션 및 멀티미디어 :

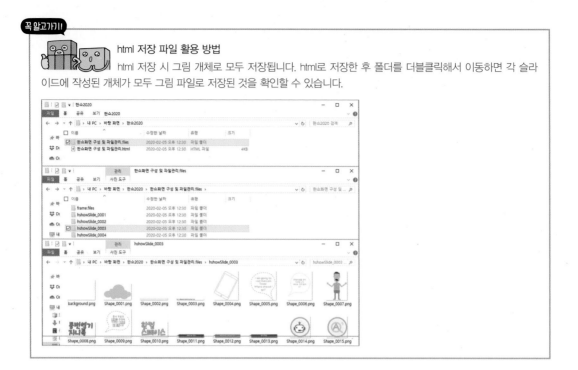

html 저장 파일 활용 방법

html 저장 시 그림 개체로 모두 저장됩니다. html로 저장한 후 폴더를 더블클릭해서 이동하면 각 슬라이드에 작성된 개체가 모두 그림 파일로 저장된 것을 확인할 수 있습니다.

6 동영상으로 저장하기(2020 버전만 사용 가능)

현재 프레젠테이션 문서를 동영상 파일로 저장할 수 있습니다. [파일] 탭–[보내기]–[프레젠테이션 동영상 만들기]를 클릭합니다. [프레젠테이션 동영상 만들기] 대화상자에서 [품질 설정]을 '644*443'으로 지정하고 [만들기] 단추를 클릭합니다. '한쇼 화면 구성 및 파일 관리.avi' 파일로 동영상이 만들어집니다.

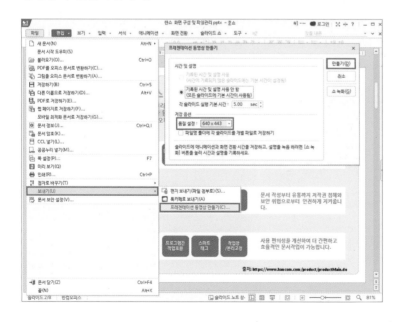

005 필수 단축키
난이도 ◆◆◆◆◆

✦ 사용 가능 버전 : NEO 2018 2020
✦ 예제 파일 : 한쇼 2020 단축키.pdf

단축키 ▶▶   한쇼 작업의 속도를 높일 수 있는 주요 단축키에 대해 알아봅니다.

■ 파일

기능	단축키	기능	단축키
저장하기	Ctrl + S , Alt + S	다른 이름으로 저장하기	Alt + V
불러오기	Ctrl + O , Alt + O	문서 닫기	Ctrl + F4
최근 문서 불러오기	Alt + F3	메뉴 탭	F10

■ 화면 보기 및 슬라이드 이동

기능	단축키	기능	단축키
새 슬라이드	Ctrl + M	화면에 눈금선 표시	Shift + F7
슬라이드 첫 장으로 이동	Ctrl + Home	화면에 그리기 안내선 표시	Alt + F7
슬라이드 마지막 장으로 이동	Ctrl + End		

■ 슬라이드 쇼

기능	단축키	기능	단축키
슬라이드 쇼(첫 번째부터)	F5	슬라이드 지정하여 이동	슬라이드번호+ Enter↵
슬라이드 쇼(현재부터)	Shift + F5	화면을 검은색으로	B
슬라이드 쇼 끝내기	Esc	화면을 흰색으로	W
잉크 모두 지우기	E	잉크 지우기 아이콘	Ctrl + E
포인터를 사인펜으로	Ctrl + P	포인터를 스탬프1로	Ctrl + Shift + 1
슬라이드 포인터 변경	Ctrl + 1 ~ 6	슬라이드 포인터 숨기기	Ctrl + U
테마 쇼 보기	Ctrl + F5		

CHAPTER 01 : 화면 구성 및 파일 관리
CHAPTER 02 : 슬라이드 쇼
CHAPTER 03 : 앱벌 애님 및 그림 편집
CHAPTER 04 : 문서 작성(텍스트 & 도형)
CHAPTER 05 : 슬라이드 마스터
CHAPTER 06 : 애니메이션 및 멀티미디어

CHAPTER 1

복합 응용력 UP!

동영상 해설

문제1 : 슬라이드의 이동과 복사, 파일의 확장자를 변경하세요.
예제 파일 : 연습_한쇼화면구성 및 파일관리.pptx | 완성 파일 : 연습_한쇼화면구성 및 파일관리.show

- 한쇼 화면을 '여러 슬라이드 보기'로 전환하여 모든 슬라이드가 한 화면에 나타나게 하세요.

- '3번' 슬라이드를 '1번' 슬라이드 앞으로 이동하세요.

- '4번' 슬라이드(목차)를 복사하여 '목차' 슬라이드를 두 개 만드세요.

- 열기 암호를 '123'으로 설정하고 파일 형식을 '한쇼 문서(*.show)'로 지정하세요.

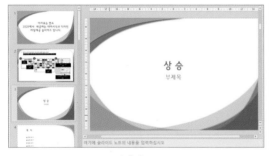

▲ Before   ▲ After

동영상 해설

문제2 : 한쇼 2020에서 작성된 슬라이드를 다양한 방식으로 저장하세요.
예제 파일 : 연습_한쇼화면구성 및 파일관리.pptx
완성 파일 : 연습_한쇼화면구성 및 파일관리.pdf, 연습_한쇼화면구성 및 파일관리.avi

- '연습_한쇼화면구성 및 파일관리.pdf' 파일로 저장하세요.

- '연습_한쇼화면구성 및 파일관리.avi' 파일로 저장하세요.

- 조건 : 품질(640*360), 각 슬라이드 기본 실행 시간(3sec)

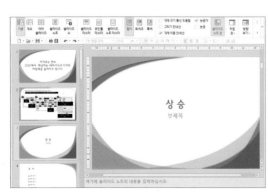

▲ Before

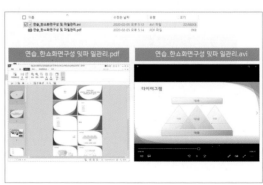

▲ After

CHAPTER 01 : 화면 구성 및 파일 관리

CHAPTER 02 : 슬라이드 쇼

CHAPTER 03 : 앱 마당 및 그림 편집

CHAPTER 04 : 문서 작성[텍스트 & 도형]

CHAPTER 05 : 슬라이드 마스터

CHAPTER 06 : 애니메이션 및 멀티미디어

이것이 궁금하다! Q&A

Q&A 01 | 작업 개체에 따라 달라지는 탭 – [개체] 탭 자동 추가

- 한쇼에는 텍스트, 도형, 그림, 표, 차트, 동영상, 소리 등의 개체 삽입이 가능하며 개체를 선택하면 한쇼 메뉴에 자동으로 선택한 개체와 관련된 탭이 나타납니다.
- 개체 선택 후 생성되는 탭을 클릭하면 각 개체에서 작업할 수 있는 작업 창을 리본 메뉴로 제공합니다.

Q&A 02 | 현재 열려 있는 프레젠테이션 문서 창을 배열 – [보기] 탭–[창 배열, 창 전환]

- 창 배열 : 프레젠테이션 파일을 2개 이상 실행 중일 때 모니터에 작업 중인 한쇼를 '가로, 세로, 겹치게, 또는 모두 최소화하여 Windows 작업 표시줄에 아이콘으로 정렬할 수 있습니다.
- 창 전환 : 한쇼 파일을 2개 이상 실행 중일 때 작업 중인 프레젠테이션 파일을 리스트로 보여주며, 클릭하면 다른 프레젠테이션 파일을 선택할 수 있습니다.

Q&A 03 | 문서의 저장된 글자 수 통계 등 속성 알기 – [파일] 탭–[문서 정보]

- 현재 프레젠테이션 문서에 대한 정보를 보거나 수정합니다. 현재 편집 중인 파일에 대한 추가 정보를 확인하거나 기록할 수 있습니다.
- [문서 정보] 대화상자는 [일반], [문서 요약], [문서 통계], [내용] 탭으로 구성됩니다.
- [문서 통계] 탭은 파일에 사용된 슬라이드 개수, 낱말, 문단, 메도, 동영상 등의 개수가 표시됩니다.

Q&A 04 | 작성 중인 문서 공유하기 – [파일] 탭–[보내기]–[톡카페로 보내기]

- 작성 중인 문서 또는 불러온 문서를 톡카페 친구에게 간편하게 전송합니다. 한 번도 저장하지 않은 신규 작성 문서도 편집 중에 바로 전송할 수 있습니다.
- [톡카페로 보내기]를 이용하려면 톡카페가 설치되어 있어야 합니다. 톡카페에 로그인할 수 있는 계정은 톡카페 모바일에서 등록한 이메일 주소입니다.

프레젠테이션 고수
첫걸음 – 슬라이드 쇼

중요도 ◇◇◇◇◇

■ 사용하는 한쇼 기능 및 학습 후 효과

기능	효과	미리 보기
화면 전환	슬라이드 쇼에서 슬라이드 장면 이동 시 전화 효과를 지정하고 방향 전환 등을 설정할 수 있습니다.	
슬라이드 쇼 실행	프레젠테이션 화면에서 형광펜 등으로 화면에 기록할 수 있습니다.	
포인터 설정	청중의 주목도를 높일 수 있는 프레젠테이션 포인터를 골라 사용할 수 있습니다.	
테마 쇼 설정	한쇼 제공 장면 전환과 슬라이드 쇼 배경 프레임 세트를 제공하는 테마 쇼를 설정할 수 있습니다.	
스탬프 설정	포인터의 모양을 한쇼에서 제공하는 스탬프로 사용하거나 사용자가 직접 제작하여 슬라이드 쇼에서 사용할 수 있습니다.	

001 슬라이드 장면 전환 효과로 발표 실력 Up

난이도 ◆◆◆◆◆

✦ 사용 가능 버전 : NEO 2018 2020
✦ 사용 기능 : 화면 전환

화면 전환 ▶▶ 슬라이드에 적용한 화면 전환 효과를 편집 창에서 재생해보거나 슬라이드 쇼를 실행하여 미리 볼 수 있는 방법을 알아보겠습니다.

말랑말랑 기본기 다지기
예제 파일 : Chapter 02/슬라이드 쇼_기본기다지기.show | 완성 파일 : Chapter 02/슬라이드 쇼_기본기다지기_완성1.show

1 화면 전환 적용하기

01. '슬라이드 쇼_기본기다지기.show' 파일을 한쇼 2020에서 불러옵니다. [보기] 탭-[기본]을 클릭하여 한쇼 화면 왼쪽에 슬라이드 미리 보기 창이 나타나도록 합니다. 쪽 설정을 위해 F7([파일] 탭-[쪽 설정])을 눌러 [쪽 설정] 대화상자가 나타나면 프레젠테이션 화면의 크기를 확인합니다.

꼭 알고가기!

화면 크기에서 설정되는 대표적인 용지 종류

용지 종류	크기(가로*세로)
화면 슬라이드 쇼(4:3)	25.40cm * 19.05cm
화면 슬라이드 쇼(16:9)	25.40cm * 14.29cm
화면 슬라이드 쇼(16:10)	25.40cm * 15.87cm
와이드 스크린(16:9)	33.86cm * 19.05cm
A4 용지	21.00cm * 29.70cm

CHAPTER 01 화면 구성 및 파일 관리

CHAPTER 02 슬라이드 쇼

CHAPTER 03 일반 미디어 및 그림 편집

CHAPTER 04 문서 서식(텍스트 & 도형)

CHAPTER 05 슬라이드 마스터

CHAPTER 06 애니메이션 및 멀티미디어

02. [화면 전환] 탭을 클릭하면 한쇼에서 제공하는 화면 전환 목록이 나타납니다. 화면 전환 목록의 [자세히](⊕)를 클릭하여 모든 화면 전환 효과 리스트를 확인할 수 있습니다. [3D 효과]–[책장 넘기기]를 클릭합니다.

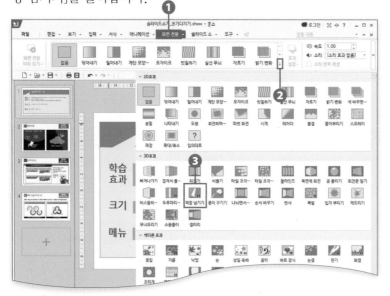

2D 효과	회전하며 확대, 피벗 회전 등 다양한 2D 화면 전환 효과를 제공합니다.
3D 효과	공 돌리기, 종이 구기기 등 다양한 3D 화면 전환 효과를 제공합니다.
색다른 효과	꽃잎이 화면을 가로지르거나 커튼을 걷어내는 등 독특한 화면 전환 효과를 제공합니다.
효과 설정	애니메이션 효과를 재생할 때 표시할 선택 사항을 지정합니다. 설정한 화면 전환 효과에 따라 서로 다른 방향 또는, 나타내기 방식 등의 메뉴가 나타납니다.

03. [3D 효과]–[책장 넘기기] 슬라이드 쇼가 미리 보기로 실행됩니다. [책장 넘기기](▥)에 표시된 'H'는 높은 사양이 필요한 효과 표시입니다. [화면 전환] 탭–[화면 전환 미리 보기]를 클릭하여 화면 전환 쇼를 재실행할 수 있습니다. 고사양 효과를 고품질로 실행하기 위한 권장 사용 환경은 다음과 같습니다.

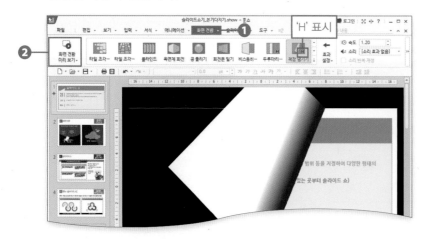

꼭 알고가기!

'H' 표시가 있는 고품질 화면 전환 권장 사용 환경

구분	최소 사양	권장 사양
운영 체제	DirectX 9.0 이상이 설치된 OS	Windows7(DirectX 10 기본 설치)
CPU	Pentium 4, 2.8GHz	
RAM	512M 이상	
그래픽 카드	Geforce FX 5600 / Radeon X300 이상 또는, 동급의 그래픽 카드	Geforce 6200 / Radeon X1550 이상 또는, 동급의 그래픽 카드

04. 화면 전환 효과가 적용된 '슬라이드1' 슬라이드에는 효과 아이콘(✦)이 표시됩니다. '슬라이드 2' 슬라이드를 선택하고 [화면 전환] 탭-[3D 효과]-[반사]를 클릭합니다. '슬라이드 1, 2' 슬라이드에 효과 아이콘(✦)이 표시됩니다.

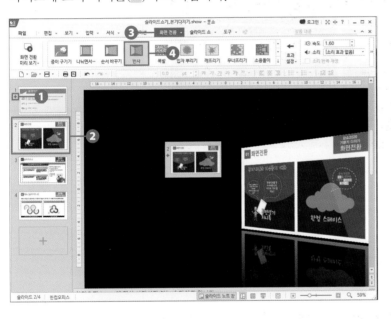

2 화면 전환 옵션 설정하기

01. '슬라이드 2' 슬라이드에서 [화면 전환] 탭–[효과 설정]–[오른쪽으로]를 클릭합니다. 효과 설정의 아이콘 모양이 [왼쪽으로](←)에서 [오른쪽으로](→)로 변경되었습니다. [속도]를 '5.0' 초로 지정하여 재생되는 속도를 느리게 설정합니다. [화면 전환] 탭–[화면 전환 미리 보기]를 클릭하여 슬라이드 쇼 미리 보기를 실행합니다.

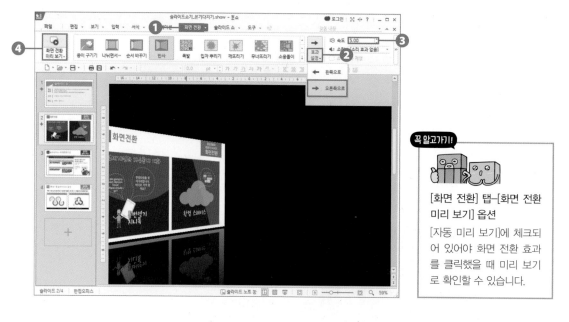

꼭 알고가기!

[화면 전환] 탭–[화면 전환 미리 보기] 옵션

[자동 미리 보기]에 체크되어 있어야 화면 전환 효과를 클릭했을 때 미리 보기로 확인할 수 있습니다.

02. 화면 전환 효과를 모든 슬라이드에 똑같이 적용할 수 있습니다. [화면 전환] 탭–[다음 시간 후 자동 전환]을 체크하고 '3.0'초 값을 입력한 후 [모두 적용]을 클릭합니다.

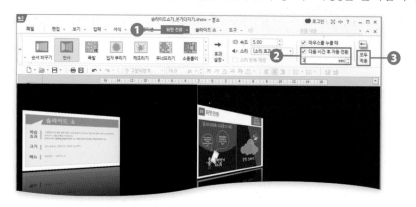

꿀팁

시간과 효과 옵션을 기본값으로 변경할 때는 [화면 전환]에서 효과를 클릭하면 기존의 효과 옵션이 모두 제거됩니다.

03. [보기] 탭–[슬라이드 쇼]를 클릭합니다. 첫 번째 슬라이드가 [반사, 오른쪽으로, 5초에 실행]으로 프레젠테이션 됩니다. 3초 후 자동으로 두 번째 슬라이드가 실행되며 두 번째 슬라이드 화면 전환이 끝난 후 자동으로 3초 후 세 번째 슬라이드가 프레젠테이션 됩니다. 마지막 슬라이드 이후에는 검은색 화면에 '슬라이드 쇼가 끝났습니다. 끝내려면 마우스를 누릅니다' 메시지가 나타납니다. 마우스를 클릭하면 작업 중인 슬라이드 편집 화면이 나타납니다.

꿀팁

슬라이드 쇼 단축키
• 슬라이드 쇼 시작하기 : F5
• 슬라이드 쇼 끝내기 : 슬라이드 쇼에서 Esc

04. 슬라이드 쇼 발표에서 단조로움을 피하고자 같은 효과도 방향을 반대로 설정할 수 있습니다.

• '슬라이드 2' 슬라이드 선택 후 [화면 전환] 탭–[효과 설정]–[왼쪽으로] 클릭
• '슬라이드 4' 슬라이드 선택 후 [화면 전환] 탭–[효과 설정]–[왼쪽으로] 클릭

슬라이드 번호	화면 전환	효과 설정
1	반사	오른쪽으로
2	반사	왼쪽으로
3	반사	오른쪽으로
4	반사	왼쪽으로

3 화면 전환 소리 재생하기

01. 슬라이드 쇼에서 청중을 집중시키기 위하여 소리를 재생할 수 있습니다. '슬라이드 1' 슬라이드를 선택하고 [화면 전환] 탭-[소리]-[드럼]을 클릭합니다. F5를 눌러 슬라이드 쇼를 실행하면서 '드럼' 소리와 함께 재생되는 슬라이드 쇼를 확인합니다.

02. Esc를 눌러 슬라이드 쇼를 종료합니다. [보기] 탭-[여러 슬라이드]를 클릭하면 각 슬라이드 하단에 효과 아이콘(◆)과 [화면 전환] 탭-[다음 시간 후 자동 전환]에 적용된 '3'초가 표시됩니다.

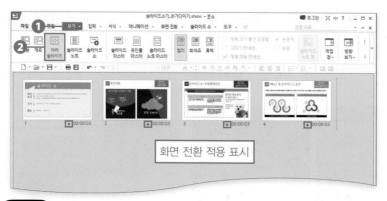

화면 전환 적용 표시

4 화면 전환 시 슬라이드 숨기기

01. '슬라이드 2' 슬라이드를 슬라이드 쇼 화면에서 숨길 수 있습니다. '슬라이드 2' 슬라이드를 선택하고 마우스 오른쪽 버튼을 클릭한 후 [슬라이드 숨기기]를 선택합니다. [슬라이드 숨기기] 앞에 선택 표시(√)가 나타나고, 개요 영역의 [슬라이드] 탭에는 현재 슬라이드 옆에 아이콘(ヌ)이 적용됩니다. [보기] 탭–[슬라이드 쇼]에서 '슬라이드 2' 슬라이드는 표시되지 않습니다.

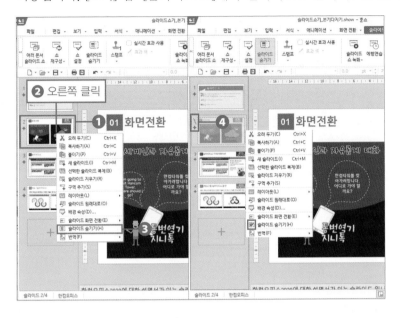

02. 화면 전환이 적용된 한쇼 파일을 저장하기 위해 [파일] 탭–[다른 이름으로 저장하기]를 클릭합니다. [다른 이름으로 저장하기] 대화상자에서 [파일 이름]을 '슬라이드 쇼_기본기 다지기_완성1.show'로 지정한 후 저장합니다.

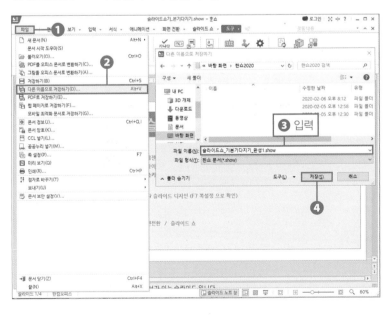

5 웹 파일(html)로 저장하기

01. 한쇼 2020 상단의 제목 표시줄에 '슬라이드 쇼_기본기 다지기_완성1.show'로 변경된 파일명이 표시됩니다. 이번에는 웹 브라우저에서 사용할 수 있는 html 파일로 저장하겠습니다. [파일] 탭-[웹 페이지로 저장하기]를 클릭하고 [웹 페이지로 저장하기] 대화상자가 나타나면 '슬라이드 쇼_기본기 다지기_완성1.html' 파일로 저장합니다.

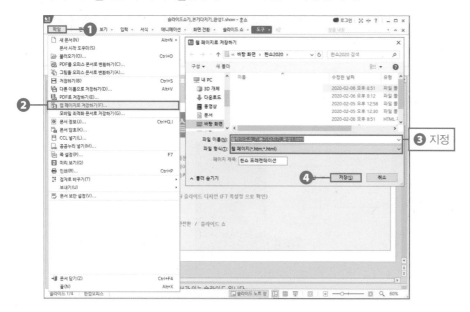

02. 저장된 html 파일을 더블클릭하면 웹 브라우저에서 실행됩니다. 슬라이드 간 이동과 슬라이드 표시는 가능하지만 화면 전환 효과가 나타나지는 않습니다.

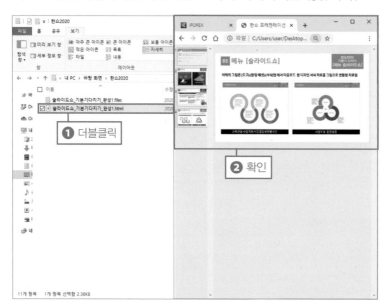

6 동영상 파일로 저장하기(2020 버전만 사용 가능)

01. 화면 전환까지 저장하는 형식은 동영상 파일로 저장이 가능합니다. [파일] 탭-[보내기]-[프레젠테이션 동영상 만들기]를 클릭합니다. [프레젠테이션 동영상 만들기] 대화상자에서 [품질 설정]을 '640*360'으로 지정한 후 [만들기] 단추를 클릭합니다.

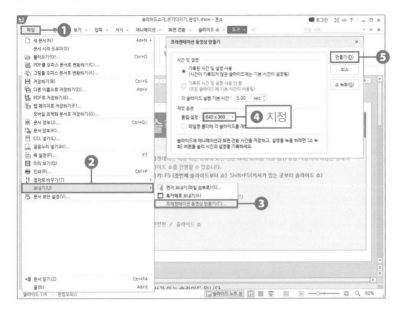

02. '슬라이드 쇼_기본기다지기_완성1.avi' 파일을 실행합니다. 숨겨진 '슬라이드 2' 슬라이드도 동영상 자료에 포함되지 않았습니다. 동영상 자료에는 한쇼에서 지정한 화면 전환 효과와 소리 효과가 모두 재생됩니다.

1 중요한 슬라이드 강조 장면 전환하기

01. 밀어내기 3초가 모든 슬라이드에 적용된 예제 파일을 불러옵니다. [보기] 탭-[여러 슬라이드]를 클릭하고 Ctrl과 마우스 가운데 휠 버튼으로 화면의 크기를 조정합니다. 슬라이드 중 비연속으로 슬라이드를 선택하기 위해 Ctrl을 누른 상태로 '슬라이드 1, 3, 8, 19' 슬라이드를 선택합니다.

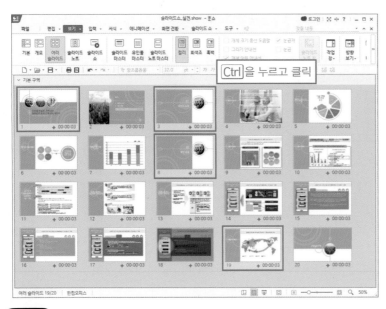

> **꿀팁**
>
> **연속 영역 선택**
> 예 '슬라이드 1, 2, 3, 4, 5' 슬라이드를 선택할 때, '슬라이드 1' 슬라이드 선택 후 Shift 를 누르고 '슬라이드 5' 슬라이드 선택

> **꼭 알고가기!**
>
> '슬라이드 쇼_실전.show' 파일에 사용한 템플릿은 한컴 애셋의 '와이드 스크린 비즈니스 커뮤니케이션.show' 파일에서 제작된 프레젠테이션입니다. 이 파일은 한쇼에서만 사용이 가능합니다.
>
>

O2. [화면 전환] 탭-[3D 효과]-[공 돌리기]를 클릭합니다.

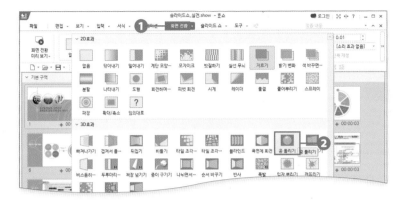

O3. 슬라이드 쇼(F5)에서 화면 전환을 확인합니다.

- '슬라이드 1, 3, 8, 19' 슬라이드 : [화면 전환]-[공 돌리기]
- 그 외 슬라이드 : [화면 전환]-[밀어내기]

2 슬라이더를 이용하여 빠른 슬라이드 선택하기

O1. 슬라이드 쇼에서 슬라이드 간 이동을 미리 보기 화면으로 제공하고 클릭하여 이동할 수 있는 '슬라이더'를 실행할 수 있습니다. 슬라이더를 슬라이드 쇼에서 항상 표시하도록 [슬라이드 쇼] 탭-[쇼 미리 보기 슬라이더]-[표시]를 클릭합니다.

꼭 알고가기!

쇼 미리 보기 슬라이더 옵션
- 자동 : 슬라이드 쇼에서 오른쪽 화면 끝에 마우스를 위치시키면 나타납니다.
- 표시 : 슬라이드 쇼에서 슬라이더가 항상 표시됩니다. 슬라이더(X) 표시를 클릭하면 '자동' 상태가 됩니다.
- 숨김 : 슬라이드 쇼에서 화면 오른쪽 끝을 클릭해도 슬라이더가 표시되지 않습니다.

02. F5를 눌러 슬라이드 쇼를 실행합니다. 슬라이드 쇼 우측에 슬라이더가 표시됩니다. 슬라이드 번호를 클릭하면 선택한 슬라이드로 이동합니다.

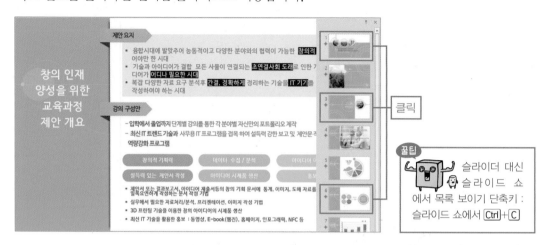

03. 화면 전환에 3초가 적용되어 있어서 3초 후 자동으로 다음 슬라이드로 이동합니다. 슬라이드 화면에서 마우스 오른쪽 버튼을 클릭하고 [일시 중지]를 선택합니다. 화면 전환 효과가 일시적으로 중지되면서 다음 슬라이드로 변경되지 않습니다. Enter↵를 눌러 일시 중지를 해제합니다.

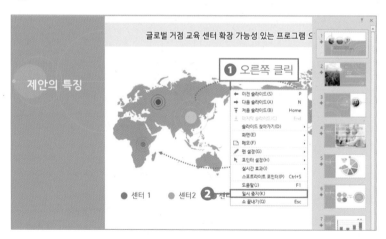

3 화면 전환 제거, 발표 Tip

01. [보기] 탭-[여러 슬라이드]에서 Ctrl을 누른 상태로 '슬라이드 15, 16, 17' 슬라이드를 선택하고 [화면 전환] 탭-[없음]을 클릭하여 화면 전환 효과를 제거합니다.

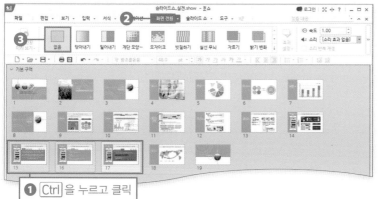

❶ Ctrl을 누르고 클릭

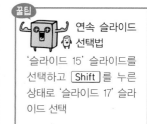

꿀팁 연속 슬라이드 선택법
'슬라이드 15' 슬라이드를 선택하고 Shift를 누른 상태로 '슬라이드 17' 슬라이드 선택

02. '슬라이드 15, 16, 17' 슬라이드는 화면 전환 효과를 제거하면 슬라이드 쇼에서 한 화면에서 장면이 바뀌는 듯한 효과가 나타납니다.

꼭 알고가기!

화면 전환 효과 없이 광고 자료 만들기

화면 전환 효과 없이 '슬라이드 1~5' 슬라이드에 글자가 추가되면서 그림이 바뀌는 듯한 광고 효과를 한쇼에서 작성하여 동영상으로 내보내기 합니다. [다음 시간 후 자동 전환]은 속도 '2.0'으로 지정합니다.

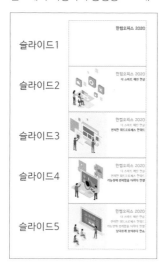

슬라이드1
슬라이드2
슬라이드3
슬라이드4
슬라이드5

◀ 파일 : 참고_화면전환.pptx

002 프레젠테이션 화면을 풍부하게 만들기

난이도 ◆◆◆◆◆

✦사용 가능 버전 : NEO 2018 2020
✦사용 기능 : 슬라이드 쇼

슬라이드 쇼 ▶▶ 프레젠테이션 화면에서 슬라이드 이동, 포인터 설정 등 프레젠테이션 효과를 극대화하는 방법에 대해 알아봅니다.

말랑말랑 기본기 다지기
예제 파일 : Chapter 02/슬라이드 쇼_기본기다지기.show | 완성 파일 : Chapter 02/슬라이드 쇼_기본기다지기_완성2.show

1 슬라이드 쇼 실행 및 이동하기

01. 예제 파일에서 '슬라이드 3' 슬라이드를 선택하고 [슬라이드 쇼] 탭-[현재 슬라이드부터]를 클릭합니다. 선택한 '슬라이드 3' 슬라이드가 프레젠테이션 시작 화면으로 설정되었습니다. 슬라이드 쇼에서 방향키(↑, ↓)로 슬라이드를 이동합니다.

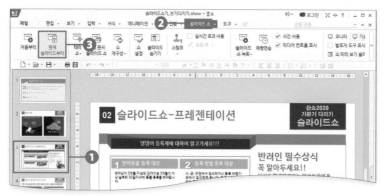

꼭 알고가기!!

슬라이드 쇼 화면에서 이동 방법

다음 슬라이드	N, Enter↵, →, ↓, Page Down, Space Bar
이전 슬라이드	P, ←, ↑, Page Up, Back Space
처음 슬라이드	Home
마지막 슬라이드	End

2 슬라이드 쇼 펜&형광펜

01. 슬라이드 쇼 화면에서 마우스 오른쪽 버튼을 클릭하고 [펜 설정]–[펜]을 선택합니다. [펜] 메뉴 앞에 선택 표시(✓)가 나타나면서 마우스 포인터가 연필 모양으로 바뀝니다. 마우스를 움직여 슬라이드에 글씨를 쓰거나 도형을 그릴 수 있습니다.

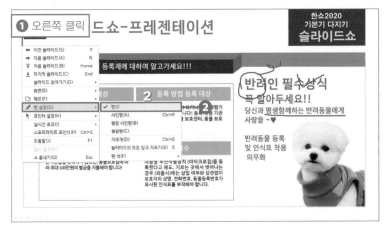

02. 작성된 펜을 슬라이드 쇼에서 모두 지울 수 있습니다. 슬라이드 쇼에서 마우스 오른쪽 버튼을 클릭하고 [펜 설정]–[슬라이드의 모든 잉크 지우기]를 선택합니다.

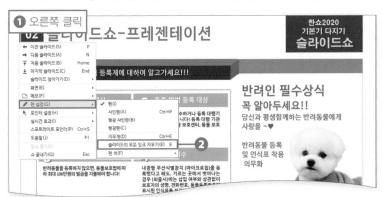

꼭 알고가기!

작성된 펜의 일부분만 슬라이드에서 삭제 가능
슬라이드 쇼 화면에서 마우스 오른쪽 버튼을 클릭하고 [펜 설정]–[지우개]를 클릭한 후 표시한 펜을 지우개로 드래그하면 해당 펜 표시만 지울 수 있습니다.

03. 슬라이드 쇼 화면에서 형광펜으로 잉크를 설정할 수 있습니다. 슬라이드 쇼 화면에서 마우스 오른쪽 버튼을 클릭하고 [펜 설정]-[형광펜]을 선택합니다. 마우스를 움직여 슬라이드에 글씨를 쓰거나 도형을 그립니다.

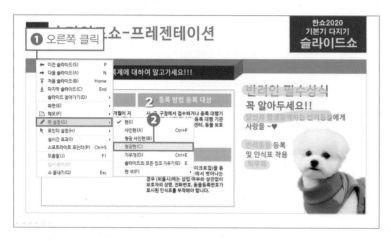

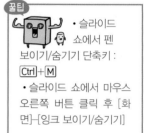

04. 슬라이드 쇼 화면에서 작성된 잉크는 편집 슬라이드에서도 표시 가능합니다. 슬라이드 쇼에서 Esc를 누르고 '잉크 주석을 저장할까요?' 메시지 창이 나타나면 [예] 단추를 클릭합니다.

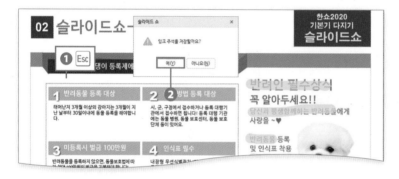

05. 편집 창에 펜으로 작성한 내용이 보이는 데 선택한 후 Delete를 눌러 삭제할 수 있습니다.

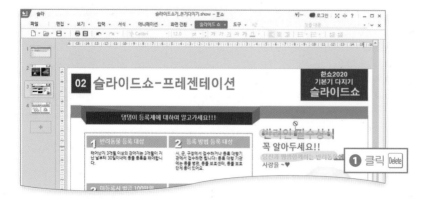

❸ 슬라이드 쇼 마우스 포인터(2018 버전보다 포인터 종류가 많아짐)

01. 슬라이드 쇼를 진행하면서 마우스 포인터를 용도에 맞게 바꾸어 사용할 수 있습니다. 마우스 포인터는 화살표 모양이 기본값이며 한컴 말랑말랑 캐릭터 등 한쇼 제공 포인터를 이용하여 발표 시 집중도를 높일 수 있습니다. 슬라이드 쇼 화면에서 마우스 오른쪽 버튼을 클릭하고 [포인터 설정]–[지지](한컴 말랑말랑 캐릭터)를 선택합니다. 마우스 포인터가 '지지'로 변경됩니다.

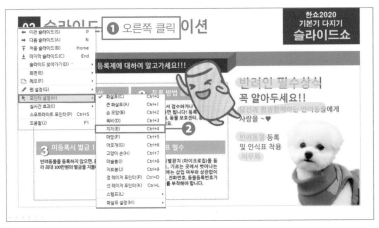

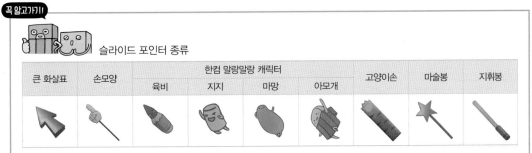

슬라이드 포인터 종류

큰 화살표	손모양	한컴 말랑말랑 캐릭터				고양이손	마술봉	지휘봉
		육비	지지	마망	아모개			

02. 슬라이드 쇼(프레젠테이션 화면)에서 마우스 포인터 위치에 스포트라이트 효과가 나타나는 것처럼 바뀌면서 슬라이드 쇼의 특정 부분을 조명하여 강조하거나 돋보이게 할 수 있습니다. 슬라이드 쇼 화면에서 마우스 오른쪽 버튼을 클릭하고 [스포트라이트 포인터]를 선택합니다. 마우스 포인터가 위치한 곳에 스포트라이트 효과가 적용됩니다. 클릭하면 확대/축소가 반복됩니다.

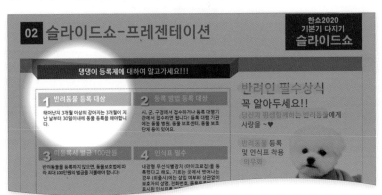

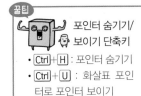

꿀팁
포인터 숨기기/보이기 단축키
• Ctrl + H : 포인터 숨기기
• Ctrl + U : 화살표 포인터로 포인터 보이기

4 슬라이드 쇼 강조 영역 표시하기

01. 슬라이드 쇼를 진행하면서 즉흥적으로 강조하고 싶은 부분에 청중이 주목할 수 있도록 실시간 효과 기능을 제공합니다. 슬라이드 쇼 화면에서 마우스 오른쪽 버튼을 클릭하고 [실시간 효과 사용]을 선택합니다. 도형 위에 마우스 포인터를 위치시키면 개체에 빨간색 박스가 표시되고 글자 위에 마우스 포인터를 위치시키면 빨간색으로 표시됩니다.

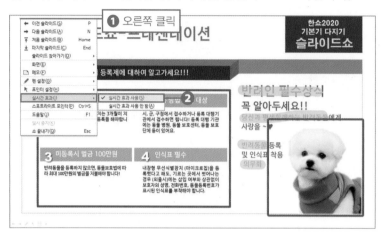

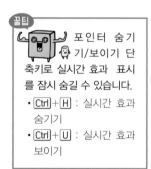

포인터 숨기기/보이기 단축키로 실시간 효과 표시를 잠시 숨길 수 있습니다.
- Ctrl + H : 실시간 효과 숨기기
- Ctrl + U : 실시간 효과 보이기

02. 슬라이드 쇼에서 F1 를 누르면 실행 가능한 도움말을 확인할 수 있습니다. Esc 를 눌러 [파일] 탭-[다른 이름으로 저장]을 클릭하고 '슬라이드 쇼_기본기다지기_완성2.show' 파일로 저장합니다.

꼭 알고가기!!

슬라이드 쇼 강조 영역
기본 색상은 [슬라이드 쇼] 탭-[효과 색]에서 설정합니다.

실전에 사용하는 프레젠테이션 기술들

예제 파일 : Chapter 02/슬라이드 쇼_실전2.show | 완성 파일 : Chapter 02/슬라이드 쇼_실전_완성2.show

1 클릭하여 이동 가능한 하이퍼링크

01. 작업의 효율성을 위해 장면 전환 효과를 모두 제거하고 작업합니다. [보기] 탭-[여러 슬라이드]에서 Ctrl+A를 눌러 모든 슬라이드를 선택한 후 [화면 전환] 탭-[없음], [다음 시간 후 자동 전환]의 체크를 해제합니다.

꼭 알고가기!

슬라이드 쇼와 슬라이드 편집 화면 모두
- 맨 처음 슬라이드로 이동 : Home
- 마지막 슬라이드로 이동 : End

02. F5를 눌러 슬라이드 쇼를 실행합니다. 슬라이드 번호 '14'를 입력하고 Enter↵를 누르면 '슬라이드 14' 슬라이드로 이동합니다.

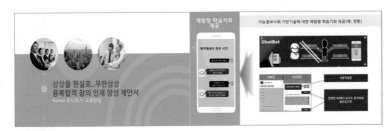

꼭 알고가기!

많은 양의 슬라이드에서 편집할 슬라이드로 빠른 이동
F5를 눌러 슬라이드 쇼 진행-슬라이드 번호 입력 후 Enter↵, Esc

03. 한쇼의 '하이퍼링크'를 이용하여 슬라이드 쇼에서 글자, 도형 등을 클릭하여 슬라이드 쇼, 파일, 인터넷 사이트 등을 연결할 수 있습니다. '슬라이드 2' 슬라이드의 편집 화면으로 이동합니다. '제안 내용'을 범위 지정하고 [입력] 탭-[하이퍼링크]를 클릭합니다. [하이퍼링크] 대화상자를 다음과 같이 지정하고 [넣기] 단추를 클릭합니다.

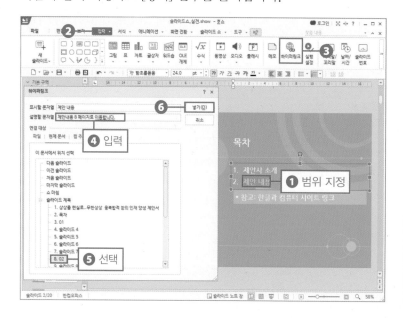

- 설명할 문자열 : '제안내용 8 페이지로 이동합니다.'
- 연결 대상 : [현재 문서] 탭 [슬라이드 제목] 옆의 [+] 클릭 - [8. 02] 선택

04. 하이퍼링크된 '제안 내용'에 파란색 밑줄이 표시됩니다. 하단의 도형을 클릭한 후 [입력] 탭-[하이퍼링크] 대화상자의 [웹 주소] 탭에 'www.hancom.com'을 입력하고 [넣기] 단추를 클릭합니다. Shift + F5 를 눌러 슬라이드 쇼가 진행되면 '제안 내용'과 도형을 클릭하여 하이퍼 링크된 '슬라이드 8' 슬라이드와 한글과컴퓨터 사이트로 이동할 수 있습니다.

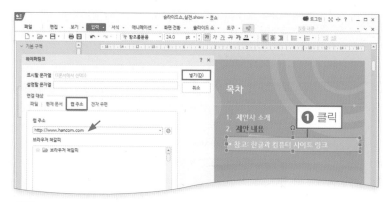

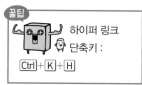
꿀팁
하이퍼 링크 단축키 : Ctrl + K + H

꼭 알고가기!!

하이퍼링크 제거 및 편집
하이퍼링크가 적용된 개체 마우스 오른쪽 버튼으로 클릭한 후 [하이퍼링크 삭제] 또는, [하이퍼링크 편집]에서 작업합니다.

2 슬라이드 쇼 펜 색 기본 설정하기

01. 슬라이드 쇼에서 사용하는 펜 색을 사용자가 설정할 수 있습니다. '슬라이드 14' 슬라이드에서 [슬라이드 쇼] 탭-[쇼 설정]-[선택 사항]-[펜 색]을 클릭합니다. [색 골라내기](🖋)를 클릭하고 마우스 포인터가 스포이드 모양(🖋)으로 바뀌면서 모니터 왼쪽 위에 확대 미리 보기 창이 나타납니다. '슬라이드 14' 슬라이드의 '주황색' 도형을 클릭하여 펜 색을 '주황'으로 변경하고 [확인] 단추를 클릭합니다.

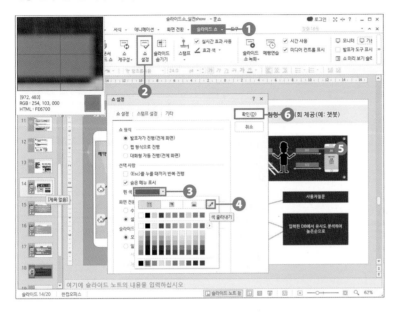

02. Shift + F5 를 눌러 '슬라이드 14' 슬라이드부터 슬라이드 쇼가 실행되게 합니다. Ctrl + P 를 누르면 [쇼 설정] 대화상자에서 설정한 주황색으로 작업할 수 있습니다.

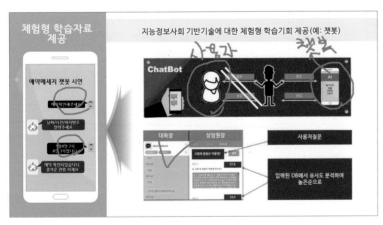

꿀팁 잉크 숨기기/보이기 단축키 : Ctrl + M

3 슬라이드 쇼 작성 잉크펜 슬라이드에서 편집하기

01. '슬라이드 19' 슬라이드에서 마우스 오른쪽 버튼을 클릭하고 [펜 설정]-[형광펜]을 선택합니다. 형광펜으로 슬라이드에 표시한 뒤 [Esc]로 슬라이드 쇼를 종료합니다. [잉크 주석 저장] 메시지 창에서 [예] 단추를 클릭합니다.

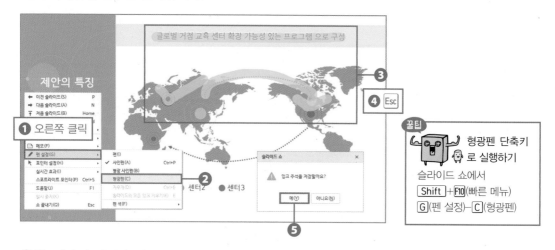

02. 형관펜 위에서 마우스 오른쪽 버튼을 클릭하고 [잉크 속성]을 선택합니다. [잉크 속성] 작업 창이 화면 오른쪽에 나타납니다. [선]을 클릭하여 '선' 속성을 자세히 표시합니다.

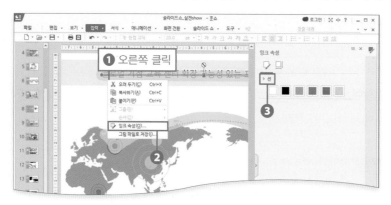

03. 선의 속성값을 다음과 같이 지정합니다.

- 색 : 빨강
- 투명도 : 83(투명도 100은 형광펜 표시되지 않음)
- 선 굵기 : 50

꿀팁
형광펜 다중 선택
[Ctrl]을 누른 상태로 형광펜을 클릭하면 다중 선택 가능

003 프레젠테이션 고수만 아는 슬라이드 쇼 설정

난이도 ◆◆◆◆◆

✦ 사용 가능 버전 : NEO 2018 2020
✦ 사용 기능 : [슬라이드 쇼] 탭

슬라이드 쇼 설정 ▶▶   한쇼에서만 제공하는 스탬프 기능을 이용하여 슬라이드 쇼에 다양한 표식을 설정하고, 프레젠테이션의 환경 설정을 지원하는 메뉴에 대해 알아봅니다.

말랑말랑 기본기 다지기

예제 파일 : Chapter 02/슬라이드 쇼_기본기다지기.show | 완성 파일 : Chapter 02/슬라이드 쇼_기본기다지기_완성3.show

1 한쇼 제공 테마 쇼

01. '슬라이드 4' 슬라이드에서 [슬라이드 쇼] 탭-[테마 쇼]의 펼침 단추(▼)를 클릭하고 [기타]-[하트 장식]을 클릭합니다.

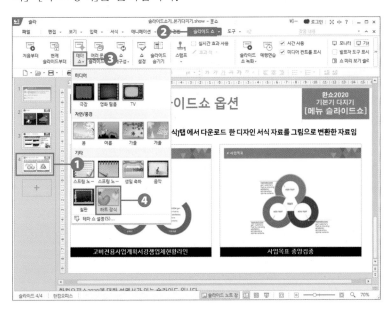

꿀팁
테마 쇼는 화면 스킨과 화면 전환 효과가 조합된 기능입니다. 테마 쇼를 실행하면 쇼가 진행되는 동안에는 항상 테마 쇼 스킨이 나타나고, 각 슬라이드가 바뀔 때마다 화면 전환 효과가 실행됩니다. 아무런 장식 효과가 없는 문서를 쇼 직전에 세련된 테마 쇼로 손쉽게 바꿀 수 있으며, 문서에서 각 슬라이드에 이미 지정된 화면 전환 효과와 상관없이 슬라이드 쇼에 적용할 테마를 즉석에서 선택하여 일회성 쇼를 진행할 수도 있습니다.

02. 테마 쇼가 적용된 슬라이드 쇼가 자동 실행됩니다. [화면 전환] 탭-[색 다른 장식]-[하트 효과]와 '효과음3'이 모든 슬라이드에 적용되어 나타납니다. Esc를 눌러 슬라이드 쇼를 종료합니다.

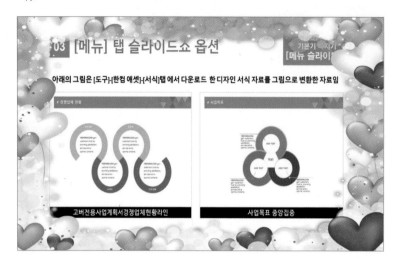

03. [슬라이드 쇼] 탭-[테마 쇼]-[테마 쇼 설정]에서 옵션을 다음과 같이 지정하고 [쇼 보기] 단추를 클릭하여 변경된 테마 쇼를 확인합니다.

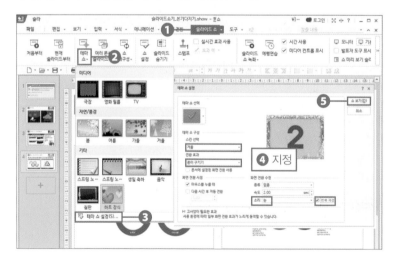

- 테마 쇼 구성-스킨 선택 : 겨울
- 전환 효과 : 종이 구기기
- 화면 전환 수정-소리 : 눈
- 반복 재생 : 체크

2 슬라이드 쇼 도장 찍기, 스탬프

01. 한쇼에서는 프레젠테이션을 진행하면서 청중과의 양방향 커뮤니케이션을 도모할 수 있도록 '스탬프' 기능을 지원합니다. [슬라이드 쇼] 탭-[스탬프]-[스탬프1]에서 ✔를 클릭합니다.

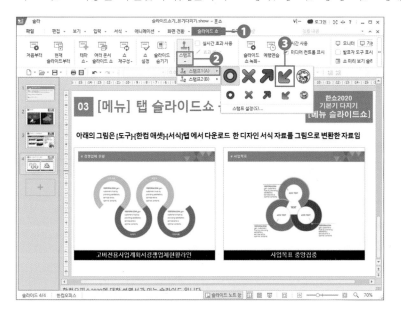

02. '슬라이드 4' 슬라이드에서 Shift + F5 를 눌러 현재 슬라이드 쇼를 실행합니다. 슬라이드 쇼 화면에서 마우스 오른쪽 버튼을 클릭하고 [포인터 설정]-[스탬프]-[스탬프1]을 선택합니다. 슬라이드를 클릭하여 스탬프를 화면에 표시합니다. Esc 를 눌러 슬라이드 쇼를 종료합니다.

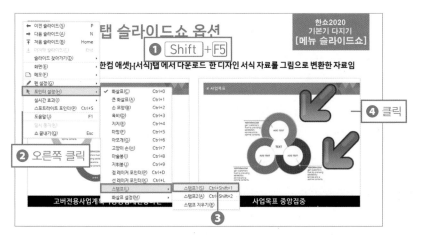

CHAPTER 01 : 화면 구성 및 파일 관리 :
CHAPTER 02 : 슬라이드 쇼 :
CHAPTER 03 : 슬라이드 마법 및 그림 편집 :
CHAPTER 04 : 문서 작성(텍스트 & 도형) :
CHAPTER 05 : 슬라이드 마스터 :
CHAPTER 06 : 애니메이션 및 멀티미디어 :

03. 스탬프의 크기를 조정할 수 있습니다. [슬라이드 쇼] 탭-[스탬프]-[스탬프1]-[스탬프 설정]을 클릭합니다. [쇼 설정] 대화상자가 나타나면 [스탬프1], [스탬프2]의 [높이]와 [너비]를 모두 '50'으로 지정하고 [확인] 단추를 클릭합니다.

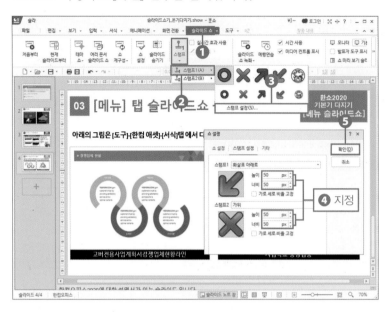

04. Shift + F5 를 누르고 슬라이드 쇼에서 Ctrl + Shift + 1 로 '스탬프1'(👆)을 실행합니다. 클릭하여 슬라이드에 표시하고 Ctrl + Shift + 2 를 눌러 '스탬프2'(✖)를 실행한 후 역시 클릭하여 슬라이드에 표시합니다. Esc 를 눌러 슬라이드 쇼를 종료합니다.

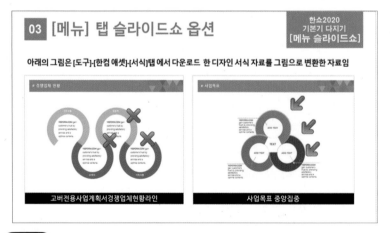

꼭 알고가기!!

스탬프 지우기
슬라이드 쇼에서 마우스 오른쪽 버튼 클릭 후 [포인터 설정]-[스탬프]-[스탬프 지우기]를 선택합니다.

1 사용자가 제작한 프레임으로 진행하는 테마 쇼

01. [슬라이드 쇼] 탭-[테마 쇼]-[테마 쇼 설정]을 클릭하고 [테마쇼 설정] 대화상자가 나타나면 다음과 같이 지정하고 [쇼 보기] 단추를 클릭합니다.

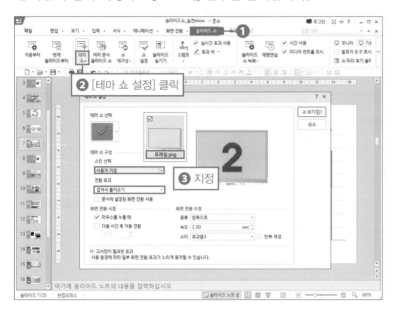

• 스킨 선택 : 사용자 지정-프레임.png
• 전환 효과 : 겹쳐서 들어오기

02. 슬라이드를 쇼를 실행하면 '프레임.png' 파일을 배경으로 하는 화면 전환 효과와 함께 표시됩니다.

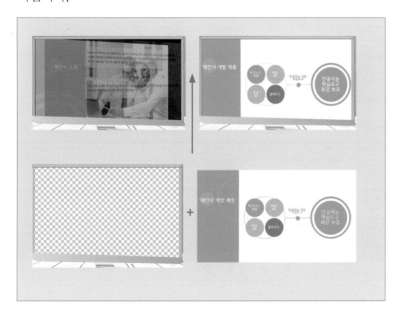

한쇼 도형으로 제작하는 테마 쇼 스킨

테마 쇼 스킨에 사용할 슬라이드 테두리 프레임은 사용자가 직접 도형으로 제작할 수 있습니다. '슬라이드 쇼_프레임 스탬프 모음.show' 파일을 열어 첫 번째 슬라이드를 선택합니다. [Ctrl]+[A]를 눌러 슬라이드의 모든 개체를 선택하고 그림 위에서 마우스 오른쪽 버튼을 클릭하여 [그림 파일로 저장]을 선택합니다. 확장자는 반드시 'png'로 설정해야 흰색 영역이 투명하게 저장됩니다.

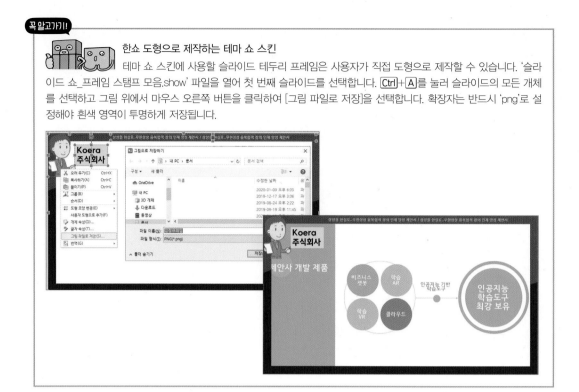

2 사용자가 제작한 스탬프

01. '슬라이드 6' 슬라이드를 선택하고 작성된 도형 위에서 마우스 오른쪽 버튼을 클릭한 후 [그림 파일로 저장]을 선택합니다. 파일명은 '도장1.png'로 저장합니다.

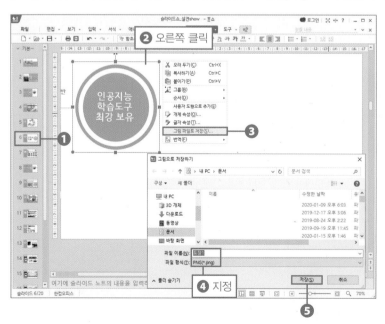

02. [슬라이드 쇼] 탭–[스탬프1]–[스탬프 설정]을 클릭하고 [쇼 설정] 대화상자에서 [스탬프 1]–[다른 스탬프]를 클릭하여 '도장1.png' 파일을 선택합니다. [높이]와 [너비]의 단위를 'mm'로 지정하고 각각 '80', '80'을 입력한 후 [확인] 단추를 클릭합니다.

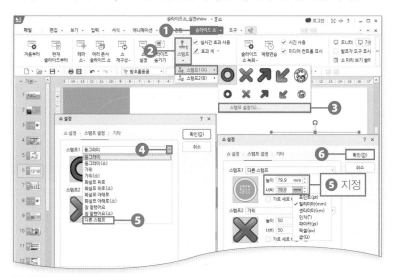

꼭 알고가기!

텍스트로 제작하는 스탬프
'슬라이드 5' 슬라이드의 글상자 박스 위에서 마우스 오른쪽 버튼을 클릭하고 [그림 파일로 저장]을 선택하면 스탬프 사용이 가능합니다.

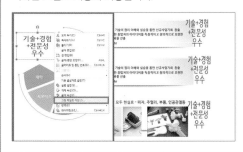

03. F5 를 눌러 슬라이드 쇼에서 Ctrl + Shift + 1 로 '스탬프1'을 실행합니다.

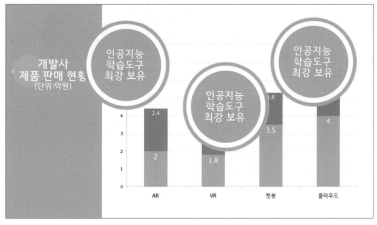

꿀팁
스탬프 화면복사
스탬프가 찍힌 화면은 Print Screen 을 눌러 복사

복합 응용력 UP!

문제1 : 슬라이드에 화면 전환 효과를 설정하고 슬라이드 쇼를 진행하세요.

예제 파일 : 연습_슬라이드 쇼_기본기다지기.show | 완성 파일 : 연습_화면 전환_완성.show

- 쪽 설정(F7)에서 용지 종류를 '화면 슬라이드 쇼(4:3)'으로 설정하고 '맞춤 확인'을 선택하여 작업 용지를 변경하세요.
- 모든 슬라이드에 다음의 화면 전환 효과를 설정하고 '모두 적용'하세요.

• 전환 효과 : 2D 효과 '분할'	• 효과 설정 : '수직 분할, 밖으로'
• 속도 : 2.0	• 다음 시간 후 자동 전환 : 3.0

- '슬라이드 1, 7, 9' 슬라이드는 [색다른 효과]–[조리개]를 설정하세요.
- '슬라이드 1' 슬라이드는 '소리'를 '박수1'로 설정하고 [소리 반복 재생]에 체크하세요.
- [슬라이드 쇼] 탭–[쇼 설정]에서 [〈ESC〉를 누를 때까지 반복 진행]에 체크하세요.
- F5를 눌러 슬라이드 쇼에서 확인하세요.
- [파일] 탭–[보내기]–[프레젠테이션 동영상 만들기]

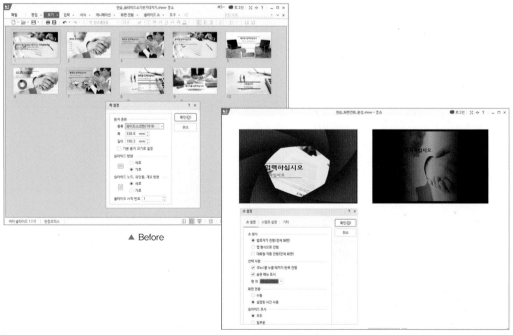

▲ Before

▲ After

2

이것이 궁금하다! Q&A

Q&A **01 | 슬라이드 쇼에서 스탬프 사용한 화면 저장 – [Print Screen] (화면 캡처)**

- 스탬프로 찍은 자료는 슬라이드 쇼가 끝나면 화면에서 제거됩니다. 스탬프를 찍은 화면은 슬라이드 쇼가 끝나기 전까지 보관됩니다. 스탬프가 있는 화면을 슬라이드 쇼에서 [Print Screen]를 눌러 복사합니다. 슬라이드 편집 화면에서 [Ctrl]+[V]로 붙여 넣고 마우스 오른쪽 버튼을 클릭하여 [그림으로 저장]을 선택합니다.
- 윈도우 10부터 제공하는 화면 녹화 기능을 사용합니다.

Q&A **02 | 화면 전환 시 재생하는 소리 외부 파일 사용 – 화면 전환 소리(다른 소리)**

- 화면 전환 메뉴의 [소리]–[다른 소리]를 클릭하면 wav, mid 등 재생 가능한 파일 목록을 확인할 수 있습니다.
- 직접 제작하거나 저작권에 문제가 없는 소리 파일을 연결하여 슬라이드 쇼를 재생합니다.

Q&A **03 | 슬라이드 마지막 장면 – 슬라이드 쇼 마침**

- 슬라이드 쇼에서 마지막 슬라이드를 클릭하면 '슬라이드 쇼가 끝났습니다. 끝내려면 마우스를 누릅니다'라는 메시지 창이 나타납니다.
- 슬라이드 마지막 장에 흰색 또는, 검은색 빈 슬라이드를 추가하면 이러한 메시지 없이 마지막 슬라이드를 보여줄 수 있어 발표 작업 시 깔끔합니다.

Q&A **04 | 하이퍼링크로 연결하지 않고 두 개 이상 파일 슬라이드 쇼 – 여러 문서 슬라이드 쇼(슬라이드 쇼)**

- 한 개의 파일로 작업하기에 너무 많은 슬라이드는 두 개의 파일로 나누어 작업할 수도 있습니다.
- 또는, 참고용 슬라이드 등 두 개 이상의 다른 슬라이드를 연결해서 슬라이드 쇼를 하려면 [슬라이드 쇼] 탭–[여러 슬라이드 쇼]를 클릭한 후 [목록에 추가]로 슬라이드 발표 자료를 연결합니다.

Q&A **05 | 슬라이드 전체 발표 시간 확인 – 예행연습(슬라이드 쇼)**

- 슬라이드 쇼를 진행하면서 슬라이드별 설명 시간과 전체 발표 시간을 예상하고 조절할 수 있도록 예행 연습을 진행할 수 있습니다.
- 예행 연습을 해본 다음 실제 슬라이드 쇼를 수행할 때 예행 연습 시간을 사용하면, 연습할 때의 속도와 동일하게 프레젠테이션을 실행할 수 있습니다.

CHAPTER 3

앨범 마당 및 그림 편집

중요도 ◆◆◆◆◆

■ 사용하는 한쇼 기능 및 학습 후 효과

기능	효과	미리 보기
앨범 만들기	그림 자료를 한쇼에서 제공하는 앨범에 넣어 슬라이드를 완성할 수 있습니다. 또한, 한쇼 제공 테마 서식을 활용하면 배경도 다양하게 변경할 수 있습니다.	
클립아트 활용	한쇼에서 제공하는 그리기 마당의 무료 이미지를 슬라이드에 넣어 크기와 위치를 조정하여 슬라이드를 완성할 수 있습니다.	
애셋 자료 다운로드	한글과컴퓨터에서 온라인으로 제공하는 슬라이드 템플릿과 클립아트를 다운받아 슬라이드를 완성할 수 있습니다.	
그림 편집	한쇼에서 제공하는 편집 기능과 그림 도구를 이용하여 배경 투명, 색조 조정, 아웃라인만 유지 등 그림과 관련한 다양한 실무 편집으로 슬라이드를 완성할 수 있습니다.	

001 자동으로 만들어 주는 나만의 앨범 슬라이드

난이도 ◆◆◆◆◆

✦ 사용 가능 버전 : NEO 2018 2020
✦ 사용 기능 : 앨범 만들기

앨범 만들기 ▶▶ 한쇼에서 제공하는 테마가 있는 앨범을 이용하여 이미지 자료를 좀 더 멋있게 슬라이드로 작성하여 추억을 슬라이드로 제작하는 방법에 대해 알아봅니다. 단, 앨범 만들기는 Windows 7 이상의 운영 체제가 필요합니다.

 말랑말랑 기본기 다지기
예제 파일 : Chapter 03/앨범 마당 및 그림 편집_기본기다지기.show | 완성 파일 : Chapter 03/앨범 마당_기본기다지기_완성.pptx

1 한쇼 제공 앨범 만들기

01. 첫 번째 '01. 앨범만들기' 슬라이드에 커서를 두고 [입력] 탭–[그림]–[앨범 만들기]를 클릭합니다. [앨범 만들기] 대화상자가 나타나면 [테마 선택]에서 '피크닉'을 선택합니다.

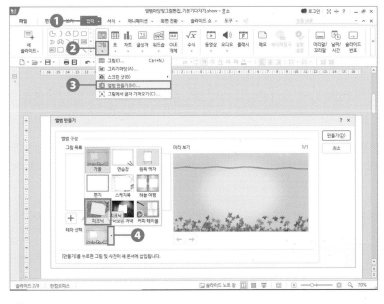

 꿀팁
앨범 만들기는 새 문서에서 시작해도 가능합니다.

02. [그림 추가하기](+)를 클릭하여 [그림 넣기] 대화상자를 불러옵니다. 'Chapter 03/이미지 파일/기본' 폴더에서 '앨범사진1.jpg' 파일을 선택하고 [Shift]를 누른 상태로 '앨범사진4.jpg' 파일을 선택하여 4개의 파일을 선택한 후 [열기] 단추를 클릭합니다.

2 앨범 파일 저장하기

01. 4개의 파일이 [그림 목록] 대화상자에 추가되면서 '피크닉' 테마의 슬라이드로 완성되었습니다. [만들기] 단추를 클릭하면 새로운 한쇼 파일로 '피크닉' 테마가 적용된 사진 앨범이 완성되었습니다. [파일] 탭-[저장하기]를 클릭하여 '앨범 마당_기본기다지기_완성.pptx' 파일로 앨범 사진을 저장합니다.

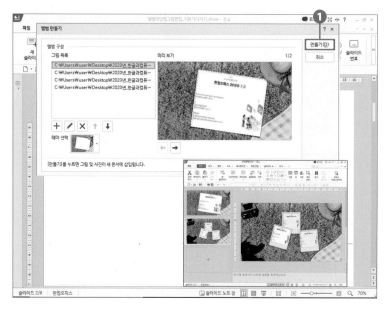

• ↓ 선택한 그림 목록 순서를 아래로 이동
• ↑ 선택한 그림 목록 순서를 위로 이동
• × 선택한 그림 목록 삭제
• ✎ 선택한 그림 목록 사진 편집기 실행

실전에 사용하는 앨범 슬라이드의 모든 것

예제 파일 : 없음 | 완성 파일 : Chapter 03/앨범 마당_실전_완성.pptx

1 사진 편집기로 보정한 사진으로 앨범 작성하기

01. 한쇼 2020을 실행하고 [입력] 탭-[그림]-[앨범 만들기]를 클릭한 후 [앨범 만들기] 대화 상자가 나타나면 [그림 추가하기](＋)를 클릭합니다. 'Chapter 03/이미지 파일/실전' 폴더에서 Ctrl+A로 전체 파일을 선택한 후 [열기] 단추를 클릭합니다.

02. [그림 목록]의 2번째 그림을 선택하고 [그림 편집하기](✎)를 클릭합니다.

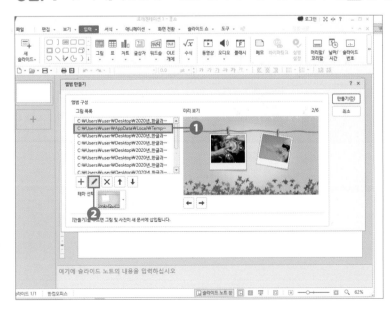

03. [사진 편집기] 창의 [아웃 포커싱 효과] 탭에서 '보정 후'를 클릭합니다. 화면 우측의 [아웃 포커싱 효과]를 다음과 같이 지정하고 [적용] 단추를 클릭합니다.

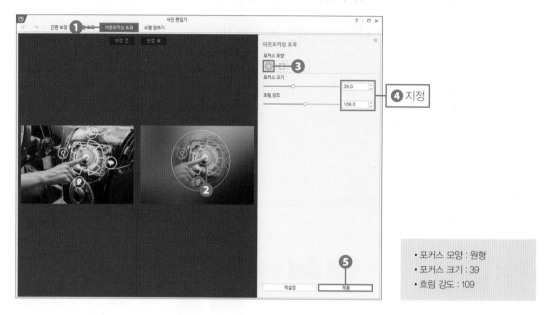

- 포커스 모양 : 원형
- 포커스 크기 : 39
- 흐림 강도 : 109

04. [앨범 만들기] 대화상자에서 [만들기] 단추를 클릭하면 새 슬라이드에 앨범 자료가 작성됩니다. '슬라이드 3' 슬라이드의 드론 사진 색감을 다른 사진과 맞추기 위해 드론 사진을 선택해야 하지만 그룹으로 묶여 있어서 선택하기가 쉽지 않습니다. 회색 영역 클릭 후 Tab을 다섯 번 누르면 드론 사진을 선택할 수 있습니다. [그림] 탭-[사진 편집]을 클릭합니다.

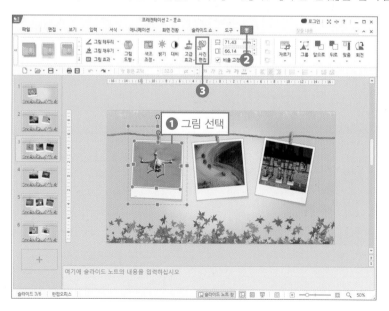

꼭 알고가기!!

완성된 앨범 사진 편집하기

사진을 선택했는데 [그림] 탭–[사진 편집]이 비활성화되어 편집이 불가능한 이유는 사진과 액자 틀 두 개의 개체가 한 개로 묶여있기 때문입니다. 한 번 더 클릭하여 드래그하면 사진과 액자 틀이 분리됩니다. 그 후에 사진을 클릭하면 [그림] 탭–[사진 편집]이 활성화됩니다.

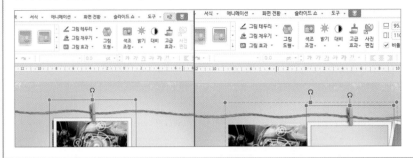

05. [간편 보정] 탭을 클릭하고 우측의 [간편 보정] 대화상자에서 [플래시 보정(노란색)]–[4단계]를 클릭한 후 [적용] 단추를 클릭합니다. Alt +S를 눌러 '앨범 마당_실전_완성.pptx' 이름으로 예제 파일을 저장합니다.

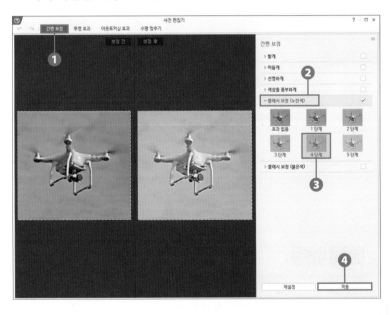

2 한쇼 테마를 이용한 앨범 배경 디자인 변경하기

01. 앞선 따라하기에 이어서 '슬라이드 1' 슬라이드에서 작성된 앨범 배경을 클릭하고 [Delete]를 눌러 배경을 제거합니다. '슬라이드 1' 슬라이드에서 슬라이드의 앨범으로 제작된 배경 이미지가 삭제됩니다.

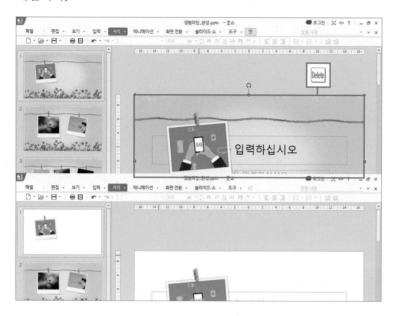

02. [서식] 탭-[테마 디자인]에서 [자세히](↓)를 클릭하고 [나래]를 클릭합니다.

03. 나머지 2~6번 슬라이드도 각각 선택하여 배경 이미지를 클릭한 후 Delete를 눌러 삭제합니다. [보기] 탭-[여러 슬라이드]를 클릭하여 변경된 테마를 확인합니다.

04. '나래' 테마에서 제공하는 12개의 레이아웃을 이용하여 슬라이드 배경을 변경할 수 있습니다. '슬라이드 1' 슬라이드를 선택하고 [편집] 탭-[레이아웃]-[구역 머리글]을 클릭합니다.

05. 2~4번 슬라이드도 [편집] 탭-[레이아웃]을 다음과 같이 지정하여 슬라이드 배경을 확인하고 Ctrl+S를 눌러 저장합니다.

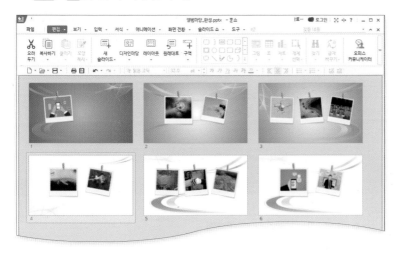

- 슬라이드 2 : 간지
- 슬라이드 3 : 목차
- 슬라이드 4 : 빈 화면

CHAPTER 01 : 화면 구성 및 파일 관리 ::

CHAPTER 02 : 슬라이드 쇼 ::

CHAPTER 03 : 앨범 마당 및 그림 편집 ::

CHAPTER 04 : 문서 작성(텍스트 & 도형) ::

CHAPTER 05 : 슬라이드 마스터 ::

CHAPTER 06 : 애니메이션 및 멀티미디어 ::

002 한쇼에서 제공하는 이미지 활용하기

✦ 사용 가능 버전 : NEO 2018 2020
✦ 사용 기능 : 그리기 마당

그리기 마당 ▶▶ 한컴오피스가 제공하는 그리기 마당의 기본 클립아트와 한컴 애셋에서 다운로드하는 클립아트 이미지로
슬라이드를 좀 더 풍부하게 작업하는 방법에 대해 알아봅니다.

말랑말랑 기본기 다지기

예제 파일 : Chapter 03/앨범 마당 및 그림 편집_기본기다지기.show | 완성 파일 : Chapter 03/그리기 마당_기본기다지기_완성.pptx

■1 그리기 마당 입력하기

01. '슬라이드 2' 슬라이드에 십이지신과 관련된 이미지를 넣어 슬라이드를 완성합니다. [입력]
탭-[그림]-[그리기 마당]을 클릭합니다.

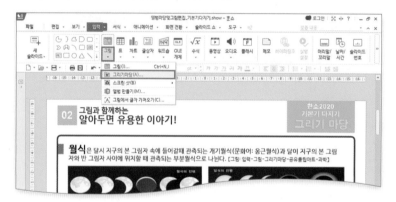

02. [그리기 마당] 대화상자가 나타나면 [기본 클립아트] 탭-[전통(십이지)]를 클릭합니다. [개
체 목록] 대화상자의 스크롤 버튼을 아래로 클릭하여 '말, 전통, 십이지, 포유류, 가축'을 더블클
릭합니다.

03. 슬라이드를 클릭하면 한컴 제공 클립아트 그림이 슬라이드에 삽입됩니다. 클립아트 그림이 선택된 상태에서 [그림] 탭-[비율 고정]의 체크를 해제하고 [너비]를 '15', [높이]는 '14'로 지정하여 크기 변경 및 위치를 조정합니다.

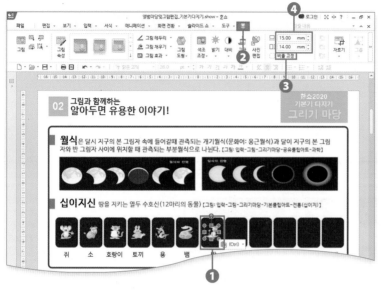

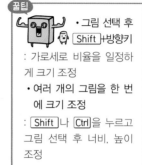

꿀팁
• 그림 선택 후 Shift+방향키
: 가로세로 비율을 일정하게 크기 조정
• 여러 개의 그림을 한 번에 크기 조정
: Shift 나 Ctrl 을 누르고 그림 선택 후 너비, 높이 조정

04. 다시 [입력] 탭-[그림]-[그리기 마당]을 클릭합니다. [찾을 파일] 대화상자에 '양'을 입력하고 Enter↵를 누르면 목록에서 '양'을 찾아 표시합니다. [기본 클립아트] 대화상자의 '양1'을 더블클릭하여 슬라이드에 삽입하고 크기와 위치를 조정합니다.

꿀팁
[그리기 마당 찾기] 대화상자에서 검색어
: 원숭이, 닭, 개1, 돼지

꼭 알고가기!!

슬라이드 내의 작업하는 개체 선택
[편집] 탭-[개체 선택]-[개체 선택]이 선택된 상태에서 작업합니다. 도형 위에 있는 이미지만 한 번에 선택할 때는 슬라이드를 축소하고 회색 배경에서 그림만 있는 영역을 드래그하여 그림만 선택할 수 있습니다.

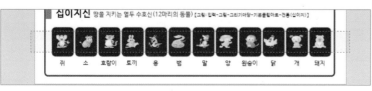

CHAPTER 01 : 화면 구성 및 파일 관리 :
CHAPTER 02 : 슬라이드 쇼 :
CHAPTER 03 : 앨범 마당 및 그림 편집 :
CHAPTER 04 : 문서 작성(텍스트 & 도형) :
CHAPTER 05 : 슬라이드 마스터 :
CHAPTER 06 : 애니메이션 및 멀티미디어 :

2 한 개의 슬라이드만 복사하여 새 문서로 작성하기

01. 완성된 슬라이드만 복사하여 새 문서로 저장하겠습니다. '슬라이드 2' 슬라이드를 선택하고 [편집] 탭-[복사하기] 또는 Ctrl+C를 눌러 복사하고, 서식 도구 상자의 [새 문서]를 클릭합니다.

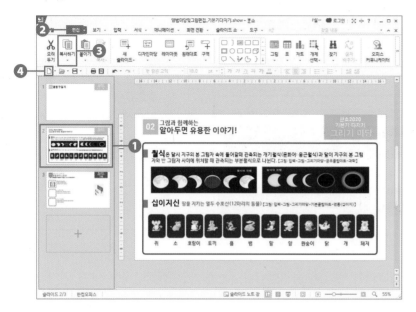

02. Ctrl+V를 눌러 붙여 넣으면 '슬라이드 2'에 슬라이드가 붙여 넣기 됩니다. 불필요한 '슬라이드 1' 슬라이드는 Delete를 눌러 삭제하고, [파일] 탭-[다른 이름으로 저장]을 클릭하여 '그리기 마당_기본기다지기_완성.show' 파일로 저장합니다.

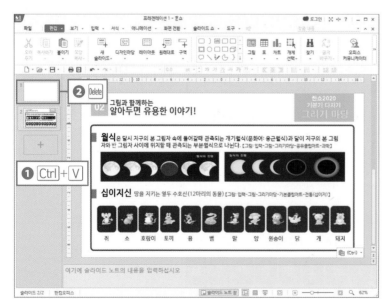

실전에 사용하는 템플릿의 모든 것
예제 파일 : 없음 | 완성 파일 : Chapter 03/그리기 마당_실전_완성.pptx

1 한컴 애셋에서 템플릿 다운로드하기

01. 한컴오피스는 한컴 애셋에서 세련되고 완성도 높은 문서를 만들 수 있도록 다양한 문서 서식, 클립아트 및 글꼴을 제공합니다. 인터넷이 연결된 상태의 한쇼에서 실행하는 한컴 애셋에는 한글, 한셀과 달리 슬라이드 템플릿을 제공합니다. [도구] 탭-[한컴 애셋]을 클릭합니다.

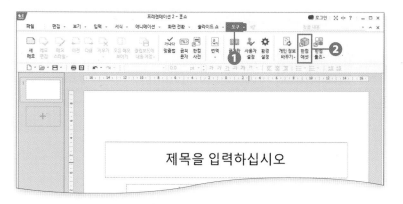

02. [한컴 애셋] 창이 나타납니다. [서식] 탭에는 한쇼에서 사용할 수 있는 디자인 슬라이드가 제공됩니다. [한컴 애셋] 창에는 24개의 자료가 제공되며 총 13페이지임으로 현재는 308개의 자료가 제공됨을 알려줍니다. [추천 표시](★)는 한컴 말랑말랑 캐릭터에 표시되어 있습니다.

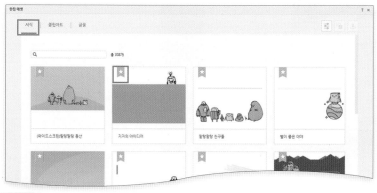

한컴 애셋 업데이트
한컴 애셋은 한글과컴퓨터에서 업데이트를 수시로 진행함으로 신규 디자인을 계속 다운로드받을 수 있으며, 제공 자료도 계속 변경됩니다.

CHAPTER 01 : 화면 구성 및 파일 관리 :

CHAPTER 02 : 슬라이드 쇼 :

CHAPTER 03 : 앨범 마당 및 그림 편집

CHAPTER 04 : 문서 작성(텍스트 & 도형) :

CHAPTER 05 : 슬라이드 마스터 :

CHAPTER 06 : 애니메이션 및 멀티미디어 :

03. [마지막]을 클릭하여 마지막 슬라이드에서 '(와이드스크린)협상 비즈니스 프레젠테이션' 위로 마우스 포인터를 위치시키면 미리 보기와 다운로드가 표시됩니다. [미리 보기]를 클릭합니다.

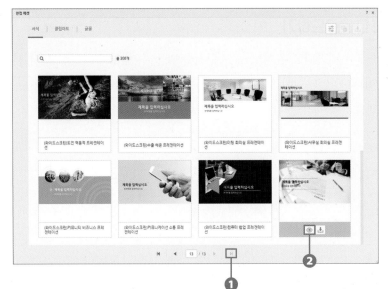

04. 다운로드할 자료가 미리 보기 형태로 확인할 수 있습니다. [내려받기]를 클릭합니다.

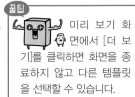 미리 보기 화면에서 [더 보기]를 클릭하면 화면을 종료하지 않고 다른 템플릿을 선택할 수 있습니다.

꼭 알고가기!

한컴 애셋 저작권

저작권과 관련한 내용을 확인하기 위하여 우측 하단의 [사용권 안내]를 클릭하고, 스크롤을 내려 내용을 확인합니다. [다음] 버튼을 클릭하여 모든 사용권과 관련한 내용을 확인합니다. 사용권 안내에 대하여 필독한 후 [닫기] 버튼을 클릭하고 [미리 보기] 화면의 [내려받기]를 클릭합니다.

05. [보기] 탭-[여러 슬라이드]를 클릭하고 Ctrl을 누른 상태로 마우스 가운데 휠 버튼을 돌려 화면 크기를 조정합니다.

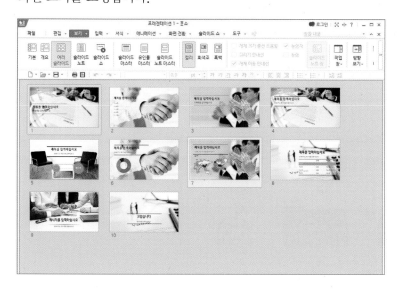

CHAPTER 01 : 화면 구성 및 파일 관리 :
CHAPTER 02 : 슬라이드 쇼 :
CHAPTER 03 : 앨범 마당 및 그림 편집 :
CHAPTER 04 : 문서 작성(텍스트 & 도형) :
CHAPTER 05 : 슬라이드 마스터 :
CHAPTER 06 : 애니메이션 및 멀티미디어 :

2 한컴 애셋에서 클립아트 다운로드하기

01. 한컴 애셋에서 제공하는 그리기 마당에서 사용할 수 있는 클립아트 그림을 다운로드하겠습니다. 앞선 따라하기에 이어서 [도구] 탭─[한컴 애셋]을 클릭합니다. [한컴 애셋] 창이 나타나면 [클립아트] 탭에서 [지지(하트)]의 [내려받기]를 클릭합니다.

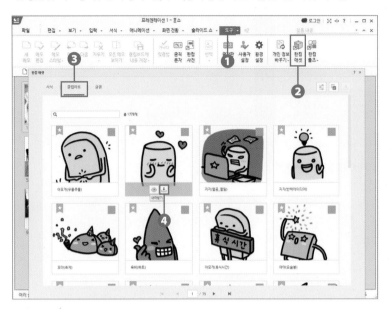

02. '내려받기' 메시지 창이 나타나면 [확인] 단추를 클릭하고 [한컴 애셋] 창도 닫습니다. 그리기마당은 [여러 슬라이드 보기]에서 실행할 수 없습니다. '슬라이드 1' 슬라이드를 더블클릭합니다.

03. [입력] 탭-[그림]-[그리기 마당]-[내려받은 클립아트]를 클릭합니다. 한컴 애셋에서 다운로드받은 '지지(하트)'를 선택하고 [넣기] 단추를 클릭합니다.

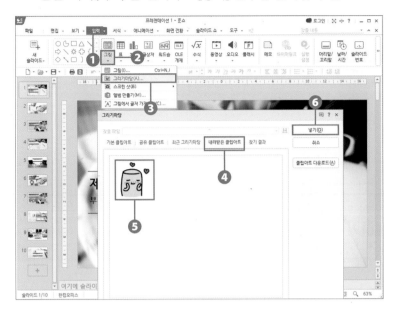

04. + 표시가 슬라이드 위에서 표시됩니다. 클릭하여 클립아트를 삽입하고 이동 및 크기 조정하여 슬라이드를 완성합니다. [파일] 탭-[다른 이름으로 저장]을 클릭하여 '그리기 마당_실전_완성.pptx' 파일로 저장합니다.

CHAPTER 01 : 화면 구성 및 파일 관리 :

CHAPTER 02 : 슬라이드 쇼 :

CHAPTER 03 : 앨범 마당 및 그림 편집 :

CHAPTER 04 : 문서 저장(텍스트 & 도형) :

CHAPTER 05 : 슬라이드 마스터 :

CHAPTER 06 : 애니메이션 및 멀티미디어 :

003 그림 편집 및 다양한 활용법

난이도 ◆◆◆◆◆

✦사용 가능 버전 : NEO 2018 2020
✦사용 기능 : 그림

그림 ▶▶ 슬라이드에 그림을 삽입하고 서식을 설정하는 기본부터 불필요한 영역을 사각형과 자유형으로 잘라 사용하는 Tip까지 그림에 관련한 한쇼의 모든 기능에 대해 알아봅니다.

말랑말랑 기본기 다지기
예제 파일 : Chapter 03/앨범 마당 및 그림 편집_기본기다지기.show
완성 파일 : Chapter 03/앨범 마당 및 그림 편집_기본기다지기_완성.show

1 그림 입력과 크기 조정하기

01. 예제 파일을 불러온 후 '슬라이드 3' 슬라이드를 선택하고 [입력] 탭-[그림]을 클릭합니다. [그림 넣기] 대화상자가 나타나면 '한쇼_그림1.jpg' 파일을 더블클릭합니다.

02. 그림의 크기는 Shift 를 누른 상태에서 → 또는, ↓ 를 11번 눌러서 확대하고 위치를 조정합니다.

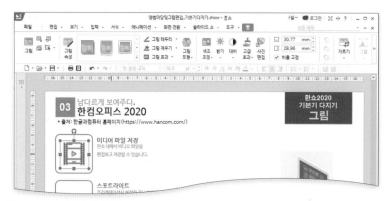

2 그림 복사 및 맞춤

01. '한쇼_그림1.jpg' 파일을 선택하고 `Ctrl`+`D`를 누르면 개체가 복사 붙여 넣기가 됩니다.

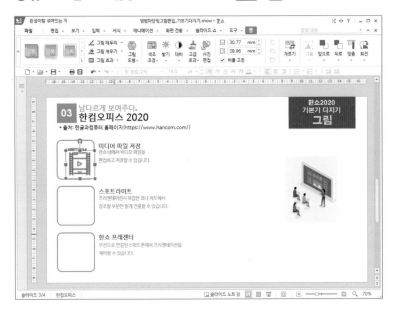

02. 마우스로 위치를 이동시키고 다시 `Ctrl`+`D`를 눌러 복사 붙여 넣기를 합니다.

CHAPTER 01 : 화면 구성 및 파일 관리 :

CHAPTER 02 : 슬라이드 쇼 :

CHAPTER 03 : 앨범 마당 및 그림 편집 :

CHAPTER 04 : 문서 작성(텍스트 & 도형) :

CHAPTER 05 : 슬라이드 마스터 :

CHAPTER 06 : 애니메이션 및 멀티미디어 :

03. 3개의 개체를 왼쪽으로 나란히 정렬하기 위하여 Ctrl 또는, Shift 를 누른 채 3개의 개체를 선택합니다. [그림] 탭-[맞춤]-[왼쪽 맞춤]을 클릭합니다.

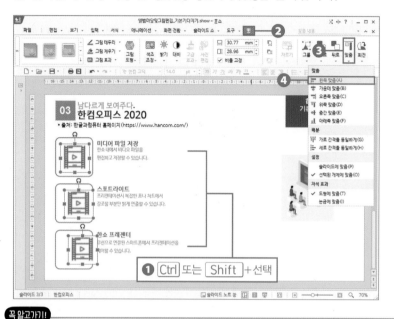

여러 그림 한 번에 크기 조정하기
Ctrl 또는, Shift 를 누른 상태로 그림 3개를 클릭하여 모두 선택하고 한꺼번에 크기를 조정할 수 있습니다.

3 그림 바꾸기

01. 두 번째와 세 번째 도형의 그림 위치와 크기를 변경하지 않고 다른 그림으로 바꿀 수 있습니다. 두 번째 도형의 그림을 선택하고 [그림] 탭-[그림 바꾸기]를 클릭합니다. [그림 바꾸기] 대화상자에서 '한쇼_그림2.jpg' 파일을 불러옵니다.

02. 두 번째 도형의 그림 크기와 위치는 변경되지 않고 '한쇼_그림2.jpg' 파일로 바뀌었습니다. 세 번째 도형의 그림도 선택하고 [그림] 탭-[그림 바꾸기]를 클릭한 후 '한쇼_그림3.jpg' 파일로 변경합니다.

4 그림 효과

01. 첫 번째 도형의 그림을 선택하고 [그림] 탭-[색조 조정]-[이중 톤]-[밝은 강조색 4]를 클릭하면 붉은 계열의 색상이 노랑 계열의 색상으로 변경됩니다. '한쇼_그림2.jpg', '한쇼_그림3.jpg' 파일도 다음과 같이 색조 조정을 실행합니다.

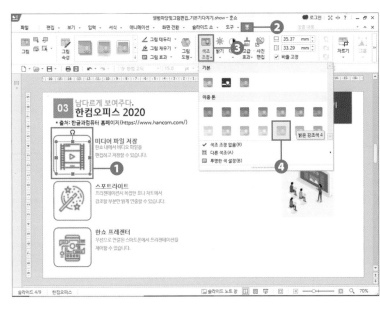

- 두 번째 도형의 '한쇼_그림2.jpg' : [이중 톤]-[밝은 강조색6]
- 세 번째 도형의 '한쇼_그림3.jpg' : [기본]-[회색조]

CHAPTER 01 : 화면 구성 및 파일 관리 :
CHAPTER 02 : 슬라이드 쇼 :
CHAPTER 03 : 앨범 마당 및 그림 편집
CHAPTER 04 : 문자 서식(텍스트 & 도형) :
CHAPTER 05 : 슬라이드 마스터 :
CHAPTER 06 : 애니메이션 및 멀티미디어 :

02. 사각형 모양의 그림을 한쇼에서 제공하는 도형으로 변경할 수도 있습니다. 우측의 그림을 선택하고 [그림] 탭-[그림 도형]-[기본 도형]-[정육면체]를 클릭하면 사각형 그림이 정육면체 도형으로 채워진 그림으로 변경됩니다.

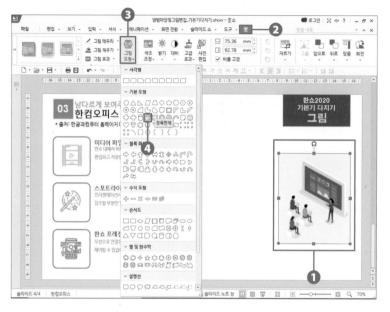

03. 한쇼에서 제공하는 그림 효과를 이용하여 그림이 거울에 비춰지는 듯한 효과를 표현할 수 있습니다. [그림] 탭-[그림 효과]-[반사]-[1/3크기, 근접]을 클릭합니다.

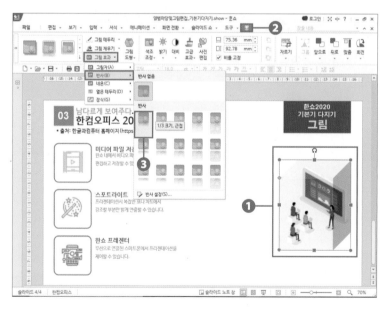

04. 한쇼에서는 개체에 입체감이 있는 효과로 '장식' 기능을 제공합니다. 그림을 선택하고 [그림] 탭-[그림 효과]-[장식]-[기본 장식17]을 클릭하면 도형에 입체감이 생깁니다.

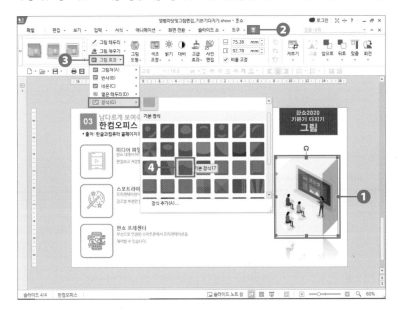

5 그림 자르기

01. 그림의 일부분만 사용하고 싶을 때는 한쇼에서 제공하는 '자르기' 기능을 이용합니다. [입력] 탭-[그림]을 클릭하여 '한쇼_그림5.jpg' 파일을 슬라이드로 불러옵니다. [그림] 탭-[자르기]를 클릭하면 '한쇼_그림5.jpg' 파일의 테두리에 굵은 색 자르기 표시가 나타납니다. 드래그하여 자를 영역을 설정하면 슬라이드에 남길 영역에 굵은 테두리가 생성됩니다. Esc를 눌러 자르기를 완료합니다.

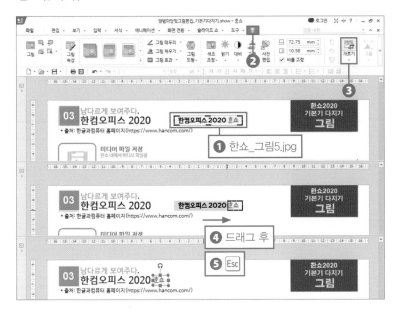

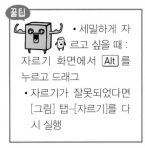

꿀팁
• 세밀하게 자르고 싶을 때 : 자르기 화면에서 Alt 를 누르고 드래그
• 자르기가 잘못되었다면 [그림] 탭-[자르기]를 다시 실행

CHAPTER 01 : 화면 구성 및 파일 관리 ::

CHAPTER 02 : 슬라이드 쇼 ::

CHAPTER 03 : 앨범 마당 및 그림 편집 ::

CHAPTER 04 : 문서 작성(텍스트 & 도형) ::

CHAPTER 05 : 슬라이드 마스터 ::

CHAPTER 06 : 애니메이션 및 멀티미디어 ::

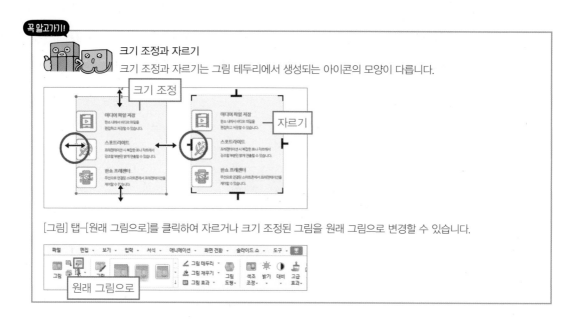

크기 조정과 자르기

크기 조정과 자르기는 그림 테두리에서 생성되는 아이콘의 모양이 다릅니다.

[그림] 탭-[원래 그림으로]를 클릭하여 자르거나 크기 조정된 그림을 원래 그림으로 변경할 수 있습니다.

6 배경 그림 적용하기

01. [서식] 탭-[배경 스타일]-[배경 속성]을 클릭합니다.

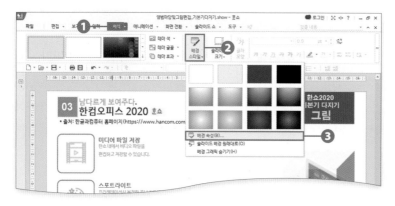

02. 화면 오른쪽에 [배경 속성] 작업 창이 나타납니다. [채우기]를 클릭하여 나타나는 [질감/그림]-[그림](▣)을 클릭한 후 '배경.jpg' 파일을 불러옵니다.

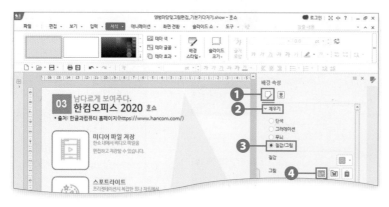

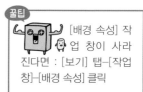

꿀팁 [배경 속성] 작업 창이 사라진다면 : [보기] 탭-[작업 창]-[배경 속성] 클릭

03. 배경에 포함된 그림의 색조 변경은 [배경 속성] 작업 창의 [그림]-[그림 수정]-[회색조]를 클릭하여 변경합니다. [닫기]를 클릭하여 [배경 속성] 작업 창을 닫습니다.

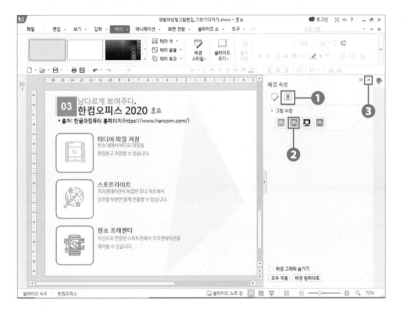

7 슬라이드 원본 서식 유지하면서 다른 슬라이드에 붙여 넣기

01. 작업 슬라이드를 복사해서 테마가 있는 슬라이드에 붙여 넣어보겠습니다. '슬라이드 3' 슬라이드를 선택하고 Ctrl+C를 눌러 복사합니다. '한쇼 테마 서식 파일.show' 파일을 불러온 후 '슬라이드 1' 슬라이드 아래의 회색 영역을 클릭하고 Ctrl+V를 눌러 붙여 넣습니다.

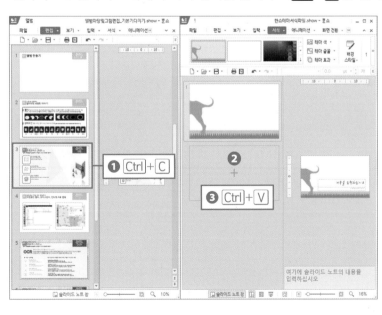

02. '서식' 테마의 '강아지'가 설정되어 있어 붙여 넣은 슬라이드에 테마 서식의 테두리가 표시되면서 삽입됩니다. [붙이기 옵션]-[원본 서식 유지]를 클릭해서 원본 슬라이드의 배경 서식을 유지할 수 있습니다. [파일] 탭-[다른 이름으로 저장하기]를 클릭하여 '그림 편집_기본기다지기_완성.show' 파일로 저장합니다.

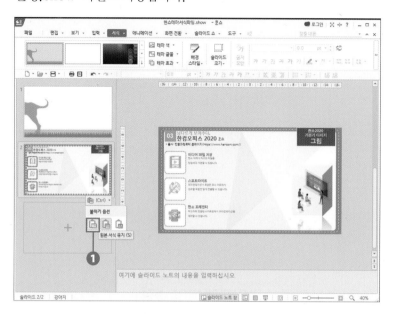

 꿀팁

[편집] 탭-[디자인 마당], [레이아웃]을 클릭하면 다양한 슬라이드 사용이 가능합니다.

실전에 사용하는 그림 편집의 모든 것

예제 파일 : Chapter 03/그림 편집_실전.show | 완성 파일 : Chapter 03/그림 편집_실전_완성.pptx

1 색조 조정 Tip, 색조 톤 맞추기

01. 예제 파일을 불러온 후 그림을 선택하고 [그림] 탭-[색조 조정]-[다른 색조]-[색 골라내기]를 클릭합니다.

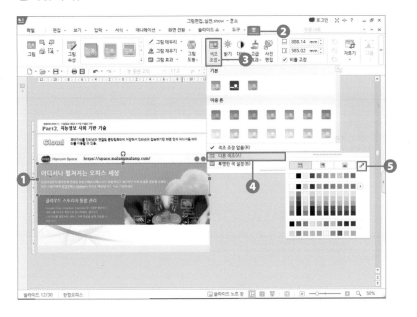

02. 마우스 포인터가 스포이드(✐) 모양으로 바뀌면서 모니터 왼쪽 위에 확대 미리 보기 창이 나타납니다. 확대 미리 보기 창으로 위치와 색상을 확인하면서 원하는 색상이 있는 곳을 클릭합니다.

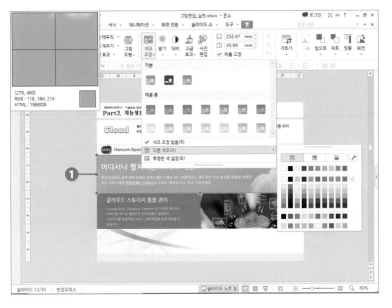

03. 색 골라내기로 두 개의 그림 개체 색조 조정을 실행합니다. 도형 색상 또한, 색 골라내기로 색상을 맞출 수 있습니다. '원형' 도형을 선택하고 마우스 오른쪽 버튼을 클릭한 후 [개체 속성]을 선택합니다. [개체 속성] 작업 창이 나타나면 [그리기 속성]-[채우기]-[단색]-[색]-[색 골라내기]를 클릭하여 배경색과 그림과 같은 색으로 맞출 수 있습니다.

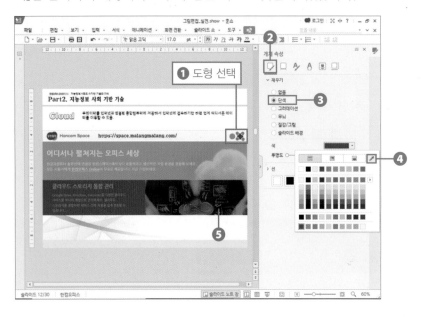

② 자유형으로 자르기

01. Ctrl+N+I로 '클라우드.jpg' 파일을 불러와 슬라이드에 삽입합니다. 그림을 마우스 오른쪽 버튼으로 클릭하고 [자유형으로 자르기]를 선택합니다. 마우스를 누른 상태에서 빨간색 영역을 드래그합니다. 시작에서 끝지점이 만나면 자동으로 그림 자르기가 종료됩니다.

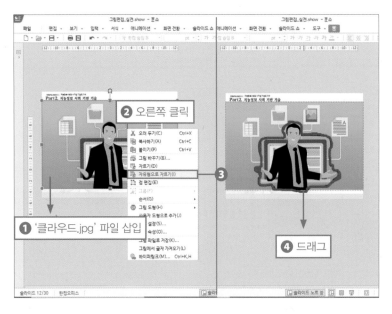

> **꿀팁**
> 만약 자르기 🐱를 강제 종료하고 싶으면 더블클릭합니다. Ctrl+Z를 눌러 자르기 전의 상태로 되돌릴 수 있습니다.

02. 잘려진 그림의 바깥쪽 테두리를 부드럽게 하기 위하여 그림을 선택하고 [그림] 탭-[그림 효과]-[옅은 테두리]-[5pt]를 클릭합니다. [개체 속성] 작업 창의 [그림]-[그림 수정]-[톤]을 최 댓값으로 지정합니다.

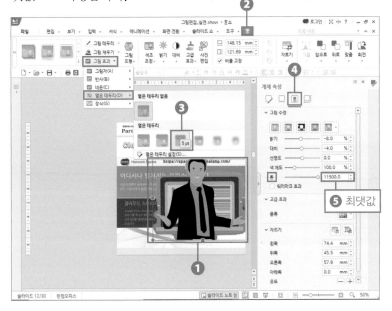

03. [그림] 탭-[회전]-[좌우 대칭]을 클릭하여 그림의 방향을 변경합니다. 그림의 크기를 조정 하고 위치를 이동시켜 슬라이드를 완성합니다.

CHAPTER 01 : 화면 구성 및 파일 편집 :
CHAPTER 02 : 슬라이드 쇼 :
CHAPTER 03 : 앨범 마당 및 그림 편집 :
CHAPTER 04 : 문서 저장(텍스트 & 도형) :
CHAPTER 05 : 슬라이드 마스터 :
CHAPTER 06 : 애니메이션 및 멀티미디어 :

3 한포토를 이용한 배경색 제거하기

01. '슬라이드 2' 슬라이드를 선택하여 작업합니다. 로고가 있는 그림을 선택하고 [그림] 탭-[색조 조정]-[투명한 색 설정]을 클릭합니다. 마우스 포인터 모양이 ▧으로 바뀌면 로고의 흰색 배경 부분을 클릭합니다.

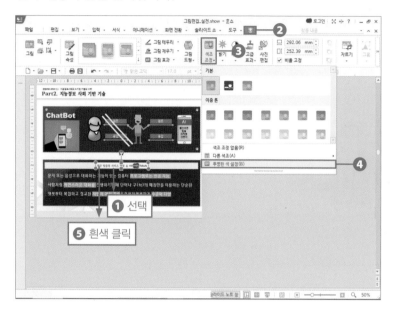

02. 로고의 흰색 배경은 '투명한 색 설정'으로 제거되지만 '챗봇.jpg' 파일의 배경은 그라데이션 되어 있어 [투명한 색 설정]으로 색상을 클릭했을 때 전체 배경이 제거되지 않습니다. '챗봇.jpg' 그림을 선택하고 [그림] 탭-[사진 편집]을 클릭합니다.

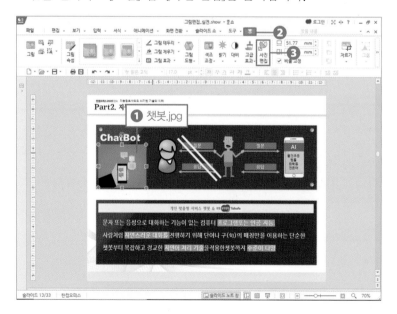

03. [사진 편집기] 창이 나타나면 [투명 효과] 탭을 클릭합니다. [투명 효과]의 옵션을 지정하고 배경색을 클릭하여 제거한 뒤 [적용] 단추를 클릭합니다.

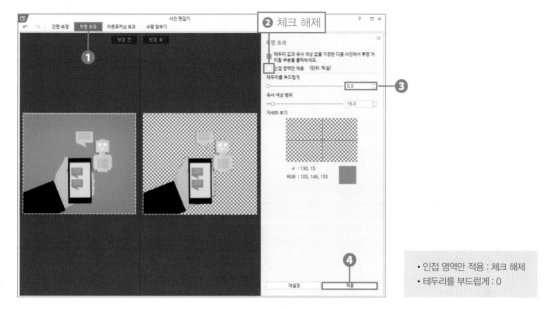

- 인접 영역만 적용 : 체크 해제
- 테두리를 부드럽게 : 0

04. '챗봇.jpg' 파일을 마우스 오른쪽 버튼으로 클릭하고 [자유형으로 자르기]를 선택합니다. 불필요한 영역을 제거한 후 크기와 위치를 조정하고 Alt+V를 눌러 '그림편집_실전_완성.pptx' 파일로 저장합니다.

CHAPTER 01 : 화면 구성 및 파일 관리 :
CHAPTER 02 : 슬라이드 쇼 :
CHAPTER 03 : 앨범 마당 및 그림 편집 :
CHAPTER 04 : 문서 작성(텍스트 & 도형) :
CHAPTER 05 : 슬라이드 마스터 :
CHAPTER 06 : 애니메이션 및 멀티미디어 :

4 슬라이드 용량 줄이기

01. 자르거나 크기를 편집한 그림은 [그림] 탭-[원래 그림으로]를 클릭하면 원본 그림으로 변경할 수 있게 속성을 보관하고 있어 저장 시 용량이 많아지는 단점이 있습니다. 자르거나 크기 조정한 결과를 저장하려면 그림을 선택하고 [그림] 탭-[그림 압축]을 클릭합니다. [그림 압축] 대화상자가 나타나면 [저장 설정]에 모두 체크하고 [모두 적용] 단추를 클릭합니다. 그리고 Alt + V 를 눌러 다른 이름으로 저장하여 파일명을 다르게 한 뒤 원본과 용량 차이를 확인합니다.

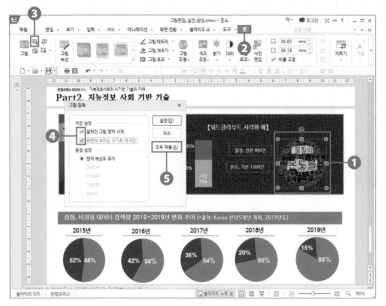

꼭 알고가기!

용량을 좀 더 쉽게 줄이는 법
[파일] 탭-[모바일 최적화 문서로 저장하기]를 클릭하면 그림 파일의 해상도를 낮추어 저장하며, 모바일을 지원하는 파일 형식으로 바꾸어 슬라이드의 용량을 많이 줄일 수 있습니다.

꼭 알고가기!

개체 선택 시 그림인지 그룹을 선택했는지 쉽게 알 수 있는 방법
2개 이상의 개체를 한 개로 묶은 그룹은 그룹 해제하여 각각의 개체를 확인하거나 자르기, 원본 그림으로 등을 실행해야 합니다. 이때 그룹으로 묶인 그림은 메뉴 탭에 [그리기]( ) 탭과 [그림]( ) 탭이 동시에 표시됩니다.

OCR을 이용하여 그림 속 글자 추출하기(2020 버전만 사용 가능)

오프라인에서도 그림에 있는 글자를 편집 가능하도록 추출하는 한컴오피스의 OCR과 내 컴퓨터에서 작업 중인 작업 창이나 사용자가 직접 화면의 일부분을 드래그하여 캡처하는 스크린샷을 이용하여 슬라이드에 내 컴퓨터 작업 내용을 그림으로 표시하는 방법에 대해 알아봅니다.

• 예제 파일 : Chapter 03/OCR실습.show

❶ 슬라이드를 선택하고 그림을 마우스 오른쪽 버튼으로 클릭한 후 [그림에서 글자 가져오기]를 선택합니다.

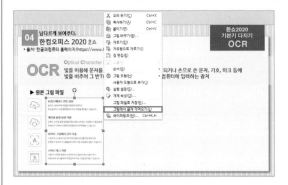

파일로 있는 그림 파일은 [입력] 탭-[그림]-[그림에서 글자 가져오기]에서 작업합니다.

❷ [글자 가져오기] 대화상자에서 100%가 표시되면 [확인] 단추를 클릭합니다.

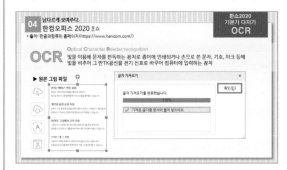

❸ Ctrl+V를 눌러 붙여 넣으면 그림에서 추출된 글자만 표시됩니다. 서식 도구 상자에서 [글꼴 크기]를 '13pt'로 지정합니다.

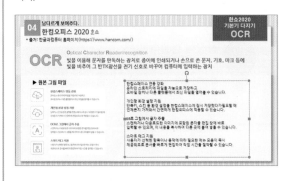

CHAPTER 01 : 화면 구성 및 파일 관리 :

CHAPTER 02 : 슬라이드 쇼 :

CHAPTER 03 : 앨범 마당 및 그림 편집 :

CHAPTER 04 : 문서 작성(텍스트 & 도형) :

CHAPTER 05 : 슬라이드 마스터 :

CHAPTER 06 : 애니메이션 및 멀티미디어 :

복합 응용력 UP!

동영상 해설
문제1 : 배경그림과 앨범 마당을 이용하여 슬라이드를 완성하세요.
예제 파일 : 연습_앨범마당및그림편집.pptx, 연습문제_배경.jpg, 연습문제1~3.jpg
완성 파일 : 연습_앨범마당및그림편집_완성.pptx

- 슬라이드의 배경을 [서식] 탭-[배경 스타일]-[배경 속성]에서 그림 채우기를 이용하여 '연습문제_배경.jpg' 파일로 변경합니다.
- 전구의 검은색 배경은 [그림] 탭-[사진 편집]-[투명 효과]를 이용하여 제거합니다.
- 테두리를 부드럽게 1.0/유사 색상 범위 : 83
- [입력] 탭-[앨범 만들기]의 '가을 테마'를 이용하여 '연습문제1.jpg', '연습문제2.jpg', '연습문제3.jpg' 파일로 슬라이드를 작성하고 액자 이미지를 복사하여 작업 중인 슬라이드에 붙여 넣습니다.

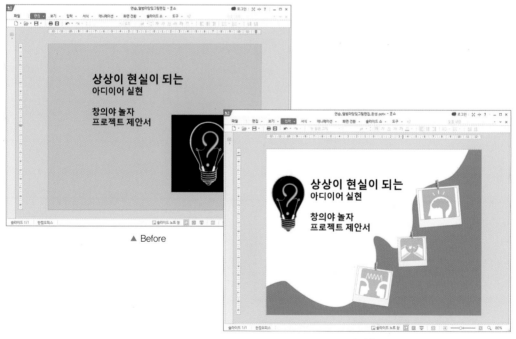

▲ Before

▲ After

Q&A 3

이것이 궁금하다! Q&A

Q&A 01 | 이미지 파일의 이해 – JPG, GIF

인터넷에서 저장한 이미지 파일은 JPG이거나 GIF로써 배경색을 갖고 있는 파일입니다. JPG 파일은 256개의 색상으로 RGB 값을 표현하는 이미지이며, GIF는 JPG보다 더 간결한 색상을 표현하거나 애니메이션 자료를 표현합니다.

Q&A 02 | 무료 이미지 다운로드 – 저작권의 이해

• 인터넷에 있는 이미지 파일은 저작권의 유무를 반드시 살펴서 프레젠테이션에 사용해야 합니다.
• 구글에서 이미지를 검색한 후 [이미지] 검색 창에서 [도구]를 클릭하고 [재사용 가능]을 체크하여 저작권이 없는 이미지를 사용합니다.

Q&A 03 | 배경이 없는 이미지 – PNG

• 한쇼에서 이미지 배경을 제거한 뒤 마우스 오른쪽 버튼을 클릭하여 저장하면서 확장자를 PNG로 지정합니다.
• 저장된 PNG 파일은 배경을 저장하지 않아 다른 슬라이드에서 [입력] 탭–[그림]으로 이미지 파일을 불러와서 배경을 제거하는 작업을 하지 않아도 됩니다.

Q&A 04 | 슬라이드를 그림으로 붙여 넣으려면 – 골라 붙이기

• 슬라이드를 선택하고 복사한 뒤 붙여 넣을 슬라이드의 [편집] 탭–[붙이기]–[골라 붙이기]를 클릭합니다.
• [골라 붙이기] 대화상자의 그림(PNG) 또는, 그림(GIF), 그림(JPEG) 중 선택합니다.

CHAPTER 4

문서 작성 (텍스트 & 도형)

중요도 ◆◆◆◆◆

■ 사용하는 한쇼 기능 및 학습 후 효과

기능	효과	미리 보기
텍스트 입력 및 서식 설정	슬라이드에 텍스트를 입력하여 서식을 설정하고, 복사 및 이동, 모양 복사와 반복 실행을 이용하여 텍스트 작업을 빠르게 진행할 수 있습니다.	
글머리표 활용	슬라이드 발표 시 청중의 시선을 글의 앞으로 집중시킬 수 있는 [Enter↵]의 가장 앞에 표시되는 글머리표를 슬라이드에 작성할 수 있습니다.	
도형 작성 및 편집	한쇼에서 제공하는 도형을 입력하고 크기 조정 및 서식 설정을 하여 슬라이드에 다이어그램을 표현할 수 있습니다.	
사용자 정의 도형	한쇼에서 제공하는 사용자 정의 도형 기능으로 아이콘, 프레임 등을 클릭만으로도 쉽게 작성할 수 있으며 저장 후 다른 슬라이드에도 쉽게 재사용할 수 있습니다.	
점 편집	도형의 모양을 사용자가 직접 작성할 수 있는 점 편집 기능으로 슬라이드의 완성도를 높일 수 있습니다.	

001 텍스트 작업을 빠르고 쉽게 하는 방법

난이도 ◆◆◆◆◆

✦ 사용 가능 버전 : NEO 2018 2020
✦ 사용 기능 : [입력] 탭-[텍스트]

텍스트 ▶▶ 한쇼에 글자를 입력하고 서식을 지정한 후 반복 작업과 모양 복사를 이용하여 빠르게 텍스트를 편집하는 방법을 알아봅니다.

말랑말랑 기본기 다지기

예제 파일 : Chapter 04/텍스트_기본기다지기.show | 완성 파일 : Chapter 04/텍스트_기본기다지기_완성.show

1 글자 입력하기

01. '슬라이드 1' 슬라이드를 선택하고 [입력] 탭-[글상자]를 클릭합니다. 제목을 입력할 슬라이드 위치를 클릭하고 내용을 입력합니다.

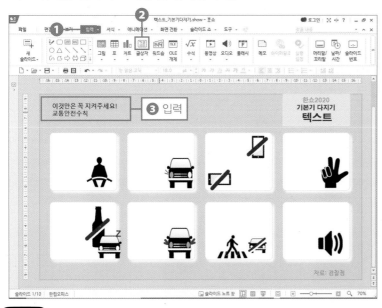

• 제목 텍스트 내용
'이것만은 꼭 지켜주세요!'
'교통안전수칙'

특수 문자 입력법
• 방법1 : 한글 자음(ㄱ,ㄴ,ㄷ,ㄹ,ㅁ,ㅂ,ㅅ,...ㅎ) 입력 후 한자 누름
• 방법2 : 글상자 안에서 [입력] 탭-[문자표]([Ctrl]+[F10])

CHAPTER 01 : 화면 구성 및 파일 관리

CHAPTER 02 : 슬라이드 쇼

CHAPTER 03 : 앱과 마음껏 쓴 그림 편집

CHAPTER 04 : 문서 작성(텍스트&도형)

CHAPTER 05 : 슬라이드 마스터

CHAPTER 06 : 애니메이션 및 멀티미디어

02. '이것만은 꼭 지켜주세요!'에서 클릭을 세 번하여 Enter↵ 단위로 범위 지정합니다. 서식 도구 상자의 [글꼴]에서 '한컴 고딕'을 지정하고 Enter↵를 눌러 글꼴을 변경합니다. [글자 크기]도 '25'로 지정하고 Enter↵를 눌러 크기를 변경합니다.

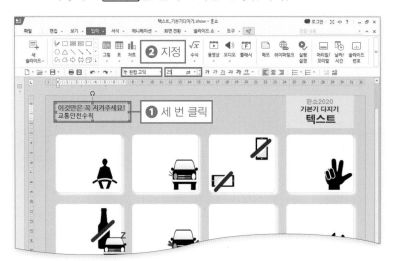

 꿀팁

글자 범위 지정 방법

- 글자 위에서 두 번 클릭 : 단어 단위로 범위 지정
- 글자 위에서 세 번 클릭 : Enter↵ 단위로 범위 지정
- Shift 를 누른 상태로 방향키 : 범위 지정
- 글상자 안에 커서가 있을 때 Esc : 글자 전체 범위 지정

2 글자 서식 설정하기

01. '교통안전 수칙'을 두 번 클릭하여 범위 지정하고 글자 서식을 다음과 같이 지정합니다.

- 글꼴 : 한컴 고딕
- 글자 크기 : 30
- 글자 속성 : 진하게(Ctrl+B)

02. 글상자 안에 커서가 있을 때 Esc를 눌러 글상자를 선택하고 키보드 방향키로 위치를 조정합니다. [서식] 탭-[글자 모양]을 클릭하여 [글자/문단 모양] 대화상자를 불러옵니다. [문단 모양] 탭-[간격]-[줄 간격]은 '배수', [값]은 '0.9'로 지정한 후 [설정] 단추를 클릭합니다.

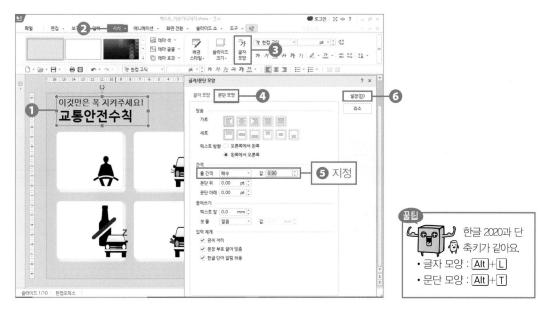

03. '이것만은~안전수칙' 제목의 글자 크기가 서로 다를 때 지정한 글자 크기를 유지하면서 크기를 조정할 수 있습니다. 글상자 선택 후 다음의 세 가지 방법 중 한 가지를 선택하여 작업을 실습해 봅니다.

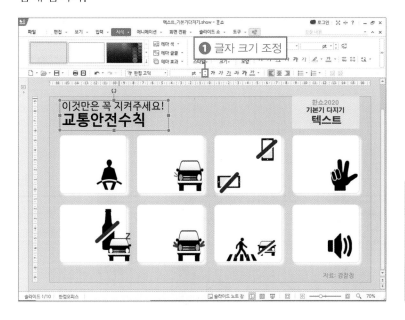

- 방법1 : [서식] 탭-[글자 크기] 클릭
- 방법2 : 서식 도구 상자의 [글자 크기] 클릭
- 방법3 : 단축키(글자 점점 크게 : Shift+Alt+R / 글자 점점 작게 : Shift+Alt+E)

CHAPTER 01 : 화면 구성 및 파일 관리 ::

CHAPTER 02 : 슬라이드 쇼 ::

CHAPTER 03 : 입력 마당 및 그림 편집 ::

CHAPTER 04 : 문서 작성(텍스트&도형)

CHAPTER 05 : 슬라이드 마스터 ::

CHAPTER 06 : 애니메이션 및 멀티미디어 ::

04. [입력] 탭–[글상자]를 클릭하고 '전좌석 [Enter↵] 안전벨트 [Enter↵] 착용'을 입력합니다. [Esc]를 눌러 글상자를 선택하고 키보드 방향키로 위치를 지정합니다.

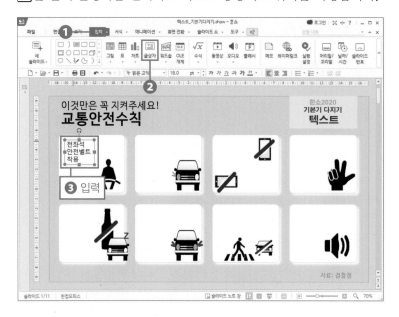

3 글자 복사하기

01. 글상자를 복사하여 붙이는 작업은 [Ctrl]+[C](복사) 후 [Ctrl]+[V](붙여 넣기) 또는 [Ctrl]+[D](복사 붙이기)로 작업할 수 있지만, 수평수직으로 나란히 복사해야 하는 경우에는 [Ctrl]+[Shift]로 복사하면 작업 속도를 높일 수 있습니다. 글상자를 선택하고 [Ctrl]+[Shift]를 누른 상태로 오른쪽으로 드래그하면 수평으로 글상자를 복사합니다.

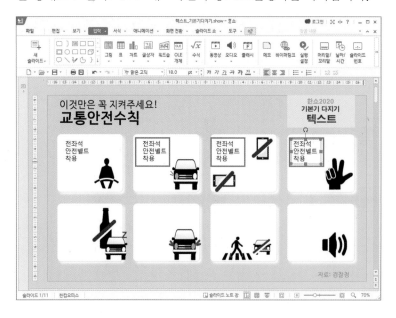

O2. Shift 또는, Ctrl을 누른 상태로 4개의 글상자를 선택합니다. Shift + Ctrl을 누른 상태로 아래쪽으로 드래그하여 수직으로 글상자를 복사합니다.

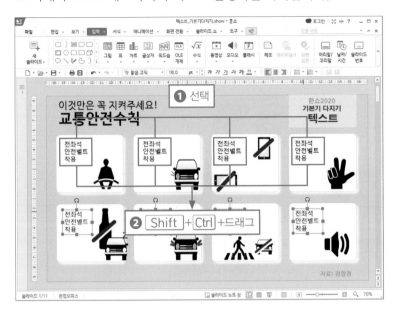

O3. 글상자를 선택하고 내용을 수정합니다.

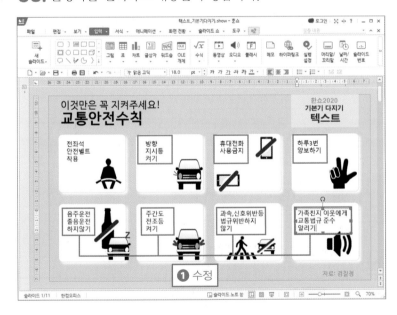

'방향 지시등 켜기', '휴대전화 사용금지', '하루 3번 양보하기', '음주운전 졸음운전 하지않기', '주간도 전조등 켜기', '과속,신호위반등 법규위반하지 않기', '가족 친지이웃에게 교통법규 준수 알리기'

CHAPTER 01 : 화면 구성 및 파일 관리
CHAPTER 02 : 슬라이드 쇼
CHAPTER 03 : 열면 마법 및 그림 편집
CHAPTER 04 : 문서작성(텍스트&도형)
CHAPTER 05 : 슬라이드 마스터
CHAPTER 06 : 애니메이션 및 멀티미디어

04. '휴대전화 사용금지' 글상자는 Ctrl 을 누른 상태로 드래그하여 복사 위치를 직접 지정하고, 'DMB 시청금지'로 수정합니다.

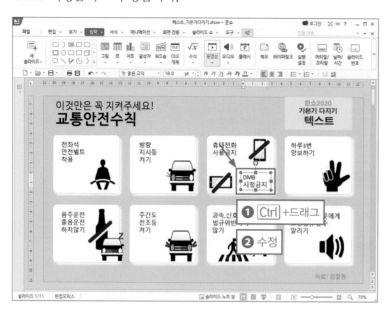

4 글자 모양과 문단 모양

01. 한쇼는 한글과 같이 글자 모양과 문단 모양을 편집할 수 있습니다. 글상자를 선택하고 [서식] 탭-[글자 모양]을 클릭합니다. [글자/문단 모양] 대화상자가 나타나면 [글자 모양] 탭에서 다음과 같이 지정합니다.

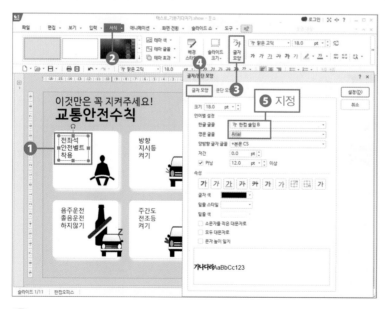

- 한글 글꼴 : 한컴솔잎B
- 영문 글꼴 : Arial

꿀팁

  한글과 같이 글자 모양 단축키 Alt + L 로 가능합니다.

02. [문단 모양] 탭에서 [간격]−[줄 간격]−[값]을 '1.20'으로 지정하여 줄 간격을 넓혀 줍니다.

5 서식 복사하기

01. 글자/문단 모양 서식을 복사하여 다른 글자에 적용할 수 있습니다. 글상자가 선택된 상태에서 서식 도구 상자에서 글꼴을 '한컴 솔잎 B'로 변경한 후 [편집] 탭−[모양 복사]를 더블클릭합니다.

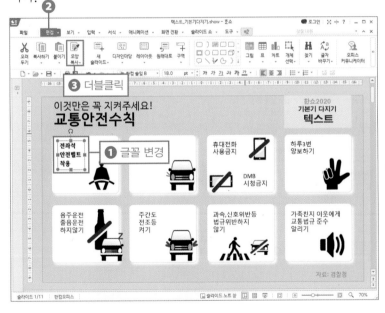

꿀팁
• [모양 복사] 한 번 클릭하면 한 번만 붙여 넣기 됨
• [모양 복사] 더블클릭은 Esc 누를 때까지 붙여 넣기 됨

CHAPTER 01 : 화면 구성 및 파일 관리 :

CHAPTER 02 : 슬라이드 쇼 :

CHAPTER 03 : 앱면 마당 및 그림 편집 :

CHAPTER 04 : 문서 작성(텍스트&도형) :

CHAPTER 05 : 슬라이드 마스터 :

CHAPTER 06 : 애니메이션 및 멀티미디어 :

02. 8개의 글상자를 클릭하고 [Esc]를 눌러 모양 복사를 종료합니다.

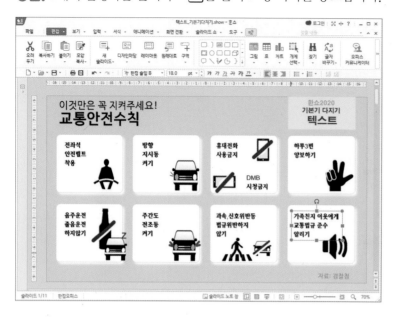

6 글자 서식 반복 실행하기

01. 한쇼에서는 방금 전 작업을 반복하는 [F3]을 제공합니다. [F3]을 이용하면 글자 서식도 빠르게 작업이 가능합니다. '안전벨트'를 범위 지정하고 서식 도구 상자의 [글자 색]을 [초록(RGB: 0, 128, 0)]으로 지정합니다.

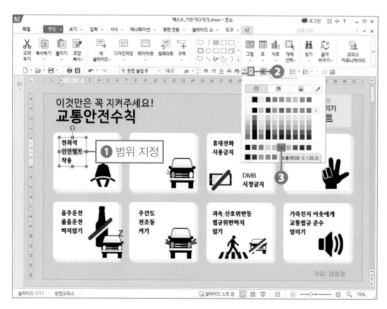

02. '방향 지시등'을 범위 지정하고 F3 을 눌러 방금 전 초록색 글자색 지정을 반복합니다. '휴대전화' 등 녹색으로 변경할 글자를 범위 지정하고 F3 을 눌러 글자 색 변경 작업을 빠르게 진행합니다.

• 글자 서식을 설정해서 제공하는 워드숍
한쇼의 [입력] 탭-[워드숍]에서 채우기, 글꼴 등 미리 지정된 서식을 선택하여 작업할 수 있습니다.

• 모양 복사와 F3 의 차이점
F3 : 마지막 작업만 반복 실행
모양 복사 : 선택한 개체의 서식을 모두 복사함(글꼴, 크기, 색상 등)

• 글꼴 다운로드
한쇼의 [도구] 탭-[한컴 애셋]을 실행하여 '글꼴'을 다운로드하면 슬라이드를 더욱더 풍부하게 표현할 수 있습니다.

CHAPTER 01 : 화면 구성 및 파일 관리 :

CHAPTER 02 : 슬라이드 쇼 :

CHAPTER 03 : 앨범 만들기 및 그림 편집 :

CHAPTER 04 : 문서 작성(텍스트 & 도형) :

CHAPTER 05 : 슬라이드 마스터 :

CHAPTER 06 : 애니메이션 및 멀티미디어 :

1 글자 모양 단축키 활용 및 글상자 편집

01. 글상자에서 Shift + Alt + N 을 두 번 눌러 자간을 축소합니다. 영문만 범위 지정하고 Shift + Alt + W 를 두 번 눌러 자간을 확대하여 3줄로 작업을 마무리합니다.

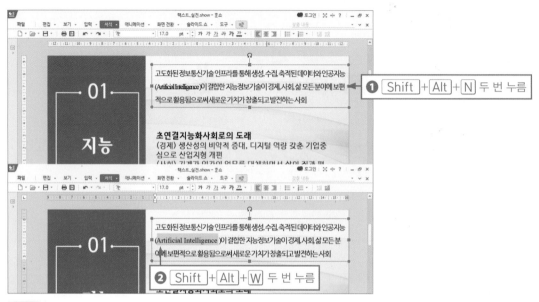

꼭 알고가기!!

글꼴 바꾸기

글꼴 바꾸기는 현재 문서에서 사용하고 있는 특정 글꼴을 다른 글꼴로 한꺼번에 바꾸는 기능입니다. 특정 글꼴을 다른 글꼴로 일괄 변경하고 싶을 때 매우 유용합니다. 커서를 바꿀 글꼴에 놓고 작업하면 더욱더 편리합니다.

2 문단 모양 Tip

01. 하단의 글상자를 선택하고 [Shift]+[Alt]+[Z]를 두 번 눌러 줄 간격을 확대합니다.

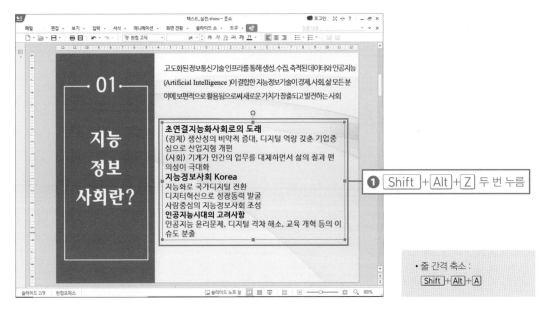

02. '지능정보사회 Korea'에 커서를 두고 [Alt]+[T]를 눌러 [글자/문단 모양] 대화상자를 불러옵니다. [간격]-[문단 위]를 '12.00pt'로 [문단 아래]를 '2pt'로 지정합니다.

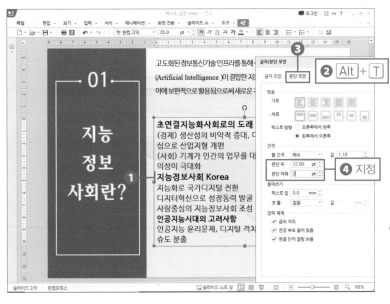

꿀팁
문단 모양은 한글과의 단축키는 작업 방법이 같습니다.

CHAPTER 01 : 화면 구성 및 파일 관리 :
CHAPTER 02 : 슬라이드 쇼 :
CHAPTER 03 : 열린 마당 및 그림 편집 :
CHAPTER 04 : 문서 작성(텍스트&도형) :
CHAPTER 05 : 슬라이드 마스터 :
CHAPTER 06 : 애니메이션 및 멀티미디어 :

3 글머리표 작성하기

01. '지능정보사회 Korea'를 범위 지정하고 [서식] 탭-[글자 강조 색]을 클릭합니다. [서식] 탭-[글머리표 매기기]의 펼침 단추(▼)를 클릭한 후 [글머리 기호]를 클릭합니다.

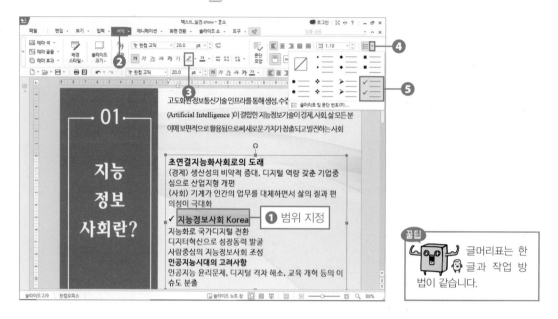

꿀팁
글머리표는 한글과 작업 방법이 같습니다.

02. '지능화~조성'을 범위 지정하고 [서식] 탭-[문단 오른쪽 이동]을 클릭합니다. [문단 번호 매기기]의 펼침 단추(▼)를 클릭한 후 [원 번호(①, ②)]를 클릭합니다.

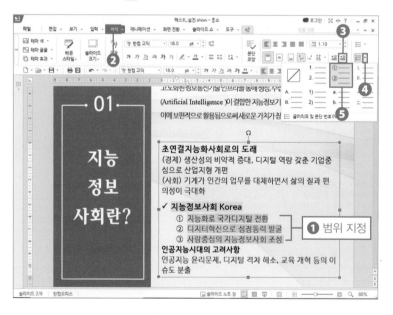

꿀팁
문단 번호도 F3을 이용하여 다른 글자에 반복 작업을 할 수 있습니다.

4 글자, 문단 서식 복사하기

01. '지능정보사회 Korea' 안에 커서를 위치시키고 `Alt`+`C`를 눌러 모양 복사를 실행합니다. '초연결 지능화 사회로의 도래'를 범위 지정하여 모양 붙여 넣기를 합니다. 다시 `Alt`+`C`를 눌러 모양 복사 후 '인공지능 시대의 고려사항'을 범위 지정하여 모양 붙여 넣기를 합니다.

> **꿀팁**
> 글자 모양 복사는 반드시 글자를 범위 지정해서 모양 붙여 넣기를 해야 하지만 문단은 '시작 글자 ~ `Enter↵`' 까지이므로 문단 안에서 클릭만 해도 문단 복사가 가능합니다.

02. ' 지능화로 ~전환'에 커서를 두고 `Alt`+`C`를 눌러 모양 복사를 실행합니다. (경제) ~ (사회)까지 드래그하여 문단 서식을 붙여 넣습니다. 다시 `Alt`+`C`를 눌러 모양 복사 후 마지막 문장 '인공지능~이슈도 분출'을 범위 지정합니다.

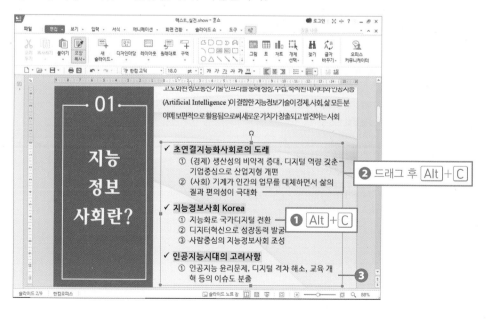

CHAPTER 01 : 화면 구성 및 파일 관리

CHAPTER 02 : 슬라이드 쇼

CHAPTER 03 : 앱앱 마스 및 그림 편집

CHAPTER 04 : 문서 작성(텍스트 & 도형)

CHAPTER 05 : 슬라이드 마스터

CHAPTER 06 : 애니메이션 및 멀티미디어

5 [Enter↵] **없이 줄 나눔, 글머리표 없음**

01. '디지털 격차 해소, 교육 개'의 '교' 앞에 커서를 두고 [Enter↵]를 누르면 '❷ 교육 개혁 ~'으로 번호가 증가됩니다.

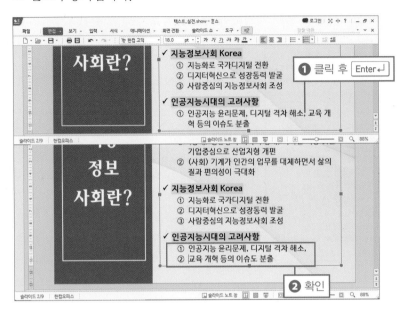

02. '교육 개혁 등의 이슈도 분출'의 '이' 텍스트 앞에 커서를 두고 [Shift] + [Enter↵]를 눌러 번호 없이 강제로 줄만 분리합니다.

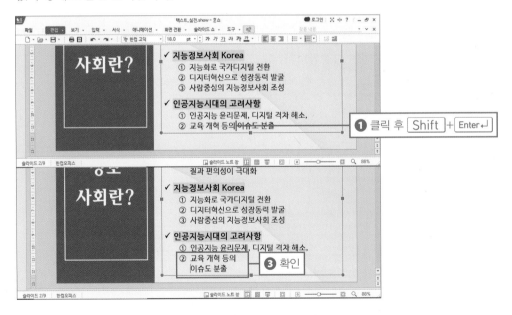

002 도형 작업을 빠르고 쉽게하기

난이도 ◆◆◆◆◆

✦사용 가능 버전 : NEO 2018 2020
✦사용 기능 : 도형 입력 및 도형 서식

도형 입력 및 서식 ▶▶ 슬라이드에서 도형 작업을 하고 도형의 채우기와 테두리 서식을 설정하며, 이동 및 복사 등 도형을 편집하는 실무적인 방법을 알아봅니다.

말랑말랑 기본기 다지기
예제 파일 : Chapter 04/도형_기본기다지기.show | 완성 파일 : Chapter 04/도형_기본기다지기_완성.show

1 기본 도형 작성하기

01. '슬라이드 1' 슬라이드를 선택하고 [입력] 탭-[도형]의 [자세히](↓)를 클릭한 후 [기본 도형]-[타원]을 클릭합니다.

꿀팁

같은 도형을 여러 번 작성하고 싶다면 도형을 더블클릭합니다. Esc를 누를 때까지 드래그하면 선택한 도형을 작성할 수 있습니다. 선을 만들 때 많은 도움이 됩니다.

CHAPTER 01 : 화면 구성 및 파일 관리 ::
CHAPTER 02 : 슬라이드 쇼 ::
CHAPTER 03 : 앨범 마당 및 그림 편집 ::
CHAPTER 04 : 문서 작성(텍스트&도형) ::
CHAPTER 05 : 슬라이드 마스터 ::
CHAPTER 06 : 애니메이션 및 멀티미디어 ::

02. Shift 를 누른 상태에서 마우스로 빈 슬라이드 영역에 드래그하여 도형을 작성합니다. 도형 작성이 완료되고 선택된 상태에서는 [도형] 탭이 추가된 것을 확인할 수 있습니다.

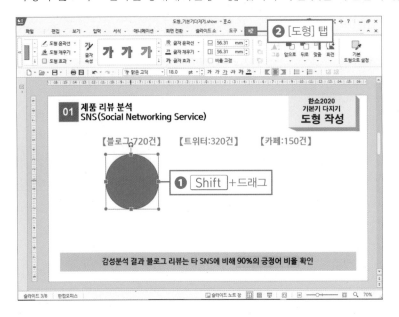

03. [입력] 탭-[도형]의 [자세히](↓)를 클릭하고 [사각형]-[모서리가 둥근 직사각형]을 클릭합니다. 타원 도형 하단에 드래그하여 도형을 작성하고 키보드 방향키로 이동합니다.

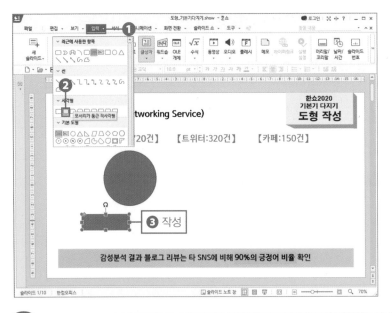

꿀팁

• 조금씩 이동 : Ctrl 을 누른 상태로 방향키

04. 모서리가 둥근 직사각형을 선택하면 나타나는 모서리 조절점(◆)을 안쪽으로 드래그하여 도형의 모서리를 둥그렇게 변경합니다.

도형 크기 조정

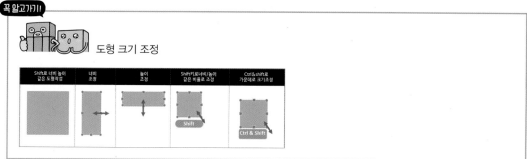

2 도형 복사하기

01. 모서리가 둥근 직사각형을 선택하고 Ctrl + Shift 를 누른 상태에서 오른쪽으로 드래그합니다. [도형] 탭-[뒤로]-[맨 뒤로]를 클릭하여 도형의 순서를 변경합니다.

CHAPTER 01 : 화면 구성 및 파일 관리 ::
CHAPTER 02 : 슬라이드 쇼 ::
CHAPTER 03 : 앨범 마당 및 그림 편집 ::
CHAPTER 04 : 문서 작성(텍스트 & 도형)
CHAPTER 05 : 슬라이드 마스터 ::
CHAPTER 06 : 애니메이션 및 멀티미디어 ::

02. 도형에 '90%', '10%' 텍스트를 입력한 후 '10%' 도형을 선택하고 서식 도구 상자에서 [오른쪽 정렬]을 클릭합니다. 도형을 클릭한 후 다음과 같은 내용을 입력합니다.

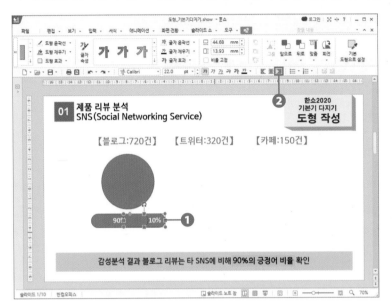

꿀팁 선 작성 시 Shift 를 누르면 직선과 사선을 을 그릴 수 있습니다(45도 단위).

03. 타원을 선택하고 Ctrl + Shift 를 누른 상태로 안쪽으로 드래그하여 도형의 크기를 조정하면 크기와 높이를 비율대로 유지하면서(Shift) 가운데로(Ctrl) 크기를 조정할 수 있습니다.

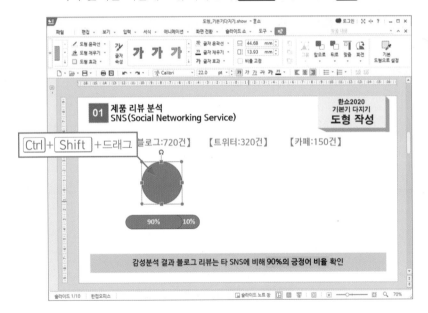

04. 드래그하여 도형의 범위를 지정하고 Ctrl + Shift 를 누른 상태에서 오른쪽으로 드래그하여 도형을 수평으로 복사합니다.

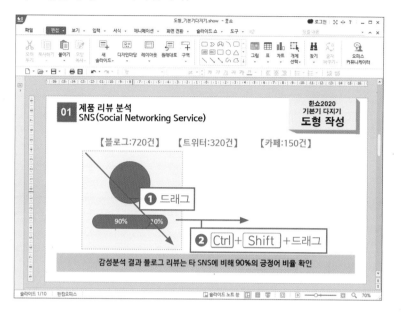

05. 도형을 복사하고 크기와 위치를 조정하여 슬라이드를 완성합니다.

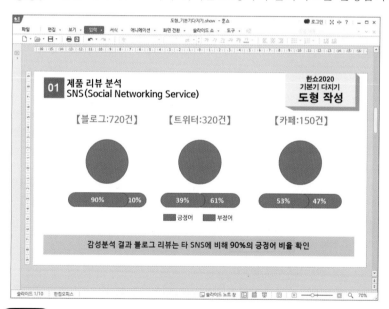

꼭 알고가기!!

두 개 이상의 개체를 한 개처럼 취급하는 '그룹'

두 개 이상의 도형은 범위 지정하여 선택하거나 Ctrl 또는, Shift 를 누른 상태에서 여러 개의 도형을 선택하고 그룹화(Ctrl + G)하여 크기를 변경합니다.

CHAPTER 01 : 화면 구성 및 파일 관리 :

CHAPTER 02 : 슬라이드 쇼 :

CHAPTER 03 : 앱별 마당 및 그림 편집 :

CHAPTER 04 : 문서작성(텍스트&도형)

CHAPTER 05 : 슬라이드 마스터 :

CHAPTER 06 : 애니메이션 및 멀티미디어 :

3 도형 윤곽선 및 채우기

01. 첫 번째 타원을 선택하고 [도형] 탭–[도형 윤곽선]–[선 굵기]–[6pt]로 지정합니다.

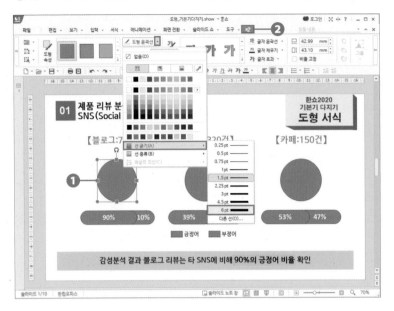

02. [도형] 탭–[도형 윤곽선]–[하양(RGB: 255,255,255) 50% 어둡게]를 클릭합니다.

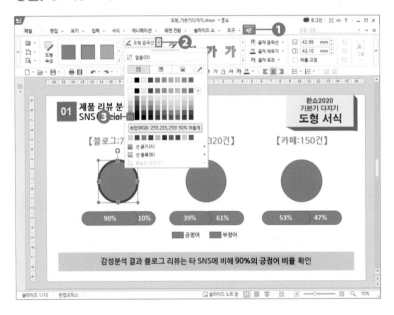

03. [도형] 탭-[도형 채우기]-[그림]을 클릭합니다. '블로그_리뷰.png' 파일을 더블클릭하면 타원 도형 안에 이미지 파일을 삽입합니다.

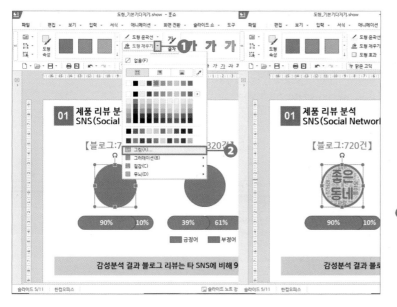

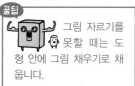

꿀팁 그림 자르기를 못할 때는 도형 안에 그림 채우기로 채웁니다.

04. 그림 채우기와 도형 윤곽선의 서식을 복사할 첫 번째 타원을 선택하고 [편집] 탭-[모양 복사]를 더블클릭합니다. 두 번째 도형과 세 번째 도형을 클릭한 후 Esc를 눌러 모양 복사를 종료한 후 두 번째와 세 번째 타원에 그림 채우기를 실행합니다.

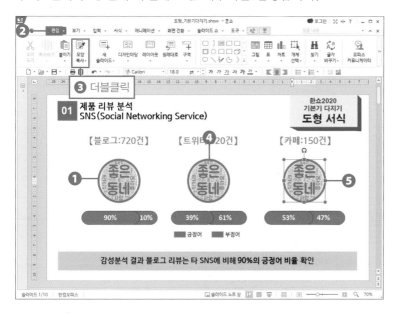

• 타원2 : 트위터_리뷰.png
• 타원3 : 카페_리뷰.png

CHAPTER 01 : 화면 구성 및 파일 관리 :

CHAPTER 02 : 슬라이드 쇼 :

CHAPTER 03 : 얻면 마당 및 그림 편집 :

CHAPTER 04 : 문서 작성(텍스트 & 도형) :

CHAPTER 05 : 슬라이드 마스터 :

CHAPTER 06 : 애니메이션 및 멀티미디어 :

05. 한쇼에서 제공하는 미리 작성된 도형 스타일을 적용하여 도형의 채우기와 윤곽선을 빠르게 작성할 수 있습니다. Shift 를 누른 상태로 4개의 도형을 선택하고 [도형 스타일] 탭–[채우기 – 강조2]를 클릭합니다.

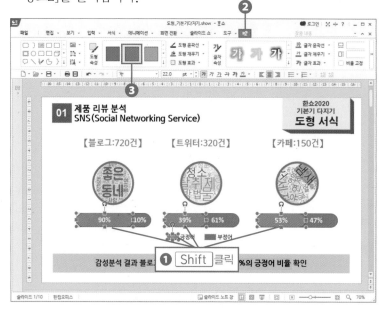

06. '10%', '61%', '47%' 도형 세 개와 하단의 '부정어' 앞의 도형 1개를 Shift 를 누른 상태로 선택하고 [도형 스타일] 탭–[채우기 – 강조3]을 클릭하여 회색 계열의 도형 서식을 적용합니다.

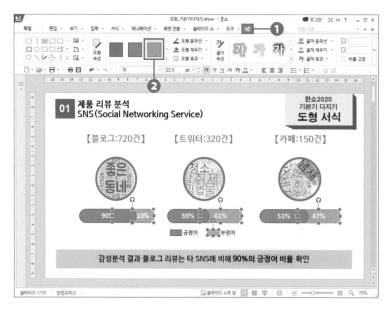

1 한쇼에서 제공하는 사용자 정의 도형

01. 예제 파일을 불러온 후 [보기] 탭-[작업 창]-[사용자 정의 도형]을 클릭합니다.

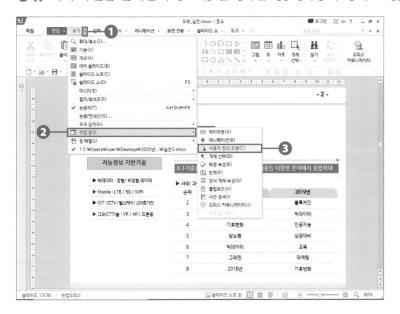

02. [사용자 정의 도형] 작업 창의 [프레임]에서 4번째 개체를 선택하면 슬라이드에 선택한 프레임 개체가 입력됩니다. 개체 위에서 마우스 오른쪽 버튼을 클릭하고 [순서]-[맨 뒤로]를 선택하여 크기와 위치를 조정합니다. 마지막으로 [작업 창 닫기]를 클릭하여 작업 창을 닫습니다.

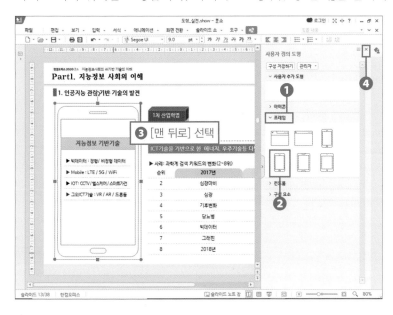

CHAPTER 01 : 화면 구성 및 파일 관리 :
CHAPTER 02 : 슬라이드 쇼 :
CHAPTER 03 : 엽탭 마법 및 그림 편집 :
CHAPTER 04 : 문서 작성(텍스트 & 도형) :
CHAPTER 05 : 슬라이드 마스터 :
CHAPTER 06 : 애니메이션 및 멀티미디어 :

자주 사용하는 도형 추가하기

도형 작성 후 마우스 오른쪽 버튼을 클릭(여러 개의 도형일 때는 범위 지정하여)하고 [사용자 정의 도형으로 추가]를 선택합니다. [사용자 정의 도형] 작업 창에 등록된 도형은 [구성 저장하기]를 클릭해야 다른 파일에서도 사용이 가능합니다.

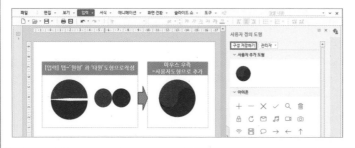

2 도형 모양 변경 & 같은 간격 복사하기

01. '정육면체' 도형 두 개를 Shift 를 누른 상태로 선택하고 [도형] 탭-[도형 편집]-[도형 모양 변경]-[사각형]-[직사각형]을 클릭하면 도형의 서식은 유지된 채 모양만 변경됩니다.

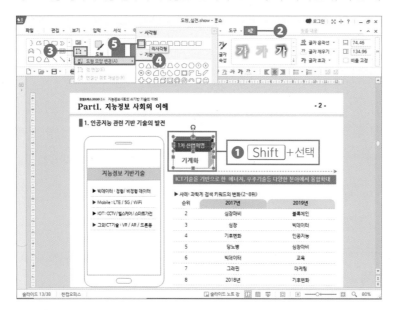

도형 모양 변경도 F3 을 이용하여 반복 실행할 수 있습니다.

02. Ctrl+D를 눌러 복사, 붙이기를 한 번에 실행합니다. 마우스로 드래그하여 위치를 설정하고 Ctrl+D를 두 번 더 눌러 4개의 도형을 완성합니다.

꼭 알고가기!!

[개체 속성] 작업 창

[입력] 탭-[글상자]로 작성된 텍스트에 채우기 색을 채우고 도형의 크기를 조정할 때 개체 속성의 [크기 및 속성]-[맞춤] 속성값에 따라 도형 크기가 조정되거나 크기가 자동으로 조정됩니다.

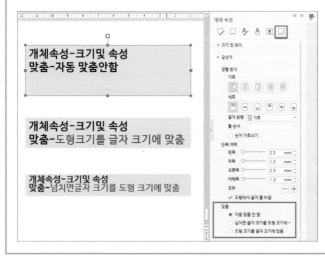

CHAPTER 01 : 화면 구성 및 파일 관리 :

CHAPTER 02 : 슬라이드 쇼 :

CHAPTER 03 : 앨범 만들 및 그림 편집 :

CHAPTER 04 : 문서 작성(텍스트 & 도형) :

CHAPTER 05 : 슬라이드 마스터 :

CHAPTER 06 : 애니메이션 및 멀티미디어 :

3 기본 도형 설정하기

01. 사각형을 작성하고 [도형] 탭-[도형 속성]을 클릭한 후 [개체 속성] 작업 창의 [채우기]를 다음과 같이 지정합니다.

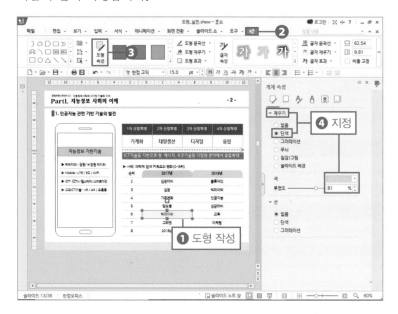

- 채우기 유형 : 단색
- 색 : 노랑(RGB: 255, 255, 0)
- 투명도 : 81%

02. 사각형을 선택하고 [도형] 탭-[기본 도형으로 설정]을 클릭하면 선택한 도형의 속성(노랑, 투명도 81%)이 저장됩니다. [입력] 탭에서 '사각형' 도형을 선택하여 드래그하여 슬라이드를 완성합니다.

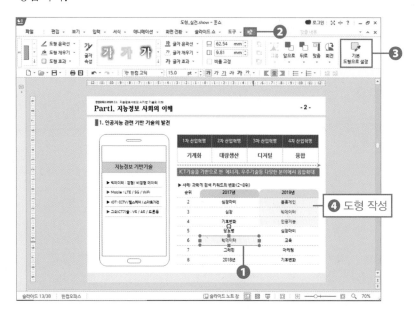

4 점 편집을 활용한 도형 모양 변경하기

01. '슬라이드 2' 슬라이드를 선택합니다. 사각형을 선택하고 [도형] 탭-[도형 편집]-[점 편집]을 클릭합니다. 사각형 모서리의 검은색 점을 드래그하여 모양을 변경합니다.

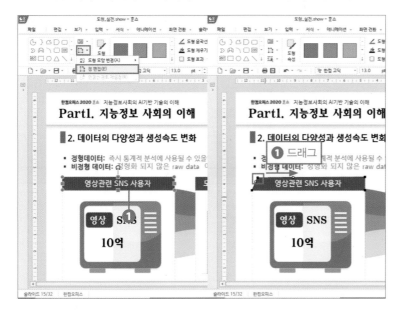

02. [입력] 탭-[도형]-[선]-[자유형]을 클릭합니다. 슬라이드의 작성되어 있는 ❶지점을 클릭 후 마우스를 누르지 않고 드래그하여 ❷지점으로 이동하여 ❷지점에서 클릭한 후 마우스를 누르지 않고 드래그하여 ❸지점으로 이동 후 클릭합니다 ❽지점까지 각 지점에서 클릭하고 ❾지점에서는 더블클릭하여 도형 작성을 중지합니다.

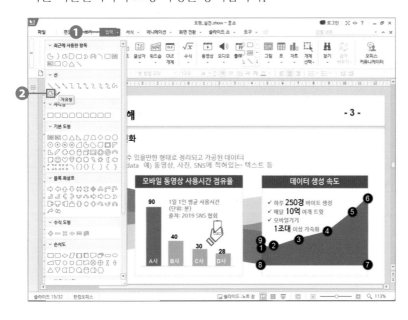

CHAPTER 01 : 화면 구성 및 파일 관리 :
CHAPTER 02 : 슬라이드 쇼 :
CHAPTER 03 : 열림 마당 및 그림 편집 :
CHAPTER 04 : 문서 작성(텍스트 & 도형)
CHAPTER 05 : 슬라이드 마스터 :
CHAPTER 06 : 애니메이션 및 멀티미디어 :

03. ❶, ❷, ❸지점을 클릭하여 선을 작성하고 ❸지점에서 더블클릭하여 사용자 정의 선을 작성합니다. [도형] 탭–[도형 윤곽선]에서 선의 서식을 지정합니다. 원형 도형과 텍스트를 입력하여 슬라이드를 완성합니다.

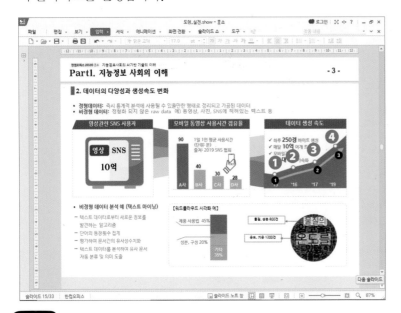

- 선 굵기 : 4.5pt
- 선 색 : 주황 계열 또는, (RGB: 244, 215, 131) 25%어둡게

꼭 알고가기!

자료를 일목요연하게 표현하는 표

〈실습 자료 : Chapter 04/표&차트.pptx〉

표 삽입은 [입력]–[표]를 클릭하며 작성된 행과 열의 표는 한글과 같은 작업이 모두 가능합니다. 한쇼에서는 [표 디자인] 탭–[표 효과]–[그림자]–[대각선 오른쪽 아래]를 클릭하여 표에 대한 효과를 설정할 수 있습니다.

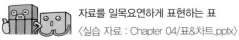

꼭 알고가기!!

자료의 이해를 높이는 시각화 차트
〈실습 자료 : Chapter 04/표&차트.pptx〉

한쇼의 [입력] 탭-[차트]를 클릭하여 자료의 변화를 한눈에 알아보기 쉽게 데이터를 그래프 형식으로 만들 수 있습니다.
한쇼와 한셀의 차트는 차트 입력 방법만 다르며 편집은 동일한 방법으로 진행이 가능합니다.

한쇼의 차트 입력법

❶ [입력] 탭-[차트]-[세로 막대형]-[묶은 세로 막대형 차트]를 클릭합니다.

❷ [차트 데이터 편집] 대화상자에서 'D'를 클릭하고 마우스 오른쪽 버튼을 클릭한 후 [추가]를 선택합니다.

❸ 불필요한 행을 선택하고 마우스 오른쪽 버튼을 클릭한 후 [삭제]를 선택하여 삭제할 수 있습니다.

❹ '차트 데이터 편집'에 다음의 표 내용을 Tab↹과 Enter↵로 입력합니다. [차트 데이터 편집] 창의 [닫기]를 클릭하여 작업을 종료합니다.

CHAPTER 01 : 화면 구성 및 파일 관리 :

CHAPTER 02 : 슬라이드 쇼 :

CHAPTER 03 : 앨범 만들기 및 그림 편집 :

CHAPTER 04 : 문서 작성(텍스트 & 도형) :

CHAPTER 05 : 슬라이드 마스터 :

CHAPTER 06 : 애니메이션 및 멀티미디어 :

CHAPTER 4

복합 응용력 UP!

 동영상 해설

문제1 : 텍스트와 도형을 이용하여 슬라이드를 완성하세요.

예제 파일 : 연습_문서 작성 텍스트 도형.pptx | 완성 파일 : 연습_문서 작성 텍스트 도형_완성.pptx

- [입력] 탭-[글상자]-[가로 글상자]를 이용하여 텍스트를 추가합니다.
- 텍스트의 모든 글꼴은 '함초롬 돋움'으로 설정하며 글꼴의 크기는 사용자가 임의로 지정합니다.
- [입력] 탭-[도형]-[선]을 이용하여 차트의 눈금선을 Shift 를 눌러 드래그하여 작성합니다.
- 작성된 선 도형을 Ctrl + D 로 복사하고 이동한 뒤 Ctrl + D 를 눌러 선 복사 작업을 완성합니다.
- 파란색 직사각형도 Ctrl + D 로 복사 붙이기를 반복합니다.
- 차트 위의 꺾은선 화살표와 하트 도형 위의 흰색 선은 자유형 도형으로 작성합니다.

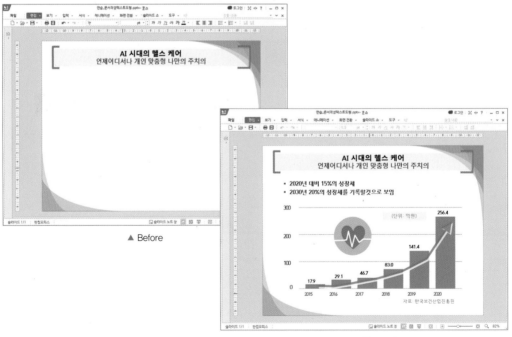

▲ Before

▲ After

CHAPTER 01 : 화면 구성 및 파일 관리 :

CHAPTER 02 : 슬라이드 쇼 :

CHAPTER 03 : 멀티 미디어 및 그림 편집 :

CHAPTER 04 : 문서 작성(텍스트 & 도형) :

CHAPTER 05 : 슬라이드 마스터 :

CHAPTER 06 : 애니메이션 및 멀티미디어 :

이것이 궁금하다! Q&A

Q A 01 | 텍스트 & 도형 제공 색상 – 테마 색

• [서식] 탭–[테마색]을 클릭하여 제공하는 테마색을 변경하면 글꼴, 도형색의 기본색이 자동 변경되어 표시됩니다.

• 모든 테마에는 어두운색과 밝은색 계열의 본문/배경색 2종, 제목/배경색 2종 및 강조색 6종 등이 테마색으로 정의되어 있습니다.

Q A 02 | 텍스트에 미리 적용된 서식 – 워드숍

• [입력] 탭–[워드숍]으로 작성하거나 작성된 텍스트를 선택하고 [도형 서식] 탭에서 글자 서식 스타일에서 선택하여 워드숍 적용 가능합니다.

• 한컴오피스 한쇼는 42종의 워드숍 템플릿을 제공합니다. 워드숍을 이용하면 편집 중인 문서에 미리 정의된 다양한 효과가 적용된 글자를 넣을 수 있습니다.

Q A 03 | 도형 안의 상하좌우 안쪽 여백 조정 – 개체 속성의 크기 및 속성

• 개체 크기 또는, 문서 내 위치, 개체를 감싸는 글자 배치 방식 등 기본 속성을 설정하는 개체 속성값에서 도형의 안쪽 여백을 조정합니다.

• 안쪽 여백 속성에서 글상자 왼쪽, 오른쪽, 위쪽, 아래쪽 테두리와 글상자 안의 본문 사이의 간격을 조정할 수 있습니다.

Q A 04 | 글자나 도형 편집하지 못하게 변경 – 그림으로 변환

• 수정하지 않아도 되는 글상자에서 마우스 오른쪽 버튼을 클릭하고 [그림 파일로 저장]을 선택한 후 다시 그림 파일로 불러와서 기존 텍스트를 제거하고 그 위치에 그림 글자를 위치합니다. 다운로드받은 글꼴이 발표 장소에 설치하지 못할 때 그림으로 글자를 저장하여 사용하기도 합니다.

• 도형 개체에서 마우스 오른쪽 버튼을 클릭하고 [그림 파일로 저장]한 후 다시 Ctrl+N+I로 그림 파일을 불러와 기존의 도형을 제거하고 그 위치에 그림 도형을 위치합니다. 그림 서식(색조, 스타일, 명암 등)을 적용할 수 있어 도형과 다른 서식이 작성됩니다.

CHAPTER 5

프레젠테이션 고수가 되는 슬라이드 마스터

중요도 ◇◇◇◇◇

■ 사용하는 한쇼 기능 및 학습 후 효과

기능	효과	미리 보기
슬라이드 마스터	슬라이드 레이아웃별 서식을 설정하면 작성한 슬라이드에 공통으로 그림, 글자 서식 등이 적용되게 슬라이드를 꾸밀 수 있습니다.	
슬라이드 번호	[머리말/꼬리말] 대화상자에서 슬라이드 번호와 모든 슬라이드에 공통으로 표시되는 바닥글을 설정할 수 있습니다.	
슬라이드 마스터 편집	마스터에 제목 개체 틀을 삽입하고 레이아웃을 추가하여 같은 레이아웃에서도 다른 디자인을 사용할 수 있게 마스터를 편집할 수 있습니다.	
한쇼 제공 테마 설정	한쇼에서는 제공하는 테마 서식을 슬라이드에 적용하고 마스터에서 서식 편집을 통하여 슬라이드 레이아웃을 변형하여 사용할 수 있습니다.	
테마 마스터 편집	한쇼에서 제공되는 테마 스타일을 마스터를 이용해 편집하고 다른 테마의 개체를 복사하여 나만의 테마로 작성 후 저장하여 사용할 수 있습니다.	

124 한컴오피스 2020 한쇼편

001 슬라이드 마스터 편집

난이도 ◆◆◆◆◆

✦ 사용 가능 버전 : NEO 2018 2020
✦ 사용 기능 : [보기] 탭-[슬라이드 마스터]

슬라이드 마스터 ▶▶ 슬라이드 레이아웃별 글자 서식, 배경 서식 등을 동일하게 작성할 수 있는 슬라이드 마스터의 제작법 및 활용법에 대해 알아봅니다.

말랑말랑 기본기 다지기
예제 파일 : Chapter 05/슬라이드마스터_기본기다지기.show | 완성 파일 : Chapter 05/슬라이드마스터_기본기다지기_완성.show

1 전체 슬라이드 마스터 편집하기

01. '슬라이드마스터_기본기다지기.show' 파일을 불러온 후 [보기] 탭-[여러 슬라이드]를 클릭합니다. 8개의 슬라이드는 [편집] 탭-[새 슬라이드]에서 레이아웃별 추가된 슬라이드입니다. 모든 슬라이드 제목 텍스트의 색상을 한 번에 변경할 수 있게 슬라이드 마스터를 편집하겠습니다. [보기] 탭-[슬라이드 마스터]를 클릭합니다.

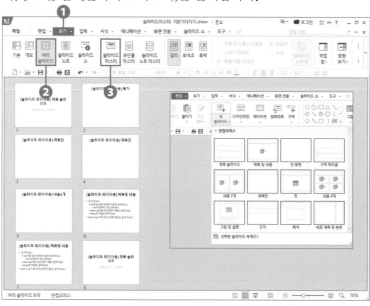

CHAPTER 01 : 화면 구성 및 파일 관리 :
CHAPTER 02 : 슬라이드 쇼 :
CHAPTER 03 : 열린 마당 및 그림 편집 :
CHAPTER 04 : 문서 작성(텍스트 & 도형) :
CHAPTER 05 : 슬라이드 마스터 :
CHAPTER 06 : 애니메이션 및 멀티미디어 :

02. 가장 상단의 한컴오피스 슬라이드 마스터를 클릭하고 '마스터 제목 스타일 편집' 표시가 있는 제목 개체를 클릭합니다. [도형 서식] 탭-[높이]를 '15.00'으로 지정하고 서식 도구 상자를 다음과 같이 지정합니다.

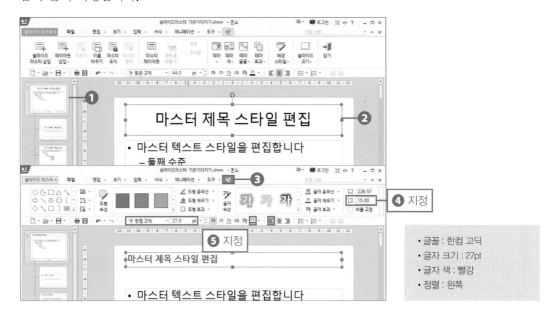

- 글꼴 : 한컴 고딕
- 글자 크기 : 27pt
- 글자 색 : 빨강
- 정렬 : 왼쪽

03. [슬라이드 마스터] 탭의 [닫기]를 클릭합니다. 모든 슬라이드에서 제목 텍스트 개체의 서식이 슬라이드 마스터에서 편집한 서식으로 적용되었습니다. [보기] 탭-[슬라이드 마스터]를 클릭합니다.

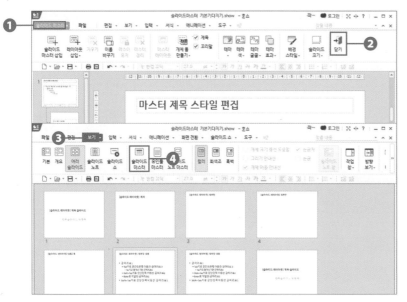

꿀팁

제목 개체 서식 적용 시 주의 사항
슬라이드에서 직접 서식을 설정한 제목 개체는 슬라이드 마스터에서 편집해도 슬라이드에 반영되지 않습니다.

04. 가장 상단의 한컴오피스 슬라이드 마스터를 클릭합니다. 제목에 맞추어 내용의 크기를 조정하기 위해 내용 개체 틀을 클릭하고 [글자 크기 작게]를 7번 클릭하고, 글자 색을 회색 계열로 지정합니다.

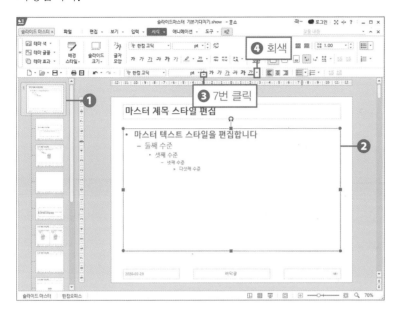

05. 내용 개체의 첫째 수준에 커서를 두고 서식 도구 상자에서 [글머리표 매기기]에서 펼침 단추(▼)를 클릭하여 V를 선택합니다. 둘째 수준에 커서를 두고 이번에는 [글머리표 매기기]에서 펼침 단추(▼)를 클릭하여 ■을 선택합니다. [슬라이드 마스터] 탭의 [닫기]를 클릭하여 슬라이드 마스터를 종료합니다.

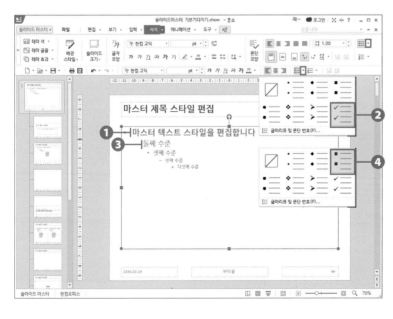

06. '슬라이드 6, 7' 슬라이드를 클릭하면 슬라이드 마스터에서 편집한 글머리 서식이 자동으로 적용되었습니다. [보기] 탭-[슬라이드 마스터]를 클릭합니다.

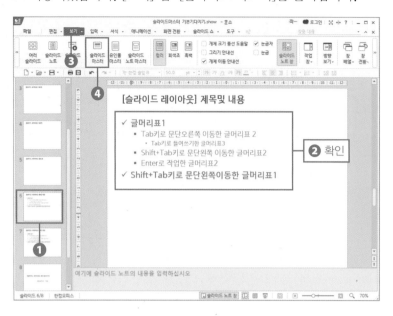

2 제목 슬라이드 편집하기

01. 슬라이드의 맨 앞장과 끝장에 주로 사용되는 '제목 슬라이드'를 편집하겠습니다. 제목 슬라이드 마스터를 클릭하고 [입력] 탭-[그림]을 클릭한 후 '슬라이드마스터배경.jpg' 파일을 더블클릭하여 불러온 뒤 마우스 오른쪽 버튼을 클릭하고 [순서]-[맨 뒤로]를 선택합니다. [입력] 탭-[그림]에서 '트리.png' 파일을 더블클릭하고 위치 및 크기를 조정합니다. 제목 개체를 클릭하고 다음과 같이 서식을 지정합니다.

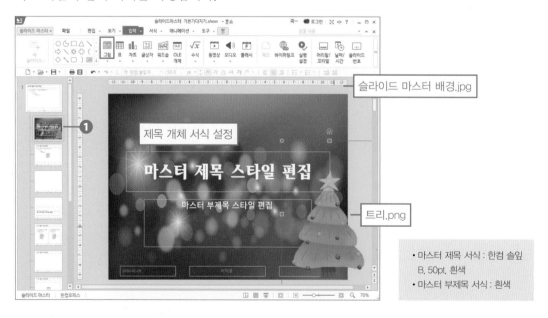

02. [보기] 탭-[기본]을 클릭합니다. '슬라이드 1'과 '슬라이드 8' 슬라이드에 마스터 편집이 적용되었습니다. '슬라이드 1' 슬라이드의 제목과 내용을 편집합니다.

3 슬라이드 번호

01. [보기] 탭-[슬라이드 마스터]를 클릭합니다. 한컴오피스 슬라이드 마스터에서 [입력] 탭-[그림]을 클릭하고 '슬라이드마스터배경.jpg' 파일을 불러옵니다. [그림] 탭-[자르기]를 클릭하고 제목에 어울리게 편집한 후 마우스 오른쪽 버튼을 클릭하여 [순서]-[맨 뒤로]를 선택합니다. '트리.png' 파일도 불러온 후 왼쪽 상단에 위치합니다.

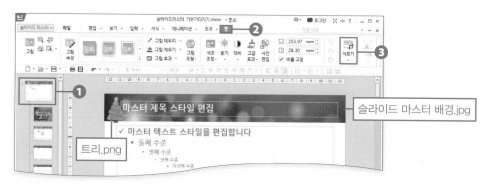

02. 슬라이드 하단의 슬라이드 번호 〈#〉 개체를 드래그하여 상단 우측에 위치시키고 서식 도구 상자를 다음과 같이 지정합니다.

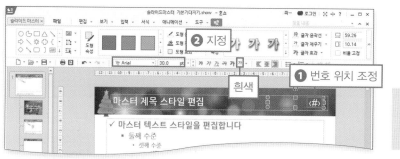

• 글꼴 : Arial
• 글자 크기 : 30pt
• 글자 색 : 흰색

CHAPTER 01 : 화면 구성 및 파일 관리 :

CHAPTER 02 : 슬라이드 쇼 :

CHAPTER 03 : 컬러 미술 및 그림 편집 :

CHAPTER 04 : 문서 작성(텍스트 & 도형) :

CHAPTER 05 : 슬라이드 마스터 :

CHAPTER 06 : 애니메이션 멀티미디어 :

03. [보기] 탭-[여러 슬라이드]를 클릭하여 슬라이드 마스터 편집이 적용된 슬라이드를 확인하면 번호는 아직 표시되지 않음을 알 수 있습니다.

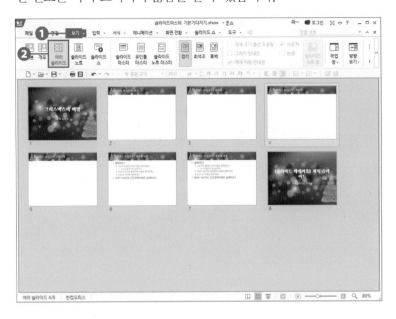

04. [입력] 탭-[머리말/꼬리말]을 클릭하고 [슬라이드] 탭에서 속성을 지정한 후 [모두 적용] 단추를 클릭합니다.

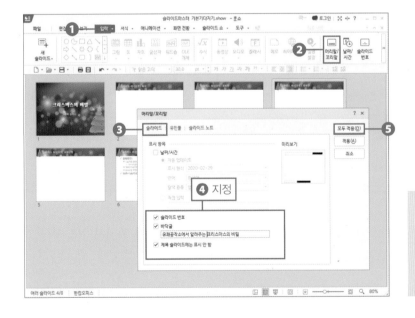

• 슬라이드 번호 : 체크
• 바닥글 : 체크, 내용 입력 '유쾌공작소에서 알려주는 크리스마스의 비밀'
• 제목 슬라이드에는 표시 안함 : 체크

05. 제목 슬라이드로 작성된 '슬라이드 1'과 '슬라이드 8' 슬라이드를 제외한 '슬라이드 2~7' 슬라이드까지 모두 바닥글과 페이지 번호가 작성되었습니다. 바닥글의 개체 틀 크기가 입력 내용보다 작아 두 줄로 표현되었습니다. [보기] 탭-[슬라이드 마스터]를 클릭합니다.

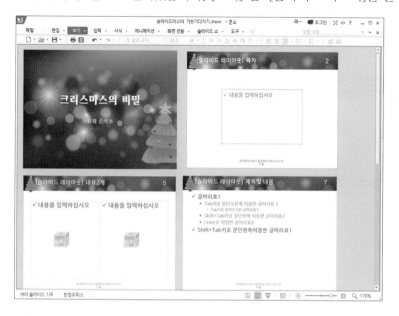

06. 한컴오피스 슬라이드 마스터에서 바닥글의 위치를 변경합니다. [입력] 탭-[도형]에서 사각형 도형을 작성하고 마우스 오른쪽 버튼을 클릭한 후 [순서]-[맨 뒤로]를 선택하여 바닥글의 내용을 완성합니다. 바닥글의 내용은 슬라이드 마스터에서 수정 가능합니다.

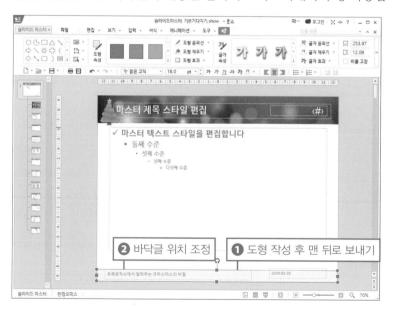

07. [보기] 탭-[기본]을 클릭하고 F7 을 누릅니다. [쪽 설정] 대화상자의 [슬라이드 시작 번호]에 '0'을 입력한 후 [확인] 단추를 클릭합니다.

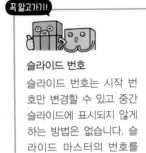

꼭 알고가기!!

슬라이드 번호
슬라이드 번호는 시작 번호만 변경할 수 있고 중간 슬라이드에 표시되지 않게 하는 방법은 없습니다. 슬라이드 마스터의 번호를 사용하지 않고 슬라이드에 일일이 번호를 표시해야 합니다.

08. '슬라이드 1' 슬라이드의 번호가 0으로 되면서 '슬라이드 2' 슬라이드부터 페이지 번호가 '1'로 시작됩니다. 작성된 슬라이드 마스터는 [편집] 탭-[새 슬라이드]를 클릭하여 슬라이드 마스터가 적용된 레이아웃을 확인할 수 있습니다.

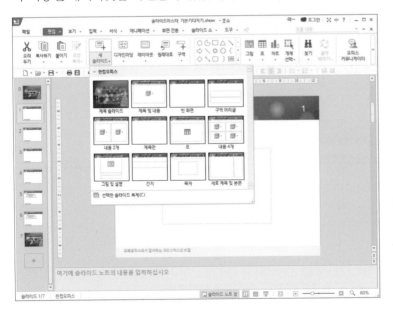

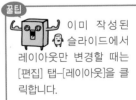

꿀팁
이미 작성된 슬라이드에서 레이아웃만 변경할 때는 [편집] 탭-[레이아웃]을 클릭합니다.

1 마스터 레이아웃 복사 및 제목 개체 틀 삽입하기

01. '슬라이드마스터_실전.show' 파일을 불러온 후 [보기] 탭-[여러 슬라이드]에서 7개의 슬라이드를 확인합니다. [보기] 탭-[슬라이드 마스터]를 클릭합니다.

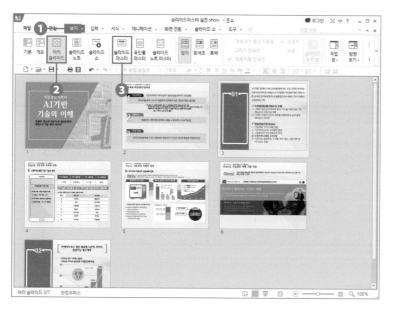

02. 불필요한 레이아웃은 제거된 슬라이드 마스터입니다. 빈 화면 레이아웃 마스터를 클릭하고 [슬라이드 마스터] 탭-[제목]을 클릭하면 제목 개체 틀이 추가됩니다.

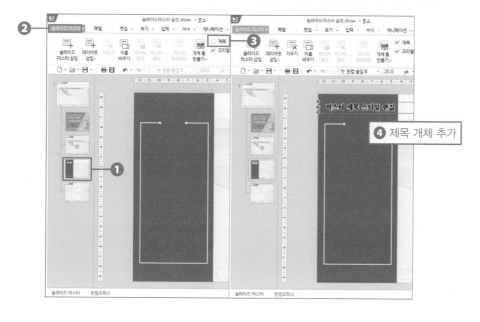

03. 제목 개체 틀의 위치와 속성을 다음과 같이 지정합니다.

- 가운데 정렬
- 글꼴 서식 : 한컴솔잎B, 43pt, 흰색, 네온 없음
- 문단 서식(Alt+T) : 줄 간격, 배수, 값 1.3

04. 빈 화면 레이아웃 마스터를 선택하고 Ctrl+D를 눌러 복사한 후 빨강 사각형을 파랑색 채우기로 변경합니다. [슬라이드 마스터] 탭-[닫기]를 클릭하여 종료합니다.

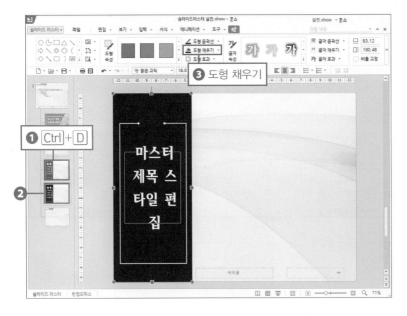

05. '슬라이드 7' 슬라이드를 선택하고 [편집] 탭-[레이아웃]-[1-빈 화면]을 클릭합니다.

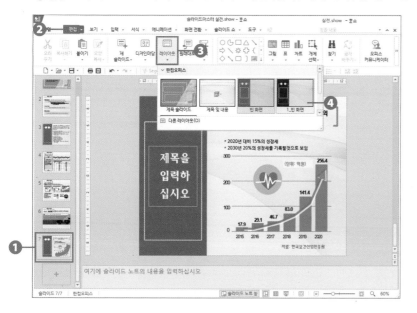

06. 제목의 내용을 변경합니다. '슬라이드 3' 슬라이드를 선택하고 [편집] 탭-[레이아웃]-[빈 화면]을 클릭합니다. 제목의 내용을 변경합니다.

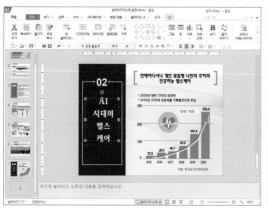
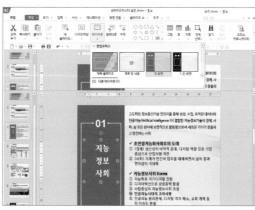

- AI 시대의 헬스 케어
- 지능 정보 사회

CHAPTER 01 : 화면 구성 및 파일 관리 ::

CHAPTER 02 : 슬라이드 쇼 ::

CHAPTER 03 : 열판 마음 및 그림 편집 ::

CHAPTER 04 : 문서 작성(텍스트 & 도형) ::

CHAPTER 05 : 슬라이드 마스터

CHAPTER 06 : 애니메이션 및 멀티미디어 ::

2 마스터에서 슬라이드 레이아웃 추가하기

01. [보기] 탭-[슬라이드 마스터]-[제목만 레이아웃]을 클릭하고 [레이아웃 삽입]-[제목만]을 클릭합니다. [슬라이드 삽입] 메시지 창이 나타나면 [넣기] 단추를 클릭합니다.

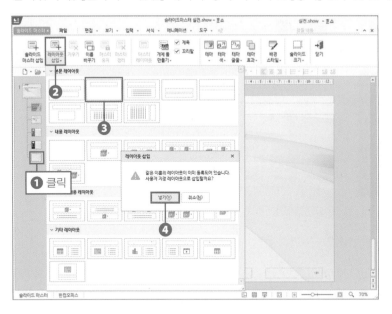

02. [입력] 탭-[그림]을 클릭하고 '흰색배경.jpg' 파일을 더블클릭하여 불러온 후 마우스 오른쪽 버튼을 클릭하고 [순서]-[맨 뒤로]를 선택합니다.

흰색 배경.jpg

③ 마스터 이름 변경하기

01. 슬라이드 마스터의 각 레이아웃 이름은 변경이 가능합니다. 작업 중인 슬라이드 마스터의 이름은 '사용자 지정'입니다. [슬라이드 마스터] 탭-[이름 바꾸기]를 클릭하고 '흰색배경_제목만' 을 입력합니다. 변경된 이름이 슬라이드 마스터에 마우스를 올려놓으면 표시됩니다. [슬라이드 마스터] 탭의 [닫기]를 클릭하여 종료합니다.

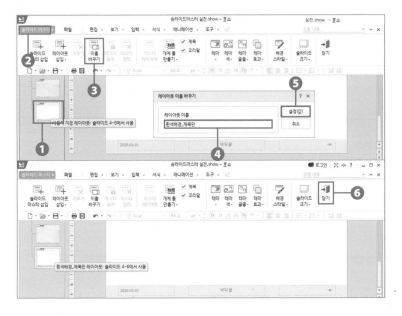

02. Ctrl 을 누른 상태로 '슬라이드 4, 5, 6' 슬라이드를 선택하고 [편집] 탭-[레이아웃]-[흰색 배경_제목만]을 클릭하여 슬라이드 마스터 편집을 종료합니다.

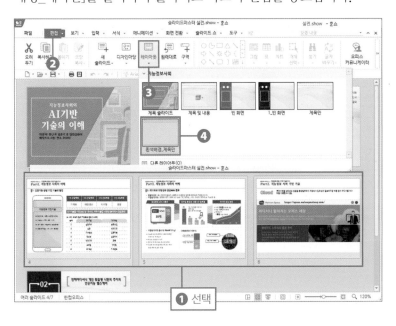

002 한쇼 제공 테마 디자인 활용

난이도 ◆◆◆◆◆

✦ 사용 가능 버전 : NEO 2018 2020
✦ 사용 기능 : [서식] 탭-테마

테마 ▶▶ 한쇼에서 제공하는 36개의 테마, 총 540개의 무료 슬라이드를 테마 서식을 활용하여 사용하는 방법에 대해 알아봅니다.

말랑말랑 기본기 다지기

예제 파일 : Chapter 05/한쇼테마_기본기다지기.show | 완성 파일 : Chapter 05/한쇼테마_기본기다지기_완성.show

1 테마 선택 및 디자인 마당

01. [보기] 탭-[여러 슬라이드]를 클릭하여 7장의 슬라이드를 확인합니다.

02. [서식] 탭-[테마 스타일]의 [자세히](↓)를 클릭하고 [강아지]를 클릭합니다.

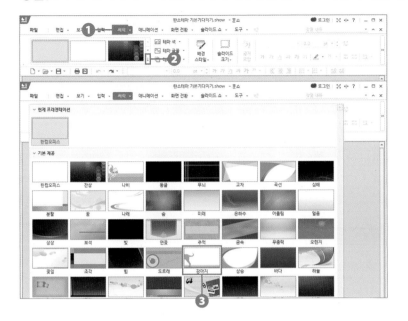

03. 7장의 슬라이드에 '강아지' 테마가 적용되었습니다.

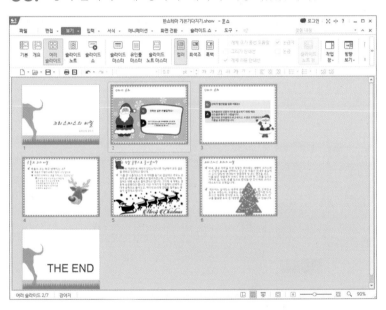

CHAPTER 01 : 화면 구성 및 파일 관리 :

CHAPTER 02 : 슬라이드 쇼 :

CHAPTER 03 : 열정 마당 및 그림 편집 :

CHAPTER 04 : 문자 작성(텍스트 & 도형) :

CHAPTER 05 : 슬라이드 마스터 :

CHAPTER 06 : 애니메이션 및 멀티미디어 :

04. '슬라이드 1' 슬라이드를 선택하고 [편집] 탭–[레이아웃]을 클릭하여 '강아지' 테마에서 제공하는 슬라이드 마스터 디자인에서 [간지]를 클릭합니다.

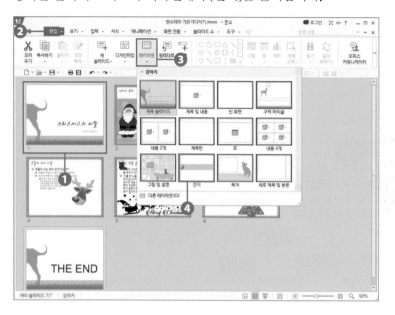

05. [편집] 탭–[디자인 마당]을 클릭하여 테마에서 제공하는 레이아웃별로 작성된 샘플 슬라이드에서 [목차 디자인]을 클릭합니다.

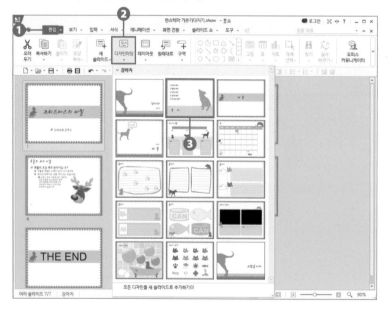

06. 커서가 있던 슬라이드 다음에 '목차' 슬라이드가 추가되었습니다. [보기] 탭-[슬라이드 마스터]를 클릭합니다.

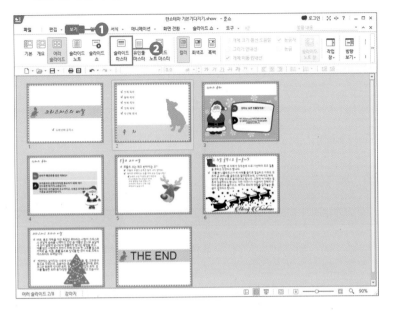

2 테마 마스터 편집하기

01. 앞선 따라하기에 이어서 간지 레이아웃에서 '고양이' 개체를 클릭하고 [그림] 탭-[그림 바꾸기]를 클릭한 후 '트리.png' 파일을 불러옵니다.

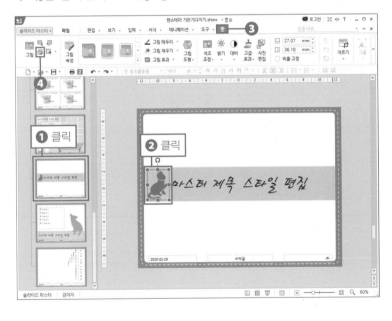

02. 간지 레이아웃의 변경된 '트리.png' 파일을 [Ctrl]+[C]를 눌러 복사하고 목차 레이아웃을 선택합니다.

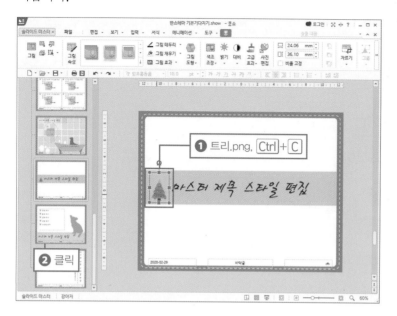

03. 우측의 '고양이' 개체는 [Delete]를 눌러 삭제하고 [Ctrl]+[V]를 눌러 앞서 복사한 '트리.png' 파일을 붙여 넣고 크기와 위치를 조정합니다.

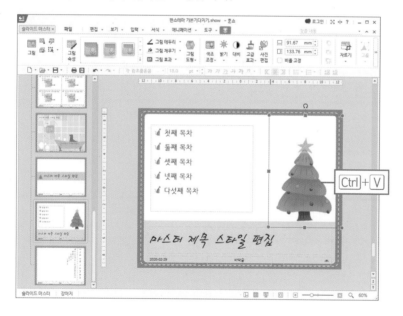

04. 텍스트 상자를 클릭하고 서식 도구 상자의 [글머리 기호]–[글머리 및 문단 번호]–[그림 글머리표] 탭에서 분홍색 '♥'를 지정하고 [설정] 단추를 클릭합니다.

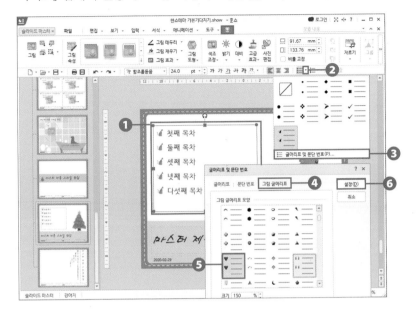

05. 가장 상단의 슬라이드 마스터를 선택하고 텍스트 개체 상자를 선택합니다. F3을 눌러 글머리표 변경 작업을 반복합니다.

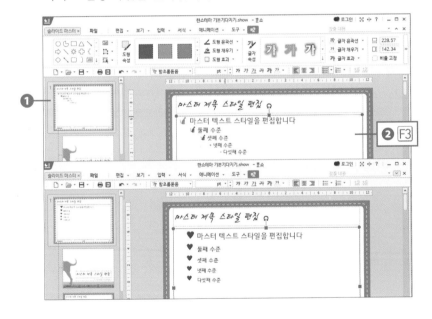

06. 둘째~다섯째 수준을 범위 지정하고 [눈금선]의 왼쪽 여백을 오른쪽으로 드래그하여 왼쪽 여백을 변경합니다. 분홍색 사각 테두리 도형 개체를 선택합니다.

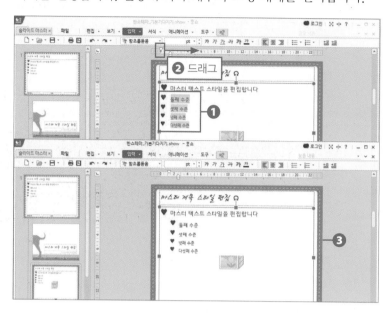

07. [도형] 탭-[도형 스타일]-[초록색 채우기-강조 6]을 클릭하여 도형의 색상을 변경합니다. [슬라이드 마스터] 탭의 [닫기]를 클릭하여 슬라이드 마스터를 종료합니다.

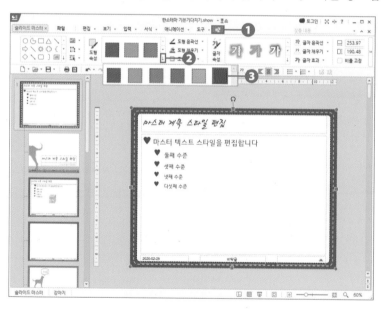

08. 슬라이드 마스터에서 편집한 사항이 슬라이드에 반영되었습니다. 새로운 테마를 선택하기 위하여 서식 도구 상자의 [새 문서]를 클릭합니다.

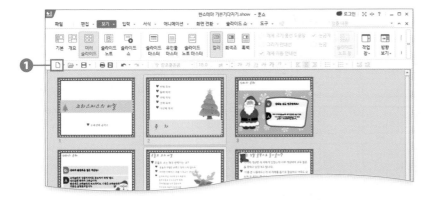

3 다중 테마

01. 앞선 따라하기에 이어서 [서식] 탭-[테마 스타일]-[도르래]를 클릭합니다. 작성된 슬라이드를 선택하고 Ctrl + C 를 눌러 복사합니다.

02. 작업 중인 슬라이드로 돌아와 Ctrl + V 를 눌러 붙여 넣고 스마트 태그에서 [원본 서식 유지]를 클릭합니다.

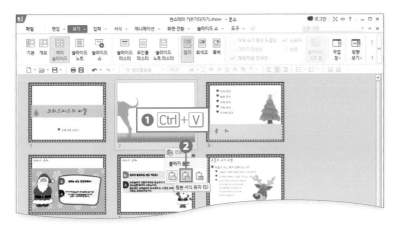

03. '강아지' 테마에 '도르래' 테마가 추가되었습니다. '슬라이드 7' 슬라이드를 선택하고 [편집] 탭-[레이아웃]을 클릭하면 두 개의 테마 레이아웃에서 두 번째 테마의 [제목 및 내용]을 클릭합니다.

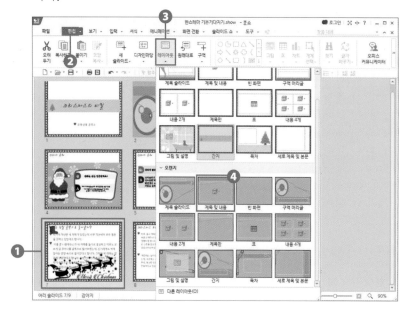

04. '슬라이드 7' 슬라이드를 선택하고 '양말' 그림의 크기와 위치를 변경합니다. '썰매' 그림을 선택하고 [개체 속성] 작업 창-[그림자]-[미리 설정]을 다음과 같이 지정하여 슬라이드를 완성합니다.

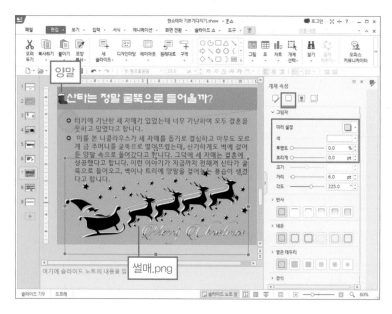

- 안쪽 대각선 왼쪽 위
- 색 : 흰색
- 투명도/흐리게 : 0

실전에 사용하는 테마 디자인 기술

예제 파일 : Chapter 05/한쇼테마_실전.show | 완성 파일 : Chapter 05/한쇼테마_실전_완성.show

1 테마 디자인 편집하기

01 예제 파일의 '슬라이드 1,2' 슬라이드는 '곡선' 테마, '슬라이드 3' 슬라이드는 '나래' 테마로 이루어진 다중 테마 파일입니다. '슬라이드 2' 슬라이드에서 [서식] 탭-[테마 색]-[미래]를 클릭합니다.

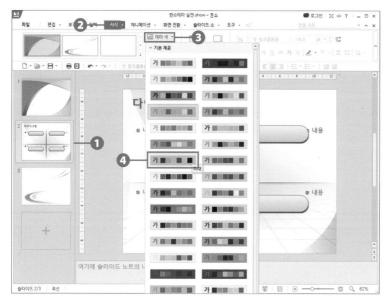

> **꿀팁**
> 테마 색의 '미래' 등의 이름은 [서식] 탭의 테마 스타일과 이름이 같습니다. 즉 '미래' 테마에서 사용된 색상임

02. '미래' 테마에서 사용된 빨간색으로 테마 색상이 변경되었습니다. 작성하는 도형의 스타일도 테마 효과에서 설정 가능합니다. [서식] 탭-[테마 효과]-[나비]를 클릭하면 '슬라이드 2' 슬라이드의 도형에 테두리 스타일이 적용되었습니다.

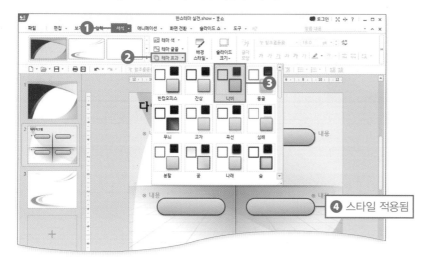

03. [보기] 탭-[슬라이드 마스터]를 실행합니다. 가장 상단의 한컴오피스 테마의 도형을 선택하고 Delete로 지워 테마 스타일을 변경합니다.

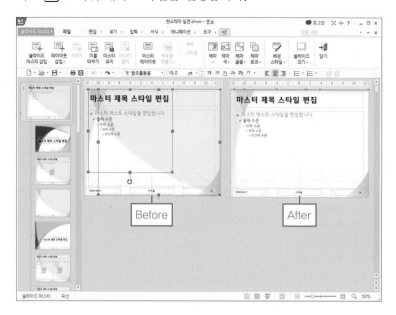

04. 제목 레이아웃 마스터의 디자인을 변경합니다.

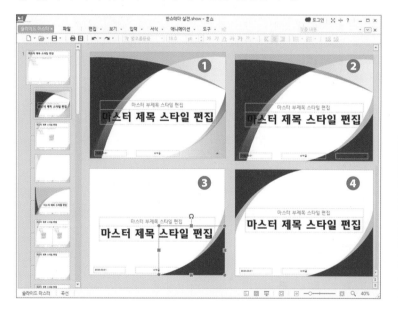

- ❶ 테마 제목 레이아웃
- ❷ Alt + C 모양 복사로 빨간색과, 회색 도형 색상 복사
- ❸ 오른쪽 하단의 도형만 남기고 모두 삭제 후 도형 선택하고 마우스 오른쪽 버튼 클릭 [순서]-[맨 앞으로] 선택
- ❹ 두 도형 그룹 지정 후 복사하여 [회전]-[상하 대칭], [좌우 대칭]

05. 2번째 '나래' 테마의 '제목' 레이아웃 그물 모양처럼 되어 있는 그림 개체를 선택하여 복사하고, '곡선' 테마 '제목' 레이아웃 테마에 붙여 넣습니다.

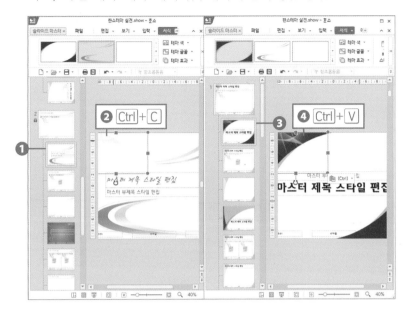

06. '나래' 테마의 레이아웃을 복사하여 '곡선' 테마에 붙여 넣어 테마 마스터를 편집합니다. [슬라이드 마스터] 탭의 [닫기]를 클릭하여 슬라이드 마스터를 종료합니다.

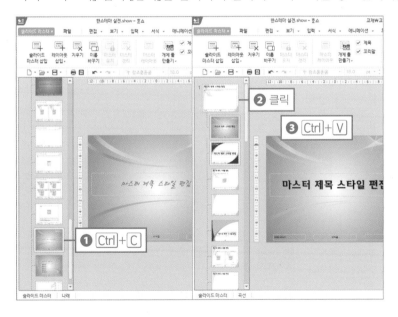

CHAPTER 01 : 화면 구성 및 파일 관리 :
CHAPTER 02 : 슬라이드 쇼 :
CHAPTER 03 : 앱색 마당 및 그림 편집 :
CHAPTER 04 : 문서 작성(텍스트 & 도형) :
CHAPTER 05 : 슬라이드 마스터 :
CHAPTER 06 : 애니메이션 및 멀티미디어 :

07. '슬라이드 3' 슬라이드의 '나래' 테마에서 [편집] 탭-[디자인 마당]-[활용 디자인 5]를 클릭하여 '슬라이드 4' 슬라이드로 추가합니다.

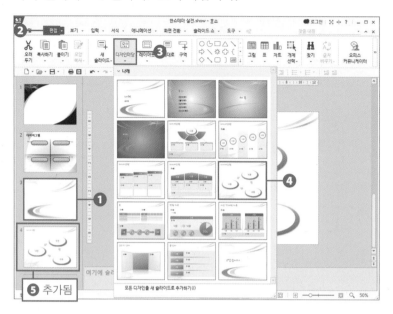

08. '슬라이드 4' 슬라이드에서 [편집] 탭-[레이아웃]의 '곡선' 테마 [제목만]을 클릭합니다. '슬라이드 3' 슬라이드는 선택하고 Delete로 삭제합니다.

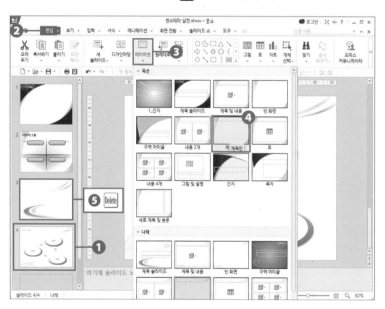

09. 작성한 슬라이드에서 Alt+V를 눌러 다른 이름으로 저장을 실행하면 사용되지 않는 슬라이드 마스터의 삭제 유무를 묻는 창이 나타납니다. [정리] 단추를 클릭하여 저장합니다.

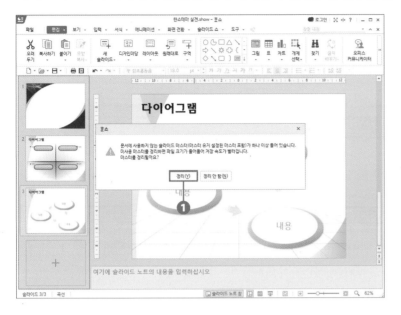

10. 편집한 테마는 한쇼 실행 시 [서식] 탭-[테마]에 항상 표시될 수 있도록 저장이 가능합니다. [서식] 탭-[테마 스타일]-[현재 테마 저장]을 클릭합니다. 폴더 위치를 변경하지 않고 '빨강색 테마'로 저장합니다.

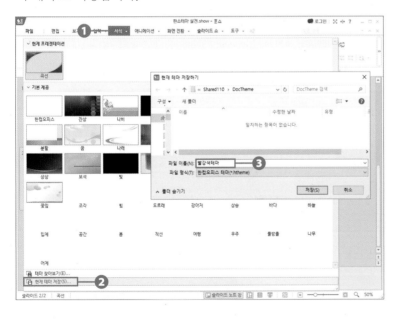

CHAPTER 01 : 화면 구성 및 파일 관리 ::

CHAPTER 02 : 슬라이드 쇼 ::

CHAPTER 03 : 앞면 마당 및 그림 편집 ::

CHAPTER 04 : 문서 작성(텍스트 & 도형) ::

CHAPTER 05 : 슬라이드 마스터 ::

CHAPTER 06 : 애니메이션 및 멀티미디어 ::

복합 응용력 UP!

동영상 해설

문제1 : 슬라이드 마스터의 구성 요소와 서식을 변경하세요.
예제 파일 : 연습_슬라이드마스터.show | 완성 파일 : 연습_슬라이드마스_완성.show

- [보기] 탭–[슬라이드 마스터]를 클릭하여 슬라이드 마스터 편집 화면을 실행합니다.

- [서식] 탭–[테마 색]을 '상승'으로 설정합니다.

- 슬라이드 제목 마스터의 3번째 검은색 타원을 '연습문제_VR' 그림 채우기로 실행합니다.

- 가장 상단의 한컴오피스 슬라이드 마스터에 사각형 제목 도형을 작성하고 맨 뒤로 보내기를 실행합니다. 제목 타이틀은 흰색으로 지정합니다.

- 슬라이드 제목 마스터에서 [서식] 탭–[배경 스타일]을 클릭하여 '배경 그래픽 숨기기'를 실행합니다.

- 마지막 슬라이드 마스터에 그림을 선택하고 [그림] 탭–[색조 조정]에서 '밝은 강조색 2'를 적용합니다.

- [보기] 탭–[기본]을 선택하여 슬라이드 마스터를 종료합니다.

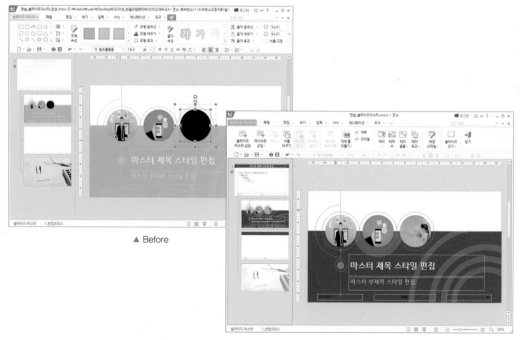

▲ Before

▲ After

Q&A

5

이것이 궁금하다! Q&A

Q&A 01 | 테마 서식에서 제공하는 모든 슬라이드 – [편집] 탭–[디자인 마당]

• 한쇼에서는 각 테마마다 제공하는 슬라이드 디자인이 다양하며 한 번에 테마별 모든 디자인
  을 슬라이드로 추가할 수 있습니다.
• [편집] 탭–[디자인 마당]에서 '모든 디자인을 새 슬라이드로 추가하기'를 선택합니다.

Q&A 02 | 한쇼 테마 다운로드 – [도구] 탭–[한컴 애셋]

• 한쇼에서는 한컴 애셋을 이용하여 슬라이드 마스터가 포함된 테마 디자인을 다운로드 받아
  사용할 수 있습니다.
• [도구] 탭–[한컴 애셋]을 클릭하여 서식을 클릭하여 테마 서식, 템플릿 자료, 다이어그램 슬
  라이드를 다운로드합니다.

Q&A 03 | 모든 슬라이드 기관 로고 입력 – [슬라이드 마스터] 탭–[입력]–[그림]

• 모든 슬라이드에 공통으로 입력되는 로고는 슬라이드 마스터의 가장 상단의 슬라이드 마스터
  에서 입력합니다.
• 기본 슬라이드와 같이 입력 탭의 그림을 클릭하여 기관 로고를 입력한 뒤 자르기, 크기 조정,
  색조 조정 등의 그림 서식을 적용할 수 있습니다.

Q&A 04 | 홈페이지 이동키 모든 슬라이드에 넣을 때 – [슬라이드 마스터] 탭–[입력]–[하이퍼링크]

• 클릭하면 홈페이지로 이동 가능한 하이퍼링크 기능도 슬라이드 마스터에서 작업하면 한 번
  작업으로 모든 슬라이드에 표현 가능합니다.
• [보기] 탭–[슬라이드 마스터]에서 필요한 슬라이드 레이아웃을 선택하고 텍스트 또는, 도형
  으로 하이퍼링크를 작업합니다.

CHAPTER 6

애니메이션&
멀티미디어를 이용한
스마트한 발표

중요도 ◆◆◆◆◆

■ 사용하는 한쇼 기능 및 학습 후 효과

기능	효과	미리 보기
애니메이션	텍스트 및 도형, 그림 개체 등 한쇼 슬라이드에서 작업한 개체에 나타내기, 강조, 끝내기, 이동 경로의 애니메이션을 설정하고 시작 옵션을 사용자가 선택할 수 있습니다.	
스마트 기기로 실행하는 모바일 애니메이션	한쇼의 프레젠테이션 시 외부 모바일 기기에서 PC로 원격 조정 가능하며 사진, 오디오, 동영상 등 모바일 기기의 자료로 무선으로 프레젠테이션에 전송 가능합니다.	
멀티미디어 슬라이드 쇼	슬라이드에 오디오 및 영상 자료를 입력하여 멀티미디어 자료로 시청각 자료를 작성할 수 있으며 영상자르기로 동영상의 일부분만 재생할 수 있습니다.	

001 애니메이션 & 모바일 애니메이션

난이도 ◆◆◆◆◆◆

✦ 사용 가능 버전 : **NEO** **2018** **2020**
✦ 사용 기능 : [애니메이션] 탭

애니메이션 ▶▶ 발표 순서에 따라 텍스트, 도형, 그림 등 애니메이션을 설정하고 편집하며 외부 모바일 기기에서 한쇼를 프레젠테이션하는 방법에 대해 알아봅니다.

말랑말랑 기본기 다지기
예제 파일 : Chapter 06/애니메이션_기본기다지기.show | 완성 파일 : Chapter 06/애니메이션_기본기다지기_완성.show

1 텍스트 애니메이션 & 효과 설정하기

01. '슬라이드 1' 슬라이드를 선택하고 '지구를 지켜라'를 선택한 뒤 [애니메이션] 탭의 [자세히](↓)를 클릭합니다. 애니메이션 효과 창의 [나타내기]-[확대/축소]를 클릭합니다. 글자가 나타나는 [확대/축소] 애니메이션이 실행됩니다.

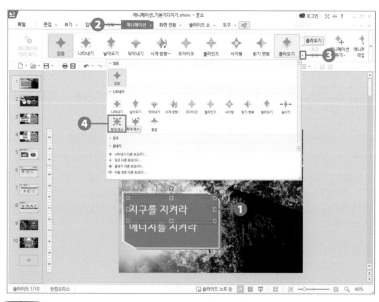

애니메이션 효과
• 나타내기 : 슬라이드 쇼 화면에 개체가 등장하는 방식 제공
• 강조 : 슬라이드 쇼 화면에서 개체를 강조하는 방식 제공
• 끝내기 : 슬라이드 쇼 화면에서 개체가 사라지는 방식 제공

CHAPTER 01 : 화면 구성 및 파일 관리 :

CHAPTER 02 : 슬라이드 쇼 :

CHAPTER 03 : 앱별 마당 및 그림 편집 :

CHAPTER 04 : 문서 작성(텍스트 & 도형) :

CHAPTER 05 : 슬라이드 마스터 :

CHAPTER 06 : 애니메이션 및 멀티미디어 :

02. 애니메이션 방향 및 글자, 단어, 글상자 별로 확대/축소 애니메이션을 설정할 수 있습니다. '지구를 지켜라'에 커서를 두고 [애니메이션] 탭–[효과 설정]–[방향]–[바깥쪽]을 클릭합니다.

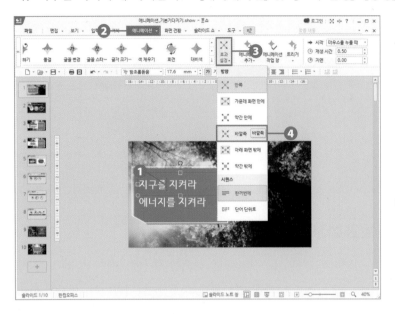

> **꿀팁**
> 애니메이션이 실행되지 않으면 [애니메이션] 탭 가장 왼쪽에 [애니메이션 미리 보기]를 클릭합니다.

03. '지구를 지켜라'에 커서를 두고 [애니메이션] 탭–[효과 설정]–[시퀀스]–[문자 단위로]를 선택하면 '지', '구'…'라', 한 글자씩 확대/축소 애니메이션이 실행됩니다.

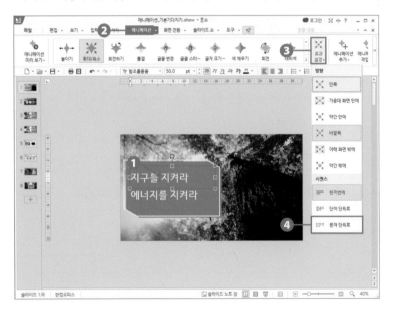

2 애니메이션 시작 옵션

01. '지구를 지켜라'에 커서를 두고 [애니메이션] 탭-[시작]-[이전 효과 다음에]를 클릭하여 애니메이션이 자동으로 실행되게 설정합니다. F5를 눌러 슬라이드 쇼를 실행하면 '확대/축소' 애니메이션이 자동 실행됩니다.

02. '에너지를 지켜라'를 선택하고 [애니메이션] 탭-[강조]-[회전]을 클릭합니다. [애니메이션] 탭-[시작]-[이전 효과와 함께]를 클릭합니다. F5를 눌러 슬라이드 쇼를 진행하면 '지구를 지켜라'와 '에너지를 지켜라'가 동시에 애니메이션 실행됩니다.

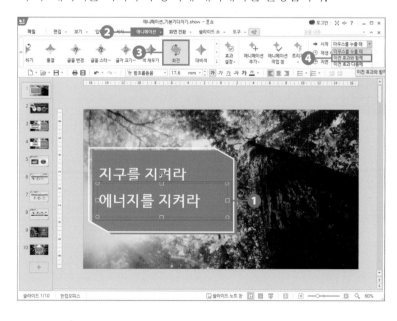

> **꿀팁**
> '지구를 지켜라'의 속도를 늦게 하려면 [애니메이션] 탭-[재생 시간]을 '2.0'으로 설정하세요.

CHAPTER 01 : 화면 구성 및 파일 관리 :
CHAPTER 02 : 슬라이드 쇼 :
CHAPTER 03 : 앨범 마당 및 그룹 편집 :
CHAPTER 04 : 문서 작성(텍스트 & 도형) :
CHAPTER 05 : 슬라이드 마스터 :
CHAPTER 06 애니메이션 및 멀티미디어

3 도형 애니메이션

01. '슬라이드 2' 슬라이드에서 직사각형을 선택하고 [애니메이션] 탭의 [자세히]($\downarrow$)–[나타내기 다른 효과]–[내밀기]를 클릭하고 [적용] 단추를 클릭합니다.

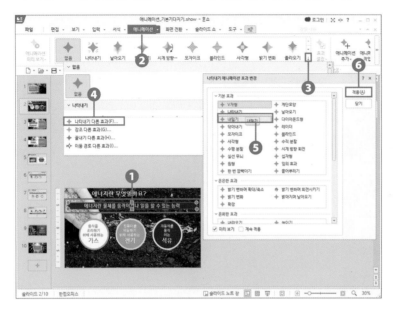

> **꿀팁** 여러 개를 동시에 선택한 후 애니메이션을 설정하면 자동으로 '이전 효과와 함께'가 설정됩니다.

02. Shift 를 누르고 3개의 타원을 선택한 후 [애니메이션] 탭–[물결]을 클릭합니다. [애니메이션 추가]–[강조]–[회전]을 클릭하여 나타내기와 강조 애니메이션을 타원에 모두 적용합니다.

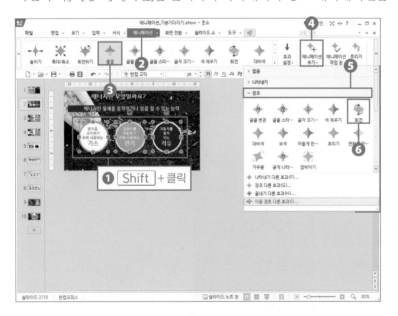

4 [애니메이션] 작업 창

01. 애니메이션 순서 및 다양한 옵션 설정을 위해 [애니메이션] 탭-[애니메이션 작업 창]을 클릭합니다. [애니메이션] 작업 창의 '1. 직사각형'을 선택하면 슬라이드에서 직사각형이 선택됩니다.

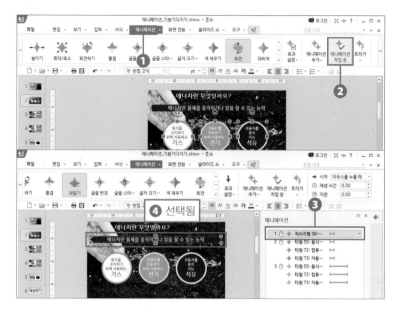

02. 슬라이드 쇼에서 첫 실행되는 직사각형에서 [아래로]를 6번 클릭하여 마지막 위치로 이동시킵니다. 1, 2, 3번 앞에 표시된 마우스 아이콘은 [마우스를 클릭할 때] 표시입니다. 마우스 오른쪽 버튼을 클릭하고 [이전 효과 다음에]를 선택합니다. Shift+F5를 눌러 슬라이드 쇼에서 애니메이션을 확인합니다.

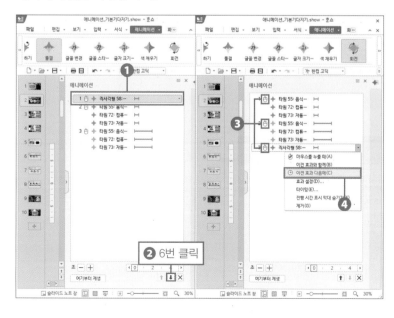

> **꿀팁**
> [애니메이션] 작업 창에서는 Shift로 연속, Ctrl로 비연속으로 다중 슬라이드 선택하고 마우스 오른쪽 버튼을 클릭하여 시작 옵션을 변경할 수 있습니다.

실전에 사용하는 애니메이션 효과

작업 파일 : Chapter 06/애니메이션_실전.show | 완성 파일 : Chapter 06/애니메이션_실전_완성.show

1 방향성을 지닌 닦아내기 애니메이션

01. '애니메이션_실전.show' 파일을 실행하고 F5를 눌러 슬라이드 쇼를 실행합니다. 마우스를 클릭하면 '닦아내기'가 설정된 차트 직사각형 4개 도형의 애니메이션이 실행됩니다. 두 번째로 마우스를 클릭하면 주황색 막힌 원호 도형과 3000억이 실행됩니다. 세 번째로 마우스를 클릭하면 초록색 막힌 원호 도형과 700억 텍스트의 애니메이션이 실행됩니다.

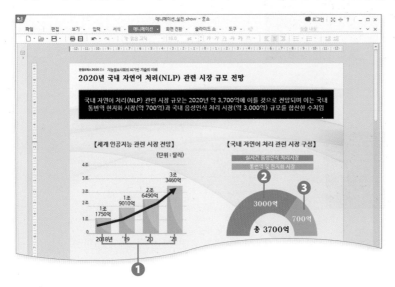

02. 화살표를 선택하고 [애니메이션] 탭-[나타내기]-[닦아내기]를 클릭합니다. 왼쪽에서 오른쪽으로 방향성을 지닌 화살표입니다. [효과 설정]-[오른쪽으로]를 클릭합니다.

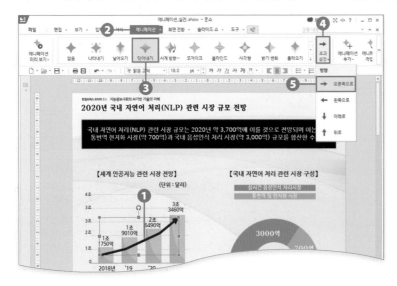

2 밝기 변화 & 강조 효과 애니메이션

01. '총 3700억'을 선택하고 [애니메이션] 탭–[나타내기]–[밝기 변화]를 클릭합니다. [애니메이션] 작업 창을 클릭하고 마지막 개체에서 마우스 오른쪽 버튼을 클릭하여 [효과 설정]을 선택합니다.

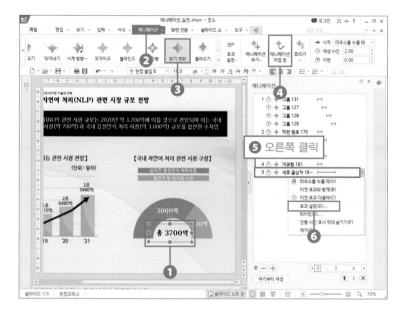

02. [애니메이션] 대화상자의 [타이밍] 탭에서 [반복]–[3]을 선택하고 [확인] 단추를 클릭합니다. 밝기 변화는 화면에 개체가 슬쩍 나타나는 효과입니다. 반복 3을 하였기 때문에 깜박거려 청중의 시선을 집중시킬 수 있습니다.

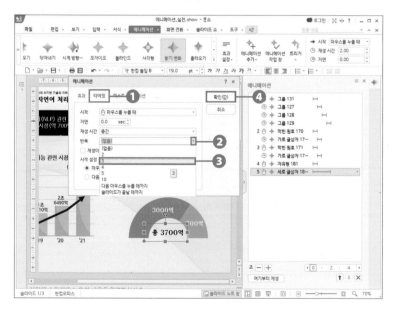

꿀팁 지도 위에 원을 그리고 밝기 변화, 타이밍을 지정하면 그 위치가 계속 강조됩니다.

③ **애니메이션 실행 시작할 개체 지정하기**

01. '슬라이드 2' 슬라이드에서 번호와 설명이 있는 그룹 개체를 선택하고 [애니메이션] 탭–[나타내기]–[밝기 변화]를 클릭합니다. [애니메이션] 작업 창에서 [타이밍]을 선택합니다.

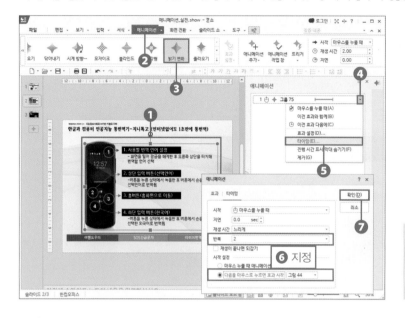

- 재생시간 : 느리게
- 반복 : 2
- 시작 설정 : 다음을 마우스로 누르면 효과 시작 : 그림 44

02. Shift +F5로 현재 슬라이드 쇼를 실행하고 '그림 44' 지니톡 그림을 클릭하면 그룹 개체의 밝기 변화 애니메이션이 실행됩니다. '그림 44' 지니톡 그림 외의 영역을 클릭하면 다음 슬라이드로 이동합니다.

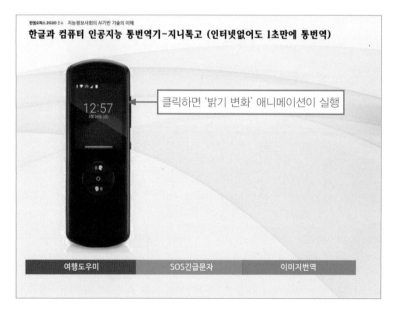

클릭하면 '밝기 변화' 애니메이션이 실행

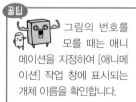
꿀팁 그림의 번호를 모를 때는 애니메이션을 지정하여 [애니메이션] 작업 창에 표시되는 개체 이름을 확인합니다.

4 사용자 지정 경로 애니메이션

01. '슬라이드 3' 슬라이드에서 '돋보기'를 클릭하고 [애니메이션] 탭–[이동 경로]–[자유 곡선]을 클릭합니다.

02. 첫 위치를 클릭하고 마우스를 누른 채 드래그하여 마지막 위치에서 클릭하여 선의 이동 경로를 완성합니다. Shift + F5 를 눌러 슬라이드 쇼에서 애니메이션을 확인하고 Esc 를 눌러 슬라이드 편집 창으로 복귀합니다. [애니메이션] 탭–[재생 시간]에 값을 '6.0'으로 변경하여 이동 경로 실행 시간을 느리게 설정합니다.

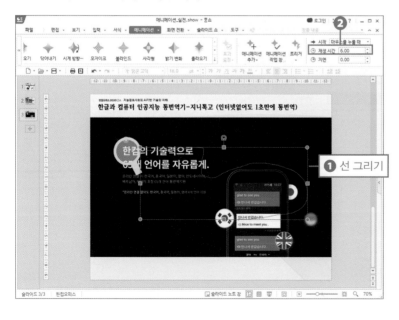

5 모바일 기기로 원격 조정하는 슬라이드 쇼

01. 모바일 기기에서 '한쇼 컨트롤러'를 검색하여 설치하고 실행합니다.

❶ [한쇼 컨트롤러] 앱에서 [자세히](⋮)를 클릭하고 [컴퓨터에서 연결하기]를 선택합니다.

❷ 한쇼 2020의 [도구] 탭-[한컴 툴즈]-[한쇼 프레젠터]를 클릭한 후 [연결하기]를 클릭합니다.

❸ QR 코드를 모바일로 촬영하면 한쇼 2020과 모바일 기기가 연결됩니다.

02. 모바일 기기에서 슬라이드 간 이동 가능하며 '슬라이드3' 슬라이드에서는 슬라이드 노트 내용도 모바일 기기에 표시됩니다. 모바일 기기에서 [슬라이드 쇼]를 클릭하면 PC 화면에서 슬라이드 쇼(F5)가 실행됩니다. 모바일 기기에서 [그리기]를 클릭하여 모바일 화면에 드래그하면 PC 화면에 드래그한 표시가 나타납니다.

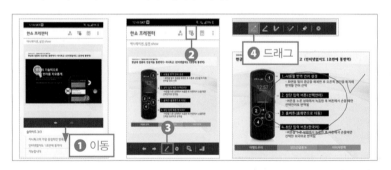

03. 모바일 기기의 한쇼 프레젠터에서 슬라이드 쇼에서 사용할 화살표 포인터를 선택하고 이동할 슬라이드를 직접 선택할 수 있습니다. [자세히](⋮)를 클릭하고 [음성 명령]을 클릭하여 음성으로 한쇼 작업을 실행할 수 있습니다.

04. 마이크를 터치하고 '슬라이드 쇼'라고 음성 명령을 전송하면 연결된 한쇼에서 현재 슬라이드 쇼(Shift + F5)가 실행됩니다.

꿀팁

 음성 명령 목록 리스트는 한쇼 도움말에서 확인 가능합니다. F1 을 누르고 '한컴 툴즈'를 입력한 뒤 '음성 명령 도움말'을 클릭하여 음성 명령 리스트를 확인합니다.

CHAPTER 01 : 화면 구성 및 파일 관리

CHAPTER 02 : 슬라이드 쇼

CHAPTER 03 : 클립 아트 삽입 및 그림 편집

CHAPTER 04 : 문서 작성(텍스트 & 도형)

CHAPTER 05 : 슬라이드 마스터

CHAPTER 06 : 애니메이션 및 멀티미디어

002 멀티미디어 활동

난이도 ◆◆◆◆◆

◆사용 가능 버전 : NEO 2018 2020
◆사용 기능 : [애니메이션] 탭

애니메이션 ▶▶ 발표 순서에 따라 텍스트, 도형, 그림 등 애니메이션을 설정하고 편집하며 외부 모바일 기기에서 한쇼를 프레젠테이션하는 방법에 대해 알아봅니다.

말랑말랑 기본기 다지기
예제 파일 : Chapter 06/멀티미디어 개체_기본기다지기.show | 완성 파일 : Chapter 06/멀티미디어 개체_기본기다지기_완성.show

1 오디오 입력 및 재생 구간 설정하기

01. '슬라이드 1' 슬라이드에서 [입력] 탭-[오디오]를 클릭하여 '배경음악.mp3' 파일을 더블클릭하면 슬라이드 가운데에 오디오 아이콘이 표시됩니다. 오디오 아이콘이 선택된 상태에서 [소리] 탭-[볼륨]을 클릭하여 소리의 강약을 조절할 수 있습니다.

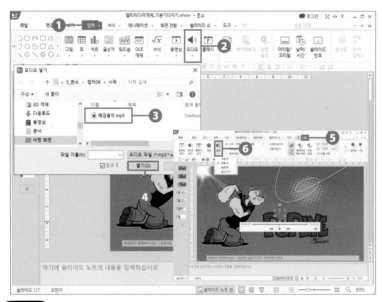

꿀팁 소리 재생 아이콘을 슬라이드 편집 화면 밖으로(회색 영역)으로 이동시켜 아이콘을 숨길 수도 있습니다.

꼭 알고가기!!

사용자의 목소리 녹음
[입력] 탭-[오디오]를 클릭하여 오디오 녹음에서 사용자 목소리를 직접 녹음할 수 있습니다.

02. 7장의 슬라이드에서 6장까지만 오디오가 재생되게 설정할 수 있습니다. [소리] 탭-[배경에서 계속 재생]을 클릭한 후 [소리] 탭-[재생 설정]을 클릭하여 실행하면 [오디오 재생] 탭에서 999 슬라이드 후에 재생 중지됨이 표시됩니다. [지금부터]에 '6'을 입력하고 [확인] 단추를 클릭하고 F5를 눌러 슬라이드 쇼에서 Enter↵로 슬라이드 쇼를 시작합니다. 6번째 슬라이드까지만 오디오가 재생됩니다.

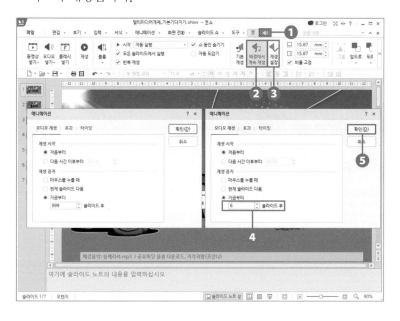

2 동영상 입력 및 동영상 자르기(2020 버전만 사용 가능)

01. '슬라이드 7' 슬라이드에서 [입력] 탭-[동영상]을 클릭하여 '뽀빠이_영상.mp4' 파일을 더블클릭하면 슬라이드 가운데에 6분 20초의 동영상 자료가 입력됩니다. 동영상 자료는 크기 조정이 가능하며 [재생], [소리]를 클릭하여 슬라이드에서 설정이 가능합니다.

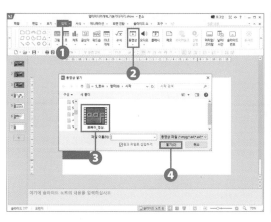
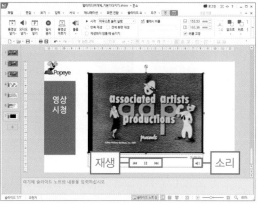

02. 동영상 자료에서 필요한 구간만 자를 수 있습니다. [미디어] 탭–[동영상 자르기]를 클릭합니다. [동영상 자르기] 실행 창에서 남길 구간을 구간 시작과 구간 끝 핸들을 드래그하여 조정하거나 시작 지점과, 종료 지점을 직접 입력해서 남겨놓을 구간만 설정하고 [확인] 단추를 클릭합니다.

03. 동영상 자르기 후 기존의 6분 동영상 자료의 시간이 변경됨을 확인할 수 있습니다. 동영상 자료는 [미디어] 탭에서 슬라이드 쇼의 시작 시간과 반복 재생, 전체 화면 재생 등의 옵션을 설정할 수 있습니다.

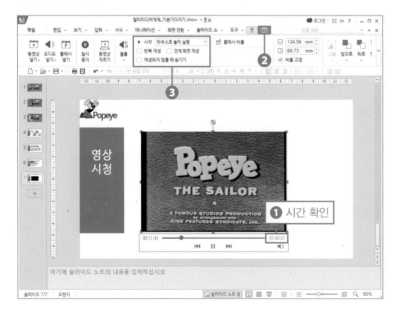

실전에 사용하는 멀티미디어 활용

예제 파일 : Chapter 06/멀티미디어_실전.show | 완성 파일 : Chapter 06/멀티미디어_실전_완성.show

1 애니메이션 자료로 동영상 만들기(2020 버전만 사용 가능)

01. [파일] 탭-[보내기]-[프레젠테이션 동영상 만들기]-[쇼 녹화] 단추를 클릭합니다. [슬라이드 쇼 녹화] 대화상자에서 [설명 기록]을 체크 해제하고 [녹화 시작] 단추를 클릭합니다.

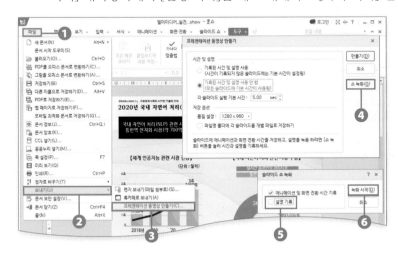

02. F5를 눌러 슬라이드 쇼를 실행하고 Enter↵ 또는 마우스를 한 번만 클릭하여 '슬라이드 1' 슬라이드의 애니메이션이 모두 실행한 뒤 화면 녹화 시간을 확인하고 Esc를 눌러 녹화를 종료합니다. [프레젠테이션 동영상 만들기] 대화상자에서 [재생 옵션]을 지정하고 [만들기] 단추를 클릭하여 '영상_인공지능시장규모'로 파일명을 지정하고 [확인] 단추를 클릭합니다.

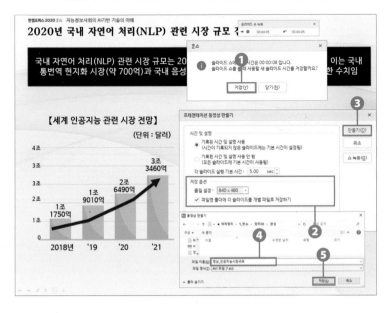

• 품질 설정 : 604*480
• 파일명 폴더에 각 슬라이드를 개별 파일로 저장하기 체크

2 동영상 시작 옵션 설정하기

01. '슬라이드 2' 슬라이드에서 [입력] 탭–[동영상]을 클릭하고 '영상_인공지능시장규모' 폴더
의 '영상_인공지능시장규모_001.avi' 파일을 더블클릭하여 '슬라이드 2' 슬라이드에 동영상을 입
력한 후 크기와 위치를 조정합니다.

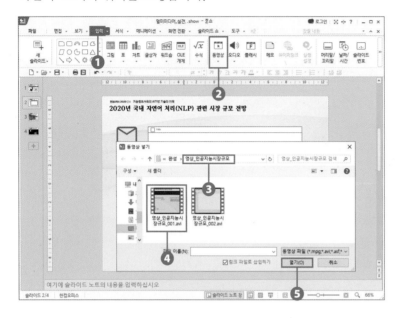

02. 슬라이드 쇼에서 파일, 동영상, 인터넷 사이트 등 링크는 하이퍼링크 또는 실행 설정에서
가능합니다. 편지 개체를 선택하고 마우스 오른쪽 버튼으로 클릭한 후 [실행 설정]을 선택합니
다.

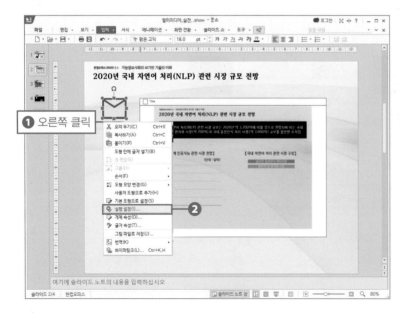

03. [실행 설정] 대화상자의 [프로그램 실행]–[찾아보기]를 클릭하고 '모든 파일'로 지정한 후 '영상_인공지능시장규모 001.avi' 파일을 더블클릭합니다. [실행 설정] 대화상자에서 [넣기] 단추를 클릭합니다.

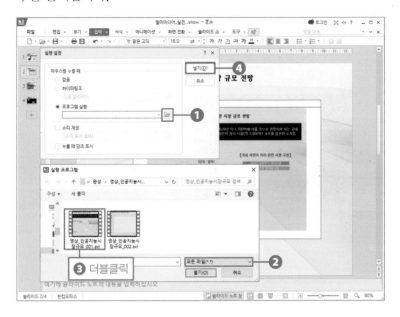

04. Shift + F5 를 눌러 슬라이드 쇼를 실행하고 편지 아이콘을 클릭하면 동영상 자료와 연결하면서 [보안 설정]에 대한 안내가 표시됩니다. [실행 설정]을 선택하여 [낮음]으로 지정하면 보안 경고 메시지 없이 편지 개체를 클릭하여 동영상을 재생할 수 있습니다.

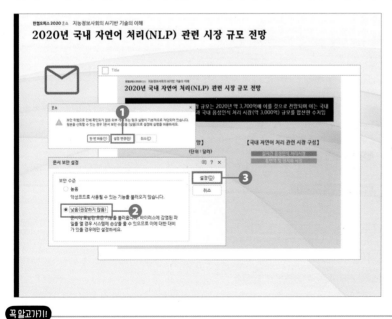

꼭 알고가기!!

보안 옵션
프로그램에 악성코드가 없는 확신이 있을 때만 실행하세요.

3 웹 동영상 실행하기

01. 웹상에서 제공하는 동영상은 링크로 자료를 연결할 수 있도록 한쇼에서는 웹 동영상 기능을 제공합니다. 유튜브에서 '지니톡고'로 검색하여 실행 후 [공유]를 클릭하여 표시되는 주소를 [복사]합니다.

02. 한쇼의 '슬라이드 3' 슬라이드에서 [입력] 탭-[동영상]의 목록 단추(▼)를 클릭한 후 [웹 동영상]을 클릭합니다. [웹 동영상 넣기] 대화상자에 Ctrl+V로 복사한 주소를 붙여 넣고 [넣기] 단추를 클릭합니다.

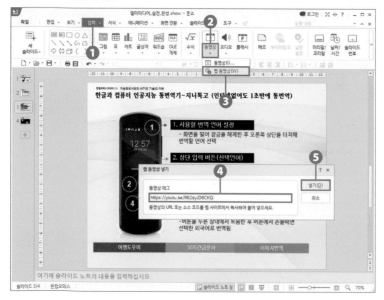

03. 표시되는 웹 동영상은 크기와 위치를 핸드폰 위로 조정합니다. 웹 동영상 선택 후 [미디어] 탭-[재생]을 클릭하여 동영상을 실행할 수 있습니다.

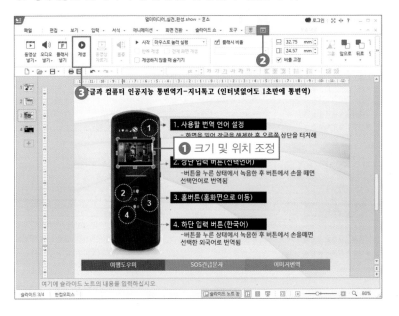

4 하이퍼링크로 동영상 실행하기

01. 동영상도 클릭하여 연결하는 하이퍼링크 가능합니다. 하이퍼링크를 적용할 도형을 만들기 위해 [입력] 탭-[직사각형]을 클릭고 드래그하여 직사각형을 하나 만들고 마우스 오른쪽 버튼을 클릭하여 [하이퍼링크]를 선택합니다. [하이퍼링크] 대화상자의 [웹 주소]에서 Ctrl+V를 눌러 '지니톡' 동영상 주소를 붙여 넣고, [설명할 문자열]에 '지니톡 영상보기'를 입력한 후 [넣기] 단추를 클릭합니다.

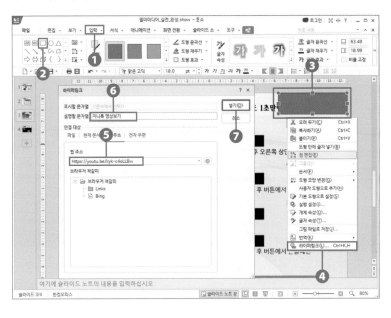

CHAPTER 01 : 화면 구성 및 파일 관리 :

CHAPTER 02 : 슬라이드 쇼 :

CHAPTER 03 : 영문 마법 및 그림 편집 :

CHAPTER 04 : 문서 작성(텍스트 & 도형) :

CHAPTER 05 : 슬라이드 마스터 :

CHAPTER 06 : 애니메이션 및 멀티미디어

02. 하이퍼링크할 도형 자료는 윤곽선과 채우기 색을 제거하여 사용자만 아는 위치에서 하이퍼링크를 실행할 수 있습니다.

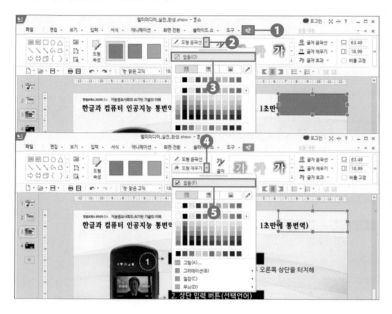

꿀팁

지도 위에 각 지점마다 클릭하여 하이퍼링크할 때 도형을 각 지역마다 작성한 뒤 채우기와 면 색을 없애서 하이퍼링크 가능

03. Enter↲ + F5로 슬라이드 쇼를 실행하고 우측 상단에 마우스 포인터를 위치시키면 하이퍼링크 손바닥 표시와, '지니톡 영상보기'의 노란색 설명선이 표시됩니다. 클릭하면 표시되는 대화상자에서 [한 번 허용] 단추를 클릭하여 동영상을 실행합니다.

CHAPTER 6

복합 응용력 UP!

동영상 해설

문제1 : 텍스트와 도형 개체에 사용자 애니메이션을 실행하세요.

예제 파일 : 연습_애니메이션.show | 완성 파일 : 연습_애니메이션_완성.show

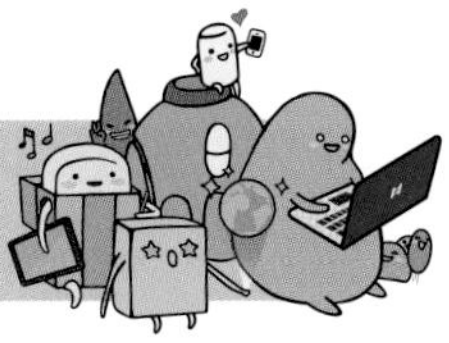

- '센터1~센터4' 텍스트 개체 4개를 선택하고 개체 묶기로 한 개의 개체로 설정합니다.
- 애니메이션의 '나타내기 확대 축소', 효과 옵션은 '바깥쪽으로'를 설정합니다.
- 주황색 화살표 2개를 선택하여 애니메이션 '나타내기'의 '닦아내기'를 선택합니다.
- 화살표 방향에 맞는 효과 옵션 방향을 설정합니다.
- '센터4'의 파란색 원을 선택하고 나타내기 밝기 변환을 선택하고 효과 옵션의 타이밍 반복 옵션에서 '슬라이드가 끝날 때까지'를 선택하여 다음 슬라이드로 이동할 때까지 계속 깜박깜박거리게 설정합니다.

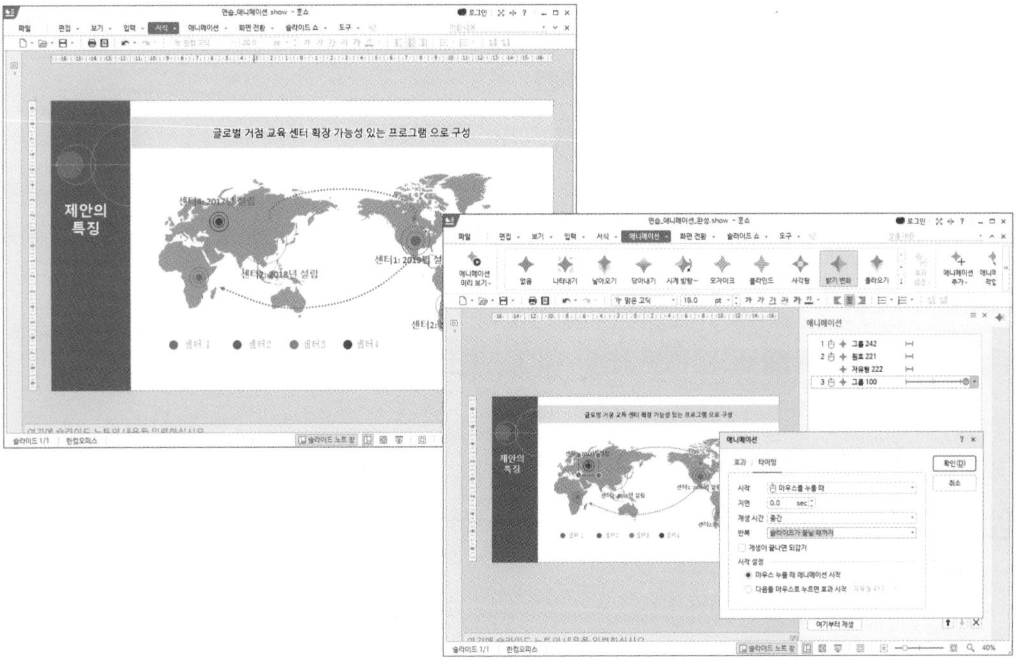

이것이 궁금하다! Q&A

Q&A 01 | 개체 묶기와 애니메이션 - 그룹-개체 묶기

• 애니메이션이 설정된 자료는 개체 묶기 또는, 개체 풀기를 실행하면 애니메이션의 설정이 모두 제거됩니다.

• 여러 개의 개체를 한 번에 애니메이션해야 할 때 사용되는 개체 묶기는 애니메이션하기 전에 미리 슬라이드 쇼를 구성하여 설정합니다.

Q&A 02 | 멀티미디어 자료가 한쇼에서 입력이 안 될 때 - [입력] 탭-[오디오, 동영상]

• 멀티미디어 자료는 영상과 소리를 압축하는 코덱을 사용합니다. 한쇼 2020 이후에 출시되는 코덱을 사용하여 동영상 작업 시 한쇼에서 멀티미디어를 재생하지 못할 수도 있습니다.

• 한쇼에서 재생이 되지 않는 멀티미디어 자료는 별도의 프로그램을 사용하여 오디오 및 영상 자료로 변환해야 합니다.

Q&A 03 | GIF 이미지 애니메이션 - 애니메이션

• 여러 장의 이미지가 한 개의 파일로 작성된 GIF 움짤(움직이는 짤막한 영상) 자료는 슬라이드 쇼에서 별도의 애니메이션 없이 GIF가 실행됩니다.

• GIF 자료는 한쇼에서 편집 불가능하므로 GIF 내의 자료 추가 및 삭제는 별도의 프로그램에서 실행해야 합니다.

Q&A 04 | 동영상 자료 웹 사이트 자료 실행 - 하이퍼링크

• 동영상 자료가 있는 웹 사이트 주소를 복사하고 클릭하여 실행할 개체를 선택합니다.

• [입력] 탭의 하이퍼링크 또는, 마우스 오른쪽 버튼을 클릭하여 실행 설정에서 하이퍼링크의 URL을 클릭하여 웹 사이트를 연결합니다.